# 커뮤니케이션과 세계질서

양피지, 인쇄술, 하이퍼미디어

나남출판

옮긴이_ 조찬수

고려대학교 정치외교학과 및 동대학원 졸업
캐나다 맥길대학교 정치학 박사
현재 강남대학교 국제학부 교수

나남신서 1166

커뮤니케이션과 세계질서
양피지, 인쇄물, 하이퍼미디어

2006년 9월 5일 초판 발행
2006년 9월 5일 초판 1쇄

지은이_ Ronald J. Deibert
옮긴이_ 조찬수
발행자_ 趙相浩
편집_ 방순영 · 윤인영
디자인_ 이필숙
발행처_ (주) **나남출판**
주소_ 413-756 경기도 파주시 교하읍
출판도시 518-4
전화_ (031) 955-4600 (代)
FAX_ (031) 955-4555
등록_ 제 1-71호(79. 5. 12)
홈페이지_ www.nanam.net
전자우편_ post@nanam.net

ISBN 89-300-8166-5
ISBN 89-300-8001-4 (세트)
책값은 뒤표지에 있습니다.

나남신서 · 1166

# 커뮤니케이션과 세계질서

## 양피지, 인쇄술, 하이퍼미디어

로널드 J. 디버트 / 조찬수 옮김

PARCHMENT, PRINTING, AND HYPERMEDIA
Communication in World Order Transformation

# 한국어판 서문

《커뮤니케이션과 세계질서》의 한국어판 출간은 내게는 나온 지 거의 10년이 지났고, 연구와 개념화 자체는 10년 이상의 세월이 지난 이 책에 대해 뒤돌아볼 수 있게 해준 더없이 좋은 계기였다. 이 책은 인터넷과 월드와이드웹을 중심으로 새로운 커뮤니케이션 및 정보화 테크놀로지들이 폭발적으로 나타나기 시작했던 시점에 구상되었다. 이 책의 최초 얼개가 짜인 1990년대 초 당시에 인터넷 커뮤니케이션의 대다수는 여전히 텍스트 형식으로 이루어지고 있었다. 그러나 이후 급속하게 이 매체는 음성, 이미지, 그리고 흡인적인 가상환경들의 만화경으로 만개하게 되었다. 이 기술들을 둘러싼 변화의 가속화, 그리고 개인적 수준에서의 글로벌 커뮤니케이션의 눈부신 변화속도는 20세기가 끝나가는 시점의 인류에게 미디어 환경의 근본적 변화가 일어나고 있음을 보여주는 것으로 나는 이해했다.

인터넷과 월드와이드웹은 그 부분에 불과한 이 다양한 층위의 비선형 멀티미디어 커뮤니케이션 환경을 개념적으로 포착하기 위해 나는 프랑스 철학자 장 보드리야르로부터—보드리야르는 테드 넬슨으로부터—'하이퍼미디어'라는 용어를 빌려왔다.

당시 나의 조심스러운 견해는 커뮤니케이션 환경의 변화가 일어나고 있고 그것은 지방적, 지역적, 그리고 글로벌 수준에서 정치와 사회에 심대한 영향을 미치고 있다는 것이었다. 내가 아직까지 옳다고 믿는 이러한 견해는 물론 나만의 것이 아니었다. 1990년대는 테크놀로지 변화에 관한 터무니없는 과장이 난무하고, 테크놀로지 변화의 잠재적 충격에 대한 열광과 불안감이 대조적으로 공존했던 시대였다. 최신의 기술장치에 대해 논하거나 최신의 온라인 유행을 끌어들이는 이러한 논쟁들에 끼어드는 것은 나의 목표와는 거리가 멀었다. 나는 이론적 틀과 역사적 시각을 갖춘 렌즈를 통해 이러한 변화들을 인식하고 싶었다. 커뮤니케이션 양식의 변화는 이전에도 있었다. 하이퍼미디어를 둘러싼 변화들은 최초의 것이 아니며, 아마도 마지막이 아닐 것이다.

이러한 목표를 달성하기 위한 나의 탐구는 국제관계학 분야에서 시작했고 《커뮤니케이션과 세계질서》의 집필과정에서 '미디어 이론'이라고 언급되었던—오늘날에는 '미디어 생태학'이라는 이름으로 더 잘 알려진—커뮤니케이션학 전통으로 진입하게 되었다. 미디어 생태학의 '창시자'로는 루이스 멈퍼드, 해럴드 이니스, 월터 옹, 잭 구디, 마셜 맥루한, 그리고 닐 포스트먼 등을 들 수 있는데, 이들의 공통된 믿음은 우리가 의사소통을 위해 사용하는 미디어는 단순히 빈 그릇이 아니며 인간 커뮤니케이션의 성격과 내용에 중요한 영향을 미친다는 것이었다.

이 미디어 생태학자들 가운데 나의 관심을 가장 끈 것은 이니스이다. 많은 이니스의 추종자들과는 달리 나는 교역의 정치경제 분야의 주제들을 다루는 '초기 이니스'와 커뮤니케이션을 다루는 '후기 이니스'

간의 확연한 단절을 발견할 수 없었다. 그 대신 내가 발견한 것은 그의 저작을 관통하는 일련의 지속적인 주제의식들이었고, 그것은 역사적, 사회학적, 철학적 측면에서 나의 흥미를 불러일으켰다. 다른 무엇보다도 역사적 불확정성에 대한 이니스의 이해는 특히 지적 호기심을 자극하기에 충분했다. 이니스는 사회적 요인들과 자연적 요인들로 구성된 하나의 전체론적 존재론을 만들어냈고, 인간의 집단적 경험에 대한 제약요인으로서 시간-공간 편견의 관념을 제시했다.

이니스의 저작이 어떤 이들에게는 기술결정론의 한 변종으로 비쳤음은 사실이다. 그럼에도 불구하고 내가 이니스의 저술에서 발견할 수 있었던 것은 테크놀로지가 특정의 역사적-지정학적 맥락에서 생성되고 다시 자신을 창조했던 사회로 되돌아가 영향을 미치는—종종 의도되지 않은—과정에 대한 정교한 이해였다. 이러한 '전체론적' 존재론은 이념이나 자연 어느 하나에 특권을 부여하지 않고, 양자가 상호작용적이고 상호구성적인 것으로 본다.

《커뮤니케이션과 세계질서》가 어떤 이론적 영감에서 비롯되었는가에 대해서는 이 정도로 충분한 설명이 되었을 것이다. 그렇다면 이 책의 경험적 분석은 어떠한가? 제 1 장의 서두에 언급했듯이 우리를 둘러싸고 일어나는 어떤 전면적 변화의 함의를 측정하는 것은 언제나 어려운 일이다. 이 책은 매우 극적이고 폭발적인 변화의 가운데서 씌어졌고, 그 변화들 중 일부는 여전히 진행형이다. 10년의 세월이 지난 오늘의 시점에서 볼 때, 이 책이 시간의 시험을 견뎌낸 측면들에 대해서, 그리고 이 책에 고려될 수 있었을 그 동안의 테크놀로지 향상에 대해 논평하고 싶은 욕구를 참기는 쉽지 않다.

나는 《커뮤니케이션과 세계질서》에서 점묘된 세계질서에 관한 주요 결론들이 여전히 유효하다고 믿는다. 1997년 서문에서 나는 이 책이 제시하는 세계질서의 그림을 이렇게 묘사했다.

> 탈영토화된 공동체들, 파편화된 정체성들, 초국적기업들, 그리고 금융의 사이버 스페이스를 통한 흐름으로 채워지는 장소[이다]. 그것은 중개인들, 광신자들, 칼리프들이 캐나다인들, 폴란드인들, 쿠웨이트인들과 마찬가지로 뚜렷하게 부각되는 세계이다. 역설적으로 그것은 복수(複數)의 세계, 다중적 실체들과 비실체들로 이루어진 세계이다. 즉, 구경거리, 종합영화관(*cineplex*), 그리고 세가(Sega) 제품들의 망 속에 한데 얽힌 디지털 인공물이다. 탈근대의 세계질서는 하나의 일체적인 '지구촌'과는 거리가 있다. 영토적으로 구분되는 국민국가의 체계와는 한참 거리가 있는 이 질서는 다중적이고 중첩적인 권위들의 혼성체에 오히려 가까운, 흡사 봉건제와도 같은 '다중심적' 체계이다.

세계질서에 대한 이러한 인식은 과거와 마찬가지로 오늘날에도 적실성을 갖는다고 보인다.

하지만 지난 10년 동안 이루어진 나 자신의 그리고 다른 이들의 연구에 비추어 《커뮤니케이션과 세계질서》를 다시 읽으면서 수정을 가할 수도 있었을 부분들을 찾아내는 것은 자연스럽다. 첫 번째 가능한 수정사항은 이 책에서 그려진 현상과 관련하여 국가가 어떤 역할과 힘을 갖는가의 문제영역에서 발견된다. 이 책은 베스트팔렌 주권국가 체제에 도전하는 탈영토화 과정의 그림을 제시한다. 큰 그림 자체,

특히 세계질서 전반의 성격에 대해서는 여전히 나의 논의가 유효하다고 믿는다. 하지만 국가가 가만히 앉아서 그러한 변화들이 일어나도록 내버려두었던 것은 아니며, 오히려 국가는 진행중인 과정과 변화에 때로는 저항하면서 때로는 적응하면서 적극적인 참여자의 모습을 보여왔다.

예컨대, 내가 주연구자로 관여하고 있는 OpenNet Initiative 프로젝트와 Information Warfare Monitor 프로젝트는 세계의 많은 국가들이 자국 시민들의 정보접근과 언론자유의 통제를 위해, 그리고 사이버스페이스에 대한 지정학적 통제를 위해 점점 더 정교한 형태의 인터넷 콘텐트 필터링과 감시 메커니즘을 구축해 왔음을 보여주었다. 그러나 이러한 현상들을 단순히 '국가의 귀환'과 글로벌 정치의 재영토화로 그리는 것은 잘못일 것이다. 국가는 하이퍼미디어 환경의 시계를 낡은 베스트팔렌 세계질서로 되돌려놓을 수 있는 능력을 갖고 있지 않다. 그럼에도 불구하고 국제정치에서의 국가의 역할과 영향력은 이 책에서 주어진 무게보다는 여전히 더 크다.

두 번째 가능한 수정사항은 《커뮤니케이션과 세계질서》에서 미디어 환경이 묘사되는 방식에 관련된 것이다. 위에서 언급했듯이 이 책에서의 나의 목적은 해럴드 이니스의 전체론적 존재론의 관점에서 커뮤니케이션 양식의 변화에 대한 인과관계를 기술결정론적이지 않은 방식으로 그려내는 것이었다. 나는 사회적 요인이나 자연적 요인 그 어느 쪽에도 특권적 독립변수의 지위를 부여하지 않았고, 사회발전에서 불확정성이 갖는 역할을 유념했다. 기술결정론으로부터 분명히 거리를 두고자 했던 의도에도 불구하고 자연스럽게도 이 책의 주된 내용은 커뮤니케이션 테크놀로지가 사회와 정치에 미치는 영향을 이해하는 것이었지 그 역은 아니었다. 그 과정에서 테크놀로지 자체가 고정된 것이 아니고, 시간에 따라 변화하며, 강력한 사회적 힘의 영향을 받는다는 점이 아마도 간과되었을 것이다. 나는 이러한 쟁점이 오늘날 이론적 의미 이상의 중요성을 갖는다고 보며, 자유, 민주주의, 정보접근과 언론자유 같은 원칙들의 미래에 결정적이라고 생각한다.

하이퍼미디어 환경은 시간적으로 고정되어 있지 않으며, 그 자체가 끊임없는 유동의 과정 안에 있다. 하이퍼미디어 환경이 기본적 인권에 반하기보다는 그것을 증진시키는 힘으로 남기 위해서는 세계의 시민들이 이 새로운 커뮤니케이션 양식이 어떻게 설계되고 구축되는지에 적극적인 관심을 갖지 않으면 안 된다.

2006년 8월

캐나다 토론토에서

로널드 J. 디버트

# 역자 서문

국제관계학을 글자 그대로 이해할 때, 이 분야에 종사하는 대부분의 학자들이 국가간 관계, 특히 힘의 관계에 초점을 맞추어온 것은 지극히 당연하다. 주권적 국민국가들 위에서 어떤 보편적 권위를 누리면서 강제력 집행을 독점할 수 있는 세계정부가 없는, 또는 있을 수 없는 무정부체제하에서 일차적으로는 생존을 위해, 이차적으로는 타국의 힘이 자국의 안보에 위협요인이 되지 않도록 하기 위해 국가는 동원가능한 모든 자원을 사용한다. 우리가 경험할 수 있는 영토적 공간의 정치적 조직화 형태들 가운데 최상의 수준에 있는 국가는 세금을 거두고, 젊은이들을 군대에 보내며, 국민에게 충성심을 요구하고, 민족이라는 상상의 공동체에 관한 신화를 재생산한다. 20세기 후반의 국가는 인류역사상 최초의 '유비쿼터스' 경험을 가능케 한 정치적 공간의 실체이자 논리이다. 현실주의 대 이상주의, 전통주의 대 행태주의, 신현실주의 대 신자유주의의 논쟁들은 하나의 지배적 정치단위로서의 국가들이 상호작용하면서 만들어내는 국제정치 현상들을 어떤 규범적 틀에서, 어떤 방법론으로, 어떤 분석수준에서 설명할 것인가에 관한 것이었지 베스트팔렌 체제라는 특정의 세계질서를 문제영역으로 삼지 않았다.

이 책의 저자 디버트는 국가를 정치적 권위가 조직화되는 한 형태로 간주하고, 베스트팔렌 체제 역시 하나의 '역사적'(달리 말해 영속적이지 않은) 세계질서라고 본다는 점에서 역사주의적, 구성주의적 국제관계이론의 큰 흐름에 속한다. 그러나 이 책을 단순히 국제관계학의 주류시각들에 대한 한 역사주의적, 구성주의적 비판으로 분류하는 것은 적합하지 않다. 사실상 이 책은 학문적 분류 자체가 쉽지 않은 문제영역, 즉 커뮤니케이션 양식이 세계질서 변형에 어떤 영향을 미쳤는지를 다룬다. 커뮤니케이션에 관련된 기존의 국제정치 연구들이 물론 있지만, 그것들은 대체로 국가가 대외정책의 수단으로서 커뮤니케이션을 어떻게 활용했는가를 분석한다. 반면에 커뮤니케이션을 독립변수로 설정한다는 점에서 디버트는 이니스와 맥루한으로 대표되는 미디어 이론의 전통 위에 서 있다. 그러나 미디어 이론이 종종 기술결정론으로 귀결되는 것과는 달리 디버트는 특정의 커뮤니케이션 테크놀로지와 특정의 세계질서 간의 일대일 대응을 상정하지 않는다. 중세, 근대, 그리고 탈근대의 세계질서가 자리잡는 과정에 대한 디버트의 역사적 분석은 커뮤니케이션 테크놀로지의 결정력은 역사적 불확정성의 산물임을 논증하려는 노력이다. 그러한 의미에서 나는 이 책의 학문적 분류명이 굳이 필요하다면 가장 적합한 이름은 '국제관계의 역사사회학'이라고 생각한다.

이 책은 그 자체가 하나의 패스티시 또는 콜라주라고 말할 수 있을 정도로 미디어 이론, 역사사회학, 문화사, 탈근대주의 철학, 구성주의적 국제관계학의 요소들이 섞여 있다. 이 분야들 가운데 어느 하나 또는 일부에만 익숙한 독자들에게는 매우 불편하고 혼란스러운 책일 수 있다. 역자는 바로 그 불편함과 혼란스러움이 이 책의 요란하지 않은 매력이라고 느꼈다. 흔히 탈근대성과 그 기술적 기반에 주목하는 저작들이 보이는 경박함과는 달리 디버트는 탈근대의 세계질서 역시 여러 정치적, 경제적, 이념적 요인들의 역사적 누적의 우연한 결과임을 성실하게 논의한다. 새로운 커뮤니케이션 양식의 등장은 새로운 세계질서의 도래에 중요한 촉매제 역할을 한다는 정도의 온건한 논조이지만, 독자들은 이 책을 통해 우리가 살고 있는 세계에 대한 다양한 단상을 갖게 될 것이라고 기대해본다. 그 혼성곡의 성격 때문에 이 책은 위에서 열거한 그 어느 한 분야에도 그리 능하지 못한 역자에게는 우리말로 옮기기에 참으로 벅찬 대상이었는지도 모른다.

좋은 책의 번역을 권해주신 나남출판의 조상호 사장님과 처음부터 끝까지 언제나 큰 도움이 되어주신 방순영 부장님, 난삽한 원고 덕에 수고가 많았던 윤인영 씨, 그리고 한국어판 서문을 써준 저자에게 감사의 말씀을 드린다.

2006년 8월

조 찬 수

# 서 문

이 책의 주된 주장은 국제정치의 전경(全景)이 디지털-전자 텔레커뮤니케이션—내가 '하이퍼미디어'(*hypermedia*) 환경이라고 부르는 현상—의 도래와 연관된 급속하고 근본적인 변형을 겪고 있으며, 이러한 변형들을 계측하는 가장 유용한 방법은 '미디어 이론'(*medium theory*)의 렌즈를 통하는 길이라는 것이다. 이 렌즈를 통해 나타나는 그림은 분명히 많은 사람들에게 불편한 느낌을 줄 것이다. 탈근대적 세계질서는 탈영토화된 공동체들, 파편화된 정체성들, 초국적기업들, 그리고 금융의 사이버 스페이스를 통한 흐름으로 채워지는 장소이기 때문이다. 그것은 중개인들, 광신자들, 칼리프들이 캐나다인들, 폴란드인들, 쿠웨이트인들과 마찬가지로 뚜렷하게 부각되는 세계이다. 역설적으로 그것은 복수(複數)의 세계, 다중적 실체들과 비실체들로 이루어진 세계이다. 즉, 구경거리, 종합영화관(*cineplex*), 그리고 세가(Sega) 제품들의 망 속에 한데 얽힌 디지털 인공물이다. 탈근대의 세계질서는 하나의 일체적인 '지구촌'과는 거리가 있다. 영토적으로 구분되는 국민국가의 체계와는 한참 거리가 있는 이 질서는 다중적이고 중첩적인 권위들의 혼성체에 오히려 가까운, 흡사 봉건제와도 같은 '다중심적' 체계이다.

'미디어 이론'은 해럴드 이니스(Harold Innis)에 의해 최초로 명시되었고, 그 뒤에 마셜 맥루한(Marshall McLuhan)에 의해 널리 알려졌는데, 이 두 사람 모두 캐나다 학자들로서 현재 내가 교수생활의 행운을 누리고 있는 토론토 대학교에서 가르쳤다. 미디어 이론의 중심명제는 커뮤니케이션 양식의 변화가 사회변화의 궤적, 사회의 가치와 신념에 영향을 미친다는 것이다. 미디어 이론은 이러한 영향의 근원을 상이한 커뮤니케이션 양식들의 독특한 속성들, 즉 역사적으로 시대에 따라 상이한 미디어를 통해 정보가 저장되고 전파되고 배포되는 방식에서 찾는다. 미디어 이론은 전달되는 메시지의 내용보다 커뮤니케이션 환경의 물질적 속성들에 초점을 둔다. 그러므로 맥루한의 진부한 표현을 빌려 말하자면, "미디어가 곧 메시지인 것이다".

본문에서 나는 미디어 이론을 내가 '생태학적 전체론'(*ecological holism*)이라고 부르는 틀 속에서 재정식화하는데, 이 생태학적 전체론은 미디어 이론의 "근원으로 돌아가기 위해" 고안된 것이다. 이러한 재정의는 다음과 같은 작업들을 중심으로 이루어진다. 하나는 위에서 언급된 "환경으로서의 미디어"라는 은유를 끌어내는 것이다. 다른 하나는 사회의 주변에 위치한 사회세력들과 이념들이 테크놀로지 변화의 의도하지 않은 결과에 의해 사회의 중심으로 이동하는 과정을 기술하기 위해 발전의 유추를 사용하는 것이다. 변화의 중심기제를 한편으로는 사회세력들 및 이념들과, 다른 한편으로는 커뮤니케이션 환경 사이의 일종의 우연적 '조응'이라고 본다는 점에서 불확정성(*contingency*)은 나의 분석에서 두드러지는 요소이다. 나는 이러한 방식으로 수정된 미디어 이론을 분석적 렌즈로 삼아 앞선 시대들을 통해 커뮤니케이션 양식의 변화가 세계질서의 변형에 미친 영향을 추적한다. 즉, 중세의 양피지 필사본과 로마 가톨릭 교회의 등장, 인쇄기의 발전과 중세적 정치권위로부터 근대적 정치권위로의 변형, 그리고 하이퍼미디어 환경의 출현과 현재 세계질서의 변화가 분석대상이다. 따라서 나는 우리가 '탈근대'(*postmodern*)의 시대에 살고 있다고 분명히 믿으며, 또 그렇게 믿는 특별한 이유는 하나의 '정신사조'(*mentalité*)로서의 '탈근대주의'(*postmodernism*)가 하이퍼미디어 환경 속에 만개하고 번성하고 있기 때문이다. 그럼에도 불구하고 나의 책을 특징짓는 이론틀은 역사적-유물론적 시각 위에 서 있다. 즉, 데리다(Jacques Derrida), 푸코(Michel Foucault), 또는 리오타르(Jean-François Lyotard)보다는 멈퍼드(Lewis Mumford), 이니스, 그리고 브로델(Fernand Braudel)이 본문의 분석에 영감을 제공한 주된 원천이다.

이 연구의 구성에는 많은 이들이 이런저런 형태로 기여했다. 첫째로, 나의 친구이자 조언자인 마크 재커(Mark Zacher)에게 큰 감사를 표한다. 마크는 내가 이 연구의 매 단계마다 나아갈 수 있도록 도와주었다. 내가 취미로 즐기는 분야를 본격적으로 연구해 보라고 처음으로 제안했던 이가 바로 마크였다. 피자 먹는 것과 관련된 하위분야가 없더라는 결론을 내린 뒤 마크는 TV 보기를 즐기는 나의 기호를 활용해서 커뮤니케이션 연구를 하라고 강권했다. 그 이후로 마크는 흔들림 없는 후원자이자 부지런한 비판자의 역할을 해왔다. 이 분야에 대한 그의 진지함과 열의는 끊임없는 영감의 원천이다.

또한 이 책이 만들어지는 동안 여러 다른 형태의 원고들을 읽어준 많은 이들에게도 고마움을 전하고 싶다. 캐나다 사회과학·인문학 연구 심의회(The Social Sciences and Humanities Research Council of Canada)와 캐나다 국방부의 군사·전략연구 프로그램(Military and Strategic Studies Program)이 이 연구에 재정적 지원을 해주었음을 밝히며 아울러 이에 감사한다. 나의 절친한 친구이자 동료인 닐 로즈(Neal Roese)에게도 특별한 감사의 뜻을 전한다. 그는 원고 전체를 읽고 결정적인 국면들에서 귀중한 결정적 회의(懷疑)를 제공해 주었다. 마지막으로 그리고 가장 중요한 것은 나의 아내이자 최고의 친구인 애나(Anna)와 나의 아이들 에밀리(Emily), 로잘린드(Rosalind), 이선(Ethan)에게 고마움을 전하고 그들에게 이 책을 바친다.

1997년 5월

로널드 디버트(Ronald J. Deibert)

나남신서 · 1166

# 커뮤니케이션과 세계질서

## 양피지, 인쇄술, 하이퍼미디어

차 례

## 제 1 부　인쇄와 중세적 세계질서에서 근대적 세계질서로의 변형

## 제 2 부 하이퍼미디어와 근대적 세계질서에서 탈근대적 세계질서로의 변형

# 서 론

현대는 근본적인 변형이 일어나는 시대라는 인식이 오늘날 세계를 바라보는 많은 이들 사이에 자리잡고 있다. 국제관계 이론가들,[1] 예컨대 존 러기는 우리가 목도하는 것은 "힘의 정치 내에서의 변화가 아니라 힘의 정치가 작동하는 무대의 변화"[2]라고 주장한 바 있다. 이와 유사하게 제임스 로스노는 현대가 "탈국제적 정치"(*postinternational politics*)를 향한 역사적 전환점을 구성한다고 주장한다.[3] 반면에 마크 재커는 "베스트팔렌 신전의 무너져가는 기둥"의 유래를 추적해왔다.[4]

---

1) 이 연구를 통해 나는 이론가들이나 그 연구분야 자체를 가리킬 때는 '국제관계학'(*International Relations*)이라는 용어를 사용(역주: 영문 대문자로 표기)하지만, 근대의 국가들이나 민족들 사이의 실제 관계들을 가리킬 때에는 '국제관계'라는 용어를 사용(역주: 영문 소문자로 표기)할 것이다.

2) John Gerard Ruggie, "Territoriality and Beyond: Problematizing Modernity in International Relations," *International Organization* 47(Winter 1993): 139~140.

3) James N. Rosenau, *Turbulence in World Politics: A Theory of Change and Continuity*(Princeton: Princeton University Press, 1990).

4) Mark Zacher, "The Decaying Pillars of the Westphalian Temple: Implications for International Order and Governance," in James N. Rosenau and Ernst-Otto Czempiel, eds., *Governance without Government: Order and Change in World Politics*(Cambridge: Cambridge University Press, 1992),

획기적 변화에 대한 이러한 믿음은 국제관계학 주류이론 밖의 영역, 이를테면 다가오는 "정보화 시대",[5] "탈산업주의",[6] "탈포드주의"[7] 보다 일반적으로는 "탈근대주의"[8]의 선언 속에 반영되어 있다. 이러한 분석들 각각의 초점과 이론적 관심은 다르지만 그것들을 관류하는 최소한 하나의 공통요소가 있다. 그것은 바로 현재의 변형들이 커뮤니케이션 테크놀로지의 변화, 즉 "정보화 혁명"이라고 통속적으로 알려진 현상과 깊이 맞물려 있다는 인식이다.

커뮤니케이션은 사회적 응집에 필수적이다. 복합적 상징들과 관념들을 전달하는 능력은 인류의 특징의 하나라고 일반적으로 간주된다. 그러나 국제관계학 분야에서 인간들이 의사소통을 하는 수단의 대대적인 변화가 갖는 넓은 함의에 주목하는 이는 아주 드물거나 거의 없었다. 부분적으로 이것은 국제관계학의 보수적 성향에서 비롯된 것일 수 있다. 러기가 지적하는 대로, 국제관계학 이론가들은 "국제체제가 근본적으로 단절될 가능성을 연구하는 데 능하지"[9] 않다. 변형에 대한 연구들이 전반적으로 드물기 때문에 커뮤니케이션 테크놀로지의

---

pp. 58~101.

5) Alvin Toffler and Heidi Toffler, *War and Anti-War: Survival at the Dawn of the 21st Century*(Boston: Little, Brown, 1993); Alvin Toffler, *The Third Wave*(London: Bantan Books, 1983).

6) Daniel Bell, *The Coming of Post-Industrial Society: A Venture in Social Forecasting*(New York: Basic Books, 1973).

7) David Harvey, *The Condition of Postmodernity*(Oxford: Blackwell, 1989); Alain Lipietz, *Mirages and Miracles: The Crisis of Global Capitalism*(London: Verso, 1987); Michael Piore and Charles Sabel, *The Second Industrial Divide*(New York: Oxford University Press, 1984)를 보라.

8) Jean-François Lyotard, *The Postmodern Condition: A Report on Knowledge*(Minneapolis: University of Minnesota Press, 1984); Barry Smart, *Modern Conditions, Postmodern Controversies*(New York: Routledge, 1992)를 보라. 탈근대주의에 대한 보다 광범한 논의를 보려면 제 7 장을 참조하라.

9) Ruggie, "Territoriality," pp. 143~144.

변화가 갖는 함의에 초점을 두는 이가 거의 없다는 것은 전혀 놀라운 일이 아니다. 국제체제에서의 변화를 설명하려는 이들의 전형적 연구 전략은 가장 중요한 변수들로서 생산양식이나 파괴양식 가운데 어느 하나에 초점을 맞추는 것이다.[10] 고려의 대상이 되는 경우에도 커뮤니케이션 테크놀로지는 이러한 다른 요인들의 프리즘을 통해서 보여지거나 그 요인들로 환원되고 만다. 국제정치의 여러 측면들을 조형하는 데 "관념"이나 "지식"이 갖는 독립적 역할을 지적하는 분석들에서도 관념과 지식이 저장되고 전파되고 배포되는 특유한 형식에 대해서는 그에 상응하는 관심이 거의 주어지지 않는다.[11] 아마도 다른 분야들보다 '큰 그림'에 더 관심을 두는 분야라는 점을 고려할 때, 이러한 침묵은 두드러지며 국제관계학 분야 밖에서의 높은 관심도—그로 인해 통속적 설명들과 억측들이 난무하고 있기는 하지만—와는 뚜렷한 대조를 보인다. 우리가 과거로 눈을 돌리면 이러한 대조는 더욱 확연

---

10) 예컨대, Paul Baran, *The Political Economy of Growth*(New York: Monthly Review Press, 1957); Immanuel Wallerstein, *The Modern World System: Capitalist Agriculture and the Origins of the European World Economy in the Sixteenth Century*(New York: Academic Press, 1974); Robert Gilpin, *War and Change in World Politics*(Cambridge: Cambridge University Press, 1981); William McNeill, *The Pursuit of Power: Technology, Armed Forces and Society Since A.D. 1000*(Chicago: University of Chicago Press, 1984); Charles Tilly, *Coercion, Capital, and European States, A.D. 990~1990*(Cambridge: Basil Blackwell, 1990); Daniel Deudney, "Dividing Realism: Security Materialism vs. Structural Realism on Nuclear Security and Proliferation," *Security Studies* 2, nos. 3/4 (Spring/Summer 1993)을 보라.

11) 국제정치의 조형에서 "관념"과 "지식"의 역할에 대해서는 Peter Haas, "Introduction: Epistemic Communities and International Policy Coordination," *International Organization* 46(Winter 1992), pp. 1~35; Joshua Goldstein and Robert Keohane, eds., *Ideas and Foreign Policy*(Ithaca: Cornell University Press, 1993), 특히 pp. 31~54에 실린 John A. Hall의 논문, "Ideas and the Social Sciences"를 보라.

해진다. 과거를 일별하기만 해도 중요한 역사적 전기(轉機)들은 커뮤니케이션 테크놀로지의 주요 변화와 일치함을 알 수 있다.

- 약 3만 5천 년 전의 이른바 "대약진", 즉 현대인이 네안데르탈인을 대체한 진화과정의 한 전기는 단어의 발성을 가능케 해준 성도(聲道)의 발달이라는 생리학적 변화와 일치한다.
- 필기의 발명은 고대 수메르에서 도시국가의 형태로 최초의 문명이 발달한 것과 일치한다.
- 기원전 700년경의 고대 그리스에서의 알파벳의 발달과 문자사용의 확산은 그리스 계몽주의의 시작과 일치한다.
- 서유럽에서의 활자의 발달과 인쇄의 확산은 르네상스와 근대성이 형성되던 초기국면과 일치한다.

여기서의 나의 요지는 이러한 시간적 일치들이 전혀 우연이 아니라는 것이다. 커뮤니케이션 양식, 즉 정보를 저장하고 교환하는 미디어의 변화는 세계적 수준에서의 사회와 정치의 발전과 성격에 중대한 함의를 갖는다. 이러한 주장을 제시하기 위해 나는 국제관계학 문헌에는 대체로 결여되어 있음에도 불구하고 오랜 지적 계보를 가지고 있는 한 이론적 입장을 갱생시키려고 한다. 그것은 바로 "일반 문명사의 한 측면으로서의 커뮤니케이션의 역사"[12]이다. 그 주요 제안자들이 20세기 학자들이기는 하지만 그 분야가 제기하는 주제들은 루소, 로크, 심지어 플라톤까지 거슬러 올라갈 수 있다. 이 분야의 논조와 메타이론적 지향은 19세기 말, 20세기 초의 학문적 전통에서 비롯되었다. 그 전통은 고든 차일드(Gordon Childe), 루이스 멈퍼드(Lewis Mumford), 에드워드 타일러(Edward Tylor)와 같은 사상가들의

---

12) Paul Heyer, *Communications and History: Theories of Media, Knowledge, and Civilization*(New York: Greenwood Press, 1988), p. xiii.

문화유물론적 사유에 기반을 둔 것이었다. 그러나 그 이론을 처음으로 명시하고 적용했다고 일반적으로 인정받는 이는 캐나다의 경제사가인 해럴드 이니스(Harold Adam Innis)이다. 폴 헤이어는 이 "미디어 이론"적 접근법의 핵심을 적절히 요약하고 있다.

> 포괄적으로 말할 때, 그것〔미디어 이론적 접근법〕은 기초적 정보가 지식으로 변형되는 것은 현실에서 유리된 과정이 아니라는 믿음을 가리킨다. 변형의 과정은 그것이 물질적으로 표현되는 방식의 영향을 크게 받는다. 달리 말해, 미디어는 결코 중립적이지 않다. 우리가 세계에 대한 우리의 인지와 지식을 어떻게 조직하고 전달하는가는, 그러한 인지의 성격과 우리가 세계에 대해 알게 되는 방식에 영향을 미친다.[13]

나의 목적은 위에서 언급된 학문적 전통에서 파생되었지만 그것으로부터 수정된 하나의 이론적이고 분석적인 틀을 발전시키고, 이를 세계질서 변형의 문제에 적용하는 것이다. 이 연구를 통해 분명해지겠지만, 그러한 작업에서의 나의 목표는 커뮤니케이션 테크놀로지가 인류사를 해명하는 열쇠라고 주장하는 것도, 변화의 다른 동인들에 대해 커뮤니케이션 양식의 우위를 주장하는 것도 아니다. 오히려 나의 목표는 우리가 커뮤니케이션 양식의 대대적 변화와 세계질서의 변형 사이의 관계 — 오늘날 국제관계학 이론가들에게 중심적 위치를 차지해야 하나 아직 그렇지 못한 문제영역인 — 를 해석할 수 있는 렌즈를 만드는 것이다. 그러한 작업은 출현중인 탈근대적 세계질서의 성격에 대해서도 일단의 통찰력을 제공해줄 수 있다고 나는 믿는다.

이 장을 통해 나는 이론적 배경과 이 연구의 중심초점, 즉 세계질서 변형에서의 커뮤니케이션 테크놀로지의 역할을 개괄적으로 소개할

---

13) Ibid., p. xiv.

것이다. 이러한 분석수준은 대다수의 국제관계학 이론화 작업에 비교할 때 이례적이다. 이 책은 찰스 틸리가 '세계학적'(*worldorical*) 연구라고 부르는 것[14]에 대한 하나의 기여로서 위치시킬 수 있을 것이다. 아래서 볼 수 있듯이, 이 연구는 대부분의 이론가들이 으레 "가정하고 마는" 당연시되는 원리들과 구조들을 "문제삼는다". 그러기 위해서는 당연시되었던 전제들을 걷어내는 작업, 즉 그러한 전제들에 "둔감해지는" 작업이 필요하다. 그러한 작업이 이루어진 뒤에 제1장에서는 이 연구를 특징짓는 이론적 시각이 보다 상세히 개관될 것이다.

### 1) 커뮤니케이션 혁명의 이론화

현재 우리가 커뮤니케이션 테크놀로지의 혁명적 변화를 겪으며 살고 있다는 것은 이론의 여지가 없다. 이러한 변화의 징후는 내가 이러한 단어들을 쓰기 위해 사용하는 기술에서 가장 명백히 드러난다. 몇 개의 버튼만 누르면 나는 이 연구 전체를 몇 초 안에 지구상의 수백만의 사람들 가운데 누구에게라도 보낼 수 있다. 몇 번의 부호화 변경으로 나는 이 연구를 내 홈페이지에 '게시'함으로써 수천 마일 떨어져 살고 있을 익명의 수백만의 사람들이 즉각적으로 나의 연구에 접근할 수 있도록 할 수 있다. 원한다면 나는 토론토에 가만히 앉아서 미국 의회도서관에 들어가 디지털-전자방식으로 현재 저장되어 있고 기하급수적으로 증가하고 있는 정보들 가운데 어떤 것에라도 접근할 수 있다. 이와 유사한 일상적 경험들과 실례들은 풍부하며 잘 알려져 있다. 그러나 변화의 소용돌이 속에 있는 우리는 이러한 발전의 보다 넓은 함의를 어떻게 이해하는가? 우리가 향하는 곳을 우리는 어떻게 평가할 수 있는가? 과장된 분위기에 휩쓸리지 않으면서 우리가

---

14) Charles Tilly, *Big Structures, Large Processes, Huge Comparisons* (New York: Russell Sage Foundation, 1984), p. 61.

그러한 이해와 평가를 가질 수 있는 방법은 무엇인가? 달리 말해, 이러한 변화들과 세계적 수준에서 사회와 정치 사이의 관계에 대한 일정한 시각을 제공할 적절한 틀이나 지침을 우리는 어디서 찾을 수 있는가?

이러한 문제들에 대한 해답들을 찾는 이들은 국제관계학 문헌 안에서 수많은 예비적 실마리를 찾으려는 강박을 느끼게 될 것이다. 국제관계학에는 커뮤니케이션 자체를 중심초점으로 삼는 연구전통이 없다. 이러한 일반적 경향에 대해 유일한 예외를 보여준 학자인 칼 도이치는 이른바 '정보화 혁명'을 둘러싼 최근의 발전이 이루어지기 전에 대부분의 연구를 집필했다.[15] 게다가 그의 연구는 어떤 미디어가 사용되는가와는 관계없이 국가간에 이루어지는 계측 가능한 커뮤니케이션 흐름에 초점을 맞춘 것이기 때문에 커뮤니케이션 테크놀로지의 변화에 관심 있는 이들에게는 그 용도가 제한적이다.

물론 최근에는 '정보기술' 또는 '미디어'를 언급하는 연구들이 늘어나고 있기는 하나 그러한 연구들 중 다수가 커뮤니케이션을 맑스주의자들과 신맑스주의자들의 자본주의 생산양식, 또는 안보 유물론자들의 군비기술과 같은 독립변수들에 비해 부차적인 것으로 다룬다.[16] 커뮤니케이션 테크놀로지에 주목하는 몇 안 되는 예외적 연구들에는 제임스 로스노의 《세계정치의 소용돌이》,[17] 최근에 사이버 스페이스의 새로운 감각체계에 대한 많은 시사점을 제공한 탈근대주의 및 탈구조주의 연구들,[18] 그리고 커뮤니케이션의 "정치경제"에 관한 편서

15) Karl Deutsch, *The Nerves of Government: Models of Political Communication and Control* (New York: Free Press, 1963); Karl Deutsch, *Nationalism and Social Communication* (Cambridge: MIT Press, 1966)를 보라. 도이치의 작업에 대한 보다 상세한 개관은 제 1 장에서 이어질 것이다.

16) 각주 10)에 인용된 연구들을 보라. 국제관계학 내에서의 커뮤니케이션 연구에 대한 보다 광범한 논의와 개관은 제 1 장에서 이어질 것이다.

17) Rosenau, *Turbulence in World Politics*.

한 권[19]이 있다. 몇몇 군사분석가들 또한 새로운 커뮤니케이션 및 정보 테크놀로지에 의한 군사전략 영역에서의 "혁명"에 초점을 두기 시작했다.[20] 이와 같은 시도들은 국제관계학 분야에서 커뮤니케이션 테크놀로지가 적어도 주의를 끌기 시작하고 있음을 보여주는 중요한 징후이다. 그러나 전반적으로 이 문제영역은 여전히 심각한 저발전 상태에 있다. 이처럼 다양한 분석들과의 공통점에도 불구하고 이 연구는 이론적 시각과 범위에서 기존 연구들과 크게 다르다. 또한 나는 이 연구가 의미있는 새로운 기여임을 논증하고 싶다. 국제관계학과 커뮤니케이션 테크놀로지의 연계에 대한 연구의 결핍에 관해서는 제 1 장에서 더 언급될 것이다.

물론 국제관계학 분야 밖에는 새로운 커뮤니케이션 테크놀로지가 사회, 문화, 정치에 미치는 영향에 대한 많은 논의들이 있으며, 그것들은 종종 통찰력을 제공하고 대중적 흥미를 불러일으킨다. 그러한 문헌들은 물론 사회과학적 양식으로 씌어지지 않고, 따라서 체계적이기보다는 저널리스틱하거나 선정주의적인 경향이 있다. 이 경우에 문제는 연구의 결핍이기보다는 과장의 범람이다. 기계파괴론자(*Luddite*)들과 낙관론자들의 견해는 지난 두 세기 동안 이루어진 모든 기술혁신에 수반해서 나타났다. 오늘날 커뮤니케이션 테크놀로지 자체의 복제 및 배포능력으로 인해 그러한 견해들은 천 배는 과장되는 모습을

---

18) 내가 특별히 염두에 두고 있는 연구들은 James Der Derian, *Anti-Diplomacy: Spies, Terror, Speed, and War*(Oxford: Blackwell, 1992); Timothy W. Luke, *Screens of Power: Ideology, Domination, and Resistance in Informational Society*(Urbana: University of Illinois Press, 1989)이다.

19) Edward Comor, ed., *The Global Political Economy of Communication: Hegemony, Telecommunication, and the Information Economy*(New York: St. Martin's Press, 1994).

20) 예컨대, Martin Libicki, "The Emerging Primacy of Information," *Orbis* (Spring 1996), pp. 261~276을 보라.

볼 수 있다.[21] 이러한 출판물들의 범람을 제어하는 것은 분명히 이 책을 쓰는 과정에서 보다 도전적인 과제들 가운데 하나였다. 예를 들어, 제임스 베니거는 새로운 커뮤니케이션 테크놀로지와 연관된 주요한 사회적 변형들에 대해 1950년과 1984년 사이에 씌어진 75권 정도의 책들을 열거하며 격분했다.[22] 우리가 현재 살고 있는 환경, 또는 현재의 우리의 모습, 또는 미래의 우리의 모습은 저자에 따라 '후사(後史) 시대의 인간', '후기 자본주의 사회', '이데올로기의 종언', '컴퓨터 혁명', '탈문명화 시대', '불연속성의 시대', '정보기술의 시대', '테크놀로지의 공화국', '연결된 사회'로 불린다. 물론 '제 3의 물결'도 빼놓을 수 없다.[23] 커뮤니케이션의 속도와 범위가 끝없이 향상되고 있

---

21) 커뮤니케이션 테크놀로지에서의 과거의 혁신이 어떻게 유토피아의 전조(前兆)나 절망의 원인으로 알려졌는지에 대해서 통찰력있는 개관을 제공하는 다음의 두 연구를 참조. James Carey, *Communication as Culture: Essays on Media and Society* (Boston: Unwin Ityman, 1989); Ithiel de Sola Pool, "Foresight and Hindsight: The Case of the Telephone," in *The Social Impact of the Telephone* (Cambridge: MIT Press, 1976).

22) James R. Beniger, *The Control Revolution: Technological and Economic Origins of the Information Society* (Cambridge: Harvard University Press, 1986), pp. 4~5. 실체가 없는 공간으로의 또 다른 예언적 도약을 제시하는 듯한 제목과는 달리 베니거의 분석은 커뮤니케이션 테크놀로지의 발전에 대한 보다 흥미롭고 균형적인 접근법들 가운데 하나이다.

23) Roderick Seidenberg, *Posthistoric Man: An Inquiry* (Chapel Hill: University of North Carolina Press, 1950); Ralf Dahrendorf, *Class and Class Conflict in an Industrial Society* (Stanford: Stanford University Press, 1959); Daniel Bell, *The End of Ideology: On the Exhaustion of Political Ideas in the Fifties* (New York: Basic Books, 1960); Edmund Berkeley, *The Computer Revolution* (New York: Doubleday, 1962); Kenneth E. Boulding, *The Meaning of the Twentieth Century: The Great Transition* (New York: Harper and Row, 1964); Peter Drucker, *The Age of Discontinuity* (New York: Harper and Row, 1969); Zbigniew Brzezinski, *Between Two Ages: America's Role in the Technetronic Era* (New York: Viking Press, 1970); Daniel J. Boorstin, *The Republic of Technology: Reflections on Our Future*

는 현상의 함의를 포착하려는 성급한 시도 속에서 지금 여기서 무엇이 일어나고 있는지에 대한 분석은 종종 안개 낀 미래에 우리에게 "무엇이 준비되어 있는지", 우리가 무엇을 할 수 있을 것인지에 대한 과장으로 대체된다.[24] 과장의 결과는 저자의 성향에 따라 낙관론이나 절망감을 불러오는 것이 일반적이지만, 어떤 쪽이든 과장은 흥미로운 읽을거리를 제공한다. 결국 국제정치의 현재 흐름에 대한 분석은 빈약해질 수밖에 없다.

커뮤니케이션 테크놀로지의 변화가 사회와 정치에 미치는 영향을 중심초점으로 삼는 유일한 연구전통은 "미디어 이론"[25]에서 발견된다. 이 접근법은 맥루한(Marshall McLuhan)과 연결되어 있다(물론 그가 유일한, 또는 최초의 미디어 이론가라는 것은 아니다). 맥루한은 아마도 가장 많이 인용되면서도 가장 잘 이해되지 못하는 "정보화 시대" 이론가일 것이다.[26] 미디어 이론의 중심 주장은 커뮤니케이션 양식의 변화,

---

*Community*(New York: Harper and Row, 1978); James Martin, *The Wired Society*(Englewood Cliffs, N. J.: Prentice-Hall, 1978); Toffler, *The Third Wave*. 나는 이 저작들이 똑같이 통찰력을 갖거나 똑같이 빈약하다는 인상을 주고 싶지는 않다. 단지 나는 지난 몇십 년 동안 일어난 획기적 변화를 다루는 문헌이 이렇게 축적되어왔음을 보여주려 했을 뿐이다. 나와 비슷한 불만을 표시하는 저작으로는 W. Russell Neuman, *The Future of the Mass Audience*(Cambridge: Cambridge University Press, 1991), pp. 5~6을 보라.

24) 카스텔스의 표현대로, "예언들은 분석을 대신하는 경향이 있다". Manuel Castells, *The Informational City: Information Technology, Economic Restructuring, and the Urban-Regional Process*(Oxford: Basil Blackwell, 1989), p. 1을 보라.

25) 미디어 이론의 "*medium*"은 정보가 교환되는 매개체를 가리키는 것이지 "거대"(*grand*) 이론에 "중범위"(*medium*; 또는 *middle-range*-역주) 이론을 대비시킬 때처럼 이론의 규모나 성격을 지칭하는 것이 아니다.

26) 이 연구에 인용되는 맥루한의 다른 저작들 이외에 특히 그의 *The Gutenberg Galaxy*(Toronto: University of Toronto Press, 1962); *Understanding Media: The Extensions of Man*(New York: McGraw-Hill, 1964)를 보라.

예를 들어 원시시대의 구두(口頭) 문화에서 문자사용으로의 변화나 인쇄에서 전자 커뮤니케이션으로의 변화가 사회발전의 경로와 사회의 가치와 신념에 중요한 영향을 미친다는 것이다. 미디어 이론은 이러한 영향들의 원인을 전달되는 내용이나 메시지와는 무관하게 미디어 자체의 속성에서 찾는다. 달리 말해, 상이한 커뮤니케이션 양식들은 특정한 '논리'나 '성격'을 갖는다는 주장이다. 하지만 이러한 주장이 어떤 결정론적 의미를 갖는 것은 아니다. 단지 미디어가 커뮤니케이션을 더 쉽게 또는 더 어렵게 만든다는 의미이다.[27] 커뮤니케이션이 이처럼 인간존재에 필수적인 부분이기 때문에 커뮤니케이션 양식의 변화는 사회 내 권력배분, 개인적 및 사회적 인지의 성격, 그리고 특정한 집단을 움직이는 가치와 신념과 같은 요소들에 중대한 영향을 미치게 된다.

미디어 이론은 최근의 커뮤니케이션 테크놀로지의 발전을 고려하면 기대보다 낮은 관심을 받아왔다. 이러한 무관심은 미디어 이론의 두 거장인 해럴드 이니스(미디어 이론의 '아버지')[28] 와 마셜 맥루한('전자시대의 철인') 이 자신들의 이론을 청중들에게 소개한 방식과 적어도 간접적 연관이 있다. 두 이론가 모두 이해하기 어렵고 복잡한 문체로 악명이 나 있었다. 이러한 결점으로 인해 잘못된 해석이 나왔고 동시에 심화된 연구를 어렵게 만들었다. 이니스의 글들은 서둘러 씌어진 것처럼 보인다. 마치 그의 비교적 이른 죽음 전에 결코 완성되지 못할 큰 연구계획을 위한 초고들인 듯한 느낌을 준다. 반면에 맥루한은 독자에게 총알과 같은 경구적 질문들을 제기하는 식의 '모자이크'식 문체를 의식적으로 구사했다. 그러나 "면밀한 탐구"와 "거창한 일반화"는

---

27) Neuman, *The Future of the Mass Audience*, p. 48.

28) 이니스의 저작으로는 *Empire and Communications*(Oxford: Oxford University Press, 1950); *The Bias of Communication*(Toronto: University of Toronto Press, 1951)을 보라.

동전의 양면일 수 있다. 대중적 악명을 널리 얻으면서도 맥루한의 저작은 학계에서는 덜 친절한 대접을 받았다. 그것은 아마도 맥루한의 분석이 빈약했기 때문보다는 한 학자가 널리 명성을 얻을 때 학계 내에서 일게 마련인 시기 때문이었을 것이다. 근본적 원인이 무엇이든간에 1980년에 맥루한이 죽을 때까지 미디어 이론의 요체는 "지구촌"이나 "미디어가 메시지이다"와 같은 몇 개의 닳아빠진 상투어들로 단순화되어 왔다. 오늘날까지 그러한 주장들 밑에 깔려 있는 이론적 근거들은 인식되지 않은 채로 남아 있다.

제 1 장에서 나는 미디어 이론에 대한 수정과 변형을 가할 것이다. 이것은 비판을 통해 그리고 시간이 흐르면서 오도되고 과장되고, 또는 논지에서 벗어난 것으로 보이는 요소들은 버리면서 이 접근법의 핵심명제들을 되살리려는 것이다. 이러한 수정과 변형작업의 대부분은 이 접근법의 "근원으로 되돌아가려는", 즉 내가 미디어 이론 발전의 모태라고 보는 문화유물론적 또는 사회인류학적 기반을 파헤치려는 시도들이다. 또한 나는 미디어 이론의 기본원리들을 고든 차일드, 루이스 멈퍼드와 같은 인류학자들, 그리고 페르낭 브로델(Fernand Braudel), 마르크 블로흐(Marc Bloch), 좀더 최근으로는 조르주 뒤비(Georges Duby)와 자크 르 고프(Jacques Le Goff) 등의 프랑스 아날(Annales)학파의 중세사가들이 대표하는 훨씬 깊은 학문적 전통에 연결시킨다. 미디어 이론을 이보다 깊은 학문적 전통에 삽입시킴으로써 우리는 사회변화에서 커뮤니케이션 테크놀로지가 갖는 역할에 대한 보다 전체론적 관점을 명시화할 수 있다. 또한 그러한 작업은 미디어 이론을 좀더 명료하게 국제관계학 분야 안에 위치시킬 수 있게 해준다. 제 1 장에서 지적하겠지만, 내가 수정과 변형을 가한 미디어 이론의 기저를 이루는 "생태학적 전체론"(*ecological holism*)은 국제관계학 분야의 역사주의자들인 존 러기, 로버트 칵스(Robert Cox), 대니얼 듀드니(Daniel Deudney) 등의 작업에 가장 근접한다. 또한 생태학적 전체론

은 앨릭젠더 웬트(Alexander Wendt), 프리드릭 크래토치윌(Friedrich Kratochwil), 니콜라스 오너프(Nicholas Onuf)에 의해 발전된 사회구성론적 접근법들과 밀접한 유사성을 갖는다. 동시에 나의 관점은 주류 신현실주의 및 신자유주의 이론들과 같이 보다 몰역사적이고 주지주의적인 접근법과는 근본적으로 갈라진다. 주류 주지주의적 접근법들이 "당연하고", "본질적이며", "불변적"이라고 전제하는 것들이 사실은 역사적 불확정성의 산물이며 따라서 시간이 흐르면서 변화하게 된다는 주장이 내가 이 연구의 가장 중요한 기여들 가운데 하나라고 보는 것이다.

### 2) 세계질서 변형의 연구

여기서의 연구대상인 커뮤니케이션 영역에서 일어나는 것과 같은 근본적 변화들은 정의상 사회 전체에 걸쳐 영향을 미친다. 이처럼 변화의 폭이 압도적일 만큼 클 때 특정한 관계를 설명하기 위해서는 초점을 상당히 좁혀야 한다. 미디어 이론이 과거에는 다양한 분석수준에서 광범한 문제영역들에 적용되었지만, 이 연구의 초점은 커뮤니케이션 양식의 변화와 세계질서(*world order*) 변형 사이의 관계에 있다. 그렇다면 이 분석의 초점이 어떤 결과를 보여주는지를 분명히 밝히는 것이 중요하다.

대부분의 사람들이 "국제관계"를 생각할 때, 전쟁, 통상, 외교, 그 형태야 어쨌든간에 국가들 혹은 민족들 사이의 관계를 떠올리는 경향이 있다. 실제로 국제관계학 분야의 대부분의 연구는 바로 이러한 유형의 질문들, 즉 그 존재가 대체로 당연시되는 정치적 단위들간의 상호작용에 초점을 맞춘다. 국제관계에 대한 이론들은 일반적으로 하나의 기본구조를 가정한다. 즉, 그들은 영토적으로 구분되는 주권국가들에 의한 정치적 권위의 분할을 당연시하고 그러한 국가들간의 관계를 이론화한다. 로버트 칵스가 지적했듯이, 이러한 분석수준은 "권력관계가 안정적이거나 고정적으로 보이는" 조건하에서, 즉 체제의 기본구조가 당연하게 받아들여질 때 적합하다.[29] 그러나 그러한 상호작용이 이루어지는 바로 그 범위 안에서 근본적인 변화가 생긴다고 생각한다면, 통상적으로 가정되고 마는 것을 문제시하는 좀더 깊은 분석수준이 요구된다.

이보다 깊은 분석수준은 세계적 수준에서의 정치적 권위의 구조, 즉 일반적으로 '세계질서'라고 지칭되는 것에 초점을 둔다.[30] 이러한 분석수준이 이 연구에서 결정적 위치를 차지하기 때문에 '세계질서'의 내용을 풀어놓고 그 의미를 좀더 주의깊게 정의할 필요가 있다. 첫째, 세계질서는 지구 전체에 반드시 상응할 필요는 없다. 달리 말해, 우리는 그 자체로서 하나의 세계를 이루는 지역들에서 지구촌 전체에 이르기까지 여러 상이한 수준에서의 세계질서를 생각할 수 있다. 둘째, 표준적 의미에서의 세계질서는 특정한 역사적 시점의 특정한 세계에서 발견되는 정치적 권위의 구조나 통치체제를 가리킨다.[31] 일반

---

29) Robert W. Cox, "Social Forces, States and World Order: Beyond International Relations Theory," in Robert O. Keohane, ed., *Neorealism and Its Critics*(New York: Columbia University Press, 1986), p. 210.

30) 세계질서에 대한 다양한 논의로는 다음을 보라. Cox, "Social Forces, States and World Order"; Cox, "Towards a Post-Hegemonic Conceptualization of World Order: Reflections on the Relevancy of Ibn Khaldun," in Rosenau and Czempiel, eds., *Governance without Government*; Hedley Bull, *The Anarchical Society: A Study of Order in World Politics*(London: Macmillan, 1977); Bull and Adam Watson, eds., *The Expansion of International Society*(Oxford: Oxford University Press, 1984); Watson, *The Evolution of International Society*(New York: Routledge, 1992); Daniel Deudney, "Binding Powers, Bound States: The Logic and Geopolitics of Negarchy," (Paper presented at the International Studies Association meeting, Washington, D.C., March 28~April 2, 1994).

31) 이 정의는 각주 30)에서 열거된 저작들에서 가져온 것이다. 이 정의를 따르

적으로 말해, 그것은 "인류가 사회적으로 개인화되고 개인들이 다시 집합체로 묶이는 기반"[32]을 가리킨다. 세계질서는 이러한 단위들간에 진행중인 일상적 관계에 초점을 두지 않으며, 이러한 일상적 관계들이, 가령 특정한 권력배분하에서의 강자편승(*bandwagoning*) 성향과 같이, 재발을 통해 구별 가능하게 되는 패턴을 형성하는지에도 초점을 두지 않는다.[33] 오히려 세계질서의 초점은 그 단위들 자체의 성격과 공간적 조직화에 주어진다. 그러한 조직화를 뒷받침하는 이념, 가치, 원리는 무엇인가, 정치적 권위의 실제적 단위들이 제도적·기능적으로 어떤 모습을 갖는가 등의 문제에 착목한다.

'정치적 권위'에 대한 좀더 정확한 정의로는 아마도 '경기의 규칙을 정하는 권리'가 최상일 것이다.[34] 정치에서 가장 기본적이고 중요한 개념들 가운데 하나가 정치적 권위이지만, 그것은 또한 가장 다루기 어렵고 혼돈을 일으키는 개념이기도 하다. 예를 들어, 대부분의 사람들이 오늘날 권위를 주권-영토국가에 위치시키지만, 모든 통치체제가 영토적 기반을 가지거나 상호배타적인 것은 아니다. 존 러기는 다중

---

면 "질서"는 반드시 갈등의 부재와 같은 뜻은 아니라는 점을 명백히 해야 한다. 전쟁을 현저한 특징으로 하는 무정부체제조차도 이 정의에 의하면 "세계질서"의 하나에 속한다. 무정부체제에 대한 논의로는 Bull, The Anarchical Society, ch. 1; Cox, "Post-Hegemonic Conceptualization of World Order," pp. 136~137을 보라.

32) John Gerard Ruggie, "'Finding our Feet' in Territoriality: International Transformation in the Making,"(Mimeo: 1990), p. 3; 아울러 Ruggie, "Territoriality," p. 148을 보라.

33) Kenneth Waltz, *Theory of International Politics*(Reading, Mass.: Addison-Wesley, 1979); Robert Jervis and Jack Snyder, eds., *Dominoes and Bandwagons*(New York: Oxford University Press, 1991)을 참조.

34) 비슷한 견해로 Ruggie, "Territoriality and Beyond"; Janice E. Thompson, "State Sovereignty in International Relations: Bridging the Gap Between Theory and Empirical Research," *International Studies Quarterly* 30, 2(June 1995), pp. 213~233을 보라.

적이고 중첩적인 정치적 권위의 층들로 특징되는 통치체제로서 중세 봉건제를 지적한 바 있다(봉건제에 대해서는 뒤에서 더 자세히 다루어질 것이다).[35] 또한 종종 정치적 권위의 개념은 국가의 '통제' 또는 '자율성'의 개념과 혼동된다.[36] 관측자들이 국경간의 통상이나 커뮤니케이션의 흐름을 지적하고 그 속에서 '주권의 종언'이나 권위의 상실을 볼 때, 그들이 종종 지적하는 것은 사실은 국가통제의 상실이다. 국가통제의 상실과 정치적 권위의 재주형(再鑄型) 사이에 모종의 관계가 있을지는 모르나, 제니스 톰슨이 주목하는 바처럼, 두 개념은 주의깊게 구별되어야 한다.[37] 세계질서 연구의 올바른 초점은 바로 정치적 권위가 상이한 시대와 상이한 맥락에서 표출되는 특수한 형태이지 흐름을 통제하거나 자율적으로 움직이는 능력(또는 능력의 부재)이 아니다.

세계질서 연구를 개념화하는 한 방법은 건축학적 유추이다. 건조물마다 공간의 질서를 만들고 공간을 배열하고 분할하는 서로 다른 원리와 스타일이 있다. 건조물의 기능 또한 각기 특수하다. 계단통이나 출구는 전략적 위치에 놓이는 반면에 복도는 많은 사람들의 통행을 원활하게 하거나 반대로 사적이고 배타적인 용도를 살리기 위해 설계될 수 있다. 특정한 건조물의 공간질서를 연구하는 건축분석가는 건조물에 거주하는 사람들의 대화나 관계가 아니라 건조물 자체에 관심을 가질 것이다. 아마도 그는 그 건조물의 설계를 특징짓는 사회적 뉘앙스와 문화적 스타일에서 출발하여 다음으로는 구조 전체를 지탱하는 전반적 건축원리로 옮겨가고 최종적으로는 건조물 내부의 공간배분, 즉 방과 층의 수와 배치를 주의깊게 개관할 것이다. 이와 유사

---

35) Ruggie, "Territoriality and Beyond."

36) Thompson, "State Sovereignty in International Relations," p. 216; Stephen D. Krasner, "Compromising Westphalia," *International Security* 20, no. 3(Winter 1995/1996), p. 118을 보라.

37) Thompson, "State Soverignty in International Relations," pp. 216~217.

하게, 세계질서라는 건조물에 대한 분석에서 관심사는 정치적 권위의 단위들간의 관계이기보다는 "단위들" 자체의 구성이다. 여기서 초점은 질서에 의미를 부여하는 사회적 뉘앙스와 문화적 스타일, 정치적 권위를 구성하고 정당화하는 원리와 규칙, 그리고 마지막으로 정치적, 경제적, 사회적 조직을 구조화하고 분화시키는 제도들의 성격에 주어진다. 세계질서의 연구는 따라서 무엇보다도 세계적 수준에서의 정치적 공간의 조직화, 즉 정치적 권위의 건축에 대한 연구이다.

'정치적' 권위가 주된 초점이기는 하지만, 특정한 세계질서의 성격에 영향을 미치는 요소들의 다양성을 강조하는 것이 중요하다. 그 요소들에는 생존의 조직화와 생산, 물리적 안전의 확보, 정신적, 종교적, 또는 다른 형이상학적 열망의 공급이 포함된다. 결과적으로 세계질서의 연구는 그 범위가 넓고 사회학적일 수밖에 없으며, 좁은 '정치' 개념을 넘어서는, 깊은 저류를 형성하는 힘을 추적해야 한다. 본질적으로 이론적 범주에 속하는 것과 세계질서의 실체를 혼동하지 않는 것 역시 중요하다. 달리 말해, 우리는 과거 또는 미래의 세계질서의 구성에서 '정치', '경제', '종교'를 구분했던 '근대적' 전제를 가져서는 안 된다. 이러한 범주들이 뒤엉켜 연결되는 시대에 살고 있는 이들에게 사실상 그러한 구분은 자신들의 언어 속에서 아무런 개념적 대응물을 갖지 못할 것이다. '정치적 권위의 구조'로서의 세계질서에 대한 이러한 색출적 초점은 시간의 흐름에 따라 편협하고 '근대성'의 전형인 것으로 비칠 수도 있으나, 그것은 아직 그 지적(知的) '현금가치'를 완전히 잃지 않았다.[38]

38) 내가 말하고 있는 것은 오늘날 대부분의 정치학자들이 "정치적 권위"를 정의하는 공통적인 방식이다. 그러므로 사고와 논의를 어떤 사회적 실제를 중심으로 행하는 것은 하나의 분석적 도구로서 여전히 유용하다. 그러나 오늘날 유용하다고 해서 그것이 반드시 과거에 그러했다는 것을 의미하지는 않으며, 미래에 대해서도 마찬가지이다.

이렇게 볼 때, 세계질서는 아날학파의 역사가들이 장기지속(*longue durée*)이라고 부르는 것의 한 예이다. 러기가 지적하듯이, 장기지속은 단순히 긴 시간대를 가리키는 것이 아니다. "그것은 일상적 사건들에 대비되는 의미에서의 대규모의 역사적 구조, 즉 일상적 사건들을 보다 확장된 시간대에 걸쳐 주형할 수 있는 구조의 삶을 묘사한다".[39] 이러한 역사적 구조들은 사람들의 지속적 관행을 이루는 한 부분이기 때문에 "그 자체로 인간본성과 사회적 교류의 고정적 속성들로 간주되게 된다".[40] 물론 그러한 인식은 사실이 아니다. 인간의 역사를 통해 나타난 통치체제들이 모두 동일한 형태를 가졌던 것은 아니기 때문이다. 달리 말해, 과거의 세계질서들 사이에는 정치적 권위의 건축이 변형을 겪는 '결절점'(*breaking point*)이 존재했다. 현재의 시기가 그러한 결절점들 가운데 하나로 정의될 수 있는가는 세계질서 연구에서 학자들의 상당한 관심을 끌기 시작하는 문제이다. 이론가들이 점점 더 주권국가체제의 기원, 즉 중세의 정치적 권위에서 근대의 정치적 권위로의 변형을 되돌아보고 근대 세계질서 자체를 '문제시'하기 시작한 이유가 바로 여기에 있다.

이 책의 연구전략은 주권국가체제를 가져다 준 변형으로 되돌아가 그것을 검토하고 그로부터 교훈을 끌어내 현재의 변화들에 적용하는

---

39) Ruggie, "Finding out Feet," p. 7; 아울러 Ruggie, "International Structure and International Transformation: Space, Time and Method," in Ernst Otto-Czempiel and James N. Rosneau, eds., *Global Changes and Theoretical Challenges: Approaches to World Politics for the 1990s*(Lexington, Mass.: D. C. Heath/Lexington Books, 1989), p. 29. 브로델과 장기지속에 대해서는 Fernand Braudel, *On History*, trans. Sarah Matthews(Chicago: University of Chicago Press, 1980); Stuart Clark, "The Annales Historians," in Quentin Skinner, ed., *The Return of Grand Theory in the Human Sciences*(Cambridge: Cambridge University Press, 1985), pp. 177~198을 보라.

40) Cox, "Social Forces, States and World Orders," p. 246.

것이다. 오늘날과 마찬가지로 중세의 정치적 권위에서 근대의 정치적 권위로의 변형은 사람들이 의사소통하는 방법의 큰 변화, 즉 구텐베르크의 인쇄기 발명과 일치했다. 미디어 이론을 하나의 지침으로 사용함으로써 이 연구의 제 1 부는 커뮤니케이션 양식의 이러한 변화가 정치적 권위의 변형에서 담당한 역할을 검토한다. 그리고 나서 동일한 이론적, 분석적 렌즈를 사용하여 제 2 부에서는 현대로 눈을 돌려 내가 하이퍼미디어 환경이라고 지칭하는 새로운 디지털-전자 커뮤니케이션과 근대의 정치적 권위에서 탈근대의 정치적 권위로의 변형이 갖는 관계를 검토한다.

커뮤니케이션 테크놀로지에 초점을 둔다는 점에서 이 연구의 범위는 제한적일 수밖에 없다. 특히 중세에서 근대로의 변형에 초점을 맞추는 제 1 부가 그러하다. 나의 주된 목적은 커뮤니케이션 테크놀로지의 변화와 세계질서의 변형을 해석하는 렌즈를 개발하는 것이다. 국가의 등장이나 중세의 역사를 더 포괄적으로 또는 개론적으로 다루려는 이들은 다른 연구를 참조하는 편이 나을 것이다. 이러한 전제하에 나는 이 연구가 오늘날 우리가 향하는 곳에 대한 하나의 중요한 지침을 제공할 수 있다고 믿는다. 커뮤니케이션 테크놀로지는 생산에서 안보, 지식, 문화에 이르기까지 인간 상호작용의 모든 영역에 연관되어 있다는 점에서 유일무이한 현상이다. 결과적으로 커뮤니케이션 테크놀로지의 변화는 삶의 다른 영역들에서 일어나는 변화들에 영향을 미치는 동시에 그 변화들을 보는 창을 제공한다. 그러므로 커뮤니케이션 양식의 변화에 초점을 맞춤으로써 우리는 세계질서의 변형 전체의 성격과 방향에 대한 통찰력을 얻을 수 있을 것이다. 이 장의 나머지는 본문의 분석틀을 제공하기 위해서 중세와 근대의 세계질서를 개괄적으로 다룰 것이다.

### 3) 중세 및 근대 세계질서의 구조

중세 세계질서의 구조에 대해 일반화한다는 것은 본질적으로 위험한 작업이다. '중세'를 정적(靜的)인 불모의 시대로 보던 시대는 지났다. 오늘날 중세연구의 흐름은 문화적 다양성과 독특성의 확인, 말하자면 "아래에서 위로의"(*from the bottom up*) 시각을 향하고 있다.[41] 구조적 특징들은 중세적 삶의 이와 같은 풍부한 복합성과 다양성을 항상 가리는 경향이 있고, 그래서 좀더 일반적 패턴에서 벗어나서 시대간, 지역간에 나타나는 차이의 복잡한 모순적 뉘앙스들을 무시할 위험이 있다. 그러나 정의상 구조에 대한 연구는 "일상적 현실보다 더 심층에 있는 현상을 드러내고, 템포가 좀더 느린 운동을 포착"[42]하기 위해 어느 정도의 일반화를 필요로 할 수밖에 없다. 중요한 맥락상의 세부사항들과 '무수히 많은 자잘한 영역들'[43]을 필연적으로 옆으로 제쳐놓는 위험을 무릅쓰고 중세의 절정기와 후기(대략 11세기에서 15세기에 걸친 시기)의 세계질서 형태에 대해 시도된 몇몇 광범한 일반화는 대부분의 중세연구가들 사이에서 받아들여지고 있다.[44]

---

41) 중세연구의 이러한 경향을 보여주는 것으로는 Norman Cantor, *Inventing the Middle Ages: The Lives, Works and Ideas of the Great Medievalists of the Twentieth Century*(New York: Morrow, 1991)를 보라.

42) Ruggie, "International Structure and International Transformation," in Czempiel and Rosenau, eds., *Global Changes and Theoretical Challenges*, p. 21.

43) Jacques Le Goff, *Medieval Civilization*(Oxford: Oxford University Press, 1988), p. 95.

44) 중세의 시기구분은 까다로운 문제이다. 시간대의 적절한 배치와 시대간의 핵심적인 차이들에 대한 상당량의 논쟁이 있지만, 나는 중세를 세 시기로 구분하는 전통적 방법을 따르기로 했다. 4세기의 로마 몰락에서 대략 시작해서 10세기 또는 11세기에 이르는 시기가 중세 초기, 11세기에서 13세기까지가 중세 절정기, 14세기와 15세기가 중세 후기를 이룬다. Umberto Eco, *Travels in Hyper Reality*, trans. by William Weaver(San Diego: Harcourt

서로 다른 지역들의 정서가 경쟁적이고 중첩적이기는 했으나 당시의 서유럽 전체는 하나의 정신적 공동체를 이루고 있었다고 해도 무방하다. "거의 모든 중세인들은 두 종류의 지평 사이에서 모순적으로 움직였다"고 르 고프는 말한다. 그들은 "자신들이 살고 있는 개간지의 제한된 지평과 기독교 전체세계의 먼 지평" 사이에 존재했던 것이다.[45] 우주론적 측면에서 기독교의 정신적 공동체는 그리스도를 정점으로 하고 교회와 그 가시적 수장인 교황이 그를 추종하는 "하나의 거대한 존재의 사슬"[46], 즉 위계질서를 갖추고 있었다. 그것은 최상부에서 최하부까지 종교가 깊이 스며든 사회, "인간과 우주의 운명이 … 서구화된 기독교 신학과 종말론에 의해 획정된"[47] 경계 안에서 인식되는 사회였다. 모든 과거와 현재의 신도들은 하나의 거대한 성체(*corpus mysticum*) 안에서 매끈하게 연결되어 있었다.[48]

기독교의 통일성이, 특히 비기독교 세계와의 구분을 통해, 넓은 의미에서의 공통의 정체성을 제공하기는 했지만, 그것은 결코 하나의 정치구조로 구체화되지는 못했다. 부분적으로 그 이유는 "권력의 실제적 사회구조, 여행과 의사소통의 어려움, 혼란스러운 지역간 차이가 어떠한 정치적 통일성도 가로막았다"[49]는 점에 있었다. 중세 후기

---

Brace Jovanovich, 1983), pp. 73~75와 Cantor, *Inventing the Middle Ages*, ch. 1을 보라.

45) Le Goff, *Medieval Civilization*, p. 95.

46) Arthur Lovejoy, *The Great Chain of Being* (Cambridge: Harvard University Press, 1957)을 보라.

47) Marc Bloch, *Feudal Society*, vol. 1, trans. by L. A. Manyon (Chicago: The University of Chicago Press, 1960), p. 81. 아울러 Susan Reynolds, *Kingdoms and Communities in Western Europe, 900~1300* (Oxford: Clarendon Press, 1984), p. 6과 Jens Bartelson, *A Genealogy of Sovereignty* (Cambridge: Cambridge University Press, 1995), pp. 91~95를 보라.

48) Ernst H. Kantorowicz, *The King's Two Bodies: A Study in Medieval Political Theology* (Princeton: Princeton University Press, 1957), p. 194.

의 정치적 지배는 다중적이고 중첩적인 권위구조가 특징인데, 이는 주로 위계적이고 사인화된 봉건적 관계에 기반한 것이었고, 종종 여러 사회적, 문화적 소단위들의 관할권 경쟁을 수반했다. 페리 앤더슨의 표현으로 그것은 "특수주의적 의존체계의 혼합"[50] 이었다. 대부분의 경우에 수직적, 수평적 권력체들은 동일한 비배타적인 영토적 경계 안에서 엉켜 있었기 때문에 사람들이 수많은 영주들, 교회들, 도시들, 또는 군주들 가운데 누구의 지배를 받는지를 모호하게 만들었다.[51] 로마황제 권위의 흔적, 교황과 군주간의 상호연결망, 상속이 유동적인 왕국들, 자유도시들, 게르만 정착지들, 흩어져 있는 공국들, 이 모두가 영토적 경계보다는 기독교 공동체의 신성한 종속국들과 봉건적 통치체제의 사인적 연계들에 의해 결정되는 정치적 공간 속에 공존하고 있었다. 헨드릭 스푸룻이 말한 대로, "교회, 신성로마제국, 그리고 봉건제"는 모두 "비영토적 조직원리"에 기반을 둔 것이었다.[52]

'중세의 세계질서에는 '내부'와 '외부', 또는 '사적' 영역과 '공적' 영역 사이의 분명한 구분이 없었다. 각 영역은 사인화된 관할권들로 융합되어 있었다. 정치적 공간을 상호배타적인 주권적, 정치적 실체들로 구분하는 근대적 관념은 당시의 철학자들에게는 "불쾌한 무정부상태, 즉 위계적으로 질서잡힌 우주라는 자신들의 기본가정에 모순되는, 가히 불경(不敬)이라 할 상태"[53] 로 간주되었을 것이다. 사회를 가로지르는 어떤 분명한 경계선이 있었다면, 뒤비가 설명했듯이, 그것은 세 가지 기능의 구분이었다. 즉, 기도하는 이들, 전투하는 이들,

49) Garrett Mattingly, *Renaissance Diplomacy* (London: Cape, 1955), pp. 19~20.

50) Perry Anderson, *Lineages of the Absolutist State* (London: New Left Books, 1974), p. 33.

51) Le Goff, *Medieval Civilization*, p. 96.

52) Hendrick Spruyt, *The Sovereign State and Its Competitors* (Princeton: Princeton University Press, 1994), p. 55.

53) Mattingly, *Renaissance Diplomacy*, p. 26.

노동하는 이들의 기능적 구분이 있었을 뿐이다.[54] 형식적 측면에서 중세 후기는 무정부 상태, 즉 하나의 최상수준의 정치적 권위를 결여하고 있었지만, 그것은 구성단위들이 스스로를 "하나의 보편적 공동체를 국지적으로 체현하는 존재"[55]로 여겼던 체제였다. 러기가 적절히 기술한 바처럼, 중세의 세계질서는 "정치적 공간, 즉 영토적 권리와 주장의 타율적 조직화를 의미했다".[56]

이러한 중세의 타율적 구조로부터 영토적으로 구분되고 상호배타적인 주권을 갖는 국민국가들로 이루어진 근대세계로의 변형은 몇 세기에 걸친 변화를 포괄하는 느린 과정이었다. 전통적으로 이론가들이 근대국가체제의 기원을 1648년의 베스트팔렌 평화체제에서 찾기는 하지만, 근대국가체제의 등장을 알리는 특정한 해가 존재하지 않기 때문에 어떤 시점을 부여하는 것은 다소 자의적이다.[57] '중세적'이라고 여겨지는 것들은 오늘날 '근대성'의 척도라고 여겨지는 것들과 오랫동안 공존했다.[58] 더구나 이러한 변형을 가능케 하는 주동력으로 어떤

---

54) Georges Duby, *The Three Orders: Feudal Society Imagined*, trans. by Arthur Goldhammer (Chicago: The University of Chicago Press, 1980), p. 150.

55) John Gerard Ruggie, "Continuity and Transformation in the World Polity: Toward a Neorealist Synthesis," in Robert O. Keohane, ed., *Neorealism and Its Critics* (New York: Columbia University Press, 1986), p. 143.

56) Ibid.

57) 근대국가체제 등장의 시점으로서의 1648년 베스트팔렌 평화체제에 대해서는 Zacher, "The Decaying Pillars of the Westphalian Temple"; Leo Gross, "The Peace of Westphalia, 1648~1948," in Richard A. Falk and Wolfram F. Hanrieder, eds., *International Law and Organization* (Philadelphia: Lippincott, 1968), pp. 45~67; F. H. Hinsley, *The Pursuit of Peace* (Cambridge: Cambridge University Press, 1963)을 보라.

58) 이 점에 대해서는 Jacques Le Goff, *The Medieval Imagination*, trans. by Arthur Goldhammer (Chicago: University of Chicago Press, 1985), 특히 "중세의 연장에 대해서"("For an Extended Middle Ages")라는 제목의 절을

하나의 압도적인 변수가 따로 존재하지도 않았다. 그 대신 근대 세계질서의 기원은 마이클 만이 "거대한 일련의 동시발생"[59] 이라고 부르는 것에 있었다. 아날학파를 끌어들임으로써 중세에서 근대로의 변형을 다룬 러기의 최근 논문은 그러한 다면적인 '동시발생'의 일부에 대한 흥미로운 개관을 제공한다. 그는 생태인구학적, 환경적 측면에서의 기본적인 물질적 변화에서 출발하여 군사 및 생산기술, 탐사와 여행, 전략 및 교역관계의 변화로 옮겨가서는 최종적으로 집단정서(*mentalités collectives*)의 중요한 변화에 시선을 돌린다. 이러한 복합체 내부의 상이한 변수들 가운데 어느 하나에 비중을 두는 것은 우연성의 상호연결을 고려하면 오도된 것은 아닐지라도 다소 무익하다 할 수 있다. 우리가 중세에서 근대로의 변형으로부터 결론지을 수 있는 것은 기껏해야 "새로운 정신적 태도의 창조가 광범한 물질적, 경제적 변화와 함께 이루어질 때, 무언가 중대한 사태가 발생한다"[60] 는 것이다. 수세기에 걸쳐 나타난 결과는 근대 세계질서, 즉 영토적으로 구분되고 상호배타적인 주권적 국민국가들의 출현이었다.

근대 세계질서의 핵심적 특징은 앞서 정의한 바처럼, 모든 경제적, 사회적, 문화적 활동이 상호배타적이고 기능적으로 유사한 정치적 실체들 또는 영토적 '묶음들'(*bundles*)[61] 로 파편화되고 분절화되는 과정

---

보라. 아울러 Krasner, "Compromising Westphalia," p. 141; Kransner, "Westphalia and All That," in Judith Goldstein and Robert O. Keohane, eds., *Ideas and Foreign Policy: Beliefs, Institutions, and Political Change* (Ithaca: Cornell University Press, 1993)을 보라.

59) Michael Mann, "The Rise of the European State," in James Anderson, ed., *The Rise of the Modern State* (Brighton, Sussex: Wheatsheaf Books, 1986), p. 16.

60) John Dewey, *Reconstruction in Philosophy* (Boston: Beacon Press, 1957), p. 53.

61) 근대 세계질서를 "묶음들"로 비유하는 것에 대해서는 David J. Elkins, *Beyond Sovereignty: Territory and Political Economy in the Twenty-First Century*

에 있다. 봉건적 통치체제를 특징지었던 비영토적 조직원리를 대체하면서 정치적 권위는 점차 고정된 영토적 공간에 대한 행정적 통제로 합체되어 갔다.[62] 좀더 구체적 수준에서 그 변형은 영토적 공간을 하나의 중심에서 지배하는 중앙집권화된 국가관료제의 창출을 수반했다. 이러한 '집중화' 과정의 일부로서 중세 기독교 공동체는 처음에는 군주 개인을, 나중에는 민족적-언어적 유대, 즉 '국민'을 중심으로 하는 별개의 공동체 정체성들로 원자화되었다. 근본적으로 유럽에서 근대 세계질서의 구조를 특징지었던 것은 정치적 권위가 영토적으로 구분되고 주권적 국민국가들로 분할되는 과정이었다.

정치적 공간이 조직화되는 이러한 양식은 모방되고 강요되면서 점차 확산되었고, 20세기에 이르러서 지구 전체를 포괄하게 되었으며, 1950년대 중반의 탈식민화 이후에 강력히 재확인되었다.[63] 오늘날 그것은 글로벌 수준에서의 세계질서의 지배적 패러다임[64]이다. 이 패러

(Toronto: University of Toronto Press, 1995); Friedrich Kratochwil, "Of Systems, Boundaries, and Territoriality: An Inquiry into the Formation of the State System," *World Politics* 34(October 1986), pp. 27~52를 보라.

62) Spruyt, *The Sovereign State and Its Competitors*, p. 36.

63) Gerrit W. Gong, *The Standard of 'Civilization' in International Society* (Oxford: Clarendon Press, 1984); Robert H. Jackson, *Quasi-States: Sovereignty, International Relations and the Third World* (Cambridge: Cambridge University Press, 1991)을 보라. 세계를 조직화하는 한 원리로서의 '주권' 개념의 변화에 대한 유익한 개관으로는 J. Samuel Barkin and Bruce Cronin, "The State and Nation: Changing Norms and Rules of Sovereignty in International Relations," *International Organization* 48(Winter 1994), pp. 107~130을 보라.

64) 여기서 내가 '범형'이라는 단어를 쓰는 것은 근대 세계질서가 대부분의 사람들에게 세계를 보는 지배적인 방식이면서도 국제정치에서 새로이 등장하는 탈근대적 실제를 보여주지는 못한다는 점을 강조하기 위한 것이다. 크래토치윌의 표현으로, "조직원리와 사회적 실체 사이의 괴리"가 현재 존재하는 것이다. Kratochwil, "Of Systems, Boundaries and Territoriality," p. 27. 탈근대 세계질서에 대한 그러한 '개념적 장애물'은 이 연구의 결론에서 중점

다임을 일상적으로 강화하는 사회적, 정치적, 경제적 활동들의 넓은 범위에서 증명되듯이, 그 제도적 뿌리는 깊다. 가장 기본적 수준에서 세계인의 압도적 다수는 한 국가 안에서 투표하고, 한 국가의 여권을 휴대하며, 자신들을 한 특정 주권국가의 시민이고 따라서 그 정부와 법의 지배를 받는다고 간주한다.[65] 이라크의 쿠웨이트 침공에 대한 국제사회의 반응에서 드러나듯이 주권적인 영토적 경계의 침범은 여전히 강력한 비난의 대상이다.[66] 그리고 세계 도처의 대다수 독립운동은 여전히 자신들의 압도적인 정치적 목표를 주권획득으로 규정하고 있다. 이처럼 서로 맞물려 있는 수많은 이념들과 사회적 실제들이 야말로 "국가가 다른 사회적 실체들과 널리 연계되어 있고, 개인적 정체성의 한 기본적 원천으로서의 시민권 개념 자체에 깊이 반영되어 있기 때문에 국가를 제거하기란 무척 어려운 일"[67]이라고 결론지을 때 스티븐 크래스너가 염두에 두었던 것이다.

하지만 이 서론의 첫 페이지에서 지적했듯이, 이제 많은 학자들은 정치적 공간을 조직화하는 이러한 양식의 지속가능성을 의문시하기 시작했다. 많은 이들이 오늘날 국제정치에 근본적 변형이 이루어지고 있다고 느낀다. 그들 가운데 일부는 그 변형이 획기적 규모의 것이며, 단순히 냉전의 종식에 그치지 않고 정치와 공동체 자체를 조직화하는 것이라고 믿는다. 환경적 변화에서 경제적, 군사적 변화에 이르기까지 모든 것이 점점 더 근대 세계질서의 구조에 대한 근본적 도전

---

적으로 다루어질 것이다.

65) Richard Falk, "Sovereignty," in Joel Krieger, ed., *The Oxford Companion to Politics of the World*(New York: Oxford University Press, 1993).

66) 이러한 관점을 확인해주는 것으로는 Robert H. Jackson, "Dialectical Justice in the Gulf War," *Review of International Studies* 18, no. 4(1992), pp. 335~354를 보라.

67) Stephen D. Kransner, "Sovereignty: An Institutional Perspective," *Comparative Political Studies* 21, no. 1(April 1988), p. 90.

을 제기하는 것으로 보인다.[68] 그러나 다른 이들에게는 그러한 변화들이 전혀 새로운 의미를 갖지 않으며, 주권국가체제는 세계질서의 근본적 기반으로 남아 있다.[69] 이 연구는 이러한 논쟁에 건설적으로 기여하려는 희망에서 제시되는 것이다. 본문에서 드러나겠지만, 이 연구는 근대 세계질서의 범형에 전통적으로 "제도적 깊이"를 제공한 서로 맞물려 있는 수많은 요소들이 급속히 폐기되고 있다는 결론을 강력히 제시한다. 정치적 권위의 구조는 근본적 변형을 겪고 있다는 것이다. 등장하고 있는 세계질서에 대한 명확한 개요를 제공하기는 너무 이르지만, 우리 눈앞에 드러나는 추세는 하나의 대중적 정체성, 선형적(*linear*)인 정치적 경계, 영토적 공간을 중심으로 한 배타적 관할권에서 다중적 정체성과 비영토적 공동체, 중첩적 경계, 비배타적 관할권으로의 움직임이다. 이러한 방향으로의 진전이 계속되는가 아닌가는 미래의 여러 불확정적(*contingent*) 요인들에 달려 있다. 그러나 분명히 오늘날 일어나고 있는 커뮤니케이션 테크놀로지의 변화는 그러한 추세가 지속될 것임을 암시한다.

---

68) 지면의 제약으로 상세한 개관을 할 수는 없지만, 결론에서 나는 오늘날의 세계질서 변형을 지적하는 다른 몇몇 연구들을 간략히 개설할 것이다. 좀더 포괄적인 개관으로는 Zacher, "The Decaying Pillars of the Westphalian Temple"을 보라.

69) 예컨대, 이 연구의 결론에서 보다 자세히 언급될 Krasner, "Compromising Westphalia"를 보라.

# 제 1 장
# 미디어 이론, 생태학적 전체론 및 세계질서 변형의 연구

'정보화 혁명'에 대한 기존의 많은 분석들은 대체로 공론적(空論的)이며, 논의의 빈곤은 현재 펼쳐지고 있는 전면적 변화에 대한 평가의 원천적 어려움을 드러낸다. 사후관찰에 의한 확신이 없는 상태에서, 천리안을 갖지 못한 상태에서 이론은 필수적이다. 비록 맥락구속적일 수밖에 없다 하더라도 이론은 사회적·정치적 제도들의 갑작스런 파열로 인해 혼란스러워 보이는 현상에 질서를 부여하는 도구인 것이다. 국제관계학이 전통적으로 커뮤니케이션에 관심을 기울이지 않았다는 점을 고려할 때, 커뮤니케이션에 주목하는 나의 작업은 일차적으로 학문적 경계를 넘어서는 작업일 수밖에 없다. 이는 잠재적 위험을 갖는 모험이다. 그러나 그것은 오랫동안 '인위적으로'[1] 유지된 학

1) 여기서 나는 '인위적'이라는 단어를 '인간의 기교와 노력에 의해 만들어지는' 이라는 글자 뜻 그대로의 의미로 사용한다. 학문적 경계선들이 세계 자체 내의 어떤 '자연적' 구분을 반영한 것이 아니라 색출적 목적을 위한 규약에 불과하다는 것을 강조하기 위해서이다. 칵스의 말을 빌면, "학문적 규약들은 실제세계라는 이음새 없는 연결망을 각각 이론화된 별개의 영역들로 갈라놓는다. 이것은 이해를 확보하는 데 필수적이고 실제적인 방법이다". 그러나 칵스가 곧이어 지적하듯이, "규약에 의해 현실을 그렇게 분할하는 것은 지성

문적 경계선으로 인해 고착된 엉성한 독단적 가정들을 흔들어 놓을 수 있음을 보여주는 모험이다.

동시에 다른 분야들에서 따온 접근법들은 고유한 결점들을 갖고 있을 가능성이 많다는 것을 인지하는 것도 중요하다. 우리는 교차학문적(*cross-disciplinary*) 연구 자체를 영웅시하지 않도록 조심해야 한다. 한 특정한 논의체계 내부에서 특유한 문제들을 해결하기 위해 고안된 어떤 이론이 몽땅 다른 논의체계 속으로 수정 없이 이식될 수 있는 가능성은 적다. 이 책에서 이니스, 맥루한, 그리고 다른 미디어 이론가들의 기본적 통찰들은 "생태학적 전체론"(*ecological holism*)이라 불리는 진화론적 접근법 안에 놓여질 것이다. 명칭은 새롭지만 실제로 그 접근법 자체는 많은 미디어 이론가들의 저작 속에 이미 내포된 것을 종합하고 상술하는 것이다. 즉, 사회발전의 궤적, 인간존재의 본질과 성격, 두 가지 측면에서 모두 연속성보다는 불확정성을 강조하는, 개방적이고 비환원론적이며 철저히 역사주의적인 관점이다. 이후의 논의에서 분명해지겠지만, 이 접근법은 주류 국제관계학의 이론화 작업과는 크게 다르면서도 적어도 한 명의 탁월한 이론가, 존 러기의 저작에서 비슷한 논조를 발견할 수 있고 다른 이들과도 중요한 공통점을 갖는다.

이 장에서 나는 국제관계학 분야에서 커뮤니케이션을 다룬 기존문헌에 대한 검토부터 시작한다. 이후의 논의에서 드러나겠지만, 커뮤니케이션을 중심대상으로 삼는 연구는 많지 않다. 더구나 그나마 존재하는 연구들은 중대한 점에서 결함을 가지고 있거나, 그렇지 않으면 나의 중심적 과제, 즉 커뮤니케이션 테크놀로지의 변화와 세계질서 수준에서의 사회적·정치적 변화 사이의 관계에 대한 검토에는 부적합하게 설계되어 있다. 그러므로 나는 미디어 이론의 중심주장들을

---

의 편의를 위한 것일 뿐임을 명심하는 것이 좋다". Cox, "Social Forces, States and World Orders," p. 204.

요약하고, 이 접근법에 기여한 주요 이론가들을, 그들의 통찰력이 적용된 논제들과 함께 간략히 소개하려 한다. 그리고 나서 나는 미디어 이론에 대한 여러 비판들을 배경으로 삼아 미디어 이론에 대한 실질적 수정과 변경을 제시하면서 미디어 이론을 이 연구의 특수한 관심사에 맞추고 국제관계학 분야 내부에 좀더 명료하게 위치시키려 한다. 미디어 이론에 대한 이러한 수정으로부터 이후 장들에서의 연구를 조직화하는 데 사용될 분석적 도식이 드러날 것이다.

## 1. 국제관계학 이론과 커뮤니케이션

국제관계학 분야에는 커뮤니케이션에 대한 뚜렷한 '학파'나 '범형'이 없다. 사실상, 칼 도이치를 제외하고는 커뮤니케이션을 다룬 국제관계 이론가들은 거의 없다. 이론가에 따라 개별적으로 커뮤니케이션이나 정보화를 자신들의 연구에서 언급할 수는 있지만 명백하게 커뮤니케이션 접근법이 채택된 경우는 드물다. 이처럼 커뮤니케이션과 국제관계학의 연계가 저발전되어 있기는 하지만, 양자의 상호작용에 대해 스치는 관심 이상의 것을 보여주는 주제들이나 문제영역들이 분명히 있다.

국제관계 이론가들이 제한적 의미에서 커뮤니케이션을 명시적 연구대상으로 삼아 왔다. 그들의 초점은 테크놀로지가 아닌 내용(*content*)에 주어져 왔고, 이는 여기서 사용되는 이론적 시각과는 정반대되는 것이다. 예컨대, 대외정책의 도구로서의 선전(*propaganda*)에 대해서는 상당한 연구가 이루어졌다. 국제적 지지를 얻기 위해 또는 적을 간접적으로 손상시키기 위해 국가가 메시지를 조작하는 방법이 주목의 대상이었다.[2] 내용의 맥락에서 행해진 또 다른 연구들은 미디어 표상(*media representations*), 또는 국제적 사건들의 '틀짓기'(*framing*), 그리고 이러한 표상들이 국내여론에 영향을 미치고 따라서 대외정책 결과에 영향을 미치는 방식에 초점을 맞추어 왔다.[3] 이러한 특정한 접근법들은 베트남 전쟁 기간 동안, 그리고 그 후에 '최초로 텔레비전에 비쳐진 전쟁'이라는 새로운 현상이 수많은 학자들의 주목을 끌면서 널리 사용되었다.[4] 이 접근법을 사용한 것들 가운데는 내용과 상황 사이의 관계를 보는 많은 중요한 연구들이 포함되어 있다. 우리는 이들 중에서 위기시의 커뮤니케이션,[5] 문화간 커뮤니케이션,[6] 협상과 교

---

2) 다음의 예들을 보라. Thomas C. Sorenson, *The Word War: The Story of American Propaganda* (New York: Harper & Row, 1968); Z. A. B. Zeman, *Nazi Propaganda*, 2nd ed. (New York: Oxford University Press, 1973); J. A. Emerson Vermaat, "Moscow Fronts and the European Peace Movements," *Problems of Communism* (November-December 1982), pp. 43~56; Harold Lasswell, Daniel Lerner, and Hans Speier, eds., *Propaganda and Communication in World History* (Honolulu: University of Hawaii Press, 1980); L. John Martin, *International Propaganda: Its Legal and Diplomatic Control* (Gloucester, Mass.: P. Smith, 1969); W. Philips Davison, "Political Communications as an Instrument of Foreign Policy," *Public Opinion Quarterly* 27 (1963), pp. 28~36.

3) William Dorman and Mansour Farhang, *The US Press and Iran: Foreign Policy and the Journalism of Deference* (Berkeley: University of California Press, 1987); Alan Rachlin, *News as Hegemonic Reality: American Political Culture and the Framing of News Accounts* (New York: Praeger, 1988); Robert M. Entman, "Framing US Coverage of International News: Contrasts in Narratives of the KAL and Iran Air Incident," *Journal of Communication* 41 (Autumn 1991), pp. 6~27. '틀 분석'(frame analysis)에 대해서는, Erving Goffman, *Frame Analysis: An Essay on the Organization of Experience* (Cambridge: Harvard University Press, 1974)를 보라.

4) Michael Arlen, *Living Room War* (New York: Viking Press, 1969).

5) Karl Deutsch, "Mass Communication and the Loss of Freedom in National Decision-Making: A Possible Research Approach to Interstate Conflict," *Journal of Conflict Resolution* 1 (1957), pp. 200~211; John W. Burton, *Conflict and Communication: The Use of Controlled Communication in International Relations* (London: Macmillan, 1969); Robert Jervis, *Perception and*

섭에서의 커뮤니케이션,[7] 전시의, 또는 외교적 커뮤니케이션[8]에 관한 연구들을 발견할 수 있다.

내용을 중심대상으로 하는 접근법들 가운데에는 통제(*control*)를 다루는 연구들도 있다. 이 영역에서의 연구는 자본의 이익을 증진시킬 것인가 아니면 국가의 이익을 증진시킬 것인가를 둘러싼 논쟁을 제한하고 주형하는 이념적 편견이 어떻게 미디어의 소유방식에 의해 창출되는가를 고찰한다.[9] 예컨대, 그람시안(*Gramscian*) 국제관계이론 학파는 미디어에 대한 통제와 초국가적 엘리트에 의한 문화적 헤게모니 사이의 관계를 강조한다.[10] 통제를 중심대상으로 하는 접근법들의 또 다른 공통된 초점은 정보가 풍요로운 북(*North*)과 정보가 빈곤한 남

---

*Misperception in International Politics*(Princeton: Princeton University Press, 1976); Jacob Berkovitch, "Third Parties in Conflict Management: The Structure and Conditions of Effective Mediation in International Relations," *International Journal* 40(Autumn 1985), pp. 736~752.

6) J. M. Mitchell, *International Cultural Relations*(London: Allen & Unwin, 1986).

7) Oran Young, *The Intermediaries: Third Parties in International Conflict*(Princeton: Princeton University Press, 1967); Charles Lockhart, *Bargaining in International Conflicts*(New York: Columbia University Press, 1979); Raymond Cohen, *Negotiating Across Cultures: Communication Obstacles in International Diplomacy*(Washington, D.C.: United States Institute of Peace, 1991).

8) John R. Wood and Jean Seers, *Diplomatic Ceremonial and Protocol*(New York: Columbia University Press, 1970); Raymond Cohen, *Theatre of Power: The Art of Diplomatic Signalling*(London: Longman, 1987); James Der Derian, *On Diplomacy: A Genealogy of Western Estrangement*(Oxford: Basil Blackwell, 1987).

9) 유용한 개관으로는 Noam Chomsky, *Necessary Illusions: Thought Control in Democratic Societies*(Boston: South End Press, 1989)를 보라.

10) Stephen Gill, ed., *Gramsci, Historical Materialism, and International Relations*(Cambridge: Cambridge University Press, 1993)를 보라. 아울러 Comor, ed., *The Global Political Economy of Communication*을 보라.

(*South*)의 종속관계를 정보의 흐름이 어떻게 심화시키고 공고화시키는지이다.[11] 신 세계정보질서(*New World Information Order*)처럼 그와 같은 불균형을 시정하려는 정책제안들은 이러한 이론가들[12]에 의해 도출된 결론의 직접적 산물이었다. 통제를 중심대상으로 하는 연구들은 커뮤니케이션의 흐름이 문화적 제국주의를 확대하면서 '문화적 주권' 또는 국가자율성을 위협하는 방식을 강조하는 경향이 있다.[13] 이 분석들의 초점이 미디어의 통제에 있기는 하지만, 그 의도는 그러한 통제가 내용을 어떻게 결정하는지, 어떤 것이 궁극적 관심사인지를 보여주려는 것이다. 이러한 시각에서, 새로운 커뮤니케이션 테크놀로지는 통제의 효율성을 높이고 범위를 넓히며, 그럼으로써 패권적 이데올로기의 침투 잠재력을 제고시키는 한에서 중요하다. 그러나 궁극적으로 커뮤니케이션 테크놀로지는 그 자체의 변형력을 갖는 것이기보다는 모든 것을 지배하는 글로벌 자본주의 생산양식 내부의 부차적 변수로 이해된다.

국제관계학 이론가들에 의한 커뮤니케이션 연구 모두가 내용만을 다루는 것은 아니다. 커뮤니케이션 유동(*flow*)에 관한 칼 도이치의 개척적 연구는 중요한 예외이다.[14] 아마도 커뮤니케이션/국제관계학 연

---

11) Hamid Mowlana, *Global Information and World Communication: New Frontiers in International Relations*(New York: Longman, 1986).

12) Thomas McPhail, *Electronic Colonialism: The Future of International Broadcasting and International Communication*, 2nd ed.(Beverly Hills: Sage, 1987).

13) Kaarle Nordenstreng and Herbert I. Schiller, eds., *National Sovereignty and International Communication*(Norwood, N.J.: Ablex Publishing, 1979); C.J. Hamelink, *Cultural Autonomy in Global Communications*(New York: Longman, 1983); John Tomlinson, *Cultural Imperialism: A Critical Introduction*(Baltimore: Johns Hopkins University Press, 1991)을 보라.

14) Deutsch, *The Nerves of Government*; Deutsch, *Nationalism and Social Communication*.

계와 가장 동일시될 수 있을 인물인 도이치는 정치적 행위의 설명에서 의사소통적 상호작용에 중심적 역할을 부여하는 독특하고 혁신적인 저작체계를 구성했다. 도이치의 수많은 저작들을 열어볼 때마다 독자는 극명한 대조에 눈길을 빼앗기지 않을 수 없다. 한편으로 도이치는 분석의 배경으로서 세부사항까지 풍부한, 격조높은 역사적 해석들을 정교하게 만들어 낸다. 하지만 그의 관심이 설명으로 돌아서면 모든 것에 우선하는, 거의 강박관념이라 할만큼의, 통계학적 엄밀성에 대한 집착이 지배한다. 정량(定量)분석에 대한 도이치의 관심이 매우 컸기 때문에 커뮤니케이션에 대한 그의 형식적 분석은 커뮤니케이션 과정 가운데 계량 가능한 부분, 즉 유동에 국한되었다. 도이치에게 커뮤니케이션 유동은 국민통합과 국제통합의 수준을 결정하는 것이다. 이를테면, 우편이나 전화가 오가는 밀도와 양으로 측정되는 커뮤니케이션 유동이 어떤 집중적 패턴을 보일 때 그것은 어떤 공동체를 특징짓는 요소가 된다. 커뮤니케이션 유동의 불균등성은 국제정치에서 민족주의가 왜 그토록 만연하는지를 설명하는 데 도움을 준다. 이 방정식, 그리고 도이치에 의하면 통합에 대한 설명을 뒤바꿔 말하면 유동의 밀도가 공동체의 범위를 결정한다는 것이다. 유동이 증가함에 따라 지방주의(*parochialism*)는 힘을 잃게 된다.

도이치의 저작은 1950년과 1980년 사이에 정치학자들, 발전이론가들, 사회학자들 사이에서 전성기를 누렸던 근대화 장르의 한 중요한 부분으로 위치짓는 것이 아마도 최상일 것이다.[15] 근대화 이론가들은

15) 근대화론의 저작들로서는 다음을 보라. Edward Morse, *Modernization and the Transformation of International Relations*(New York: Free Press, 1976); Walt Rostow, *Politics and the Stages of Growth*(Cambridge: Cambridge University Press, 1971); Walt Rostow, *The Stages of Economic Growth: A Non-Communist Manifesto*(Cambridge: Cambridge University Press, 1960); George M. Foster, *Traditional Cultures and the Impact of Technological Change*(New York: Harper, 1962).

미디어의 속성들이 중요하다는 점을 인정했지만, 그것은 단지 미디어가 커뮤니케이션의 유동이나 효율성을 향상시킬 때에만 주어지는 좁은 의미에서의 인정이었다. 커뮤니케이션의 유동은 국지적 정체성들이 해체되고 좀더 공고화된 국민적 정체성이 보다 전반적인 국가형성 프로젝트의 일환으로서 등장하는 과정을 돕는 도구로 인식되었다. 따라서 문자습득 인구의 증가는 집중화된 '대중 미디어' 체계의 창출 및 유지와 마찬가지로 전반적인 정치발전의 핵심요소로 보여졌다. 유럽과 다른 지역에서의 다원적 안보공동체의 발전 잠재력에 초점을 맞출 때에도 도이치와 그의 동료들은 단지 근대화의 범형을 일국 경계를 넘어 확대시키기만 했다.

도이치의 분석이 갖는 주된 문제점은 커뮤니케이션의 증대가 동화(同化)를 낳는 경향이 있다는 관점을 너무 쉽게 채택했다는 데 있다. 도이치의 가정들로부터 외삽(外揷 ; *extrapolation*)을 가할 때, 우리는 커뮤니케이션의 밀도가 높아질수록 인간공동체는 부족에서 국가로, 국가에서 지역으로, 지역에서 초국가(*supranations*)로 단일화될 것이라고 기대할 것이다. 그러나 종종 사실은 정반대로 나타난다. 증대된 커뮤니케이션 유동이 반드시 공통의 정체성으로 귀결되지는 않는다.[16] 유동 그 자체는 우리에게 상호작용의 본질에 대해 말해주는 것이 거의 없다. 달리 말해, 증대된 문화간 커뮤니케이션은 통합으로의 유혹보다는 오히려 적대적 반발로 쉽사리 이어질 수 있다. 1970년대와 그 이후에도 도이치의 학생들이 그의 접근법을 계속 사용했지만, 커뮤니케이션 유동에 대한 순수하게 정량적인 분석의 효용은 제한적이다.[17]

---

16) Walker Connor, "Nation-Building or Nation-Destroying?," *World Politics* 24(April 1972), pp. 319~355.

17) Donald J. Puchala, "Integration Theory and the Study of International Relations," in Richard L. Merritt and Bruce M. Russett, eds., *From*

커뮤니케이션 분야와 마찬가지로, 국제관계와 커뮤니케이션에 대한 연구의 압도적 다수는 메시지 내용에 초점을 둔다. 전달되는 특정의 메시지는 중요한 변수로 생각되는 반면에 메시지가 전해지는 미디어는 분석에서 제거된다. 내용만을 배타적으로 다루지 않는 연구들조차 칼 도이치의 저작이 예증하듯이 커뮤니케이션 유동에 초점을 둘 뿐이다. 두 경우 모두에서 미디어 자체는 중립적이고 비가시적(非可視的)이라고 인식된다. 커뮤니케이션 테크놀로지의 변화 또한 무시된다.

## 2. 미디어 이론

미디어 이론은 미디어 자체의 내재적 속성들에만 초점을 맞춘다. 이 같은 시각에서 가장 중요한 것은 어떻게 커뮤니케이션 양식의 대대적 변화가 메시지 내용과는 독립된 행위와 사고를 주형하고 제약하며, 그런 가운데 사회적·정치적 제도들의 재구조화를 돕는가이다. 이 시각에 따르면, 미디어는 단순히 둘 또는 그 이상의 환경들 사이에서 정보를 전달하는 중립적 경로가 아니라, 오히려 그 자체가 환경이다.[18] 요컨대 미디어 이론은 커뮤니케이션에 "사용되는 테크놀로지

---

*National Development to Global Community: Essays in Honour of Karl W. Deutsch*(London: Allen & Unwin, 1981), pp. 145~164. 내가 커뮤니케이션에 대한 도이치의 연구가 갖는 결함을 지적한다고 해서 그의 학문활동 전체가 후속연구에 의해 계승될 가치가 없다고 말하는 것은 아니다. 오히려 정반대이다. 인지(認知)와 가치변화에 대한 지식공동체론적(*epistemic community*), 사회구성론적(*social constructivist*) 이론가들의 최근 연구는 도이치의 문제의식이 여전히 유효함을 보여준다. 특히 Emanuel Adler and Michael Barnett, "Governing Anarchy: A Research Agenda for the Study of Security Communities," *Ethics and International Affairs*, vol. 10(1996).

18) Joshua Meyrowitz, *No Sense of Place: The Impact of Electronic Media on Social Behavior*(New York: Oxford University Press, 1985), p. 15.

가 커뮤니케이션이 일어나는 사회에 중대한 의미를 갖고 사회적·경제적 조직의 동시적 형태들에 아마도 근본적인 영향을 미친다"[19]고 주장한다. 내용에 중점을 두는 커뮤니케이션 분석들과는 달리 미디어 이론은 그 접근법이 역사적일 수밖에 없다. 즉, 시간에 따라 변하는 상이한 미디어 환경들을 대조시키고, 커뮤니케이션 테크놀로지의 변화가 사회적·정치적 질서의 변화에 미치는 영향을 추적한다.[20]

미디어 이론이 주로 20세기 학자들과 연관되어 있기는 하지만, 그 핵심명제들 가운데 다수는 고대 그리스에서 비롯되는 고전적 텍스트들에서 찾을 수 있다. 《파에드로스》(*Phaedrus*)와 《제 7 서한》(*The Seventh Letter*)에서 플라톤은 소크라테스에게 새로 등장하는 글쓰기 형식에 강력한 이의를 제기하게 만드는데, 그 논거가 새로운 형식이 기억을 파괴하고 지성을 약화시킨다는 것이었다. 그러나 에릭 해브록, 월터 옹, 그리고 어니스트 겔너가 논의했듯이, 플라톤 자신의 분석적 인식론이 글쓰기가 정신과정에 미치는 효과에 의해 강력하게 조건지어졌음은 하나의 아이러니이다.[21] 특정 미디어를 통한 생각의 표현에

---

19) Ruth Finnegan, *Literacy and Orality: Studies in the Technology of Communication* (Oxford: Basil Blackwell, 1988).

20) 통상적으로 미디어 이론가들은 동시대에 사용되는 상이한 미디어의 효과를 비교하는 것보다(이 작업을 완전히 배제하지는 않지만) 인간역사에서 획기적 변화를 나타냈던, 커뮤니케이션 양식의 대대적인 변화에 관심을 갖는다.

21) Eric Havelock, *Preface to Plato* (Cambridge: Belknap Press of Harvard University Press, 1963); Walter J. Ong, *Orality and Literacy: The Technologizing of the Word* (New York: Methuen, 1982), pp. 79~81; Ernest Gellner, *Plough, Sword and Book: The Structure of Human History* (Chicago: University of Chicago Press, 1988)를 보라. 겔너가 87쪽에서 말하듯이, "개념들의 권위가 하나의 이론이 될 때, 초월자가 그 자체로서 현재(顯在)할 때, 그리고 개념의 범형적 체현이 더 이상 의식(儀式)에 의해 이루어지거나 독점되지 않고 오히려 글쓰기에 의해 이루어질 때, 인류는 플라톤의 시대로 들어갔다. 의식은 한때 문자의 몫을 담당했지만, 이제 문자 자체가 하나의 의식이 된 것이었다"(강조는 원문 그대로임 — 저자).

대한 도덕적 금지는 구약성서에서도 찾아볼 수 있는데, 신의 도상적(圖像的) 묘사를 금지하는 제 2 계명이 바로 그것이다.[22] 《언어의 기원에 관한 소론》(*Essay on the Origin of Languages*)에서 루소는 미디어 이론에서 공통적으로 나타나는 한 주제를 채택했는데, 원시적 구두성(口頭性; *orality*)에서 글쓰기로의 이행이 그것이다. 루소는 글쓰기가 단어들의 의미를 변형시키고, 방언들을 억압함으로써 단어들의 생동감을 떨어뜨린다고 주장한다. "한 민족이 읽기를 더 배울수록 그 민족의 방언은 더 말살된다".[23] 이러한 시각들은 미디어 이론의 중심명제를 공유한다. 커뮤니케이션의 미디어는 빈 용기나 투명한 경로가 아니며, 인간 커뮤니케이션의 본질과 내용에 중대한 영향을 미친다는 것이다.

아마도 가장 유명한(또는 관점에 따라 악명높은) 미디어 이론가는 마셜 맥루한일 것이다. 그의 이러한 위치는 "미디어가 곧 메시지"라는 잘 알려진 그의 격언으로 증명된다. 1960년대 동안에 쓰여진 일련의 널리 알려진 책들에서 맥루한은 미디어 이론의 중심원리들에 주의를 끌어들였다. 맥루한은 당대의 유행어가 되었던 한 줄짜리 격언들과 거창한 일반화들로 가득 찬, 특유의 문체를 관심끌기의 주된 수단으로 썼다.[24] 래펌이 주목하듯이, "그토록 이해하기 어렵게 글을 쓰는

---

22) "너희는 위로 하늘에 있는 것이나 아래로 땅 위에 있는 것이나, 땅 아래 물속에 있는 어떤 것이든지 그 모양을 본떠 새긴 우상을 섬기지 못한다"(《공동번역 성서》〔서울: 대한성서공회, 1977〕, 출애굽기 20장 4절의 번역을 따름 — 역자). 이는 포스트먼의 설명대로, "인간의 커뮤니케이션 형태들과 어떤 문화적 특성이 계명의 저자가 가정하지 않았다면 윤리체계의 부분으로 포함시키기에는 이상한 계고(戒告)이다"(강조는 원문 그대로임 — 저자). Neil Postman, *Amusing Ourselves to Death*(New York: Viking, 1985), p. 9를 보라.

23) Heyer, *Communications and History*, p. 44에서 인용.

24) 이 연구에서 인용되는 다른 저작들과 더불어 특히 McLuhan, *The Gutenberg Galaxy*; McLuhan, *Understanding Media*를 보라.

학자가 그렇게 갑작스레 외딴 다락방에서 명사 서커스의 중앙무대로 내려온 경우는 기억이 허락하는 한 드물다".[25] 대중적 악명을 얻는데 맥루한에 필적할 수 있는 학자는 거의 없었던 것이 사실이다. 맥루한 스스로 악명도의 상승을 자신이 내린 선전포고의 증거로 여기며 즐기는 듯했다. 우디 앨런(Woody Allen)의 영화들과 대중적 텔레비전 쇼들에 출연하고, '전자시대'의 단속적이고 혼성적인 양식으로 발언한다고 공언하면서 맥루한은 자신의 역할을 치료학적 관점에서 보았다. 그는 이제 막 탄생하려고 하는 새로운 세계의 사제가 되어야 하는 것이었다. 고리타분한 문필가적 교수가 탈근대의 전자 지도자로 스스로 탈바꿈하는 모습에 여전히 활자성(*typographica*)의 무덤 속에서 안주하고 있는 많은 이들이 소외를 느꼈던 것은 놀라운 일이 아니다. 마치 자신의 이론작업을 반어적으로 비틀듯이, 맥루한의 혜성과 같은 등장은 메시지를 메신저 아래 가려지게 만드는 불행한 결과를 낳았는지도 모른다.

맥루한은 활자시대의 산물이라고 그가 믿었던 선형적 논법이 아닌, '모자이크적' 논법을 선호했다. 이러한 논법으로 치장된 맥루한의 메시지는 미디어 이론의 좀더 기본적인 몇몇 주제들을 출발점으로 삼았고, 그것들을 전자시대의 예언으로 짜 나갔다. 다른 미디어 이론가들과 마찬가지로 맥루한은 커뮤니케이션 양식의 변화가 사회에 중요한 의미를 갖는다고, 즉 한 커뮤니케이션 양식과 또 다른 커뮤니케이션 양식 사이에는 깊은 질적 차이들이 있으며, 그 차이들은 역으로 커뮤니케이션 시대의 성격에 반영된다고 믿었다. 맥루한에게 역사는 네 번의 커뮤니케이션 시대들로 구분될 수 있고, 각 시대는 당대의 지배적 커뮤니케이션 양식, 즉 구두, 필기, 인쇄, 전자에 상응한다. 맥루한의 독특한 기여는 이 각각의 커뮤니케이션 시대에서 상이한 미디어

---

25) Lewis Lapham, "Prime-Time McLuhan," *Saturday Night* (September 1994), p. 51.

는 인간감각의 연장(延長)으로서 인지와 사회적 조직화 모두에 대해 영향력을 갖는다는 주장이었다. 예컨대, '구두사회'는 주로 '청각문화'(*ear culture*)에 기반을 두는 반면에 필기사회와 더 나아가서 인쇄사회는 시각을 지배적인 것으로 만든다. 맥루한의 감각분류를 따를 때, 전자혁명은 우리를 원시적 구두성의 세계로, 촌락에서의 만남들로 되돌려놓는다. 그러나 그러한 세계는 이제는 전지구화된 규모로 존재한다. 즉, '지구촌'인 것이다.[26]

맥루한의 분석 가운데 좀더 대중적인, 그러나 혼란스러운 한 측면은 '뜨거운' 미디어와 '차가운' 미디어의 이분법이다.[27] 인쇄물, 라디오, 영화 등 '뜨거운' 미디어는 하나의 감각이 갖는 명확도를 확대시키는 반면, 일상적 담화, 전화, 텔레비전 등 '차가운' 미디어는 청중들의 참여를 요구함으로써 명확도를 낮춘다.[28] 이 구분은 논쟁을 불러일으켰다. 이를테면, 대부분의 학자들은 청중의 참여라는 점에서 인쇄물은 텔레비전보다 덜 수동적이라고 보았다. 문제의 심각성은 다른 많은 맥루한의 '탐침'(探針)들과 마찬가지로 뜨거운 미디어와 차가운 미디어의 이분법도, 미디어 이론에 관한 논쟁의 요체를 흐리게 만들었다는 점에 있다. 미디어 이론의 핵심명제들에서 벗어나 좀더 많은 구경거리를 제공했지만 부차적 측면들만이 논쟁의 초점이 되었던 것이다. "전등은 순수한 정보이다" 또는 "전기회로가 서구를 동양화시키고 있다"와 같은 '맥루한적' 슬로건들이 미디어 이론으로 연상되었기 때문에 1980년에 맥루한이 죽을 때까지 커뮤니케이션 분야 밖에서 미디어 이론의 접근법을 아는 이는 그리 많지 않았다.[29]

---

26) Marshall McLuhan and Quentin Fiore, *War and Peace in the Global Village*(New York: McGraw-Hill, 1968)을 보라.

27) McLuhan, *Understanding Media*, pp. 36~44를 보라. 이에 대한 비판을 모은 것으로는 Gerald Emanuel Stearn, ed., *McLuhan: Hot and Cool*(New York: Signet Books, 1969)를 보라.

28) *Understanding Media*, pp. 36~45를 보라.

그가 가장 유명한 인물임에는 틀림없지만 맥루한은 1950년대와 1960년대에 미디어 이론의 선상에서 연구했던 수많은 학자들 가운데 한 사람에 불과했다. 그들 이론가들 사이의 상호작용은 왕성했다. 그들 중 다수는 정기적으로 토론토 대학교에서 만났으며, 오늘날 '토론토 커뮤니케이션 학파'로 지칭되는 비공식 집단을 형성했다.[30] 일반적으로 이 '학파'의 창시자로 간주되었던 이는 캐나다 경제사가인 해럴드 이니스였다.[31] 커뮤니케이션 역사에 손을 대기 전에 이니스는 캐나다 주산물(*staples*) 교역에 관한 전문가로서 확고한 입지를 다져놓은 상태였다.[32] 맥루한의 분석은 이니스의 접근법으로부터 중대한 영향을 받았다. 사실상 그 영향이 어찌나 컸던지 맥루한은 한때 자신의 연구를 이니스의 학문적 업적에 대한 '각주'에 불과한 것으로 묘사한 적도 있었다. 두 사람 모두 이해하기 어렵고 복잡한 문체로 악명이 나 있었지만, 이니스의 연구는 학문적 측면에서 좀더 전통적이었다. 더 나아가서 이니스와 맥루한은 서로 다른 분석수준에서 작업했다.[33] 맥루한

29) "전등은 순수한 정보이다"는 *Understanding Media*, p. 23에서, "전기회로는 서구를 동양화시킨다"는 Marshall McLuhan and Quentin Fiore, *The Medium is the Message*(New York: Random House, 1967), p. 145에서 따온 것이다.

30) '토론토 학파'를 다루는 논문들을 모은 것으로 Ian Angus and Brian Shoesmith, eds., "Dependency/Space/Policy: A Dialogue with Harold A. Innis," *Continuum: The Australian Journal of Media & Culture* 7, no. 1 (1993)을 보라.

31) 특히 이니스의 *Empire and Communications*와 *The Bias of Communications*를 보라.

32) Innis, *The Cod Fisheries: The History of an International Economy*(Toronto: University of Toronto Press, 1954); Innis, *The Fur Trade in Canada: An Introduction to Canadian Economic History*(Toronto: University of Toronto Press, 1956).

33) 헤이어는 이러한 구분을 제임스 캐리(James Carey)가 정식화했다고 말한다. Heyer, *Communications and History*, p. 115를 보라.

이 대부분의 관심을 미디어가 감각의 조직화와 사고에 미치는 영향에 두었던 반면, 이니스는 주로 대규모 사회조직과 문화, 또는 그의 유명한 저서의 제목대로 '제국과 커뮤니케이션'에 집중하였다.[34] 헤이어는 이니스의 미디어 이론의 중심주제들을 이렇게 요약하고 있다.

> 역사는 불연속성에 의해 분리되는 일련의 시대들로 인식된다. 각 시대는 정보를 해당 사회에 적합한 제도적 권력구조와 일치하는 지식체계 안으로 흡수하고 기록하고 변형시키는 미디어의 지배적 형태로 구분된다. 미디어 형태와 사회적 실체 사이의 상호작용은 여러 편견들을 만들어 내고, 이는 사회의 문화적 지향과 가치에 강력한 영향을 미친다.[35]

이니스의 연구에서 두드러지는 두 측면은 상이한 커뮤니케이션 양식들의 공간/시간 편견, 그리고 지식의 독점에 관한 그의 관점이다. 이니스는 상이한 미디어가 종종 시간이나 공간 어느 하나에 대해 내재적 편견을 드러내며, 이러한 편견들은 문명들의 성격에 반영된다고 주장했다. 석재, 점토, 또는 양피지처럼 운반하기 힘든 내구성 미디어는 시간 편견(*time bias*)을 가진다. 이러한 미디어를 사용하는 사회들은 전통지향적 경향을 띤다. 또한 관습을 강조하고 변화보다는 연속성을 강조하며, 신성한 것에 대한 강한 집착을 갖는다. 더 나아가서 시간 편견적 문명들은 종종 이집트의 고위 사제들이나 중세의 가톨릭 성직자들과 같은 엘리트 집단들이 지배하는 위계적 사회질서를 낳는다. 파피루스나 종이와 같은 공간 편견적(*space-biased*) 미디어는 더 가볍고 휴대가 더 쉬우며, 대규모 행정기구들과 세속적 제도들로 특징되는 팽창주의적 제국들을 뒷받침하는 경향이 있다. 일종의 변증법

---

34) Innis, *Empire and Communications*. 이니스에 대한 개관은 *Communications and History*에서의 헤이어의 유익한 논의에 힘입은 바 크다.

35) Heyer, *Communications and History*, p. 115.

적 분석을 사용하여 이니스는 두 문명유형 모두 시간이 흐르면서 경직되고 비응답적 체제로 고착되는 경향을 갖는다고 주장했다. 그에 대한 반작용은 사회의 주변부에서 발생한다. 주변화된 집단들이 새로운 커뮤니케이션 테크놀로지를 활용하고, 이는 역으로 새로운 질서의 우세로 귀결된다.

분명히 이니스는 오스발트 슈펭글러, 아놀드 토인비, 피티림 소로킨으로 연상되는 20세기 초의 문명분석의 전통을 이루는 인물이었다.[36] 이들 이론가들과 함께 이니스의 연구는 일종의 순환적 결정론으로 비판받았다. 역사가 스스로를 문명들의 끝없는 흥망 속에서 체현하는 거대한 논리를 갖는다고 보았다는 것이다. 이니스의 공간/시간 편견의 범주들을 '극단적'으로 독해하여 그것들 속에서 환원론이 작동한다고 볼 수도 물론 있을 것이다. 그러나 이니스의 연구를 더 너그럽게 읽으면 사회적·역사적 맥락에 대한 강조, 환경에 따라 미디어들이 잠재적인 통제력을 갖게 되는 방식에 대한 강조가 눈에 띌 것이다. 이니스에게 강조점은 추상화된 커뮤니케이션 양식보다는 이러한 사회적 맥락과 미디어 형태간의 상호작용에 있다.

> 커뮤니케이션의 미디어는 공간과 시간에 걸친 지식의 전파에 중요한 영향을 가지며, 그 영향력을 그 문화적 환경 속에서 평가하기 위해서는 미디어의 특징들을 연구하는 것이 필요하게 된다.[37]

---

36) Oswald Spengler, *Decline of the West*, translated by C. F. Atkinson (London: Allen & Unwin, 1932); Arnold Toynbee, *A Study of History*, Vol. 1(Oxford: Oxford University Press, 1934); Pitirim Sorokin, *Social and Cultural Dynamics*(Boston: Extending Horizons Books, 1957)를 보라. 문명분석의 개관을 위해서는 Stephen K. Sanderson, ed., *Civilizations and World Systems: Studying World-Historical Change*(Walnut Creek, Calif.: Altamira Press, 1995)를 보라.

37) Innis, *The Bias of Communications*, p. 33(강조는 저자의 것임).

이니스에 대한 이와 같은 독해에서 그의 공간/시간 편견들은 커뮤니케이션 자체의 본질에 대한 강령적 진술로보다는, 특정한 미디어가 커뮤니케이션 유형들에 부과하는 제약을 가리키는 손쉬운 이름으로 보여진다. 무엇보다도 이니스는 변화하는 미디어 테크놀로지라는 렌즈를 통해서 문명의 변형을 이해하는 데 관심이 있었다. 이는 독자들에게 커뮤니케이션 미디어는 단순히 빈 용기가 아님을 일깨워주기 위해 중대한 개념적 혁신을 요구하는, 그때로서는 새로운 초점이었다.

서론에서 주목했듯이, 미디어 이론은 처음에는 학계에서 따르는 이들이 많지 않았는데, 우리는 그 이유를 이니스와 맥루한이 이론의 도입자였기 때문이라고 말할 수 있다. 상대적으로 이른 이니스의 죽음은 그의 두 예비적 연구인 《제국과 커뮤니케이션》, 《커뮤니케이션의 편견》에서 제시된 더 포괄적인 계획을 완성시킬 수 있는 가능성을 차단해 버렸다. 결과적으로 그는 주로 이차적 해석들을 통해서 알려져 있다. 맥루한의 경우에는 아마도 그의 기이한 문체가 연구의 이론적 기반을 알기 어렵게 만들었던 것으로 보인다. 상당히 의도적으로 맥루한은 당시의 사회과학적 관행을 무시하는 길을 택했고, 예상대로 학계로부터 차가운 반응을 받았다. 하지만 그의 '모자이크적' 문체는 지금 일어나는 맥루한 르네상스에서 증명되듯이 오늘날의 탈근대적 청중들에게 더 호응을 얻을 수 있다.[38]

미디어 이론은 다른 문제영역들에서 작업하는 학자들에게도 유용한 도구로 인식되었다. 그런데 그들 다수가 보여주는 분석 스타일은 이니스나 맥루한보다 더 전통적이다. 이니스와 맥루한의 동시대인이자

---

38) 맥루한 르네상스에 대해서는 Lapham, "Prime-Time McLuhan"을 보라. 최근에 토론토의 유력 언론인인 모지스 즈내이머(Moses Znaimer)가 제작한, 'TV 혁명'에 관한 CBC(Canadian Broadcasting Corporation) 다큐멘터리는 맥루한과의 인터뷰를 눈에 띄게 다루었다. 대중적인 문화비평가인 카미유 팔리아(Camille Paglia) 역시 맥루한을 중요하게 인용했다. Paglia, *Vamps and Tramps: New Essays*(New York: Vintage Books, 1994)를 보라.

비공식 그룹인 '토론토 학파'의 일원이었던 고전학자 에릭 해브록은 고대 그리스에서의 알파벳 사용으로의 이행이 고전적 인식론에 미친 영향을 분석했다.[39] 비슷한 맥락에서 사회인류학자 잭 구디와 이언 와트는 원시적 구두성에서 필기로의 이행이 인지와 사회적 조직화에 미친 영향을 연구했고, 월터 옹은 이를 더 일반적 시각에서 다루었다.[40] 역사가 엘리자베스 아이젠슈타인은 중세 유럽에서 필기가 인쇄로 전환되면서 일어난 문화적·과학적 변화를 광범한 사료로써 분석했다.[41] 그리고 형식적 접근법과의 연관은 적지만 루이스 멈퍼드, 어니스트 겔너처럼 사회변화에서의 테크놀로지의 역할을 강조하는 문화인류학자들의 연구에서도 미디어 이론의 많은 중심명제들을 발견할 수 있다.[42] 이러한 이론가들 대부분이 커뮤니케이션 미디어의 혁신들과 관련된 대규모의 역사적 변화들을 간단히 언급하기는 했지만, 그들 중 누구도 여기서 내가 관심을 갖는 논제인 세계질서 변형에 초점

---

39) Havelock, *Preface to Plato*; Havelock, *The Literate Revolution in Greece and its Cultural Consequences* (Princeton: Princeton University Press, 1982).

40) Jack Goody, *Literacy in Traditional Societies* (Cambridge: Cambridge University Press, 1975); Goody, *The Domestication of the Savage Mind* (Cambridge: Cambridge University Press, 1978); Goody, *The Logic of Writing and the Organization of Society* (Cambridge: Cambridge University Press, 1986); Goody, *The Interface Between the Written and the Oral* (Cambridge: Cambridge University Press, 1987); Goody and Ian Watt, "The Consequences of Literacy," *Comparative Studies in Society and History* 5(1963), pp. 304~345; Walter Ong, *Ramus, Method, and the Decay of Dialogue* (Cambridge: Harvard University Press, 1958); Ong, *Interfaces of the Word* (Ithaca: Cornell University Press, 1977); Ong, *Orality and Literacy*.

41) Elizabeth Eisenstein, *The Printing Press as an Agent of Change: Communications and Cultural Transformations in Early Modern Europe*, Vol. 1 and 2 (New York: Cambridge University Press, 1980).

42) Mumford, *Technics and Civilization* (New York: Harcourt, Brace & Co., 1934); Gellner, *Plough, Sword, and Book*.

을 두지 않았다. 다음 절에서는 세계질서 변형이라는 문제틀에 맞추기 위해 미디어 이론을 어떻게 변경시키고 정교화시킬 것인지에 대해 개괄적으로 논의하기로 한다.

## 3. 이론과 인식론

위에서 언급한 대로, 결점 없는 이론은 없으며, 미디어 이론도 분명히 예외가 아니다. 이 특수한 접근법을 나 자신의 질문들에 맞추기 위해서는 분석도구를 어느 정도 재정비하는 것이 필요할 것이다. 맥루한과 이니스의 악명높은 난문(難文)이 초래하는 혼란을 극복하기 위해서라도 분석도구의 재정비는 필요하다. 여기서 미디어 이론의 정교화와 수정은 두 범주로 분류될 수 있는데, 그것들 모두 인과성의 문제와 연관이 있다. 첫째는 독립변수로서 커뮤니케이션 테크놀로지를 상대적으로 얼마나 강조할 것인가 이며, 둘째는 커뮤니케이션 양식의 변화에서 비롯되는 결과가 정확히 어떤 것인지를 명확히 밝히는 것이다. 이것들 각각을 차례로 고찰하기로 한다.

### 1) 비환원주의적 미디어 이론의 시도

미디어 이론에 대해 되풀이되는 한 가지 비판은 미디어 이론이 단일원인 환원론과 기술결정론의 한 형태로 흐르는 경향이 있다는 것이다. 분명히 맥루한은 이러한 비판의 정면표적이다. 그러나 다른 미디어 이론가들도 비판을 면하지는 못한다. 맥루한에 대해 커뮤니케이션 테크놀로지에 대한 새로운 접근법들을 차단하고 우리에게 "세밀한 학문적 성과보다는 무기력한 결론"만을 남긴 철저한 "기술결정론"이라고 한 캐리의 격렬한 비판은 이례적이지 않을 것이다.[43] 미디어 이론가들에 대한 서평들의 내용은 특히 중복적이다. 똑같은 비판이 되풀이되다 보니 미디어 이론을 비난하는 것은 공식화된 장치라는 인상을 줄 정도이다. 그리스 계몽주의에 대한 해브록의 연구는 "알파벳 사용을 변화의 유일한 원인으로 만들려는 것처럼 보이는 단순한 환원주의를 고집"한다고 혹평받는다.[44] 또 다른 평자는 아이젠슈타인에게서 "분명한 환원주의적 경향"과 "다른 변화의 힘들을 배제하고 인쇄를 과대평가하는 경향"을 찾아낸다.[45]

실제로 특히 맥루한의 저작은 대충만 보아도 이러한 비판들이 근거 있음을 알 수 있을 것이다. 그는 시적 과장을 좋아했고, 그의 문체는 단서를 좀처럼 허용하지 않았다. 과학적 논술보다는 격언적 '탐침'으로 여겨지는 책들에서 기술결정론의 예로 보이는 것들을 찾아내는 일은 어렵지 않다. 사실상, 맥루한의 저작은 그런 예들로 이루어져 있다. 맥루한은 한번은 자신의 계획을 서술하면서 "나는 설명하지 않는다. 나는 탐구한다"[46]고 시인했다. 이는 그러한 분석이 어떤 근거에서 책임을 갖는지의 문제를 회피하는 발언이었다. 기술결정론이라는 비판은 맥루한의 많은 저작의 논점을 비켜간다고 강하게 반발할 수도 있겠지만, 그러한 비판 자체는 총알 쏘듯이 행해지는 격언적 탐침들보다는 뭔가 더 전통적인 것을 시도하는 이라면 누구든 진지하게 받아들여야 할 것이다.

〈그림 1-1〉은 변화를 설명하는 기술결정론적/단일원인적 환원주의의 모델을 나타낸 것이다. 어떤 특정의 미디어 이론가는 그러한 단순

---

43) James W. Carey, "McLuhan and Mumford: The Roots of Modern Media Analysis," *Journal of Communication* 31(Summer 1981), p. 168.

44) John Halverson, "Havelock on Greek Orality and Literacy," *Journal of the History of Ideas* 53, no. 1(1992), pp. 160, 162(강조는 원문 그대로임 — 저자).

45) Michael Hunter, "The Impact of Print," *The Book Collector*(1980), p. 341.

46) Paul Levinson, "McLuhan and Rationality," *Journal of Communication* 31 (Summer 1981), p. 179에서 인용.

〈그림 1 - 1〉 변화를 설명하는 기술결정론적 / 단일원인적 환원주의 모델

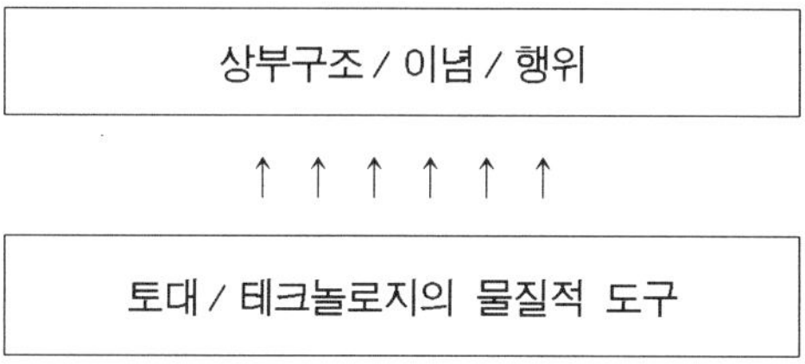

| 상부구조 / 이념 / 행위 |
|---|
| ↑ ↑ ↑ ↑ ↑ ↑ |
| 토대 / 테크놀로지의 물질적 도구 |

한 모델에 전적으로 동의하지는 않지만, 어떤 이들은 때때로 기술과 사회의 상호작용을 그 모델에 맞춰 설명하는 언어나 기호를 사용한다. 아이젠슈타인이 생명 없는 테크놀로지, 즉 그녀의 경우에는 인쇄기를 묘사하기 위해 '대행자'(*agent*)라는 단어를 쓴 것은 적절한 예이다.[47] 더구나 이러한 토대/상부구조 모델은 다른 모든 것에 우선하는 하나의 '지배적' 변수가 결정력을 갖는다고 보는 다양한 이론적 시각들(정통 맑스주의는 가장 좋은 예이다)에서 익히 볼 수 있다.[48] 바로 이러한 결함을 갖는 인과성이 미디어 이론가들을 기술결정론이라고 질책할 때 비판자들이 암묵적으로 염두에 두는 것이다. 미디어 이론을 수정하려는 어떤 시도도 그처럼 단순한 변화 모델에 내재한 많은 상호연관된 함정들에 직면하지 않으면 안 된다.

---

47) Eisenstein, *The Printing Press*.

48) 틸리는 사회과학에서의 이러한 경향이 나타나는 이유를 다음과 같이 설명한다. "되풀이되는 하나의 사회적 과정이 모든 대규모 사회변화를 지배한다는 사실을 발견한다면 놀라울 것이다. 아마도 사회적 과정에 대한 뉴턴이 되고자 하는 사회과학자들은 현자(賢者)의 돌을 발견하기 위한 헛된 노력을 되풀이하도록 유혹받는다". Tilly, *Big Structure, Large Processes, Huge Comparisons*, p. 33. 리처드 로티는 지배적 변수 또는 궁극적 기초의 추구를 '역사로부터 도피하려는' 시도라고 묘사한다. Richard Rorty, *Philosophy and the Mirror of Nature* (Princeton: Princeton University Press, 1979). '궁극적 기초'의 추구와 역사로부터의 도피 시도에 대해서는 이후에 주류 국제관계학 분야와 연관해서 좀더 언급될 것이다.

이 모델에서 가장 심각한 결함은 새로운 커뮤니케이션 테크놀로지의 도입을 그 사회적·역사적 맥락과 무관한 어떤 확실하고 예측 가능한 결과를 갖는 하나의 자율적인 힘으로 보는 경향이다. 특수한 사회현상들은 특정한 테크놀로지에 변함없이 매여 있는 것으로 본다. 마치 테크놀로지 자체가 행위와 이념을 새롭게 낳는 힘을 가진 것처럼 본다. 그리하여 기술결정론자들은 "인쇄기가 개인성을 창조했다"든지 "종교개혁은 인쇄기의 산물"이라는 환원주의적 주장들을 제시하는 경향이 있다. 그러한 주장들을 더 면밀하게 조사하면 발전과정에 영향을 미치는 요인들이 다양함을 알게 된다. 커뮤니케이션 양식에 '생성적인' 인과적 힘을 부여함으로써 기술결정론적 모델은 테크놀로지 자체가 특정한 맥락에서 나오고 사회적·문화적·역사적 요인들의 영향을 받는 정도를 무시하는 경향을 보인다. 맥락적 요인들에 대한 이러한 상대적 간과가 특히 오도적인 이유는 다른 요인들을 제치고 테크놀로지에 특권을 주는 경향과 아울러 문화와 맥락은 달라도 도입되는 테크놀로지는 같다는 잘못된 이해를 만들어낸다는 점이다. 더 나아가 기술결정론 모델은 '물질'과 '이념' 사이에 강력한 이원적 대립을 설정한다. 즉, 사회세력들과 이념들은 테크놀로지의 물질적 도구에 종속되며 파생적 위치에 놓인다. 그리고 이러한 우세한 위치에 있는 테크놀로지 자체가 사회적 결과들을 낳는다고 보기 때문에 기술결정론 모델은 역사적 변화를 테크놀로지가 결절점 역할을 하는 근본적 분리로 묘사한다. 그러나 획기적 변화의 관점은 오늘날 역사가들 사이에서 신뢰를 잃고 있다.[49]

이와 같은 함정들을 피하기 위해서 우리는 테크놀로지의 '사회적 토

---

49) Hans Blumenberg, *The Legitimacy of the Modern Age*, translated by Robert Wallace(Cambridge: MIT Press, 1982)를 보라. 아울러 Le Goff, *The Medieval Imagination*, 특히 "중세의 확대를 위하여"(For an Extended Middle Ages)라는 제목의 절을 보라.

대'를 강조해야 한다. 우리는 테크놀로지가 도입되는 역사적 · 사회적 맥락에 더 많은 무게를 주어야 한다. 이러한 작업은 테크놀로지를 사회구성론적으로 보는 이들에 의해 강력히 이루어졌다.[50] 이 이론가들은 어떤 혁신이 적용되는가가 사회적 필요에 의해 결정되는 방식을 추적한다. 그들 가운데 가장 포괄적인 작업을 하는 이들은 사회세력들이 동원 가능한 물질적 자원들과 기술적 지식을 갖추고 어떻게 새로운 테크놀로지의 구성과 발명을 틀짓는지를 보여준다. 그러면서 그들은 테크놀로지가 사회에 들어가서 특정한 사회세력들과 이념들을 새로이 만들어낸다는 기술결정론적 환상을 일소한다. 제 2 장과 제 5 장에서 논의하겠지만, 인쇄와 하이퍼미디어의 등장은 '무에서 나온' 갑작스런 발전이 아니었다. 두 경우 모두에서 사회적 필요가 테크놀로지의 혁신을 추동했다. 새로운 테크놀로지의 창조는 역으로 동원 가능한 물질적 자원뿐만 아니라 넓은 의미에서의 과학적 지식의 현재 비축량에 달려 있었다. 테크놀로지는 이러한 의미에서 언제나 사회적으로 구성된다.

그러나 기술결정론 모델에 대한 교정책으로서의 강점에도 불구하고 사회구성론적 관점은 정반대의 함정에 빠지는 경향이 있다. 즉, 일단 도입된 테크놀로지 자체가 갖는 독립적 효과를 완전히 무시하지는 않는다 해도 가볍게 보는 경향이 있다. 사회세력들이 테크놀로지 혁신에 방향성을 줄 수는 있지만, 그것들이 완전한 결정력을 갖는 것은 아님을 기억하는 것이 중요하다. 일단 도입된 테크놀로지는 인간행위자들과 사회집단들이 상호작용하며 예측되지 않은 수많은 효과들을 낳는 물질적 풍경의 부분이 된다. 이러한 것들이 바로 미디어 이론이 가장 관심을 갖는 효과들이다. 이 연구의 제 1 부에서 보여지듯이, 초

50) 사회구성론자들의 관점을 개관하기 위해서 Wiebe Bijker, Thomas Hughes, and Trevor Pinch, *The Social Construction of Technological Systems* (Cambridge: MIT Press, 1989)를 보라.

기에 인쇄술을 더 열렬히 후원했고 그것의 급속한 전파를 가능케 했던 주요 집단들 중의 하나는 바로 로마 가톨릭 교회였다. 하지만 각 지방의 인쇄소 설립을 적극적으로 장려했던 주교들과 수사들은 프로테스탄트 개혁과 같은 이단적 행위가 인쇄라는 새로운 테크놀로지가 널리 사용되면서 번창하리라고는 결코 예기치 못했다. 인쇄의 초기 발전을 장려하고 주형했던 바로 그 장본인들은 예측하지 못한 채 인쇄술의 효과는 확대되어 갔다.

그러므로 테크놀로지의 사회구성론적 이해는 사회세력들이 테크놀로지 혁신을 어떻게 주형하는가를 강조하는 반면에 테크놀로지 혁신이 역으로 사회 자체에 영향을 미칠 가능성은 간과하는 경향을 띤다. 그런데 이러한 예측되지 않은 효과들이 기술결정론자들에 의해 잘못 묘사되고 사회구성론자들에 의해 완전히 경시된다면, 우리는 어디에 남게 되는가?

내가 제시하고자 하는 방법은 미디어 이론의 두드러진 비유들 가운데 하나인 '환경으로서의 미디어'를 고찰하고 확장하는 것이다. 또한 사회의 경계에 위치한 주변적 세력들이 테크놀로지 혁신의 의도되지 않은 결과에 의해 중심으로 진입하게 되는 과정을 기술하기 위해서는 다윈적 진화론의 유추를 사용하자는 것이다.[51]

고전적 다윈주의 진화론에서 환경적 변화는 종들의 생존과 생식에서의 차이를 강력히 조건짓는다.[52] 종들이 자신들의 환경에 절대적으

---

51) McLuhan and Fiore, *The Medium is the Message*; Meyrowitz, *No Sense of Place*, pp. 16~23.

52) 다윈적 진화론에 대한 나의 관점은 주로 다음 문헌들에서 비롯된 것이다. Stephen Jay Gould, *Ever Since Darwin: Reflections in Natural History* (New York: Norton, 1977); Gould, *Bully for Brontosaurus* (New York: Norton, 1991); Gould, *Eight Little Piggies* (New York: Norton, 1993); Richard Dawkins, *The Blind Watchmaker* (New York: Norton, 1986).

로 의존하기는 하지만, 환경 자체가 종들에게 작용함으로써 그 선택 과정에 개입한다고 말할 수는 없다. 오히려 개량과 유전적 변화는 다양한 물리적 특징들을 만들어 내고, 역으로 그러한 특징들은 '적자성'(適者性 ; *fitness*) 또는 환경과의 일치에 따라 목적의식 없이 선택된다. 이러한 시각을 끊임없는 전진의 과정으로 발전을 이해하는 19세기의 '사회적 다윈주의'(*Social Darwinism*)의 관점과 혼동해서는 안 된다.[53] 진화는 어떤 내재적인 방향이나 목적도 가정하지 않으며, 하나의 불확정적이고 개방적인 역사과정이다.

자연환경이 특정한 물리적 특징들을 '선택'함으로써 어떤 종들이 번성하는지가 결정되는 것과 마찬가지로 커뮤니케이션 양식(환경)의 변화는 특정한 사회세력들과 이념들(종들)을 '선호'한다. 달리 말해, 한 커뮤니케이션 환경의 속성들, 즉 정보가 어떤 환경 속에서 저장되고 전파되며 배포되는 독특한 방식은 어떤 세력과 이념에 대해서는 다른 세력과 이념에 대해서보다도 더 '호의적'인 것이다. 이러한 기능적 편견을 통해 커뮤니케이션은 사회에 영향을 미친다. 선호되는 세력들과 이념들이 번성하는 반면에 다른 세력들과 이념들은 상당히 불리한 위치에 놓이고 시간이 흐르면서 사그라지는 경향이 있다. 기술결정론과 사회구성론의 관점과는 달리, 이 시각에서 의도되지 않은 결과는 큰 비중을 갖는다.

달리 말해, 우리는 한 커뮤니케이션 환경에서는 주변화되었던 사회세력들과 이념들이 그 환경이 바뀌면 커다란 반향을 얻게 될 것이라고 본다. 마찬가지로 새로운 커뮤니케이션 테크놀로지의 초기 발전을 처음에는 후원하고 추동했던 행위자들과 집단들은 일단 새로운 커뮤니케이션 환경의 특징들이 완전하게 착근하게 되면 불리한 위치에 서

---

53) 대표적인 '사회적 다윈주의자'인 허버트 스펜서의 저작들에 대해서는 Robert Carnerio, ed., *The Evolution of Society: Selections from Herbert Spencer's Principles of Sociology*(Chicago: University of Chicago Press, 1974)를 보라.

있는 자신들을 발견하게 될 것이다.

다윈적 진화론의 유추가 특별히 유용한 이유는 그것이 특정한 사회세력들과 이념들을 '만들어 내는' 테크놀로지에 대한 기술결정론적 관점으로부터 벗어난다는 점이다. 그것은 사회세력들과 이념들의 발생이 모든 것을 압도하는 하나의 '지배적' 변수로 환원될 수 없는 다중적 요인들에서 궁극적으로 비롯된다고 확신한다. 그것은 어떤 사회세력들과 이념들이 현존하는지에 초점을 두며, '적자성'의 정도 또는 새로운 커뮤니케이션 환경과 일치하는 정도에 따라 어떤 세력들과 이념들이 흥하고 망하는지를 묻는다. 말하자면, 그것은 인과성의 앞뒤를 '뒤집는다'. 이 시각에서 새로운 커뮤니케이션 양식은 '대행자'가 아니라 인간존재들이 상호작용하는 기술적 풍경의 수동적이며 구조적인 특색이다. 그것은 인간 커뮤니케이션의 어떤 유형에 대해서는 제약들을 가하는 반면에 다른 유형은 촉진시킨다. 그러나 그것은 사고나 행위를 조잡한 일대일 방식으로 부과하지는 않는다.

커뮤니케이션 양식은 하나의 환경이다. 자연환경과 마찬가지로 커뮤니케이션 양식이 변하면 어떤 종들은 이득을 보고 다른 종들은 불리하게 되는데, 그 이유는 환경 자체가 적극적으로 개입해서가 아니라 오히려 환경의 기능적 속성들이 환경 안에 있는 종들의 특징과 이익을 강화하거나 제약하기 때문이다. 커뮤니케이션 환경의 변화가 낳는 효과가 전적으로 해당 시대에 현존하는 사회집단, 제도, 이념에 따라 그 유형이 결정된다고 보는 점에서 이 시각은 역사적으로 불확정적(*contingent*)이다.

유추를 확대시켜 볼 때, 변화하는 커뮤니케이션 환경에서 두 개의 아주 다른 '종'이 선택과정에 연루된다. 나는 이 문제를 미디어 이론에 대한 두 번째 수정작업에서 다루려고 한다.

### 2) 두 가지 효과: 분배의 변화와 사회인식론의 변화

커뮤니케이션 환경이 근본적으로 변형될 때 나타나는 효과는 상이한 두 유형들로 식별될 수 있다. 구디의 아래 진술을 보자.

> 커뮤니케이션 체계는 명백히 사람이 내적으로는 사고의 측면에서 그리고 외적으로는 사회적 · 문화적 조직화의 측면에서 자신의 세계를 어떻게 만들 수 있는가와 연관되어 있다. 그래서 커뮤니케이션 수단의 변화는 인간 상호작용 유형의 변화와 간접적으로 그리고 직접적으로 연결된다.[54]

구디는 커뮤니케이션 테크놀로지에서 나타나는 모든 변화가 이중효과를 가진다고 언급하고 있다. 나는 이러한 두 개의 효과를 각각 분배적 변화(*distributional changes*), 사회인식론의 변화(*changes to social epistemology*)라고 부른다.

한편으로 커뮤니케이션 환경의 변화는 사회적 · 정치적 하부구조에 특징적으로 찾아볼 수 있는 분배적 효과를 남긴다. 이니스의 정식화에서, "커뮤니케이션에서의 발명은 지식의 독점이나 독과점 상태를 재정렬하게 만든다".[55] 이 효과는 위에서 언급된 두 가정에 기반을 두고 있다. 첫째는 미디어 이론의 가장 기본적인 명제로서 특정의 커뮤니케이션 환경은 어떤 '논리'나 '본질'을 갖는다는 것이다. 하지만 그것은 어떤 결정론적 의미에서가 아니라 "어떤 유형의 인간 커뮤니케이션을 더 쉽게, 또는 더 어렵게 만든다"[56]는 의미에서만 그러하다. 두 번째 가정은 사회가 서로 식별 가능한 세력들로 이루어져 있다

---

54) Goody, *The Interface Between the Written and the Oral*, p. 3.

55) Innis, *The Bias of Communications*, p. 4.

56) Neuman, *The Future of the Mass Audience*, p. 40.

는 것인데, 이 사회세력들은 반드시 경제적 인간(*Homo economicus*)과 같이 효용을 극대화하려 한다는 의미에서 '합리적'인 것은 아니지만, 그럼에도 불구하고 역사적으로 문화적으로 다양한 이익과 목표에서 동기를 부여받는다. '사회세력'은 현실의 사회집단, 행위자, 여러 형태의 사회조직, 즉 규범적이거나 목표지향적인 사회적 행태 전부를 의미한다.

이 두 가정이 결합될 때 그 방법론적 과제는 명백해진다. 어떤 사회세력의 이익, 목표, 조직논리가 새로운 커뮤니케이션 환경에 '적합'한지, 그리고 어떤 사회세력의 그것들이 부적합한지를 확인하는 것이다. 새로운 커뮤니케이션 환경에 '적합한' 이익, 목표, 또는 논리를 갖는 사회세력들은 대부분의 경우 이전과 똑같은 형태로 생존하기만 하는 것이 아니다. 그들이 손에 쥐고 있는 새로운 커뮤니케이션 수단은 그들에게 권력을 준다. 그들은 '적소'(適所)를 찾은 것이고 번성하게 된다. 그리고 결과적으로 그들은 국제정치의 풍경에서 좀더 두드러지는 존재가 된다. 마찬가지로 어떤 커뮤니케이션 환경에서는 번성했을 사회세력들이 일단 환경이 바뀌면 크게 불리한 위치에 있음을 발견할 수 있다.

여기서 아주 자연스러운 의문이 생겨난다. 왜 사회세력들은 자신들의 목적에 맞도록 테크놀로지를 개조하거나 통제하지 못하는가? 한 가지 분명한 이유는 커뮤니케이션 환경의 속성들이 특정 사회적 행위자들이나 집단들의 핵심이익, 또는 존재이유와 근본적으로 맞지 않아서 그 환경이 더 이상 확산되는 것을 강경하게 저지하는 길(성공하는 경우는 드물다) 이외에는 선택할 수 없다는 점이다. 그러나 또 다른 이유는 사회세력들의 상대적 적응성이다. 사회세력들을 이루는 수많은 개인들의 사고와 행위의 공통된 습성에 기반을 두는 특정한 '경로의존성'(*path-dependency*) 또는 제도적 관성 때문에 사회세력들은 새로운 환경에 쉽게 적응하지 못하게 된다. 굴드가 제도적 현임성(現任性;

*institutional incumbency*)이라고 부르는 사회세력의 속성은 "경로의 안정성을 강화하는데, 그것은 초기 유연성의 자잘한 변덕들이 전후관계를 일단 확고한 통로로 만들기 때문"이다.[57] 마찬가지로 스프루트는 "거래비용(*transaction costs*), 기정화된 신념체계, 표준처리절차(*standard operating procedures*)가 어떻게" 사회세력들과 제도들에 대한 "빈번한 정밀조사를 완화"시키는가를 주목한다.[58]

인간은 관습의 피조물이기 쉽고, 사회세력들은 제한된 수명과 따라서 상대적으로 짧은 시간대를 가진 수많은 관습적 개인들로 이루어져 있다. 오늘 이루어진 단기적 선택들의 결과는 그 장기적 함의나 의도되지 않은 결과의 측면에서 이해되지 않는 것이 보통이다. 이를테면 성서를 싼값에 복제하는 것처럼 특정한 일을 더 쉽게 또는 더 효율적으로 만들 새로운 테크놀로지의 개발을 촉진하는 경우를 생각해 볼 수 있다. 다음 장들에서 그 윤곽이 제시되겠지만, 인쇄기가 도입되면서 로마 가톨릭 교회가 부딪혔던 곤경은 그러한 경우를 잘 보여준다. 이러한 분배적 변화, 즉 사회세력들의 상대적 권력의 변화는 커뮤니케이션 양식의 변화가 갖는 아마도 가장 직접적인 결과일 것이다.

다른 한편으로, 위에서 인용한 구디의 진술로 돌아가면, 커뮤니케이션 환경의 변화는 비단 사회적 조직화뿐만 아니라 이념과 사고방식과 같은 '내적' 세계에도 영향을 미친다.[59] 달리 말해, 커뮤니케이션 환경은 이념, 사회적 구성물, 그리고 인지양식을 선택한다. 미디어 이론가들이 자주 드는 구체적인 예 하나를 보자. 필기의 도입은 추상적 사고를 고무시키는데, 그것은 단어와 생각이 구두사회에서보다 조

57) Gould, *Bully for Brontosaurus*, p. 69.

58) 자세한 논의를 보려면 Spruyt, *The Sovereign State and Its Competitors*, pp. 25, 83, 179를 참조.

59) 내가 내적이라는 단어에 강조표시를 한 것은, 나중에 더 명료해지겠지만, 내가 여기서 말하고 있는 것이 본래적으로 간주관적(間主觀的; *intersubjective*)인 현상이기 때문이다.

작될 수 있고 비교될 수 있는 여지가 크기 때문이다.[60]

여기서 우리의 관심사는 러기가 사회인식론의 변형이라고 부르는[61] 현상에 커뮤니케이션 테크놀로지가 어떻게 영향을 미치는가이다. 사회인식론은 한 인간집단이 문화변용에 의해 편입되는 신념망(信念網; *web-of-beliefs*)을 가리키며, 이를 통해 사람들은 자신들을 둘러싼 세계를 인식한다.[62] 그 안에는 역사적으로 불확정적인 간주관적 지성의 특징들이 뒤섞여 있다. 즉, 공간적 또는 시간적 인지 편견, 공유된 상징형태, 다양한 집단정체성, 또는 특정한 역사적 맥락에 고유하게 나타나고 각 시대를 구별시켜 주는 '상상의 공동체'(*imagined communities*)가 망라된다.[63] 프랑스의 사회이론가들과 중세연구가들 사이에서

60) Havelock, *Preface to Plato*; Ong, *Orality and Literacy*; Gellner, *Plough, Sword, and Book*을 보라.

61) Ruggie, "Territoriality," p. 157.

62) '신념망'이라는 용어가 단지 개인들이 갖고 있거나 버리는 특정한 신념들만이 아니라 더 중요하게는 무의식적 가정, 인지적 편견과 같이 사람들을 구별시켜 주는, 가능한 또는 있음직한 신념들의 공간까지도 가리킨다는 점을 주목하라. 이 '신념망'의 개념은 '유물론적' 견해와 양립불가능하지 않으며, 공허한 관념론과 혼동되어서는 안 된다는 점에 주목하는 것 역시 중요하다. 존 듀이는 의미체계로의 이러한 문화변용의 과정이 어떻게 젊은이들에게 영향을 미치는지를 일반적인(그리고 성별화된〔*gendered*〕) 측면에서 설명한다. "사회적으로 일반화되어 있고 중요한 관념들은 아이가 자신의 행위에 대한 개인적·의도적 통제에 도달하기 전에 아이의 해석과 평가의 원리들이 되어 버린다. 사물들은 물리적 적나의 상태가 아닌 언어로 치장한 채로 아이에게 다가오며, 이러한 커뮤니케이션의 외관은 아이로 하여금 자신 주위의 사람들이 갖고 있는 신념들을 공유하게 만든다. 아이에게 매우 많은 사실들로 다가오는 그러한 신념들은 아이의 지성을 형성하고, 신념들을 중심으로 아이 자신의 개인적 탐험과 인지가 질서를 잡게 된다." Dewey, *Reconstruction in Philosophy*, pp. 86~87.

63) Kenneth Gergen and Mary Gergen, eds., *Historical Social Psychology* (Hillsdale, N.J.: L. Erlbaum Assoc., 1984)를 보라. '상상의 공동체'라는 용어는 Benedict Anderson, *Imagined Communities* (London: Verso, 1991)에서 따온 것이다.

그것은 집단정서(*mentalités collectives*)—한 역사적 시점의 인구집단이 공유하는 정서적 성향—라고 불리며, 문화를 해석하는 데 결정적인 역할을 한다.[64]

사회인식론의 변화를 강조한다는 점에서 미디어 이론은 지식사회학이나 사회구성론적 접근법들과 밀접한 유사성을 갖는다.[65] 가장 기본적인 측면에서 이러한 시각들이 공유하는 것은 광범한 사회적, 경제적, 정치적 요인들이 인간 사고와 행위의 발생과 구조를 주형하며, 그럼으로써 사회인식론을 윤곽짓는다는 믿음이다. 미디어 이론은 커뮤니케이션 테크놀로지의 변화에 초점을 둠으로써 이러한 시각들에 유물론적 차원을 더한다.

기술혁신과 사회적 인지를 이런 식으로 연계시키는 논의들 가운데 흔히 인용되는 한 예는 《기술과 문명》[66]에서 루이스 멈퍼드가 서구사회에 시계가 미친 영향을 다룬 것이다. 시계가 만들어지기 전에 시간의 측정은 유기적으로, 즉 태양과 계절에 의해 이루어졌다. 14세기가 시작될 무렵에 시간의 측정은 시계에 의해 새로운 환경을 맞이했고, 이는 중요한 사회적 파생효과들을 가져왔다. 시계는 "시간을 인간의 사건들에서 분리시켰고, 수학적으로 측정 가능한 전후관계의 독립적 세계에 대한 믿음을 창출하는 데 기여했다".[67] 멈퍼드는 계속해서 이렇게 설명한다.

---

64) Le Goff, *The Medieval Imagination*을 보라.

65) 예컨대, Karl Mannheim, *Ideology and Utopia: An Introduction to the Sociology of Knowledge*(New York: Harcourt, Brace & Co., 1936); Peter Berger and Thomas Luckmann, *The Social Consruction of Reality*(Garden City, N.Y.: Anchor Books, 1967)를 보라. 사회적 구성론을 국제관계에 적용한 것으로는 Alexander Wendt, "Anarchy Is What States Make Of It: The Social Construction of Power Politics," *International Organization* 46(Spring 1992), pp. 391~425를 보라.

66) Mumford, *Technics and Civilization*.

67) Ibid., p. 15.

> 하루를 시간의 추상적 공간으로 생각하게 되면서 사람들은 겨울밤에 일찍 잠자리에 들지 않게 된다. 하루에 속하는 모든 시간들을 사용하기 위해 사람들은 램프 심지, 등피(燈皮), 램프, 가스등, 전등을 발명한다. 사람들이 시간을 경험의 연속으로서가 아니라 시, 분, 초의 퇴적으로 생각하면서 시간을 더하고 시간을 저축하는 습관들이 생겨난다. 시간은 밀폐된 공간의 성격을 띠게 되는 것이다. 그것은 나누어질 수 있고, 채워질 수 있으며, 노동절약적인 도구들의 발명으로 확장될 수도 있다. … 추상적 시간이 존재의 새로운 미디어가 된 것이다.[68]

멈퍼드에 의한 시간의 사회적 구성은 커뮤니케이션 양식이 사회인식론에 미치는 효과를 보기 위해서는 어떤 유형의 해석적 접근법이 사용되어야 하는지를 잘 예시한다. 커뮤니케이션 테크놀로지와 사회인식론 사이의 고리를 효과적으로 밝히기 위해서는 기호학과 상징형태 연구의 영역으로 들어가야 한다. 이러한 작업은 실증주의를 지향하는 이론화의 방법론적 구조가 허용하는 것보다 훨씬 더 풍부한 유형의 해석적 분석을 필요로 한다. 클리포드 기어츠의 표현을 빌면, 얇은(*thin*) 이론화에 대조되는 두꺼운(*thick*) 해석이 필요한 것이다.[69]

우리는 한 시대를 구성하는 사회적 규범들, 경험을 틀짓는 무의식적 경계들과 편견들, 한 인간집단의 행위에 의미를 부여하는 상징형태들을 발굴할 수 있어야 한다.[70] 이러한 사회적 규범들과 상징형태

---

68) Ibid., p. 17.

69) Clifford Geertz, *The Interpretation of Cultures*(New York: Basic Books, 1973), 특히 제1부, "Thick Description: Toward an Interpretive Theory of Culture"를 보라.

70) 사고의 무의식적 경계들과 편견들을 발굴하는 작업은 물론 미셸 푸코의 저작과 가장 밀접한 연관을 갖는다. 특히 Michel Foucault, *The Order of Things: An Archaeology of the Human Sciences*(New York: Vintage Books, 1970); *The Archaeology of Knowledge and the Discourse on Language*,

들이 결정적인 이유는 세계질서를 구성하는 특징들의 '형이상학적 토대'라고 불릴 수 있는 것을 제공하기 때문이다. 한 인간집단에 공통적인 무의식적 편견들과 지향들을 통해서만 '사회인식론'은 세계질서의 구조와 연관을 갖는다. 여기서 사용되는 미디어 이론은 커뮤니케이션 양식이 이러한 상징형태들과 인지 편견들을 만들어 낸다고 주장하지 않는다. 그보다는 커뮤니케이션 양식의 변화가 한 사회에 현존하는 상징형태들과 편견들 가운데 어느 하나를 선택하도록 만들고, 그럼으로써 새로운 사회인식론을 발생시킨다고 주장한다. 다른 말로 하면, 의미망(意味網)을 다시 짜는 것이다.

사회인식론의 요소들과 새로운 커뮤니케이션 환경 사이의 '조응'은 정신내적(*intrapsychic*) 과정에 대조되는 세대간의(*intergenerational*) 과정임을 강조하는 것이 중요하다. 달리 말해, 각 개인이 새로운 커뮤니케이션 환경에 노출됨으로 인해 오랫동안 간직해 오던 형이상학적 전제들과 인지 편견들을 갑자기 버린다고 말할 수는 없다는 것이다. 새로운 커뮤니케이션 테크놀로지는 접촉하게 된 대상을 압도하는 신비스러운 마법적 속성들을 지니고 있지 않다. 특별한 사회인식론을 갖추고 오는 것도 아니다. 상징형태로서의 '개인주의'가 인쇄기의 환경에서 번성했음을 논증하는 것이 나의 바람이기는 하지만, 양자가 불변의 인과관계에 있는 것은 아니다. 특정한 커뮤니케이션 환경에서 사회인식론의 특정한 요소들은 '적소'를 찾는 행운을 누릴 것이고, 그럼으로써 살아남고 번성하게 될 것이다. 달리 말해, 새로운 커뮤니케이션 환경에 문화적으로 편입된 이들의 점점 더 많은 수가 어떤 특정한 상징형태나 사회적 구성물이 더 '자연스럽고 합리적'이라고, 즉 자신들의 전체적인 커뮤니케이션 경험과 더 일치한다고 보게 될 것이다. 이러한 과정은 세대간의 '선택'을 통해 이루어진다.

---

translated by A. M. Sheridan Smith (New York: Pantheon Books, 1972)를 보라.

이와 같이 사회인식론의 변화를 특정의 이념들, 상징들, 가치들, 신념들이 커뮤니케이션 환경과의 우연한 '조응'에 따라 번성하거나 사라지는 일종의 선택과정으로 보는 것은 생물학자 리처드 도킨스가 개발하여 널리 쓰이고 있는, '모방학'(模倣學 ; *memetics*) 이라고 불리는 접근법과 밀접한 유사성을 갖는다.[71] 도킨스를 비롯한 모방학자들은 다윈이 그 대강을 제시한 '변이 유전'(*descent with modification*) 의 기본원리들이 단순히 '유전인자'(*gene*) 에만 적용되는 것이 아니라 문화의 진화과정, 즉 도킨스가 '모방인자'(*meme*) 라고 불렀던 문화적 단위들 가운데 어떤 것은 생존하고 어떤 것은 사라지는 과정에도 적용될 수 있다고 믿었다.

> 모방인자의 예로는 곡조(曲調), 이념, 표어, 옷, 유행, 항아리를 만드는 방법이나 아치를 짓는 방법이 있다. 유전인자가 정충이나 난자를 통해 이 몸에서 저 몸으로 뛰어다님으로써 유전인자 풀(*gene pool*) 안에서 번식하듯이, 모방인자도 넓은 의미에서 모사(模寫 ; *imitation*) 라고 불릴 수 있는 과정을 통해 이 뇌에서 저 뇌로 뛰어다님으로써 모방인자 풀(*meme pool*) 안에서 번식한다. 한 과학자가 어떤 좋은 생각을 듣거나 읽으면 그는 그것을 자기 동료들과 학생들에게 전한다. 그는 자신의 논문과 강의에서 언급한다. 그 생각이 인기를 얻게 되면, 그것은 뇌에서 뇌로 퍼져 나가면서 스스로를 번식시킨다고 말할 수 있다.[72]

내가 아는 바로는 도킨스를 비롯한 모방학자들이 커뮤니케이션 양

---

71) Richard Dawkins, *The Selfish Gene* (Oxford: Oxford University Press, 1976) ; Daniel Dennett, *Darwin's Dangerous Idea: Evolution and the Meanings of Life* (New York: Simon Schuster, 1995), 특히 제 12 장, "The Crisis of Culture"를 보라.

72) Dawkins, *The Selfish Gene*, p. 206. Dennet, *Darwin's Dangerous Idea*, p. 345에도 인용되어 있다.

식의 변화를 포괄하는 선택 메커니즘을 염두에 두지는 않았지만, 두 접근법은 명백히 양립가능하다. 그리고 도킨스가 장황하게 열거하고 있는 전형적인 '모방인자'(곡조, 이념, 표어 등)의 목록은 중요한 분석적 논점을 제시한다. 이념, 가치, 신념, 상징형태 그리고 한 시대의 사회인식론을 이루는 사회적 구성물은 분명히 광범한 스펙트럼의 다양한 특징들을 포괄할 것이다. 커뮤니케이션 양식의 변화와 더불어 흥망하는 모방인자 하나하나 모두를 추적한다는 것은 분명 만만치 않은 작업일 것이다. 그래서 분석을 위하여 나는 모방인자들을 반드시 전부는 아니지만 다룰 수 있을 정도의 분량으로 분류했다. 사회인식론의 변화에 초점을 두는 제 4 장과 제 7 장에서 나는 세 가지 요소들, 즉 개인적 정체성, 공간적 편견, 상상의 공동체를 검토한다. 내가 논증하고자 하는 것은 이 세 가지 요소들('자아'를 인식하는 방법, 공간이 질서 잡히는 방법, 집단정체성이 상상되는 방법)의 변화가 세계질서의 '형이상학적 토대'라고 불릴 수 있는 것을 제공하는 데 결정적이라는 점이다. 또한 나는 커뮤니케이션 양식의 변화가 그 요소들의 변화에 중요한 영향을 미친다는 것을 보여주고자 한다.

요컨대, 커뮤니케이션 양식의 변화는 사회와 정치의 본질과 성격에 중요한 효과를 낳는다. 이러한 효과들은 테크놀로지가 개발되는 사회적·역사적 맥락에 따라 다르다. 새로운 커뮤니케이션 테크놀로지는 기술결정론자들이 주장하듯이 특정한 사회세력들과 이념들을 발생시키는 것이 아니다. 현존하는 사회세력과 이념을 강화하거나 제약하는 정도일 뿐이다. 이 가설화된 과정은 종들과 변화하는 자연환경의 상호작용에 비유될 수 있다. 새로운 미디어 환경은 기능적 편견을 통해 어떤 사회세력과 이념은 선호하면서 다른 것들은 배척하는데, 이는 자연환경이 특정한 물리적 특징들을 '선택'함으로써 어떤 종들이 번성할지를 결정하는 것과 아주 흡사하다. 달리 말해, 사회세력들과 이념들은 새로운 미디어 환경에 얼마나 적합한가에 따라서 생존 여부가 결정되며, 이 과정은 개방적이고 불확정적이다.

이러한 효과들은 개념적으로 구별되는 두 가지 방식으로 나타나는데, 분배적 변화와 사회인식론의 변화가 그것들이다. 분배적 변화는 사회세력들의 상대적 권력의 변화를 가리키며, 반면에 사회인식론의 변화는 지배적인 집단정서 요소들의 변화를 가리킨다. 개념적으로 구별되는 이 두 가지 효과들은 역으로 다음 장들에서 사용될 분석도식의 기초를 제공하게 된다.

이 연구는 두 부로 구성되어 있고, 각 부는 세 장으로 이루어진다.

· 각 부의 첫 장은 새로운 커뮤니케이션 환경의 발전을 역사적으로 서술적으로 개관한다(제 1 부의 제 2 장에서는 인쇄, 제 2 부의 제 5 장에서는 하이퍼미디어).
· 두 번째 장은 커뮤니케이션 양식의 변화에서 비롯되는 분배적 변화를 검토한다(제 3 장과 제 6 장).
· 세 번째 장은 커뮤니케이션 양식의 변화에서 비롯되는 사회인식론의 변화를 검토한다(제 4 장과 제 7 장).

## 4. 생태학적 전체론과 미디어 이론

미디어 이론을 이렇게 실질적으로 수정하고 정교화하고 나면, 이 연구가 기반하고 있는 형이상학적 가정들을 좀더 명료하게 밝히는 일이 쉬워진다. 위에서 그 윤곽이 제시된 비환원론적, 진화론적 미디어 이론의 접근법은 인간과 기술의 상호작용이 갖는 역동성에 대해 〈그림 1-1〉에 나타나는 단순한 단일원인 모델보다 훨씬 더 넓은 시각을 포함할 수밖에 없다. 〈그림 1-2〉는 내가 인간존재에 대한 '생태학적 전체론'의 관점이라고 부르는 것을 나타낸다. 이 그림은 이니스의 저작에는 최소한 암시되어 있고, 구디, 멈퍼드, 겔너처럼 사회인류학적 배경을 가진 미디어 이론가들의 저작에서 아마도 가장 분명하게 나타날 문화적 유물론의 토대를 잘 보여준다. 문화적 유물론은 브로델, 뒤비, 르 고프로 대표되는 프랑스 아날학파의 역사가들의 저작에서 큰 영향을 받았다. 그림 속의 각 원은 인간존재의 구성요소를 가리키며, 그것들은 개념적으로 구별되며 서로 비환원적이다. 각 구성요소의 경계선은 넘을 수 없는 것이 아니며, 구성요소들은 가장자리에서 서로 섞인다.

〈그림 1-1〉의 가운데에는 기본적으로 유전되는 신경생리학적 적응구조와 특징이 있는데, 이는 모든 종들이 공유하는 것이다. 고정적이고 결정력을 갖는 '인간본성'에 대한 조야한 고전적 현실주의의 이론들이나 신고전주의적인 '합리적' 행위자의 가정들[73]과 혼동되어서는 안 될 이러한 성향들은 모든 종들이 공유하는 어떤 형태학적 또는 신경학적 속성들에 국한된다. 역사를 통해 존재했던 엄청나게 다양한 문화들에 모두 적용될 수 있는 일반 이론은 우리의 분석과는 거리가 멀다.[74]

73) 고전적 현실주의에 대해서는 Hans Morgenthau, *Scientific Man vs. Power Politics*(Chicago: University of Chicago Press, 1946); Reinhold Niebuhr, "Human Nature and the Will to Power," in H. Davis and R. Good, eds., *Reinhold Niebuhr on Politics*(New York: Scribner, 1960); Kenneth Waltz, *Man, the State, and War*(New York: Columbia University Press, 1959)를 보라. '합리적' 행위자의 가정들에 대해서는 Robert Keohane, *After Hegemony: Cooperation and Discord in the World Political Economy* (Princeton: Princeton University Press, 1984); Kenneth Oye, ed., *Cooperation Under Anarchy*(Princeton: Princeton University Press, 1986)를 보라.

74) 하지만 그렇다 해도 나의 이론적 정식화는 몇몇 인지적 특징들을 전제하고 있음에 주목하는 것이 중요하다. 예컨대, 사회인식론의 요소들에 대한 미디어 이론 안에서 선택의 메커니즘은 인간이 사회적 실재에 대한 모순적 인지를 기피하는 경향을 갖는다고 가정한다. 내가 사회적 구성물들이 특정한 커뮤니케이션 환경과의 적자성(適者性; *fitness*)에 따라 흥망할 것이라고 추론

〈그림1 - 2〉 생태학적전체론

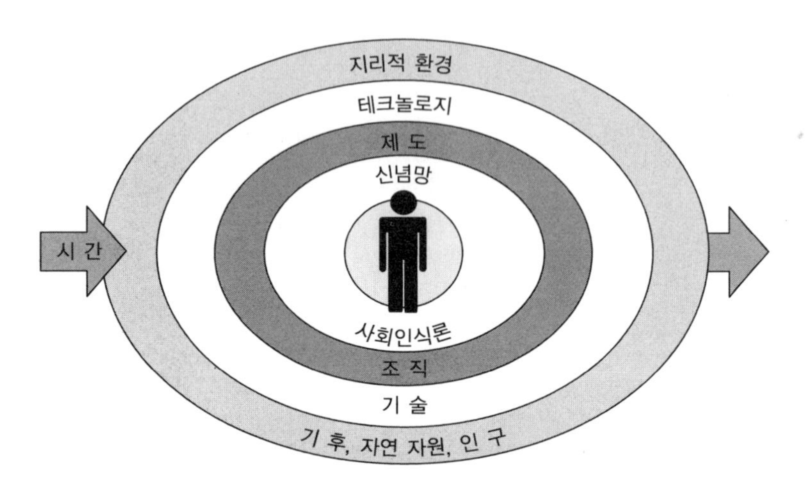


첫 번째 원은 신념망 또는 내가 앞에서 '사회인식론'이라고 지칭했던 것을 가리킨다. 되풀이하자면, 그것은 한 인간집단이 문화적으로 편입되는, 역사적으로 불확정적인 망으로서 간주관적 가치, 신념, 인지 편견, 상징적·언어적 형태로 이루어진다. 이 신념망은 종별로 존재하는 것이 아니라 문화별로 또는 시대별로 다르다. 그것은 한 인간집단이 주위의 세계를 해석하고 주위의 세계에 영향을 미칠 때 사용하는 매개체인 광범한 인식론적 렌즈를 형성한다.

신념망과 융합되는 다음 원은 공식적·비공식적 제도들로 이루어진

---

할 수 있는 것은 바로 이러한 기반 위에서이다. 사람들은 사회적 구성물을 동화시키려는, 달리 말해 전체적인 커뮤니케이션 경험과 더욱 일치시키려는 경향을 띨 것이다. 그렇다고 해서 종들에게 일반적으로 나타나는 특징들이 특정한 사회적 이념들이나 제도들을 실제적으로 구성한다고 말하는 것은 아니다. 스티븐 굴드가 적절히 표현했듯이, "인간이 동물이라는 진술은 우리의 행위와 사회제도가 갖는 특정한 패턴이 어떤 식으로든 우리의 유전인자에 의해 직접적으로 결정된다는 것을 의미하지 않는다". Gould, *Ever Since Darwin*, p. 251.

다. 국가, 기업, 조직체가 공식적 제도라면 행동습관, 인간의 상호작용과 생존을 조직화하는 일반적 양식은 비공식적 제도에 해당된다.[75] 물질적 환경과 제도 사이에는 테크놀로지가 위치한다. 좁은 의미에서 테크놀로지는 응용된 지식을 가리키지만 여기서는 실제적 또는 응용된 지식(형식적으로 테크놀로지라고 부른다)뿐만 아니라 인쇄기와 같은 물질적 도구들 또는 테크놀로지에 의한 인공물(형식적으로 기술〔*technics*〕이라고 부른다)도 포괄하는 좀더 일반적인 의미로 사용된다.[76] 물질적 인공물로서 테크놀로지는 하나의 시간과 공간에 이용 가능한 자원들의 제약을 받는다. 하지만 하나의 도구로서 그것은 언제나 기존의 사회제도들, 지식, 숙련도, 즉 우리가 앞서 테크놀로지의 '사회적 내장성'(*social embeddedness*)이라고 불렀던 것에 의해 조건지어지고 그것으로부터 발생한다. 존재론적 측면에서 테크놀로지는 단순히 인간사회의 부속품이 아니라 인간사회를 이루며 인간사회와 깊이 뒤얽힌 특징으로 봐야 한다. 매클리시는 이렇게 말한다.

> 인간이 도구의 변화, 물리적 변화, 정신적·정서적 변화의 계속적 상호작용을 통해 다른 동물들로부터 진화했음을 보여주는 증거는 이제 강력한 것으로 보인다. 인간이 일단 진화론적으로 완전한 형태를 갖춘 단계에 도달하고 나서 도구들을 발견하고 도구들이 가능케 해주는 새로운 생활방식을 발견했다는 낡은 관점은 더 이상 받아들여

---

75) 제도에 대해서는 Robert Keohane, "International Institutions: Two Approaches," *International Studies Quarterly* 32(1988), pp. 379~396; Friedrich Kratochwil, *Norms, Rules and Decisions*(Cambridge: Cambridge University Press, 1989); John Gerard Ruggie and Friedrich Kratochwil, "International Organization: The State of the Art on an Art of the State," *International Organization* 40(1986), pp. 753~776을 보라.

76) 이에 대한 논의로는 Lewis Mumford, *Technics and Civilization*; Daniel Deudney, *Pax Atomica: Planetary Geopolitis and Republicanism*(Princeton: Princeton University Press, 1997)를 보라.

질 수 없는 것으로 보인다.[77]

마지막 원은 물질적 또는 지리적 환경을 가리키는데, 인구, 질병, 기후, 자연자원이 포함되며, 이것들 모두는 사회진화의 궤도와 성격에 대해 느슨한 제약효과를 갖는다.[78] 수천 년 동안 이론가들은 이러한 물질적 요인들이 인간사회의 본질에 미치는 영향에 관해 숙고해 왔고, 이 강력한 '자연적' 이론화의 전통은 고대 그리스인들에로 거슬러 올라간다.[79] 하지만 대부분의 분석들의 시간틀에서 이처럼 기본적인 물질적 요인들은 상대적으로 덜 중요한 것으로 가정되어 버릴 수 있다. 그러나 장기지속에 초점을 두는 연구들에서는 그러한 요인들이 더 중요하게 나타난다.[80]

〈그림 1-2〉가 정적인 인상을 줄지 모르나, 생태학적 전체론의 관점은 근본적으로 역사주의적(*historicist*)임을 강조하는 것이 중요하다. 즉, 환경적·기술적 조건, 공식적·비공식적 제도와 관행, 간주관적 가치와 신념이 계속적으로 상호작용을 해나가는 상태를 인간존재로 본다는 뜻이다. 이러한 시각에서 '합리성', 정체성, 민족, 국가는 상대적으로 긴 시간대에 걸쳐 기본윤곽을 안정적으로 유지할 수도 있으나, 그럼에도 불구하고 역사적 불확정성의 산물이며 따라서 자연과

---

77) Bruce Mazlish, *The Fourth Discontinuity: The Co-Evolution of Humans and Machines* (New Haven: Yale University Press, 1993), p. 5.

78) Stephen K. Sanderson, "Evolutionary Materialism: A Theoretical Strategy for the Study of Social Evolution," *Sociological Perspectives* 37, no. 1(1994), p. 47~73을 보라.

79) Daniel Deudney, "Bringing Nature Back In," in Daniel Deudney and Richard Matthew, eds., *Contested Grounds: Security and Conflict in the New Environment Politics* (Albany: SUNY Press, 1997)를 보라.

80) 이 점을 잘 보여주는 예는 중세 말기에 '흑사병'이 인간사회의 재구조화에 미쳤던 영향이다. Ruggie, "Territoriality"; Barbara W. Tuchman, *A Distant Mirror: The Calamitous 14th Century* (New York: Knopf, 1978)를 보라.

사회의 진화에 따라 변화할 수 있다.[81]

이 시각에서 변화는 사전에 결정된 패턴들이 전개되는 목적론적 과정이 아니라 오히려 "구체적인 역사적 상황들에서 개인들이 생물학적, 심리학적, 사회적 필요에 반응할 때의 개인적·집단적 행위의 총체적 결과"[82]라는 점을 분명히 하는 것 또한 중요하다. 그러므로 우연이나 불확정성은 사회진화의 본질과 방향에서 중요한 역할을 맡는다. 생태학적 전체론의 시각에서 인간이 상호작용하는 패턴이 개념적으로, 기술적으로, 경제적으로, 또는 다른 방식으로 변화하면 인간발전의 경로는 예기치 않은 식으로 바뀔 수 있으며, 이는 변화를 직선적으로 보는 관점에 배치되는 시각이다. 이 점에서 생태학적 전체론은 모든 사회들이 거쳐야 하는 것으로 가정되는 재발적인 '장주기'(長週期; *long cycles*)나 전진적인 '발전단계'가 있다고 주장하는 이론들과 대조적이다.[83] 생태학적 전체론은 '다원적' 역사관에 입각한 것이다. 역사에는 어떤 논리도 전개되지 않으며, '변이유전'만이 있을 뿐이라고 보는 것이다.[84]

---

81) 이 관점은 로버트 칵스의 '역사적-구조적' 접근법과 아주 흡사하다. 칵스의 접근법은 "언어의 구조; 법, 도덕, 제도의 구조; 국가, 그리고 세력균형과 같은 세계질서의 구조 등의 사회적·정치적 실체를 규정하는 구조들 자체가 인간 본성과 함께 역사의 산물이며 따라서 변화할 수 있다고 본다". Robert Cox, "Production, the State, and Change in World Order," in Czempiel and Rosenau, eds., *Global Changes and Theoretical Challenges*, p. 38.

82) Sanderson, "Evolutionary Materialism," p. 50.

83) 국제정치에서의 '장주기'에 관해서는 George Modelski, *Long Cycles in World Politics*(London: Macmillan, 1987); William R. Thompson, "Ten Centuries of Global Political-Economic Coevolution,"(Paper prepared for delivery to the workshop on Evolutionary Paradigms in the Social Sciences, Batelle Seattle Conference Center, University of Washington, Seattle, May 13~14, 1994)를 보라. 전진적인 발전단계에 대해서는 Rostow, *The Stages of Economic Growth*를 보라.

84) '다원적' 역사관을 나와 비슷하게 설명하는 것으로는 Richard Rorty, "Dewey

물론 인간사회 기본구조의 근본적 변화는 인간의 제도, 이념, 관습이 상대적으로 안정적이고 지속적이라는 점을 고려할 때 계속적이지 않고 삽화적이다. 개디스의 말대로, "조건들은 수년간 거의 변화 없이 지속될 수 있기 때문에 사람들은 그 조건들을 영구적인 것으로 받아들이게 된다".[85] 과거에는 일부 사회이론가들 사이에 그것이 생산양식이든 파괴의 기술이든 간에 모든 근본적 변화를 추동하는 것으로 볼 수 있는 하나의 '지배적' 변수를 찾는 경향이 있었다. 하지만 여기 제시된 생태학적 전체론의 시각에 따르면, 인간역사의 어떤 시대를 막론하고 근본적 변화의 특정한 근원은 선험적 근거에서 말할 수 없으며, 물질적인 것과 이념적인 것을 망라하는 복합적인 요인들이 우연하게 한 점에서 만나 인간 상호작용의 패턴을 급격하게 변형시키는 것이다.[86]

미디어 이론은 생태학적 전체론의 시각에 바탕을 두면서 커뮤니케이션 양식의 변화로 인해 고무되고 촉진되는 변화들을 따로 떼어 보는 하나의 보조적 접근법이라고 볼 수 있다. 그렇다고 해서 미디어 이론이 커뮤니케이션이 인간존재의 다른 영역들에 대해 근본적 우위를 갖는다고 주장하는 것으로 받아들여져서는 안 되고, 단지 색출작업을 위한 학문적 노동분업이라고 이해되어야 한다. 커뮤니케이션 미디어의 기술적 변화는 사회적 상호작용에서 새로움을 만들어 내는 다른 많은 중요한 혁신들 가운데 하나이다. 그러나 생산, 안보와 마찬가지

---

between Hegel and Darwin," in D. Ross, ed., *Modernist Impulses in the Human Sciences, 1870-1930* (Baltimore: Johns Hopkins University Press, 1994), pp. 54~68을 보라.

85) John Lewis Gaddis, "Tectonics, History and the End of the Cold War," in idem, ed., *The United States and the End of the Cold War: Implications, Reconsiderations, Provocations* (Oxford: Oxford University Press, 1992).

86) Sanderson, "Evolutionary Materialism," p. 53.

로 커뮤니케이션이 인간존재에 너무나 불가결하기 때문에 그 영역에서의 변화들은 넓은 함의를 갖게 될 것이다. 그러므로 이 연구에서 내가 변화하는 커뮤니케이션 양식과 세계질서 변형의 관계에 초점을 맞추기는 하지만, 그 초점 자체가 커뮤니케이션을 중심으로 역사를 이야기하는 것으로 등치되어서는 안 된다.

## 5. 생태학적 전체론, 미디어 이론, 국제관계학 이론

개관을 통해 미디어 이론의 논조가 국제관계의 '역사사회학'(*historical sociology*) 분야와 분명히 연계되어 있음이 명백해졌을 것이다. 이 분야는 로버트 코헤인이 '합리주의적'(*rationalist*)이라고 이름붙인[87] 좀더 몰역사적인 접근법들과는 대조적이다. 로버트 칵스는 자신이 "문제해결적"(*problem-solving*)이라고 부르는 합리주의적 접근법들은 "권력관계가 안정적이거나 고정적으로 보이는 시기들"에 적합하다고 지적한다.[88] 우리가 근본적 변형의 시대를 목도하고 있는 오늘날 놀랍게도 이러한 접근법들은 국제관계학의 대다수를 차지한다. 겔너가 말하듯이, "우리시대의 커다란 역설은 우리시대가 전혀 유례없는 속도와 깊이의 사회적·지적 변화를 겪고 있지만 우리시대의 사유는 대체로 비역사화되거나 몰역사화되어 왔다는 점이다".[89]

오늘날 국제관계학 분야를 지배하는 두 접근법인 신현실주의(*neorealism*)와 신자유주의(*neoliberalism*)가 몰역사적인 이유는 그것들이 자신들의 주장을 뒷받침하는 '역사적' 세부사항들을 그러모으지 못해서가 아니라 오히려 자신들의 이론을 보편적 근본전제들, 즉 시간과 맥락

87) Keohane, "International Institutions," pp. 379~396.

88) Cox, "Social Forces, States, and World Order," p. 210.

89) Gellner, *Plough, Sword, and Book*, p. 12.

의 구속을 받지 않는다고 주장되는 근본전제들 — 그것이 무정부적 구조이든 효용극대화 욕구이든 간에 — 에 바탕을 둠으로써 역사를 본질적으로 기피하려 하기 때문이다.[90] 애들러의 용어로 말한다면, 두 접근법은 '존재'(*being*)의 이론, 즉 "변화를 포함한 자연과 사회의 모든 것이 정적이며 기계적이라고 보는"[91] 지배적 관념의 예들이다. 특히 신현실주의자들에게 국제체계의 주된 구성요소들은 마치 "공간에 떠있는" 것처럼 간주되며, "시간은 그 구성요소들과 아무런 관계도 없고, 운동과 변화는 직선적"이다.[92] 성장의 편차를 허용함으로써 국제체계를 더 역동적으로 다루는 로버트 길핀같은 주기론자들조차 무정부 질서가 보편적으로 변함없이 제약력을 갖는 상황에서 합리적 동기를 가진 '단위들'이 재정렬되는 것을 변화라고 여전히 제시한다.[93] 마찬가지로 신자유주의는 웬트가 "과정과 제도 모두를 행태론적으로 보는 시각"이라고 부르는 것을 제공한다. "과정과 제도는 행태를 변화시키는 것이지 정체성과 이익을 변화시키는 것이 아니다".[94] 상대적 이득(*relative gains*) 대 절대적 이득(*absolute gains*)의 문제를 둘러싼 외견상의 의견차이에도 불구하고 신자유주의자들과 신현실주의자들은 국제정치의 자연적 질서를 이루는 것은 무정부적 환경 속에 있는 일원

---

90) 신현실주의와 신자유주의의 몰역사적 경향과 유사한 관점으로는 Emanuel Adler, "Cognitive Evolution: A Dynamic Approach for the Study of International Relations and Their Progress," in Emanuel Adler and Beverly Crawford, eds., *Progress in Postwar International Relations* (New York: Columbia University Press, 1993), pp. 43~88; Wendt, "Anarchy," pp. 391-396; Richard K. Ashley, "Three Modes of Economism," *International Studies Quarterly* 27 (1983)을 보라. Waltz, *Theory of International Politics*도 참조.

91) Adler, "Cognitive Evolution," p. 43.

92) Ibid., p. 44.

93) Gilpin, *War and Change in World Politics*를 보라.

94) Wendt, "Anarchy," p. 392.

적인 합리적 행위자들이라고 가정하는 점에서는 공통적이다.[95]

애들러에 따르면, 존재의 이론에 대한 대안은 '형성'(*becoming*)의 이론, 즉 인간존재를 "외견상 정적이지만 변화와 진화가 영구적으로 지속되는 과정"으로 보는 이론으로서 생태학적 전체론은 분명히 이 범주에 속한다.[96] 바뀌고는 있으나, '형성'의 이론을 특징으로 하는 역사주의를 완전히 갖춘 예는 국제관계학 분야에서 드물다. 자신들의 작업이 신현실주의나 신자유주의 진영 밖에 위치한다고 보는 학자들이 점점 늘어나고 있고, '역사주의' 학파의 국제관계 이론가라고 부를 수 있는 이들이 나타났다.[97] 이 학파의 공통분모는 인간의 제도와 관행(국가, 민족, 정체성, 이익)을 역사적 불확정성의 산물로 보고 따라서 시간이 흐르면 변화할 수 있는 것으로 본다는 점이다. 역사주의자들은 신현실주의자들과는 달리 정치를 주기적이고 재발적인 현상으로 보지 않으며 개방적인 과정으로 본다.

역사주의자들은 설명변수로서 '물질'이나 '이념'에 부여하는 상대적 무게에 따라 분화될 수 있고, 이러한 분화는 맑스와 헤겔까지 거슬러 올라간다. 예컨대 로버트 칵스의 '역사적 구조'의 접근법은 물질적 환경, 제도, 간주관적 가치와 신념을 고려하는 개방적인 진화이론을 명

---

95) '상대적 이득 대 절대적 이득'의 논쟁을 개관하려면, Robert Powell, "Anarchy in International Relations Theory: The Neorealist-Neoliberal Debate," *International Organization* 48(Spring 1994), pp. 313~344; David A. Baldwin, ed., *Neorealism and Neoliberlaism: The Contemporary Dabate* (New York: Columbia University Press, 1993)을 보라.

96) Adler, "Cognitive Evolution," p. 43.

97) '역사주의'라는 용어는 로버트 칵스의 용법을 따른 것이다. 칵스는 역사를 하나의 개방적인 진화과정으로 본 지암바티스타 비코(Giambattista Vico)를 끌어들이고 있다. Cox, "Social Forces, States, and World Order," p. 213을 보라. 여기서의 역사주의는 칼 포퍼(Karl Popper)가 *The Poverty of Historicism*(Boston: Beacon Press, 1957)에서 역사를 법칙적인 관점에서 보는 이론들을 지목하기 위해 사용한 역사주의와는 정반대의 의미를 갖는다.

백히 표명했으나 결정변수로서의 생산양식에 부여된 압도적인 중요성 때문에 결국 극단적인 유물론으로 빠진다.[98] 마찬가지로 대니얼 듀드니가 작업중인 유물론적 지정학 이론들—환경적 조건들, 파괴기술의 변화, 세계질서의 형성 사이의 관계를 탐구한다—의 재구성 또한 군사기술에 주어진 무게로 인해 극단적인 유물론으로 빠진다.[99] 관념론의 극단 쪽으로는 이익, 정체성, 제도의 역사적 신축성에 초점을 두는 웬트, 크래토치윌 등의 사회구성론적 이론들이 있다.[100] 이와 같은 접근법들은 환경적 또는 기술적 요인들은 제쳐놓고 사회인식론과 제도의 상호작용에만 집중하는 경향이 있다. 그것들은 위에서 요약된 더 유물론적인 이론들의 '토대'를 결여하고, 정치에서 인과적으로 의미있는 변수들인 물질적 요인들을 경시하거나 무시하는 경향이 있다.

〈그림 1-2〉에서 보이듯이, 생태학적 전체론은 '물질적' 요인들과 '이념' 사이의 이분법적 대립을 극복하기 위한 시도로서 물질과 이념을 양자택일의 관점에서 보지 않고 하나의 전체를 이루는 부분들로 본다. 생태학적 전체론은 인간이 다른 모든 유기체들과 마찬가지로 주위의 환경에 결정적으로 의존하며, 따라서 그것의 영향을 받는다는 기본적인 유물론적 입장을 출발점으로 삼는다. 그러나 생태학적 전체론은 인간이 복잡한 상징들과 이념들을 의사소통하는 독특한 능력을 가지기 때문에 자신들의 환경을 다른 유기체들과는 달리 순전한 본능

---

98) Cox, "Social Forces, States, and World Order"; Cox, "Multilateralism and World Order," *Review of International Studies* 18(1992), pp. 161~180; Cox, "Towards a Post-Hegemonic Conceptualization of World Order"를 보라.

99) Deudney, *Pax Atomica*; Deudney, "Global Geopolitics: Materialist World Order Theories of the Industrial Era, 1850~1950"(Ph. D. Dissertation, Princeton University, 1989)를 보라.

100) Wendt, "Anarchy"; Kratochwil, *Rules, Norms, and Decisions*; Nicholas Onuf, *World of Our Making*(Columbia: University of South Carolina Press, 1989).

에 기초하여 보지 않으며, 언어학적으로 적나의 '소여'(所與 ; *given*) 로서 이해하지 않는다. 환경은 신념망, 상징형태, 사회적 구성물의 복합체로서 인간은 이 속으로 문화적으로 편입되며 환경을 통해 주위의 세계를 인지한다. 루크는 이렇게 말한다.

> 사람들이 자신들의 환경을 이해하는 방식은 특정분야의 준거를 조직하는 이념, '현실', 대상, 사실, 관계에 관한 진술들에 의해(사전에) 정식화된다. 모든 역사적 시대에서 인간 주체는 자신의 세계, 자아, 자아와 타자들의 관계를, 구체적이고 추상적인 지식과 경험을 명명하고 위치시키며 조직화하는 역사적 언술의 관행들을 기초로 이해한다.[101]

역사적 변형에 대한 러기의 저작이 분명한 예외이기는 하지만 오늘날 국제관계학에서 생태학적 전체론에 입각한 연구는 드물다. "영토성, 그리고 그것의 극복"(*Territoriality and Beyond*) 이라는 논문에서 러기는 "물질적 환경, 전략적 행위, 사회인식론은 서로 환원될 수 없다"는 생태학적 전체론의 입장을 진술하고 있다.[102] 러기보다는 덜 명시적이지만 에른스트 하스와 이매뉴얼 애들러의 저작들도 "정치는 물리적 변화, 의미의 진화와 더불어 변화하는 역사적 과정"[103] 이라는 관점을 공유한다. 그들의 경험적 연구에서 하스와 애들러는 '물리적 변화'가 분석상 하나의 '소여'로 취급될 수 있는 좁은 시간틀에 초점을 두었다. 이 점에서 '지식공동체'(*epistemic communities*) 에 대한 애들러의 저

---

101) Carmen Luke, *Pedagogy, Printing, and Protestantism: The Discourse on Childhood* (Albany: SUNY Press, 1989), p. 29.

102) Ruggie, "Territoriality," p. 152.

103) Adler, "Cognitive Evolution," p. 47; Ernst Haas, "Words Can Hurt You: Or Who Said What to Whom about Regimes," in Stephen D. Krasner, ed., *International Regimes* (Ithaca: Cornell University Press, 1983).

작은 웬트와 크래토치윌의 사회적 구성론과 흡사하다. 주된 차이라면 사회구성론자들이 물질적, 지리적 요인을 자신들의 존재론에 포함시키는지가 분명치 않다는 점이다.[104] 물론 생태학적 전체론과 사회적 구성론의 차이는 그들간의 유사성에 비교하면 최소한의 것이다. 이익과 정체성을 상대적으로 고정된 것으로 간주하는 주류 합리주의적 접근법들과의 대조라는 측면에서 그 유사성은 두드러진다. 하지만 생태학적 전체론은 인간존재에 대한 더 포괄적인 묘사를 보여주며, 이는 대규모 역사적 변화들의 유형을 검토하는 데 불가결한 것이다.

## 6. 방 법 론

내가 제시한 미디어 이론이 실증주의적 방법론과 양립할 수 없다는 것은 명백하다. 가장 중요한 것은 사회진화에서의 역사성과 근본적 불확정성의 강조가 역사와 떨어져 서 있는 법칙이라는 관념과 충돌하며, 따라서 연역적 법칙 또는 전체포괄적 법칙(*covering-law*)을 추구하는 모델의 사용과 충돌한다. 전체포괄적 법칙 모델은 이 연구의 분석유형에 동원 가능한 유일한 방법론이 아니다. 근년에 이론가들은 역사적 이야기체(*historical narrative*)를 하나의 설명양식으로 사용하기 시작했다.[105] 이 설명양식은 시간적 차원을 따라 일어난 사건들을 연결

---

104) 한 각주("Anarchy," p. 398, fn. 27)에서 웬트는 어떤 구성론적 접근법들은 "전(前)사회적인 그러나 비결정적인 인간욕구"를 다룰 때 "과잉사회화"될 수 있음을 인정하지만, 기후, 인구 같은 신경생리학적 적응을 넘어선 다른 '물질적' 요인들이 자신의 접근법에 포함되는지, 어떤 경우에 포함되는지에 대해 상술하지 않는다.

105) 그 예들로 다음을 보라. Michael Mann, *The Sources of Social Power*, Vol. 1 (Cambridge: Cambridge University Press, 1986); Donald E. Polkinghorne, *Narrative Knowing and the Human Sciences* (Albany: SUNY

지으려 시도한다. 진화의 경로에서 어떤 길을 선택하는 데 중요했던 변수와 불확정성이 무엇이었나를 추적한다. 물론 이야기체 설명은 인간적 속성들 또는 종종 깔보는 투의 용어인 '사건사'(事件史; *history of events*)로 불리는 것에만 국한되지 않는다. 도널드 폴킹혼의 말대로, "이야기체 방식은 인간의 목적과 욕구의 틀을 사용함으로써, 물리적·문화적·개인적 환경이 부과하는 제약과 기회를 포함시킴으로써 개별 사건들을 조직화한다".[106] 역사적 이야기체는 설명의 사실도를 높이기 위해, 명료한 분석도식이나 논리적 계획안을 미리 배제하지 않는다. 이 설명양식이 구조화되고 초점을 갖춘 비교를 하기 위해서는 반사실적 사유(*counterfactuals*)의 사용이 결정적이다.[107] 따라서 다음 장들에서 변화하는 커뮤니케이션 양식의 중요성을 확증하는 나의 논의들은 일차자료와 이차자료에서 수집될 수 있는 경험적 증거에만 의존하지 않고, 커뮤니케이션 환경의 변화가 없었다면 '어떻게 되었을 것인가'를 보는 논리적 논의에도 의존할 것이다. 가장 중요한 점은 과거를 구조화되고 초점을 갖춘 방식으로 보는 동시에 나는 오늘날 일어나고 있는 변화들을 해석할 수 있는 분석적 렌즈를 고안하려 했다는 것이다. 궁극적으로 이 연구의 가장 중요한 가치는 후자를 얼마나 성취했는가에 달려 있다.

---

Press, 1988); Janice Thompson, *Mercenaries, Pirates and Sovereigns: State-Building and Extraterritorial Violence in Early Modern Europe* (Princeton: Princeton University Press, 1994), p. 5.

106) Polkinghorne, *Narrative Knowing and the Human Sciences*, p. 20; 아울러 John Gerard Ruggie, "Peace in Our Time?: Causality, Social Facts, and Narrative Knowing," Proceedings of the American Society of International Law (1995)를 보라.

107) 이에 대한 논의로는 Philip Tetlock and Aaron Belkin, eds., *Counterfactual Thought Experiments in World Politics: Logical, Methodological, and Psychological Perspectives* (Princeton: Princeton University Press, 1996)를 보라. 2

# 제 1 부

# 인쇄와 중세적 세계질서에서 근대적 세계질서로의 변형

# 제 2 장
# 양피지 필사본에서 인쇄기로: 聖言과 중세 신정체제의 흥망

자신의 군대가 없었던 교황 이노센트 3세(Innocent III)가 독일의 왕인 브룬스빅의 오토 4세(Otto IV of Brunswick)를 내쫓고, 프리드리히 2세(Frederick II; 이노센트의 피후견인)를 그 자리에 대신 앉힘으로써 이탈리아에서 패권을 장악하려는 오토 4세의 기도를 중지시키기 위한 서유럽의 군주들과의 대연합을 획책한 것은 1212년의 일이었다. 교황의 명령을 실행한 이는 프랑스의 필립 오귀스트(Philip Augustus)였고, 그는 1214년의 브와비네(Boivines) 전투에서 오토의 군대를 완패시켰다. 같은 시기에 이노센트는 자신이 캔터베리 대주교로 임명한 스티븐 랭턴(Stephen Langton)의 선정을 두고 잉글랜드의 왕 존(John)과 오랜 논쟁을 벌이고 있었다. 존왕이 처음에는 적대적이고 반항적이었기 때문에 이노센트는 잉글랜드 전체의 교회 의식을 중단시키고 필립 오귀스트에게 다시 도움을 청해 잉글랜드를 침공하겠다고 협박했다. 교황의 힘에 머리를 숙인 존은 랭턴의 대주교 임명을 받아들였을 뿐만 아니라 이노센트를 자신의 봉건군주로 모시게 되었다.[1] 이 분쟁은

---

1) Cantor, *The Civilization of the Middle Ages*, pp. 422~423.

교황 그레고리 7세(Gregory Ⅶ)와 독일왕 하인리히 4세(Henry Ⅳ)가 성직임명권을 두고 싸운 결과로 하인리히가 교황의 파문교서를 받음으로써 하인리히의 백성들이 그에게 충성맹세를 안 해도 되게 만든 150년 전의 또 다른 사례와 닮았다. 왕에 대한 지지는 급격히 줄어들었고, 한때 막강했던 하인리히는 그레고리에게 사죄를 구하지 않을 수 없었다. 하인리히의 굴욕적인 패배는 교황의 군사력이 우월해서가 아니라 그의 정신적 권위가 압도적이었기 때문이다.[2] 이후 교황들이 누렸던 이러한 정신적 권력을 가장 잘 보여주는 것은 아마도 일련의 십자군 원정일 것이다. 다른 문명에 대해 교회가 일으킨 이 전쟁에 군주, 기사, 평민은 기꺼이 뛰어들었다.[3]

이 예들은 중세가 절정기였던 시대에 로마 가톨릭 교회가 세속적 권위에 대해 권력을 행사하고 그 속으로 침투했음을 보여준다. 주류 국제관계학의 시각에서 볼 때, 자신만의 군대도 없고 처음에는 그다지 물질적으로 부유하지도 않았던 로마의 주교에 불과한 자가 "마침내 유럽에서 가장 막강한 봉건군주가 되어 군주들과 왕들이 충성을 맹세하고 기독교 세계 전체에 걸쳐 세금을 징수하고 국사에 간여하는"[4] 존재로 발전한 것이다. 교회는 경쟁적이고 교차분할적이던 중세

---

2) Ibid., pp. 266~276을 보라. 아울러 Gerd Tellenbach, *Church, State, and Christian Society at the Time of the Investiture Controversy*(Oxford: Basil Blackwell, 1959); Uta-Renate Blumenthal, *The Investiture Controversy: Church and Monarchy from the Ninth to the Twelfth Century*(Philadelphia: University of Pennsylvania Press, 1988)를 보라.

3) 십자군 원정에 대해서는 Jonathan Riley-Smith, *The First Crusade and the Idea of Crusading*(London: Athlone, 1986)을 보라. 국제관계학 이론 논쟁의 맥락에서 십자군 원정을 논의한 것으로는 Rodney Bruce Hall, "The Medieval 'State' and the Social Construction of Sovereign Identity"(Paper presented to the 36th Annual Convention of the International Studies Association, Chicago, February 21~25, 1995)를 보라.

4) James Curran, "Communications, Power and Social Order," in Michael

의 정치적 권위의 통치권 전체에 다리를 걸친 유일한 제도였고, 그 효과성과 지배력이 종종 세속권력이나 부적절한 통치로 인해 약화되기는 했으나 11세기에서 13세기까지 교회는 중앙집권화된 '교황 군주제'하에 서유럽을 통일하기에 이르렀다.

무엇이 교회의 지배를 가능케 했는가? 쿠랜에 의하면, 교회의 권력은 "그것의 행사에 필요한 지지를 창출하고 유지하는 이념적 생산의 제도적 과정을 교회가 초기에 장악"했음을 고려하지 않으면 이해될 수 없다.[5] 그러므로 교황권을 이해하기 위해서 우리는 커뮤니케이션 양식 또한 이해해야 한다.

이 장에서 나는 커뮤니케이션 테크놀로지의 발전이 서유럽에서 인쇄기의 발전으로 이어진 과정을 역사적으로 기술한다. 대부분의 지면은 중세 세계질서에 대한 교회의 패권이 어떻게 당시의 커뮤니케이션 환경에 의해 뒷받침되었는가를 검토하는 데 할애될 것이다. 인쇄기는 어둠 속의 번개처럼 유럽 무대에 도착한 것이 아니었다. 그것은 더 효율적인 커뮤니케이션을 원하는 사회적 압력들이 서서히 수렴하면서 만들어 낸 산물이었다. 그것은 부분적으로는 로마 가톨릭 교회가 정신적으로 퇴락하고 세속주의가 커지면서 서유럽 사회 전체가 겪었던 동요를 반영하는 것이었다. 그러므로 이 장의 목적은 커뮤니케이션 양식의 변화를 그 역사적 맥락 속에 위치시키는 것이다. 즉, 내가 앞서 기술혁신의 '사회적 내장성'(*social embeddedness*)이라고 불렀던 현상을 강조하려는 것이다. 그리고 이어지는 두 장들에서는 이 커뮤니케이션 환경의 변화가 세계질서 변형에 미친 결과를 다룰 것이다.

---

Gurevitch et al., eds., *Culture, Society and the Media*(London: Methuen, 1982), p. 203.

5) Ibid., p. 204.

## 1. 문어(文語)의 성성(聖性)

언어와 커뮤니케이션은 인간생활의 본질적인 구성요소이기 때문에 인간들이 의미를 전달하기 위해 추상적 상징들을 일정하게 사용하지 않는 시대를 상상하기란 어렵다. 그러나 현대인이 네안데르탈인을 대체한 진화상의 전기(轉機)인 3만5천 년 전으로 되돌아가서, 인간들이 그 때 이후로 발화(發話)를 통한 어느 정도의 의사소통능력을 지녀왔다고 가정한다면, 우리가 조야한 형태의 필기가 처음 발명된 시점을 찾기 위해서는 그로부터 거의 3만2천 년을 내려와야 한다.[6] 그러므로 지구상에서 보낸 대부분의 시간 동안 현대인류의 커뮤니케이션은 원시적 구두성(*primitive orality*)으로 특징지어진다. 물론 필기가 발명되기 전 수천 년 동안 인간들은 기억을 돕는 도구로서 그림을 그리고 안표(眼標)를 휘갈겨 써왔지만, 이러한 그림문자들과 안표들은 진정한 필기문(*written scripts*)이라고 볼 수 없다. 필기문은 "단순한 그림, 사물의 묘사로 이루어지는 것이 아니라 발화(*utterance*)의 표상, 누군가가 말하거나 말한다고 상상되는 글자들의 표상으로 구성"[7]되기 때문이다. 대부분의 필기문들은 그림과 안표 같은 시각예술에 기원을 두고 그것들로부터 발전했을 것이다.

필기문들이 요구하는 신체조건은 동일하다. 대향적(對向的)인 엄지손가락으로 도구를 조작하고 눈, 귀, 뇌로 도구를 조정할 수 있는 능력을 갖추어야 한다.[8] 필기문들의 차이는 필기의 시각체계가 "언어체

---

6) 발어(發語)를 가능케 하는 성도(聲道)의 생리적 변화와 인간진화에서의 이른바 '대약진' 사이의 연관에 대해서는 Jared Diamond, "The Great Leap Forward," *Discover*(1990), pp. 66~76을 보라.

7) Ong, *Orality and Literacy*, p. 84.

8) Goody, *The Interface Between the Written and the Oral*, p. 3.

계를 복제하는 데 성공하는 정도, 즉 첫째로는 글자-기호의(의미론적) 일치, 둘째로는 음성학적 일치가 이루어지는 정도"[9]에 있다.

우리가 알고 있는 최초의 필기체계는 기원전 3천5백 년경 메소포타미아의 수메르인들 사이에서 발전되었다. 고고학적 증거는 이 필기체계가 신석기 시대 초기에 농업생산으로 옮겨 간 뒤로 지불내역과 곡식재고를 기록하기 위해 점토 표식(*clay tokens*)을 사용하면서 발전되었음을 보여준다.[10] 사회가 더 복잡해지고 거래를 용이하게 하기 위해 점토 표식에 더 의존하게 되면서, 표식 자체는 표식의 3차원적 형태에 조응하는 2차원적 상징에 자리를 내주게 되었다. 우룩 4세(Uruk Ⅳ)의 도시에서 발견된 판독되지 않은 최초의 상형체계는 점점 발전하여 기원전 3천백 년경에는 수메르인들의 말을 받아 적기 위해 사용된 설형 철자법으로 이어졌다. 이것이 바로 지금까지 알려진 최초의 필기체계이다.

혹자는 필기의 발전을 경제 또는 도시화의 기능적 명령에 의한 것으로 환원시키고 싶은 유혹을 느낄 것이다. 그러나 필기의 재생산은 그 궁극적 기원이 무엇이든 언제나 정신적 엘리트와 긴밀히 연관되어 왔다. 사회인류학자들과 역사가들은 보통 이 연관성을 찢어지기 쉬운 텍스트나 서책(書冊)의 속성 탓으로 돌린다. 손상되기 쉬운 문서의 성격 자체가 신성에 관련된 규범들과 규칙들을 보전하는 책임을 맡는 성직자들에게 특권을 준다는 것이다.[11] 훨씬 더 강력한 설명은 필기를 최초로 개발한 이들의 관점에서 찾을 수 있을 것이다. 문자를 사용하는 능력은 "유한적인 인간들에게 맡겨질 수 없다"는 것이었다.[12]

---

9) Ibid., p. 18.

10) Denise Schmandt-Besserat, "The Earliest Precursor of Writing," *Scientific American* 283, no. 6(1978), pp. 50~59를 보라. 아울러 Bruce Bower, "The Write Stuff: Researchers Debate the Origins and Effects of Literacy," *Science News*(March 6, 1993), pp. 152~154를 보라.

11) 특히 Goody, *The Logic of Writing*을 보라.

그러므로 필기에 익숙한 대부분의 초기 문명들이 자신들의 기원을 신화와 전설로 치장했던 것은 놀라운 일이 아니다. 필기를 만들어 낸 이집트의 신 토스(Thoth)를 숭배하는 것이 바로 그런 예이다.[13]

글자를 재생산하고 해석하는 책임을 맡던 이들을 존경해야 했던 것도 놀라운 일이 아니다. 겔너에 따르면, "확언과 명령을 기록하고 전달하며 동결시키는 과정에서 필기의 신비로운 힘은 이내 경외스러운 위신을 얻게 되고, 의식을 전담하는 권위와 융합되게 된다".[14] 사제나 성직자는 신성한 텍스트의 보관자로서 '내세'의 힘이나 신성의 매개자이며, 따라서 글자를 해석하는 데 요구되는 기능과 연관된 권력을 부여받게 된다. 이는 특히 경전을 가진 종교들, 예컨대 이슬람교, 유대교, 기독교에서 발견되는 일반적인 패턴이다.[15]

글자가 전자부호로 해체되고 복사본들이 저렴해지고 풍부해진 우리 시대의 시각에서 되돌아 볼 때, 어떻게 텍스트 자체가 그 안에 담긴 글자들을 넘어서는 가치를 갖게 되는지를 완전히 평가하기란 어렵다. 하지만 성언(聖言)의 먼 기원에 대한 이러한 시각에서 우리가 중세 유럽의 수서(手書) 문화를 접근한다는 것이 중요하다. 그럼으로써 중세 성직자의 특권적 지위를 잘 볼 수 있기 때문이다.

고대의 다른 문화들에서 필기사들이 가졌던 위치를 누렸던 중세 기독교 성직자들은 말씀의 보관자였고, '말씀은 곧 신이었다'. 경전의 종교로서 로마 가톨릭 교회는 다른 종교들에서 발견되는 많은 일반적

---

12) Marc Drogin, *Biblioclasm: The Mythical Origins, Magic Powers, and Perishability of the Written Word* (Savage, Md.: Rowman and Littlefield, 1989), p. 11.

13) Harold Innis, "Media in Ancient Empires," in David Crowley and Paul Heyer, eds., *Communication in History: Technology, Culture, Society*, 2nd ed. (New York: Longman, 1995)를 보라.

14) Gellner, *Plough, Sword, and Book*, p. 71.

15) Goody, *The Logic of Writing*, pp. 16~17.

속성들을 똑같이 지니고 있었다. 말씀의 경배, 말씀을 복제하는 책임을 맡은 이에 대한 존경이 있었다. 그러므로 교회 권위의 중요한 한 지주는 대부분이 문맹인 사회에서 텍스트의 보관자로서 문자를 습득한 성직자들이 누렸던 특권적 위치였다. 베네딕트 앤더슨이 말하듯이, "절정기에 교황이 누렸던 놀라운 권력은 라틴어를 글로 쓰는 범유럽적 성직자 계급이 존재했고, 이중언어 사용자인 지식계급이 일상어와 라틴어를 매개함으로써 땅과 천국을 매개한다는 세계관을 사실상 모든 이들이 공유했다는 점을 알 때에만 이해될 수 있다".[16)]

예컨대, 중세 초기부터 중세 절정기까지의 말의 지위를 보자. 이 시기에 일반적으로 말과 글은 자의적이고 따라서(오늘날처럼) 바꿔 쓸 수 있는 기호들이 아니라, 오히려 존재론적 진리로 가는 통로로 인식되었다. 즉, 현실의 표상이기보다는 현실의 파생물이었다.[17)] 말과 글은 자연과 연결되어 있다고 간주되었고, 그러한 믿음은 글자의 뜻은 그것이 가리키는 사물과 연관되어 있다는 관점에 반영되었다. 언어에 대한 이러한 '아담적' 관점에서 지식의 추구란 아담의 창조 이후 말과 사물간에 신적으로 정해진 자연적 상동성(相同性)을 찾는 작업이었다.[18)] 미셸 푸코는 아담적 관점을 이렇게 서술하고 있다.

---

16) Anderson, *Imagined Communities*, pp. 15~16.

17) Anderson, *Imagined Communities*, p. 14. 이러한 신념은 중세 초기에 더욱 지배적이었고, 12세기 이후로 평민들의 문자사용이 확대되면서 논쟁의 대상이 되었다. 당시의 유명론자와 실재론자간의 논쟁은 이를 증명한다. 유명론자들은 오로지 특정한 물리적 개체만이 실재를 구성한다고 주장한 반면, 실재론자들은 물리적인 것에 앞서 그리고 그것과 떨어져 존재하는 실재가 보편이라고 믿었다. 이 논점들을 더 자세하게 다룬 것으로는 Brian Stock, *Listening for the Text: On the Uses of the Past*(Baltimore: Johns Hopkins University Press, 1990); Roy Harris and Talbot J. Taylor, eds., *Landmarks in Linguistic Thought: The Western Tradition from Socrates to Saussure*(New York: Routledge, 1989), p. xv를 보라.

18) "야훼 하느님께서는 … 들짐승과 공중의 새를 하나하나 진흙으로 빚어 만드

> 신이 우리로 하여금 그 내부의 비밀을 알 수 있도록 대지의 표면에 찍어 놓은 가시적 표식들과, 성서에서 비롯되었고 전통에 의해 우리에게 보전되어 온 책들 속에 담긴 가독적(可讀的) 글자들 사이에는 아무런 차이가 없다. 이 두 텍스트 사이의 관계는 사물과의 관계와 동일한 성질의 것이다. 두 경우 모두에서 발견되어야 할 기호들이 있다는 점이다.[19]

따라서 텍스트들은 순전한 과거와 내세로부터 전해 오는 지혜의 성스러운 원천으로 간주되었다. 이러한 믿음은 종종 미디어 자체의 숭배로 표출되었고, 미디어는 형이상학적이고 마법과 같은 힘을 갖는다고 생각되었다. 마크 드로진은 다음과 같이 설명한다.

> 신 또는 신들이 알파벳—모든 사람이 신적인 영감이라고 믿었다—을 발명했기 때문에 글자는 성스러운 것이었다. 단어를 이루는 것이 글자였기 때문에 단어도 똑같이 신성했다. 성스러운 것이 기적으로부터 탄생하고 기적과 마법 사이의 미묘한 경계선을 식별하기 힘들었던 시대에 신성함, 기적, 마법, 이 세 용어는 쉽게 혼용되었다. 글자와 단어는 근원적으로 기적에 가까운 대상이었고 따라서 마법의 원료였다.[20]

---

시고, 아담에게 데려다 주시고는 그가 무슨 이름을 붙이는가 보고 계셨다. 아담이 동물 하나하나에게 붙여 준 것이 그대로 그 동물의 이름이 되었다. 이렇게 아담은 집짐승과 공중의 새와 들짐승의 이름을 붙여 주었[다]". 창세기 2장, 19~20절[《공동번역 성서》(서울: 대한성서공회, 1977)의 번역을 옮겼다—역자]. 이에 대한 논의로는 Heyer, *Communications and History*, pp. 146~148을 보라. 아울러 "지식으로 가는 길은 단어의 기원 속에 있었다"는 공통적인 믿음이 7세기 초 세빌(Seville)의 주교였던 이시도르(Isidore)가 쓴 영향력 있는 책의 제목 《어원론》(*Etymologies*)에서 찾아볼 수 있다는 점에 주목하는 Cantor, *The Civilization of the Middle Ages*, p. 83을 보라.

19) Foucault, *The Order of Things*, p. 33.

20) Drogin, *Biblioclasm*, p. 33.

드로진은 의약처방에서 글자나 텍스트의 혼용을 얼마나 흔히 찾을 수 있는지에 주목한다. 이를테면, 성스러운 연고(*holy salve*)로 불렸던 약초 혼합물의 경우에는 조제하는 사람이 약숟가락으로 혼합물 위에 '마태, 마가, 누가, 요한'이라고 쓰도록 되어 있었다.[21] 11세기의 한 처방서는 열병환자들에게 '빌라도에게 십자가에 못 박히신 우리 주의 이름으로, 열아 날아가 버려라'고 쓰여진 양피지 조각들로 목을 감을 것을 권하고 있다.[22] 텍스트가 가졌다고 생각된 신비스러운 힘은 갑옷 아래에 양피지 두루마리를 걸치거나 기도문과 이상한 글자 조합들을 무기에 새겼던 십자군들의 기이한 습관을 설명하는 데 도움을 준다. 그러한 의식들은 그것을 따르는 사람이 글자나 텍스트가 신과 연결되어 있다는 믿음 속으로 문화적으로 편입될 때만 의미를 갖는다.

의식을 준수하지 않은 경우들도 글자의 신성함에 도전함으로써 오히려 규범의 범위와 깊이를 드러낸다는 점에서 똑같은 교훈적 효과를 가진다. 예컨대, 1022년에 오를레앙에서는 자신들이 '성령에 의해 영혼에 쓰여진 법'이라고 믿는 것과는 반대로 성직자들의 지식은 '동물의 가죽에 쓰여진' 인간의 날조라고 말한 죄목으로 일단의 이단자들이 화형당했다.[23]

경전을 가진 다른 종교들에서 발견되는 이러한 일반적 경향을 로마가톨릭 교회가 공유한다는 사실이 중세 성직자들의 권력과 지위에 대한 어느 정도의 통찰을 제공하지만, "로마제국의 수도에서는 박해받는 소규모 공동체로 암울하게 출발"[24]했던 교회가 어떻게 그러한 위치에 도달했는지, 교회의 운명이 어떻게 특정한 커뮤니케이션 테크놀

21) Ibid., p. 38.

22) Ibid.

23) 이 사례는 M. T. Clanchy, *From Memory to Written Record: England 1066 ~1307*, 2nd ed. (Oxford: Blackwell, 1993), p. 262에서 인용한 것이다.

24) Barraclough, *The Medieval Papacy*, p. 9.

로지와 연관되었는지를 설명해주지는 않는다. 이러한 논의선상에서 포괄적인 설명을 하기 위해서는 5세기 로마제국 몰락 이후의 커뮤니케이션 양식의 변천을 추적해야 한다. 다음의 논의에서 나타나겠지만, 교회가 우월한 위치에 올라서게 된 것은 커뮤니케이션 양식의 특이성을 비롯한 우연적 환경들이 복합적으로 작용한 결과였다. 교회의 관점에서는 그렇게 우연한 일이 아니었지만, 교회의 쇠퇴 역시 역사적 불확정성에 의한 것이었다.

## 2. 중세 신정체제의 등장과 몰락

4세기와 5세기의 로마제국의 내부 붕괴는 '야만족'들의 침입이 이어지면서 심화되었고, 결국 서유럽의 많은 부분이 로마 행정권에서 벗어나게 만들었다.[25] 전성기의 로마제국은 문자를 습득한 관료들에 의한 행정을 통해 통치했고, 관료들의 의사소통은 고도로 효율적인 도로망을 통해 쉽게 수송될 수 있는 가벼운 무게의 파피루스 두루마리에 크게 의존했다.[26] 제국의 쇠퇴와 함께 서유럽의 많은 지역들은 게르만 침입자들의 원시적 구두성과 사인화된 통치의 상태로 되돌아갔다.[27] 로마시에서 황제권위의 실추는 진공상태를 만들었고, 그것을 치유할 유일한 대안은 가톨릭 교회의 주교기구였다. 교회가 쉽게 대안이 될 수 있었던 것은 기독교를 신봉한 황제들이 계속적으로 교회에 특권들을 부여하고 이교의 불법화를 도왔기 때문이다. 이 시기의

---

25) Le Goff, *Medieval Civilization*, pp. 3~36을 보라.

26) Innis, *Empire and Communication*, pp. 83~112를 보라. 아울러 Susan Raven, "The Road to Empire," *Geographical Magazine* (June 1993), pp. 21~24를 보라.

27) Le Goff, *Medieval Civilization*, p. 120.

많은 교황들이 허약하고 무력했지만, 최초로 로마 주교의 가능성을 엿본 이는 교황 레오 1세(Leo Ⅰ; 재위 440~461년; 위대한 성 레오〔St. Leo the Great〕로도 알려진 인물)였다. 로마시의 안전을 위해 침입자인 훈족, 반달족과 협상하고, 이른바 베드로 원칙(Petrine Doctrine; 로마인들을 성 베드로와 직결시키려 했던 시도)을 주장함으로써 레오는 서구 기독교 세계에 걸쳐 교황권의 위신을 크게 드높였다. 캔터의 설명대로, "교황은 반(半)의식적으로 로마 교구단을 서구에서 로마 국가의 계승자로 만드는 쪽으로 움직였다".[28]

레오의 탁월한 이념적 업적은 서유럽에서 점차 확산되던 문자습득 수사(修士)들의 네트워크가 성장하면서 뒷받침되었다. 제국 붕괴의 시기에 걸쳐 많은 귀족들이 기독교로 개종했고, 자신들의 문자교육, 고대 말기의 문어(文語) 보존을 교회에 넘겼다.[29] 교회가 이내 유럽의 거의 모든 문자습득자들을 끌어들인 반면 전체적으로 문자습득은 소수 집단에 국한되어 있었다.

인생의 많은 부분을 폭력과 무질서에서 보낸 서유럽인들에게 정상적인 것은 구어였다.[30] 교회 사제들조차 많은 수가 원시적 구두성에서 벗어나지 못한 채 자신들이 교구민들에게 정기적으로 앵무새처럼 흉내내는 라틴어 구절을 이해할 능력이 없었다. 그러나 옛 로마 귀족들이 교회로 이관한 글자의 숭배와 보전 작업은 점차 수도원 제도의 관행들과 융합되어 교회를 구두문화 속의 문자화된 섬으로 만들었다. 캔터의 표현을 빌면 이렇다.

---

28) Cantor, *The Civilization of the Middle Ages*, p. 64.

29) 이에 대한 논의로는 Rosamond McKitterick, *The Carolingians and the Written Word*(Cambridge: Cambridge University Press, 1989), pp. 167~168을 참조하라.

30) 중세 초 문자습득률을 확증하는 작업의 어려움에 대한 논의는 McKitterick, *The Carolingians and the Written Word*와 Stock, *Listening for the Text*를 참고하라.

> 라틴교회가 소멸되지 않고, 그와 더불어 유럽문명도 사멸되지 않을 수 있었던 것은 주위의 야만주의적 영향을 견뎌낼 수 있는 힘과 효율성을 가진 두 교회제도, 즉 정규 성직자들(수사들)과 교황제가 있었기 때문이다.[31]

기독교 수도원 제도를 문어의 보전과 숭배를 중심으로 주형하는 데 교리적 정식화를 처음으로 제공한 것은 중세 초기 성 베네딕트(St. Benedict)와 성 카시오도로스(St. Cassiodorus)의 저술들이었고, 그 속에는 수도원 필사실의 구상이 담겨있었고 책의 복제가 신성한 행위로 묘사되었다.[32] 이 두 인물에서 비롯된 교리들은 읽는 능력과 수사의 종교적 생활 사이의 긴밀한 연관성뿐만 아니라 문어의 보전과 전달이 갖는 문화적·정신적 중요성을 주입시켰다. "이는 수도원이 아주 자연스럽게 스스로를 배타적이고 문화적 특권을 갖는 곳으로 만드는 수단—도서관, 학교, 필사실—을 가질 필요가 있었음을 의미했다".[33] 수도원들이 중세 초기에 번성했던 이유 한 가지는 바깥 삶의 무질서로부터의 이러한 격리였음이 분명하다.

반어적이게도, 스스로 부과한 그들의 고립은 또한 배움을 얻고자 하는 이들을 끌어들이는 자력(磁力)으로 작용했다. "베네딕트 수도원만 해도 중세 초기에 효과적인 교육제도의 역할을 하기 위해 연속성, 도서관, 그리고 실질적으로 공급되는 교사들을 갖추고 있었다".[34]

수도원의 네트워크가 중세 초기에 번성한 또 다른 이유는 가톨릭 교회의 초기 역사에서 어떤 미디어가 선택되었는가와 연관된다. 로마

---

31) Cantor, *The Civilization of the Middle Ages*, p. 146.

32) Innis, *Empire and Communications*, pp. 118~119를 참조.

33) Giovanni Miccoli, "Monks," in Jacques Le Goff, ed., *Medieval Callings*, translated by Lydia G. Cochrane(Chicago: University of Chicago Press, 1987), p. 43.

34) Cantor, *The Civilization of the Middle Ages*, p. 153.

제국은 상대적으로 효율적인 우편제도와 관료기구를 발전시켰는데, 그것들은 주로 무게는 가볍지만 찢어지기 쉬운 파피루스 두루마리의 사용에 기반한 것이었다.[35] 이집트에서 발견된 가장 초기의 기독교 성서 필사본들은 파피루스 두루마리보다 양피지를 선호했던 거의 유일한 집단이 기독교 공동체였음을 보여준다.[36] 초기의 교부들과 전도사들이 양피지 필사본을 선호한 이유는 그것이 번거로운 두루마리보다 찾아보기 쉬웠고 열악한 여행조건하에서 더 내구적이었기 때문이다. 특히 두 번째 이유는 여행이 잦은 설교자들에게는 중요했다. 어

---

35) Innis, *Empire and Communications*, pp. 85~112와 Raven, "Road to Empire"를 참조.

36) Leila Avrin, *Scribes, Script and Books: The Book Arts from Antiquity to Renaissance* (Chicago: American Library Association, 1991), pp. 173~175를 보라. 또한 Jack Finegan, *Encountering New Testament Manuscripts: A Working Introduction to Textual Criticism* (Grand Rapids, Mich.: Eerdmans, 1974)을 참조. 29쪽에서 피니건은 이렇게 쓰고 있다. "두루마리와 필사본이 사용되는 상대적인 빈도는 다음과 같다. 이집트에서 발견된, 2세기에 비기독교도들이 사용한 파피루스 수서(手書) 476점 가운데 465점, 즉 97%가 두루마리의 형태이다. 그러나 같은 세기의 성서 파피루스 여덟 점은 모두 필사본의 형태이다. 마찬가지로 4세기 말 직후까지의 전 시기에 속하는 것으로 이집트에서 발견된 111점의 성경 수서 가운데 99점이 필사본이다. 필사본의 사용이 두루마리의 사용에 비해 증가했다는 것은 책(*leaf book*)의 여러 이점에 비추어 볼 때 자연스러운 일이다. 특히 책은 양면쓰기가 더 편리했고, 더 저렴했다. 하지만 방금 주어진 통계수치는 기독교인들이 필사본을 초기에 유난히 선호했음을 보여준다. 이것 또한 기독교인들에게 특별한 관심의 대상이었던 문제들과 관련해서 필사본이 지녔던 이점들을 보면 자연스러운 일이다. 예컨대, 누가 복음을 기준으로 복음 한 편은 길이가 대략 30피트인 보통 파피루스 두루마리 하나를 꽉 채웠을 것이고, (필레몬서[書]를 비롯하여) 바울이 모은 열 편의 교회 편지들은 보통 두루마리 2개를 채웠을 것이다. 그러나 네 복음서나 바울의 편지들 모두 한 권의 필사본으로 쉽게 엮을 수 있었다. 또한 두루마리에서는 특정한 구절로 빨리 넘어가기가 훨씬 더 어려웠고, 필사본에서는 훨씬 더 쉬웠다." 나는 이 인용문을 티모시 사이드(Timothy Seid)의 사이트인 "Interpreting Ancient Manuscripts Web"에서 찾았다. 이 사이트의 주소는 http://www.stg.brown.edu/projects/mss/codex.html이다.

떤 역사가들은 기독교도들이 양피지 필사본을 고집한 이유를 그들이 로마가 공식적으로 사용했던 파피루스 종이를 쓸 수 없었던 박해받던 교파였기 때문이라고 믿는다.[37] 어떤 경우에도 파피루스보다는 양피지가 기독교도들이 선택한 미디어였고 중세까지 계속 그러했는데, 그것은 제도적 관성과 기능적 상보성이 함께 작용한 결과였다. 달리 말해, 순전히 습관의 힘에 의한 것이었다 해도 기독교 공동체는 양피지와의 제도적 유대를 형성했던 것이고, 이는 나중의 상황들이 드러내듯이 우연한 선택이었다.

미디어 이론에 의하면, 커뮤니케이션 환경은 특정한 사회세력들에게 권력을 부여하는 분배적 결과를 갖는다. 양피지와 수도원 제도의 관계는 이 점을 명료하게 보여준다. 이니스가 주목하듯이, "미디어로서 양피지는 이집트에서 서유럽 전체에 이르는 수도원 제도의 확산에 적합했다".[38] 양피지(*parchment* 또는 *membrane*)는 동물의 가죽으로 제조되었고, 가죽제조의 한 산물이었다.[39] 거의 이집트의 나일강 삼각주 지역에서만 재배되는 파피루스와는 달리 양피지는 로마제국의 몰락 이후 서유럽 전체에 걸쳐 확산되던 탈집중화된 농업적-농촌적 수도원 네트워크에 특별히 적합했다. 개개의 수도원들은 자신들 또는 주위 농가들이 키우는 가축의 가죽으로 양피지를 제조하는 자족성을 갖추고 있었다. 양, 소, 염소, 토끼, 다람쥐 모두가 다양한 질의 양피지를 만드는 가죽을 제공하였다. 거위의 깃은 펜으로 사용되었고, 반면에 잉크는 오배자, 유기철염, 철매의 혼합물에서 공급되었다. 이 원료들 모두는 중세 초기의 서유럽의 숲과 계곡에 풍부했다.[40]

이 시기에 서유럽에서 파피루스가 거의 완전히 사라지면서 교황과

37) Ibid.
38) Innis, *The Bias of Communication*, p. 49. (강조는 저자의 것임).
39) Avrin, *Scribes, Script and Books*, p. 210.
40) McKitterick, *The Carolingians and the Written Word*, pp. 138~139.

수도원의 이권은 더욱 커졌다. 5세기 이전의 로마제국은 동부 지중해 또는 더 먼 곳과도 연계를 갖고 있었기 때문에 파피루스의 수입과 제조를 계속할 수 있었다. 그러나 제국이 붕괴되고 이집트를 비롯한 지역에서 이슬람이 등장하면서 서구로의 파피루스 수출은 크게 줄어들었고, 그 결과 양피지는 성문(成文) 커뮤니케이션의 유일한 미디어로 남게 되었다.[41] 양피지는—어떤 의미에서 부전승(不戰勝)으로—성문 커뮤니케이션의 지배적 미디어가 되었다. 동시에 그것은 또한 로마 가톨릭 수도회들에 의해 만들어진 미디어였다.

그렇다면 우리는 커뮤니케이션 양식이 어떻게 로마 가톨릭 교회의 이익을 '선호'했는지 볼 수 있다. 양피지와 교황-수도원 네트워크는 중세 초기의 커뮤니케이션 환경에서 공생관계를 이루었다. 대체로 수도원들은 구두적-농업적 환경에서 문자를 사용하는 자족적인 섬이자 지식생산의 중심이었다. 양피지는 초기 교부들이 선택한 미디어였다. 그것 자체는 제도적 관성을 통해, 그리고 포교/수도 생활과의 기능적 상보성을 통해 유지되었다. 그것은 서유럽에 풍부한 원료들로 제조되었고, 어떤 심각한 경쟁자도 존재하지 않았다. 수도원 밖에서의 문자사용은 서유럽 대부분 지역에서 사실상 사라졌고, 성직자들만이 글로 된 정보를 보관하고 공급하게 되었다. 당시의 커뮤니케이션 환경을 둘러싼 환경적 요인들이 이렇게 수렴되면서, 로마 가톨릭 교황-수도원 네트워크는 서유럽 전체에 걸쳐 번성하고 확산되기 시작했다. 글로 된 정보의 재생산에 대한 교회의 독점은 중세 세계질서의 지배적인 우주론에 심대한 결과를 갖게 될 것이었다.

---

41) Innis, *Empire and Communications*, p. 117.

## 3. 중세 절정기의 교회 패권의 구조적 특징

성문 커뮤니케이션에 대한 교회의 초기 독점을 고려할 때, 지식 재생산의 왜곡, 즉 "이단적 저술이 무시되고 기독교 저술이 강조되었다"[42]는 것은 놀랍지 않다. 캔터는 베네딕트회 수도원들이 고전 텍스트의 필사와 이차적·파생적 사용, 복음서에 어긋나거나 기독교 교리에 거의 적합하지 않은 텍스트에 대해 기능적이고 아우구스티누스적으로 접근했다.[43] 비슷하게 미콜리도 "성서의 지속적이고 반복적인 재독(*meditatio*와 *rumunatio*)을 통해 신의 말씀에 깊이 동화되는 것"을 강조했던 의식(儀式)이 어떻게 수사들에게 주입되었는지에 주목한다.[44] 원칙적으로 고대의 이교도 저작들은 공식적인 교회 우주론 안에서는 독립적 위치를 갖지 못했지만 도구적 이유에서, 즉 "수사들의 언어적·문필적 형성에 도움이 된다"는 이유에서 용인되었다.[45] 물론 많은 중요한 고전 저작들이 전수되었던 것은 부차적 의미에서라도 이교도 저자들이 용인되었다는 바로 그 사실에 기인한다. 반어적이게도, 다른 고전 저작들이 후세에 전해진 것은 아주 우연한 일이었다. 양피지의 공급이 모자라자 수사들이 이교도 저작들을 통해 복음서를 재필사하는 일이 잦아졌고, 수많은 고대의 텍스트들이 재발견되었던

---

42) Innis, *The Bias of Communications*, p. 48.

43) Cantor, *The Civilization of the Middle Ages*, p. 153.

44) Miccoli, "Monks," p. 68.

45) Ibid. 또한 Le Goff, *Medieval Civilization*, p. 114를 보라. "그러므로 클뤼니의 도서관에서 고대의 저자가 쓴 수고(手稿)를 열람하고자 하는 수사는 개가 발로 긁는 것처럼 손가락으로 자기 귀를 긁어야만 했는데, 그것은 '이교도가 개와 정확히 비교되기 때문이다.'" 그리고 115쪽에서는 이렇게 말한다. "고대 사상은 중세에서 파편적 형태로만 잔존했다. 그것은 기독교 사상에 의해 형태를 잃고 굴욕 당했다".

것은 바로 이러한 재필사 과정을 통해서였다.[46] 그러나 "6세기와 8세기 중반 사이에 사실상 모든 고전 텍스트들의 필사가 중지"된 것은 여전히 사실로 남아있다.[47] 위에서 제시된 대로 이러한 선택적 재생산은 의도적 검열의 문제이기보다는 무관심과 우선순위의 고려가 복합적으로 작용한 결과였다. 가장 단순하게 볼 때, 그것은 성서구절들을 혼자 필사해야 하는 필기사들에게 부과되는 수요량이 너무 많았기 때문이다. 이 점에서 중요성을 갖는 수고(手稿)의 필사작업은 상대적으로 비싸고 힘들었으며, 아마도 유럽 각 지역에서 계절노동에 의해 이루어졌을 것이다.[48] 그럼에도 불구하고 수도원의 재생산과정은 분명히 성서의 말씀에 치우쳐 있었고, 결과적으로 그것은 역사과정에서 다른 가능한 해석들을 배제한 채 교회의 운명을 강조하는 역사독해를 재확인하고 강화했다. 미콜리는 다음과 같이 말한다.

> 수도원 제도는 다른 모든 현실을 자신의 모습 속으로, 그리고 자신의 종교적·문화적 도식 속으로 환원시켰다. 그것은 다른 현실들을 수도생활의 선택과 경험을 설명하고 찬양하는 데 이용하려는 목적에서였다. 수도원 제도는 자신의 기원이 갖는 땅 속의 이념적·정치적·사회적 뿌리들을 발견했고, 그 기원은 역사에서 스스로를 확인하는 데 더욱 큰 뒷받침을 주었다.[49]

교회를 유사 전체주의적 조직 — 중세의 '빅브라더'(*Big Brother*) — 로

---

46) Karl Schottenloher, *Books and the Western World: A Cultural History*, translated by William D. Boyd and Irmgard H. Wolfe(London: McFarland & Company, 1968), p. 31.

47) Avrin, *Scribes, Script and Books*, p. 209.

48) Clanchy, *From Memory to Written Record*, p. 125; 또한 McKitterick, *The Carolingians and the Written Word*, pp. 136~157을 보라.

49) Miccoli, "Monks," p. 39.

묘사하는 것은 명백한 잘못이겠지만, 문어의 독점은 교회를 특별히 유리하게 만들었다. 최소한 조직화된 지식을 지키고 가려내는 작업은, 특히 중세 초기에 우주론적 사고에 느슨한 경계를 유지시켰다. 우리는 이 점에서 수도원들이 중세의 대부분 기간 동안 "600년과 1100년 사이에 줄잡아 90%의 문자사용자들"[50] 을 가르치는 유일한 교육의 배출구였음을 잊어서는 안 된다. 중세 동안에는 "교육이 곧 개종시키는 것"[51] 이었기 때문에 문화와 포교가 전혀 구분되지 않았다는 뒤비의 주장은 중요하다. 공식교육을 받지 못한 이들은 미사에 참석했다. 쿠랜은 "중세 중반기 동안에 유럽에서 미사에 정기적으로 참석하는 성인 인구의 비율은 현대 유럽에서 정기적으로 신문을 읽는 성인들의 비율보다 분명히 높았다고 볼 수 있다"고 주장한다.[52] 그리고 교황청은 정해진 전례(典禮)를 통해 미사의 내용에 대한 철저한 통제를 행사함으로써 서유럽 전반에 걸친 교회 교리의 거시적-미시적 조정을 확고히 했다.[53]

문화적 · 이념적 생산에 대한 이러한 헤게모니는 중요한 정치적 · 법적 수단을 제공했던 거대한 교황청 문서보관소의 유지를 통해 뒷받침되었다. 수치스러운 콘스탄티누스의 증여(*Donation of Constantine*)와 같은 예에서 볼 수 있듯이, 교회가 세속적 통치에 대해 권위를 갖고 그로부터 독립적임을 주장할 수 있도록 정당성을 제공하기 위해 교황권은 위조문서들을 이용했다.[54] 이 특별한 문서는 8세기에 처음 등장

---

50) Cantor, *The Civilization of the Middle Ages*, p. 153.

51) Georges Duby, "The Diffusion of Cultural Patterns in Feudal Society," *Past and Present* 39(April 1968), p. 4.

52) Curran, "Communications, Power and Social Order," p. 202.

53) 특히 Sophia Menache, *The Vox Dei: Communication in the Middle Ages* (New York: Oxford University Press, 1990), pp. 51~78을 보라.

54) Brian Stock, *The Implication of Literacy: Written Languages and Models of Interpretation in the Eleventh and Twelfth Centuries* (Princeton: Princeton

하였고, 로마황제 콘스탄티누스가 교황 실베스터 1세(Sylvester I)에게 이탈리아와 나머지 서구 교회에 대한 최고권위를 양도했음을 보여주는 증거로 중세 내내 사용되었다.[55] 콘스탄티누스의 증여는 결코 예외가 아니었다. 위조문서들은 특권, 특히 수도원 특권을 확립하는 주된 방법이었다. 예컨대, 노르만족의 잉글랜드 정복 이후에 각 지역의 베네딕트회 수사들 사이에서는 문서위조 행위가 급격히 늘어났다.[56] 게다가 법적 문서들의 복제에 대한 교회의 독점은 교회가 사회적·정치적 위계질서 속에서 갖는 위치를 정당화하는 중요한 유형적(有形的) 기반을 제공했다. 중세의 커뮤니케이션 환경에서 그와 같은 공식적 자원에 접근할 수 있는 다른 집단은 거의 전무했다.

이념에 대한 교회의 영향력은 순전히 우주론적 문제들에만 대한 것이 아니었다. 중세의 많은 시기 동안에 귀족들이 전반적으로 문맹이었기 때문에 그들은 다양한 행정기능을 수행하는 데 성직자들에 의존하였다. 이 편리한 중간자적 위치는 교회가 간접적으로라도 교회문제뿐만 아니라 세속문제에도 개입할 수 있음을 의미했다. 블로흐가 지적하듯이, "군주들은 다른 종복들이 할 수 없었을 일을 성직자들에게 의지할 수밖에 없었다".[57] 그리하여 노르망디공 윌리엄(William of Normandy)은 잉글랜드 정복 후에 수사들에게 "왕의 소유지에 대한 더 지혜롭고 사려 깊은 행정의 조직"을 맡겼다.[58] 교회 성직자들과 수사들은 "내성적 지혜와 분석력, 초연한 현실주의의 능력"에서 다른 어떤 사회구성원들보다 더 높은 평판을 누렸다. 그러한 능력은 그들을 세

University Press, 1983), pp. 35, 60~61을 보라.

55) Geoffrey Barraclough, *The Medieval Papacy* (London: Thames & Hudson, 1968), p. 40.

56) Clanchy, *From Memory to Written Record*, p. 318.

57) Bloch, *Feudal Society*, p. 80.

58) Miccoli, "Monks," p. 57.

속의 행정기능에 적합하게 만들었고, 확실히 그들의 읽고 쓰는 능력에 연관된 것이었다.[59] 12세기까지 왕의 대법관, 국가고문, 세속통치자의 주요 대신으로서 베네딕트회 수사들이 고용되는 경우는 흔했고, 이는 수도원이 9세기에 자족적이고 고립적인 문자사용의 섬으로 출발한 것과는 상당한 변화였다.[60] 물론 이러한 개입은 중대한 정치적 결과를 낳았다. 마르크 블로흐에 따르면:

> 그들의 민족적 또는 계급적 충성의 대상이 무엇이든, 그리고 그러한 대상이 존재함에도 불구하고 그들이 받은 훈련의 전부를 볼 때 본질적으로 보편주의적이고 정신적인 것들에 기반을 두는 사회에 속하는 이들이 현세 권력자의 결정에 대해 가끔씩 제안을 하고 그 결정을 공표하는 역할을 항상 맡았다. 그들이 소소한 지역적 분쟁을 넘어서 좀더 넓은 어떤 문제들에 대한 관심을 유지하는 데 도움을 주었음은 의문의 여지가 없다. 정책의 실행이 성문화된 형식을 갖출 필요가 있을 때, 그들은 자신들의 도덕률에서 끌어낸 근거들에 따라 공식적으로 그 정책들을 정당화해야 한다는 생각에 사로잡혔다.[61]

점차적으로 교회는 그 권위를 뒷받침하기 위해 성문화된 행정과 공식적 문서화에 더욱 더 의존하게 되었다. 12세기 중반에 와서, 알렉산더 3세(Alexander Ⅲ) 하에서 교황청의 행정적·사법적 활동은 확대되었고 더욱 전문화되었는데, 이는 문어가 모든 교회활동에 침투하는 모습을 반영하는 것이었다.[62] 로마에서 공표된 통신문들은 이 시기에 급격한 증가를 보였다. 라테란 공회의(Lateran Council)에서 공식적으로 정식화된 교회 교리들은 교서(*Decretum*)와 같은 공식성명들을 통해

59) Ibid., p. 58.

60) Cantor, *The Civilization of the Middle Ages*, p. 154.

61) Bloch, *Feudal Society*, p. 80.

62) Barraclough, *The Medieval Papacy*, p. 100.

발표되었고 서구 기독교 세계의 많은 부분에 걸쳐 그 권위를 인정받았다.[63)]

성문화된 커뮤니케이션이 교황-수도원 정보네트워크의 골간이었지만, 교회가 각 지역의 주민들에게 메시지를 전파시키는 방법은 대부분의 사람들이 문맹이었던 점을 감안하여 고안된 중세적 멀티미디어 경험이었다. 르 고프가 지적하듯이:

> 라틴 기독교는 카롤링거 시대에 중요한 하나의 선택을 했다. 교회는 형상(*images*)을 선택함으로써 유태인들과 이슬람교도들의 비형상적 예술과 그리스 비잔틴 기독교의 우상타파주의를 거부하고 중세 기독교의 신인동형동성론(神人同形同性論; *anthropomorphism*)을 확립했다.[64)]

교회는 기독교 메시지를 문맹대중들에게 깊은 상징성을 갖는 방식으로 전달하기 위해 의식적으로 형상을 사용했다. 아마도 가장 잘 알려진, 예술에 관한 중세의 격언은 그림은 "문맹자의 책"이라는 그레고리 대교황(Gregory the Great)의 언명일 것이다.[65)] 이때는 "사실주의"(*realism*)의 특징인 모사(模寫)와 원근법이 나타나기 이전 시대였고, 회화와 조각의 형식들이 갖는 교훈적·이념적 목적들이 그 심미적 가치의 의미를 훨씬 압도했던 시대였다. 시각예술은 "보이는 세계의 표현이기보다는 아직도 구두성이 지배적인 사회의 구어"였다.[66)]

형상들은 그 시대의 사회적·우주론적 위계질서를 외면적으로 보이

---

63) Ibid., p. 103. 이 시기의 통신문의 증가에 대해서는 Spruyt, *The Sovereign State and Its Competitors*, p. 50을 보라.

64) Le Goff, "Introduction," in idem, ed., *Medieval Callings*, p. 5.

65) Michael Camille, "Seeing and Reading: Some Visual Implications of Medieval Literacy and Illiteracy," *Art History* 8, no. 1(March 1985), p. 26.

66) Camille, "Seeing and Reading," p. 27.

는 기호들로 복제했다.[67] 예컨대, 색깔들은 위계적 가치체계의 부분으로서 상징적 내용을 가졌다. 빨강과 파랑은 권력과 지위의 표시였고, 반면에 노랑은 악과 허위의 색깔이었다.[68] 형상들이 수서들의 여백 부분에서 발견되기는 하지만, 대부분의 주민이 형상들을 마주치는 곳은, 어김없이 지옥에서의 죽음의 고문과 그리스도 가르침의 시각적 서술을 나란히 보여주는 각 지역 성당들의 벽과 색유리였다. 성당들 자체는 바로 그 형식에서 상징적으로도 중요한 의미를 지녔다. "목축하는 동물떼를 굽어보는 교회를 짓는 일은 삶의 모든 곳에 신의 존재가 크게 나타남을 상징했다".[69]

이 멀티미디어적 경험은 중세적 정서(*mentalité*)의 성격을 형성하는 데 큰 역할을 했다. 중세적 정서에는 '사실적인 것'과 '상상된 것', 또는 '자연적인 것'과 '형이상학적인 것' 사이에 근대성에 의해 그어진 인지적 경계선이 존재하지 않았다.[70]

나의 이론적 렌즈가 커뮤니케이션 환경에 의해 부과되는 제약들과 창출되는 기회들에 초점을 맞추기는 했으나, 다른 요인들도 기독교의 헤게모니 획득에 기여했다. 이 점에서 가장 중요한 것은 미디어와는 무관한 메시지 자체의 호소력이다. 우리는 기독교가 당시의 무질서를 설명하는 동시에 내세에서의 구원을 약속함으로써 정의에 대한 일관되고 매력적인 서술을 제공했다는 사실을 놓쳐서는 안 된다.[71] 이 일

---

67) Le Goff, *The Medieval Imagination*, p. 6.

68) Le Goff, "Introduction," p. 32.

69) Curran, "Communications, Power and Social Order," p. 207.

70) 특히 Le Goff, *The Medieval Imagination*을 보라. 흥미로운 것은 중세적 정서의 상상된 영역과 오늘날 등장하고 있는 탈근대적 의식의 '가상현실'(*virtual reality*) 사이에 존재하는 친화성이다. 이에 대한 논의로는 Ronald J. Deibert, "Virtual Realities: Neo-Medievalism as Therapeutic Redescription,"(Paper presented at the Annual Conference of the International Studies Association, Chicago, 1995)을 보라.

관된 도덕적 전망은 대부분의 사람들에게 무질서와 잔인성이 정상상태였던 중세 초기 유럽의 무질서한 환경에서 강력한 반응을 얻었다.

또한 교회는 이교(異敎) 종파들의 신화와 의식이 그리스도의 가르침과 양립이 가능했던 중세 초기에 자신의 메시지를 각 지역 공동체의 특이성에 맞도록 개조하는 데 특히 능숙했다. 교황 그레고리 1세(그레고리 대교황)의 노회한 지도하에 교회는 게르만족과 프랑크족 사람들의 이교 의식에 적응하기 위해 의도적으로 유사마법적 색채를 띠었다.[72] 쿠랜이 지적하듯이, "교회가 갖춘 마법과 의식은 교황 헤게모니의 지주인 현실의 교회적 구성을 전달하는 데 결정적으로 중요했다".[73] 일상생활의 판에 막힌 규칙성은 세례, 안수례, 혼례, 장례와 같은 정교하고 신비적인 교회의식들로 특징지어졌다. 교회는 기적의 힘을 가진 성인들에 대한 숭배를, 즉 여러 자연신들에 대한 이교적 숭배를 강하게 연상시키는 미신을 적극 장려했다.[74] 이러한 적응책들은 "기독교 세계가 아무리 광대하다 해도, 그리고 그렇게 느껴진다 해도 그것이 슈바벤(Schwaben)이나 안달루시아(Andalusia)의 특정한 공동체에게 비치는 모습은 그 다양한 공동체들을 복제한 것"이 되도록 "우주적-보편적인 것과 세속적-특수적인 것"을 혼합한 것이었다.[75]

일관성과 설득력을 갖는 메시지가 노회한 지도력과 결합되어 교회의 성공에 기여했음은 사실이라 해도, "유럽 정보체계의 지배적 제도"로서 교황-수도원 네트워크를 뒷받침하는 데 결정적이었던 것은 바로 새로운 사상에 개방적인 커뮤니케이션 환경이었다.[76] 교부들이 일찍

---

71) Richard Matthew, "Justice, Order and Changes in World Politics,"(Paper prepared for the ISA Annual Convention, March 28～April 1, 1994, Washington, D.C.)를 보라.

72) Cantor, *The Civilization of the Middle Ages*, p. 118.

73) Curran, "Communications, Power and Social Order," p. 206.

74) Ibid.

75) Anderson, *Imagined Communities*, p. 23.

이 양피지를 선택한 것은 서유럽 전반에 걸친 교황-수도원 네트워크의 확대를 용이하게 만든 우연적 요소였다. 그밖에, 광범한 문자사용의 부재, 성문화된 커뮤니케이션의 대안적 미디어인 파피루스의 쇠퇴, 그리고 양피지 생산에 유리했던 물질적 환경 모두 초기 교회의 성공에 중요한 요소들이었다. 성문화된 기록에 대한 교회의 독점 또한 세속 통치자들에게 행사되는 권력의 중요한 근원을 제공했다. 교회의 권력은 두 가지 측면에서 행사되었다. 한 가지는 중세 우주론에서의 교회의 위치를 정당화하는 것이었고, 다른 한 가지는 더 구체적인 것으로 세속 통치자들에게 행정인력을 공급하는 것이었다. 그러나 커뮤니케이션 환경이 변화된 이후에 교회는 극도로 불리한 위치에 놓이게 되었다.

## 4. 대항헤게모니 세력들과 교회의 쇠퇴

교회가 중세 절정기에 권력의 정점에 도달하자마자 대항(對抗)헤게모니 세력들이 표면에 나타나 마침내는 교회의 권위를 갉아먹기 시작했다.[77] 이 세력들의 다수는 문자정보에 대한 교회의 독점에 반발하면서 등장했다. 13세기와 14세기에 이르면, 교황제에 대한 문어의 침투도와 문어에 대한 교황제의 의존도가 높아진 나머지 교황제는 더욱 더 율법주의적이고 관료주의적으로 되어 있었고, 교황청은 복잡한 하

---

76) Leonard M. Dudley, *The Word and the Sword: How Technologies of Information and Violence Have Shaped Our World* (Cambridge: Basil Blackwell, 1991), pp. 146~147.

77) 메나시가 말하듯이, "중세 중반기의 교회 발전은 하나의 핵심적 역설을 안고 있다. 교회적 질서의 영향력이 극대화된 시점은 유기체적 틀로부터 그 본성상 교회의 독점에 반대되는 더 발전된 사회경제적 체제들을 향해 서구사회가 점차적으로 옮겨가고 있을 때였다". Menache, *The Vox Dei*, p. 78.

향식의 행정기관으로 변하였다. 중세 절정기를 통해 재임했던 교황들과 교회의 고위성직자들은 정신적 문제들만큼이나 교회법과 실제적 사안들에 밝았을 것이다.[78] 그러한 형식주의적-율법주의적 하부구조는 수많은 교회 관리자들로 하여금 기독교가 일차적으로 성공을 거둘 수 있게 도와 준 위민(爲民)정신으로부터 점차 멀어지게 만드는 불행한 결과를 낳았다. 캔터가 말하듯이:

> 12세기와 13세기의 율법가-교황들은 자신들의 직위가 갖는 정신적 책임보다는 행정적 책임을 이행하는 데 훨씬 더 성공적이었다. 그들의 법률교육과 관료적 경험은 도시 공동체들의 감성적 종교생활(*emotional religiosity*)과 이단적 성향을 어떻게 다루어야 하는지 가르쳐주지 않았다.[79]

문어의 확산을 강조하면서 배러클러프는 "교황청은 사법재판소나 기업사무실의 분위기를 가졌다"는 데 주목한다.[80] 교회 내에서 많은 하층 성직자들은 공식적인 교회의 위계질서에 회의를 갖게 되었고, 로마가 복음서의 가르침이나 사도의 빈곤기준에서 점점 더 멀어지고 있다고 믿었다.[81] 피어오르는 불만의 가장 뚜렷한 징후는 여러 시기와 지역에 걸쳐 갑작스럽게 불붙은 대중적 이단행위였다. 이 이단들의 다수는 기본으로 돌아가자는 근본주의적 용어들로 스스로를 정의함으로써 로마 가톨릭 교회의 특징인 추상적이고 율법주의적인 기구에 대한 적대감을 표시했다.[82] 11세기에는 금욕주의를 강조하고 현세의 정신적 퇴락에서 빠져나오라고 설파하는 은자-성인들이 모습을 드

---

78) Barraclough, *The Medieval Papacy*, p. 122.

79) Cantor, *The Civilization of the Middle Ages*, pp. 314~315.

80) Barraclough, *The Medieval Papacy*, p. 128.

81) Ibid.

82) Ibid., p. 154; 아울러 Menache, *The Vox Dei*, pp. 213~273을 보라.

러내기 시작했다.[83] 이 이단운동들은 다음 몇 세기에 걸쳐 지속되어 결국에는 종교개혁으로 귀결될, 정신적 문제들에 대한 교회 헤게모니에 맞서 일어난 일련의 대중적 도전들 가운데 최초의 것들이었다. 이 주제는 다음 장들에서 다시 다루어질 것이다.

로마 가톨릭 교회의 초국가적 권위가 도전 받은 두 번째 영역은 지식재생산의 영역이었다. 위에서 요약한 대로, 로마의 몰락에서 12세기까지 교황-수도원 네트워크는 문어의 재생산에 대한 거의 완전한 독점을 유지했다. 그러나 12세기 종반부터 하나의 심대한 사회적 변형이 발생했다.[84] 점차적으로 세속적 문자사용률이 도시 주민들, 특히 세속 행정가들 사이에서 높아지기 시작했다. 이는 커뮤니케이션 환경이 변화하고 있음을 보여주는 최초의 징후들이었다. 세속적 문자사용의 증가와 함께 필기사와 문어 의존도가 높아지면서, 늘어나는 문자사용 인구의 수요를 충족시킬 수 있는 수도원 네트워크의 기능적 수용력이 한계에 도달했다. 지식재생산의 중심들 가운데 많은 수가 공식적인 교회 위계질서 속에 포함되지 않았고, 이 중심들이 증대된 수요에 부응하기 시작했다. 예컨대, 수요량이 많고 대안적인 서적업이 발전한 사회영역 중 하나는 새로 설립된 대학들이었다.[85] 대학이 설립되면서 새로운 독서공중(*reading publics*)이 형성되었다. 대학들은 여전히 성직자적 분위기가 지배적이었지만, 종교조직이 아닌 유기체

83) Cantor, *The Civilization of the Middle Ages*, pp. 376~377; 또한 Menache, *The Vox Dei*, pp. 216~225를 보라.

84) Marcel Thomas, "Manuscripts," in Lucien Febvre and Henri-Jean Martin, *The Coming of the Book: The Impact of Printing, 1450~1800*, translated by David Gerard, edited by Geoffrey Nowell-Smith and David Wootten (London: New Left Books, 1976), p. 15.

85) Ibid., p. 19; 대학의 성장을 개관하려면 Alan B. Cobban, *The Medieval Universities, Their Development and Organization* (London: Methuen, 1975)를 보라.

적인 대학 공동체와 공식적 연계를 갖고 있었다. 교수들과 학생들은 강의를 위해 교재가 필요했고, 수서(手書)들에 대한 수요에 부응하기 위해 대학 안에 도서관이 세워졌다. 대서인이나 서적상 길드로 조직된 전문장인들이 학술교재 제작을 위해 대학에 고용되었다.[86] 이러한 대학들의 설립은 학습과 교육이 점점 더 '세속화'되어 가던 세태를 반영하는 것이었고, 세속화는 중세 절정기까지 수도회들이 유지해온 지식의 독점을 더욱 약화시켰다.

다른 사회영역에서도 세속의 문헌을 갈망하는 새로운 독서공중이 등장했다. 예컨대, 문자를 습득한 도시 부르주아 계급은 처음에 귀족, 성직자와 나란히 모습을 나타내고 있었다. 토머스의 서술대로, "법률가, 재판소의 평신도 고문, 국가관리, 그리고 나중에는 부유한 상인과 시민 모두가 법, 정치 또는 과학과 같은 자신들만의 주제뿐만 아니라 문학, 교훈적인 도덕론, 기사들의 무용담, 번역물 같은 주제들의 책을 필요로 했다".[87] 정상적인 문어였던 라틴어에 대해 예외적으로 사용되었던 일상어로 쓰여진 작품들이 늘어나게 되었고, 이는 점차 강해지던 각 지역의 세속적 정체성과 공동체를 반영한 것이었다. 하지만 수도원의 독점을 더욱 약화시킨 요인은 통치 관료기구의 등장이었는데, 이 기구가 요구하는 세속적이고 문자를 습득한 행정가들의 점점 더 많은 수가 대학에서 충원되었다. 이 변화는 대부분 학생들의 전공이 신학에서 법률로 바뀐 데서 알 수 있다.[88] 문맹자가 대부분이었던 집단들에서도 사회관계는 점차적으로 문어에 굴복하게 되었다. 13세기에 이르면 농민들간의 재산거래는 서약보다는 계약서로 기록되고 있었다.[89]

---

86) Thomas, "Manuscripts," pp. 19~22.

87) Ibid., p. 22.

88) Cantor, *The Civilization of the Middle Ages*, pp. 308~318, 395, 398~399.

89) Robert Dodgshon, *The European Past: Social Evolution and Spatial Or-*

이처럼 여러 압력들이 집중되자 "늘어나는 수요에 부응하기 위해 수서의 공급을 향상"[90] 시키는 방법은 어떤 것인가에 자연적으로 관심이 모였다. 전통적인 수도원의 기법은 사회와 경제의 모든 영역이 점점 더 문어에 의존하는 상황에 불충분했다. 이제 수서의 복제는 교황-수도원 네트워크 밖에서 행해지는 경우가 더 많아지게 되었고, 사회적 압력이 높아지면서 복제작업은 더욱 전문화되고 복잡해졌다. 복제과정의 여러 구성요소에 맞추어 독립적인 작업장들이 생겨났다. 필경생들의 작업장, 주서공(朱書工)들의 작업장, 채식사(彩飾師)들의 작업장이 따로 있었던 것이다.[91]

또 다른 향상은 양피지를 대체할 재료로서 종이가 등장한 것이었다. 종이가 서유럽에서 최초로 나타난 것은 12세기였다. 8세기에 중국에서 종이를 입수한 아랍 상인들이 이탈리아로 그것을 들여온 것이었다.[92] 서구의 기독교인들이 제지술을 습득한 또 다른 계기는 회교도들의 에스파냐 재정복이었는데, 회교도들은 적어도 10세기 이후로 종이를 일상적으로 사용했다.[93] 제작비가 비싸고 무게가 많이 나가며 전반적으로 사용이 힘들었던 양피지와는 달리 종이는 저렴하고 가벼웠다. 14세기 후반에 오면, 유럽에서 종이는 양피지 가격의 1/6 정도에 팔리고 있었다.[94] 그러나 외견상의 우월성에도 불구하고 처음에 종이가 유럽 전체에 확산되는 속도는 느렸다. 종이에 대한 저항은 상대적으로 높은 종이의 파손가능성, 장인들의 관성, 종교적 완고함이

---

*der*(London: Macmillan, 1987), p. 145; Clanchy, *From Memory to the Written Word*, pp. 42~43을 보라.

90) Febvre and Martin, *The Coming of the Book*, p. 29.

91) Febvre and Martin, Ibid., p. 26.

92) Avrin, *Scribes, Script and Books*, p. 285.

93) Ibid., p. 287.

94) Eugene Rice, Jr., *The Foundations of Early Modern Europe, 1460~1559*(New York: Norton, 1970), p. 3.

함께 작용한 결과였다. 클뤼니의 대수도원장이던 가경자(可敬者) 베드로(Peter the Venerable)가 '이단적인' 유태인, 아랍인과 연관되어 있다는 이유로 종이를 경멸했을 때 그것은 아마도 한 사람의 목소리가 아니었을 것이다.[95] 하지만 일단 더 저렴한 책에 대한 사회적 수요가 늘어나면서 종이는 오히려 빨리 확산되었고 저항은 점점 사라졌다.[96] 페브르와 마틴에 의하면:

> 종이에 대한 수요는 다양하고 새로운 분야에서 느껴졌다. 교육이 확대되고, 상거래가 더 복잡해지면서 글쓰는 일이 배가되었다. 그리고 상인, 방물장수, 식료품 상인, 잡화상에 의한 비문필적인 종이 사용이 증가하였다. 배달원, 상자제조인, 카드제조인, 전단부착인, 그리고 나머지 관련 직종들과 같이 새로 생긴 모든 직업들은 종이에 의존했다.[97]

## 5. 인쇄기

물론 더 효율적인 커뮤니케이션에 대한 이러한 사회적 압력들은 문어가 생산되는 재료뿐만 아니라 복제기술에도 가해졌다. 쇼텐로어가 말하듯이, "종이의 실제적인 전성기는 인쇄술의 발견과 함께 왔으며, 인쇄술은 종이에서 자신의 가장 강력한 동맹자를 발견했다".[98] 15세기에 수고(手稿)를 복제하는 방법에 대한 요구가 팽배했음을 보여주는 한 가지 예는 서로 인쇄기를 자기가 발명했다고 주장한 것이었다. 예컨대, 많은 네덜란드인들은 자기나라 사람인 라우렌스 얀준 코스터

95) Avrin, *Scribes, Script and Books*, p. 292.

96) Febvre and Martin, *The Coming of the Book*, p. 29~39를 보라.

97) Ibid., pp. 39~40.

98) Schottenloher, *Books and the Western World*, p. 50.

(Laurens Janszoon Coster)에게 1430년대에 행해진 목활자 실험의 업적이 돌아가야 한다고 믿었다.[99] 프랑스에서는 아비뇽(Avignon)에서 발견된 문서들이 1444~1446년 사이에 프로코피우스 발트포겔(Procopius Waldvogel)에게 '인위적인 글쓰기'의 기법을 가르치도록 하는 계약들이 체결되었음을 보여준다.[100] 하지만 정확성은 차치하고 볼 때, 유럽에서 인쇄기의 발명자로 가장 널리 인정받는 이는 마인츠(Mainz)의 금세공인이던 라덴의 요한 겐즈플라이시(Johann Gensfleisch zur Laden), 즉 구텐베르크(Gutenberg)이다. 이러한 판단의 근거는 1439년에 스트라스부르(Strasbourg)에서 행해진 것으로 되어 있는 일련의 소송들에 관련된 수많은 비밀문서들이다. 이 문서들은 구텐베르크와 그의 채권자들이 구텐베르크의 발명품들을 둘러싼 법정싸움에 휘말려 있었음을 보여주는데, 그 발명품들 가운데 하나가 인쇄기의 사용과 관련된 신기술이었다. 납으로 만든 부분들(*Stücke*)과 조판들(*Formen*), 그리고 인쇄기 작동과 관련된 것들(*der zu dem Trucken gehoret*)이 분쟁의 초점이었다.[101]

더들리의 지적대로, 구텐베르크가 발명한 물건의 실제 모습은 금세공인들이 새길 것을 금속 안에 쳐 넣기 위해 썼던 타인기, 로마인들을 통해 독일에 전해진 포도 짜는 기구, 그리고 금속활자에 달라붙을 잉크 완성품의 종합이었다.[102] 종이가 아랍인들을 통해 중국에서 유럽으로 전해지기는 했지만, 그리고 중국인들과 조선인들이 10세기 이래로 비슷한 활자인쇄술을 사용하기는 했지만, 역사적 증거들은 유럽 인쇄기의 발전이 독자적이었음을 시사한다.[103]

---

99) Dudley, *The Word and the Sword*, p. 150을 보라.

100) Febvre and Martin, *The Coming of the Book*, p. 52.

101) Ibid., pp. 51~53.

102) Dudley, *The Word and the Sword*, p. 150.

103) Febvre and Martin, *The Coming of the Book*, p. 71~76을 보라.

최초의 인쇄물들이 중세 수서들의 외관과 형태를 즉각적으로 바꾼 것은 아니었다. 초기의 인쇄기들은 정확한 모사를 철저히 해냈다. 초기의 인쇄물들 일부는 수서들과 너무 비슷해서 훈련받지 않은 눈으로는 사실상 구별되지 않을 정도였다. 페브르와 마틴은 "예를 들어 42행짜리 성서는 라인 지방 미사 전서(典書)의 필기체를 충실하게 복제한 글자체로 인쇄"되었음에 주목한다.[104] 1500년 이전의 인쇄물 대다수 — 대략 70% — 는 라틴어로 되어 있었고, 그 가운데 약 45%의 내용은 종교적인 것이었다.[105] 새로운 발명품은 혁명적이었다. 인쇄기는 생산량과 유통량, 생산시간에 참으로 심대한 영향을 미쳤다.

인구가 1억 명 정도였던 1500년 이전의 유럽에서 대략 2천만 권의 책이 인쇄되었다.[106] 인쇄기가 등장한 뒤 처음 50년 동안의 이 생산량은 앞선 천 년 동안의 총생산 추정량을 무색케 하는 것이었다.[107] 페브르와 마틴은 다음 100년 동안 1억5천만 권에서 2억 권이 생산되었다고 추정한다.[108] 상대적으로 볼 때, 인쇄물의 생산고는 정도의 차이가 아니라 커뮤니케이션의 진정한 혁명이었다. 물론 다량의 책을 그렇게 쉽게 복제할 수 있다는 것은 인쇄물이 수서보다 훨씬 저렴했음을 의미했다. 예컨대, 1483년에 리폴리 인쇄소(Ripoli Press)는 피치노(Ficino)의 플라톤 《대화편》(*Dialogues*) 번역본을 조판하고 인쇄하는 비용을 1 퀸테르노(*quinterno*)에 3 플로린(*florin*)으로 매겼다. 아이젠슈타인은 한 명의 필기사가 똑같은 작업을 한다면 1 퀸테르노에 1 플로린이 들었을 것이라고 추정한다. 그러나 리폴리 인쇄소가 1,025부를

104) Febvre and Martin, *The Coming of the Book*, p. 77.

105) Ibid., p. 249.

106) Ibid., pp. 248~249.

107) Stephen Saxby, *The Age of Information: The Past Development and Future Significance of Computing and Communications* (London: Macmillan, 1990), p. 45.

108) Febvre and Martin, *The Coming of the Book*, p. 262.

인쇄하는 동안 필기사는 한 부밖에 만들어 내지 못했을 것이다.[109)]

테크놀로지 자체가 혁명적이었다 해도, 인쇄된 문자가 확산될 수 있었던 것은 베네딕트 앤더슨의 지적대로 초기 인쇄업자들의 상업정신과 인쇄물에 굶주린 범유럽적 시장이 동시에 존재했기 때문이었다.[110)] 구텐베르크와 그의 동업자인 푸스트(Fust)와 쇠퍼(Schoeffer)가 마인츠에서 처음 활동한 이후로 새로운 시장을 점유하기 위해 서유럽의 수많은 도시들에 인쇄 중심지들이 세워졌다. 1459년에는 멘델린(Menthelin)이 스트라스부르에서 성서를 인쇄했다. 1475년에 이르면, 라인란트 곳곳에, 파리, 리용, 세빌에 인쇄작업장들이 세워졌다.[111)] 1480년에는 인쇄 중심지들은 옥스퍼드와 런던에서 크라카우(Krakow)와 부다페스트에 이르기까지, 루벡(Lubeck)과 로스톡(Rostock)에서 나폴리와 코센차(Cosenza)에 이르기까지 서유럽 전역에 걸쳐 생겨났고, 인쇄소가 있는 도시는 모두 110개에 달했다.[112)] 1500년에는 인쇄 중심지를 가진 도시의 수는 236개로 늘어났다.[113)] 16세기에 서유럽은 새로운 커뮤니케이션 환경에 진입했고, 그 중심은 대륙에 산재하는 수많은 인쇄기들로부터 싼값에 대량생산되는 인쇄문서들이었다.

이 장에서 나는 15세기 중반의 인쇄기 발명으로 이어지는 중세 동안의 커뮤니케이션 테크놀로지의 발전을 더듬어 보았다. 나는 중세 초기의 교회의 등장을 가져다 준 불확정적 요인이 당시의 커뮤니케이션 환경이라고 주장했다. 문자사용과 문어 재생산에 대한 종교적 의

---

109) 이와 같은 비교는 아이젠슈타인의 *The Printing Press*, p. 46에 자세히 나와 있다.

110) Anderson, *Imagined Communities*, pp. 37~38.

111) Ibid., p. 167.

112) Ibid., pp. 167~185.

113) Luke, *Pedagogy, Printing, and Protestantism*, p. 58.

미의 부여, 커뮤니케이션 미디어로서 양피지의 사용, 그리고 서유럽의 특수한 물질적・생태적 환경 모두가 중세에 교회가 헤게모니를 갖는 데 유리한 환경을 만들어 냈다. 로마 가톨릭 교회가 성문화된 커뮤니케이션에 대한 독점을 12세기까지 유지해온 이후로 커뮤니케이션 환경은 점진적 변화를 일으키기 시작했다. 공식적인 교황-수도원 네트워크 밖에서 세속적 문자사용이 늘어나고 글로 된 문서들이 사용되고 복제되었다는 사실은 그러한 변화를 입증한다.

이 점에서 인쇄술의 발명은 서서히 축적되던 사회적 압력들의 정점이었다. 달리 말해, 인쇄술의 발명은 갑작스런 '무로부터의' 발전이 아니라 더 효율적인 커뮤니케이션을 원하는 사회적 압력들이 수렴한 결과였다. 하지만 당시의 사회적・경제적 조건들과 결부시켜 볼 때, 일단 인쇄술이 서유럽 전역에 확산되기 시작하자 그것은 커뮤니케이션 환경을 혁명적으로 변화시켰고, 사회와 정치에 중대한 결과를 가져왔다. 이어지는 두 개의 장에서 나는 이 새로운 커뮤니케이션 환경의 출현이 중세 세계질서의 변형에서 어떤 역할을 했는지를 검토한다.

# 제 3 장
# 인쇄와 중세 세계질서에서 근대 세계질서로의 변형 : 분배적 변화

커뮤니케이션 양식의 변화는 한 시대의 사회적 · 정치적 하부구조, 그리고 사회발전의 궤적에 광범하고 근본적인 영향을 미친다. 제 1 장에서 나는 커뮤니케이션 양식의 변화가 야기하는 두 가지 효과를 개념적으로 구분했다. 분배적 변화(*distributional changes*)와 사회인식론의 변화(*changes to social epistemology*)가 그것들이었다. 이 장에서 나는 전자에 집중한다.

분배적 변화는 커뮤니케이션 양식이 변화한 결과로 사회세력들의 상대적 권력에 일어나는 변화이다. 각각의 커뮤니케이션 양식은 고유의 독특한 방식으로 정보를 전달하고 저장하기 때문에, 커뮤니케이션 환경이 자신들의 이익에 부합하는 사회세력은 유리한 위치를 차지하는 반면에 그렇지 않은 사회세력은 불리한 위치에 서게 된다. 달리 말해, 사회세력들의 생존 여부와 정도는 새로운 미디어 환경과의 '적자성'(適者性 ; *fitness*)에 따라 달라진다. 이 과정은 개방적(*open-ended*)이며 동시에 불확정적(*contingent*)이다. 미디어 이론은 특정한 사회세력들이 어떻게 생겨나는지를, 왜 그들이 다른 세력들과 대립되는 특정한 이익에 따라 움직이는가에 대한 설명을 제공하지 않는다. 미디어 이론의 목적은 왜 그러한 세력들이 특정한 역사적 시점에 번성하거나 쇠퇴했는가를 설명하는 것이다.

분배적 변화는 어떤 사회세력들은 약화시키면서 다른 세력들의 이익을 증진시킨다. 이 장에서 나는 인쇄술 발전과 연관된 분배적 변화가 유럽에서 중세 세계질서가 근대 세계질서로 변형되는 데 어떤 역할을 했는지를 검토한다. 나의 출발점은 커뮤니케이션 양식의 변화가 중세 후기에 정치적 권위의 구조를 해체하는 데 어떻게 기여했는가를 검토하는 것이다. 특히 나는 두 사회세력들, 즉 프로테스탄트 개혁과 과학적 인본주의가 새로운 미디어 환경하에서 로마 가톨릭 교회를 제치고 유리한 위치에 서게 된 과정을 밝히려고 한다.

그리고 나서 나는 커뮤니케이션 양식의 변화에 의해 촉진된 사회경제적 관계의 변형이 어떻게 봉건적 사회관계의 기반을 허물고 근대의 계약적 사회경제관계를 중세 후기에 점차 그 중요성을 더해가던 부문인 도시 부르주아지 사이에 정착시키는 데 기여했는지를 검토한다. 이 특정한 분배적 변화는 정치적·경제적 의무유형을 '평등화'(*leveling*)시킨다고 할 수 있는 효과를 가졌다. 적어도 도시지역에서 이 평등화 효과는 봉건시대의 특징인 사인적 충성의 망을 잘라내면서 하나의 중심에 의한 통치의 가능성을 열어 놓았다.

마지막으로 나는 커뮤니케이션 양식의 변화가 서유럽 곳곳에서 근대 국가 관료제와 중앙집권화된 정치적 권위가 등장하는 데 기여한 방식에 관심을 돌린다. 많은 이들이 지적해왔듯이, 두 사회세력, 즉 도시 부르주아지와 중앙집권적 군주제 국가의 이익수렴은 유럽에서 근대 세계질서의 구조를 주형하는 데 결정적인 요소였다.

## 1. 새로운 미디어 환경과 중세질서의 해체

### 1) 프로테스탄트 개혁

앞장의 말미에서 요약되었듯이, 14세기와 15세기에 와서 지식 재생산에 대한 교회의 헤게모니를 압박하는 새로운 문제영역과 이익을 가진 강력한 사회세력들이 등장하고 있었다. 이 사회세력들 가운데 일부는 교회 자체내의 반작용으로 시작된 운동들로 규정될 수 있었다. 이 범주 안에는 12세기 초반에 서유럽 곳곳에서 주기적으로 자연발생적으로 모습을 드러냈던 다양한 종교적 '이단들'이 포함된다. 구체적인 목적과 이념은 상당히 달랐지만, 이 이단운동들은 중세 절정기 동안에 교회의 위계질서에 대한 반작용으로 일어난 점에서 공통적이었다.

앞장에서 지적했듯이, 당시의 교회는 태생기에 전도교파로서 강조했던 대중적 신앙에서 멀어져 더 율법주의적이고 세속적인 얼굴을 띠고 있었다.[1] 상층부의 규모가 너무 컸던 교황청 정부의 행정기관들은 덜 '내세적'이고 더 부패한 것으로 보였고, 그러한 외관은 교황들이 권력정치적인 획책에 가담하거나 굴복했을 때 특히 두드러졌다. 대분열(Great Schism)과 같은 사건들은 이러한 모습을 강화시켰다.[2] 교회의 대중성 상실은 많은 기독교인들이 14세기에 서유럽 전역을 휩쓸었던 '흑사병'을 교회의 타락에 대한 신의 불만을 상징하는 것이라고 보았다는 사실에서 알 수 있다.[3]

---

1) 중세의 이단들에 대한 분석으론 Gordon Leff, *Heresy in the Later Middle Ages: The Relation of Heterodoxy to Dissent*, c. 1250~c. 1450 (New York: Barnes & Noble, 1967); R. I. Moore, *The Origins of Eurpean Dissent* (London: Allen Lane, 1977); Edward Peters, *Heresy and Authority in Medieval Europe* (Philadelphia: University of Pennsylvania Press, 1980)을 보라.

2) Barraclough, *The Medieval Papacy*, pp. 164~187을 보라.

3) '흑사병'에 대해서는 William H. McNeill, *Plagues and Peoples* (Garden City,

인쇄술이 나타나기 전에 교회가 이단들을 진압하고 억제하는 데 성공적이었던 주된 이유는 "교회가 도전자들보다 나은 커뮤니케이션 내부계통을 가졌기 때문"[4]이다. 폭력으로(*compelle intrare*) 진압되지 않은 도전자들은 모종의 특권부여를 통해 포섭되거나 아예 무시되는 경우가 많았다. 대중 커뮤니케이션의 수단을 갖지 못한 이단들은 그렇게 명멸하고 사라져 갔다.[5]

페브르와 마틴은 "초기 이단들 가운데 일부(예를 들어서, 후스파〔Hussite〕)가 인쇄술을 가졌더라면 어떻게 되었을지"를 묻는다. "인쇄술은 루터와 칼뱅이 처음에는 로마를 공격하는 데, 그리고 나중에는 자신들의 새로운 교리를 확산시키는 데 노련하게 사용했던 권력자원이었다".[6]

13세기에 설립된 종교재판소는 사회 내에 커져가던 이단적 요소들과 그들에 대한 교회의 더 엄격한 보복을 반영했다.[7] 이단운동들에서 흘러나오는 교리들의 전파에 핵심역할을 하는 인물에 대한 조치를 취함으로써 그 교리들이 차단될 수 있는 한 종교재판소는 효과적인 대응책이었다. 그러나 인쇄술이 가져다준 정보유포의 빠른 속도는 이단운동들이 자신들의 발생지역을 넘어서 메시지를 퍼뜨릴 수 있게 해주었고, 교회는 효과적인 대응책을 취하기 더 어렵게 되었다.

어떻게 기술혁신이 의도되지 않은 결과를 낳는가, 그러한 결과가

---

N.Y.: Anchor Press, 1976); Robert S. Gottfried, *The Black Death: Nature and Disaster in Medieval Europe*(New York: Free Press, 1983); Tuchman, *A Distant Mirror*, pp. 92~125; Ruggie, "Territoriality," pp. 153~154를 보라.

4) Anderson, *Imagined Communities*, p. 39.

5) Le Goff, *Medieval Civilization*, p. 148을 보라.

6) Febvre and Martin, *The Coming of the Book*, p. 288.

7) 종교재판소에 대해서는 Bernard Hamilton, *The Medieval Inquisition*(London: E. Arnold, 1981)을 참조.

당시를 살아가는 이들에게는 얼마나 이해하기 어려운 것이었지를 보여주는 한 흥미로운 예는 교회가 처음에는 인쇄기에 열광했었다는 사실이다. 투르크 제국에 맞서 십자군을 조직할 때 교회는 인쇄기를 십분 활용했다.[8] 당시 추기경이었던 쿠사의 니콜라스(Nicholas of Cusa)는 인쇄기를 '신성한 기술'이라고 불렀다. 성서를 살 여유가 없는 가난한 사제들이 인쇄술을 통해 대량생산된 저가의 성서를 가질 수 있게 되었기 때문이다.[9] 그리고 구텐베르크의 작업장에서 처음 제작된 것으로 표시된 인쇄물이 프로테스탄트 개혁의 시각에서 교회 타락의 상징이었던 면죄부였다는 것은 다소 반어적이다.[10] 사실상 15세기 후반에 유럽 전역에서 인쇄기가 설치될 수 있었던 것은 인쇄된 책과 기도서에 대한 가톨릭 성직자들의 수요가 있었기 때문이다. 클뤼니, 디종의 시토(Citeaux at Dijon)와 같은 큰 수도원들은 독일에서 인쇄기를 들여와 인쇄작업장을 만들고 수사들에게 인쇄기술을 가르쳤다.[11]

초기 인쇄기는 수도원과 성당으로부터의 라틴어 성서, 미사 전서, 시편서, 교창(交昌)성가집에 대한 제작의뢰에 힘입어 번창했다.[12] 로스톡(Rostock)의 공동생활 수사회(Brothers of the Common Life)가 처음 인쇄한 책들 중 하나에는 인쇄술은 '교회의 시녀'라는 헌사가 나타난다.[13] 그들이 얼마나 잘못된 생각을 하고 있었는지는 오로지 사후 관찰을 통해서만 알 수 있다.

인쇄술이 프로테스탄트 개혁과 긴밀히 뒤얽혀 있다는 것은 역사가들과 일반인들 모두에게 잘 알려져 있다. 그러나 종종 양자의 인과관

8) Eisenstein, *The Printing Press*, pp. 303~304.
9) Ibid., p. 317.
10) Ibid., p. 375.
11) Febvre and Martin, *The Coming of the Book*, pp. 170~172를 참조.
12) Rice, *The Foundations of Early Modern Europe*.
13) Febvre and Martin, *The Coming of the Book*, p. 172.

계가 혼동되고 있으며, 흔히 기술결정론자들은 인쇄기를 프로테스탄트 개혁 자체의 근원으로 본다.[14] 하지만 그러한 단순한 일대일 연관성은 인쇄술 이전에도 유사한 이단들이 많이 돌출했다는 사실 앞에 약화된다. 그리고 중부 유럽과 북유럽에서 많은 이들에게 숨막히고 참을 수 없는 환경을 만들어 준 경제적·사회적 조건의 악화를 고려하지 않고서는 프로테스탄트 개혁이 설명될 수 없다는 것은 명백하다.[15] 루크의 서술대로, "루터가 1517년의 공공의 정치적 관심을 끄는 인물이 되기 전에 독일의 시민들과 농민들, 직공들과 상인들, 그리고 많은 인본주의 학자들은 기존의 사회적, 경제적, 정치-종교적 조건에 대한 불만을 공유하고 있었고, 더 정의롭고 기독교적인 사회를 이루기 위해 변화할 준비가 되어 있었다."[16]

자신 있게 말할 수 있는 것은 한 특정한 이단이 널리 급속히 퍼지면서 교회의 봉쇄전략을 황폐화시키는 데 인쇄술이 혁명적일 만큼 효과적이었다. 달리 말해, 인쇄환경의 속성들은 프로테스탄트 개혁에 유리하게, 교황제의 위계질서에 불리하게 작용했다.

어떻게 프로테스탄트 개혁은 인쇄환경에 '적응'했는가? 가장 혁명적인 것은 인쇄술을 통해 한 사람이 대중에게 도달하는 시간이 유례없이 짧아진 점이었다. 1517년에 독일의 신학자 마르틴 루터(Martin Luther)는 십일조, 면죄부, 성직록 등의 교회관행을 라틴어로 비판하

---

14) 기술결정론적 주장이 강한 저작들에 대해서는 Eisenstein, *The Printing Press*, pp. 303~329를 참조.

15) Luke, *Pedagogy, Printing, and Protestantism*, p. 78을 볼 것. 이러한 논의는 특히 맑스주의적 역사관에 경도된 이들이 선호하는 것이다. Friedrich Engels, *The Peasant War in Germany*, translated by M. J. Olgin (New York: International Publishers, 1926); Fernand Braudel, *The Structures of Everyday Life*, Vol. 1, translated by S. Reynolds (New York: Harper & Row, 1981)를 참조.

16) Luke, *Pedagogy, Printing, and Protestantism*, p. 134.

는 95개조를 발표했다. 더들리가 주목하듯이, "한 세기 전에 그 쟁점은 불타오르기에 앞서 수년 동안 들끓었을지 모른다. 그럴 때조차도 그 효과들은, 요한 후스(John Huss)의 추종자들이 일으킨 반란(1419~1436년)이 보헤미아(Bohemia)에 국한되었던 것처럼, 극히 지역적이었을 것이다".[17] 15일 만에 루터의 반박문은 독일어로 번역되어 그 요약본은 독일의 모든 지역으로 배포되었다.[18] 루터가 일생 동안 저술해서 출판된 책의 분량은 모든 가톨릭 논쟁가들의 저작을 합친 것의 다섯 배에 달했다.[19] 1500년과 1530년 사이에 독일어권의 인쇄소에서 발행된 약 1만 부의 팜플렛 가운데 20%가 마르틴 루터 한 사람의 저술이었다.[20] 처음에 출판량의 증가는 극적이었다. 1518년에는 87쇄이던 루터의 출판물은 1523년에는 390쇄로 증가했다.[21] 앤더슨의 말대로, "사실상 루터는 지금까지 알려진 베스트셀러 저자 가운데 최초의 인물이 되었다".[22] 그리고 물론 출판량의 증가는 루터의 저술에만 국한된 것이 아니었다. 1517~1518년 — 종교개혁의 첫 해 — 에 독일어권의 인쇄소에서 발행하는 팜플렛은 530%의 증가를 보였다.[23] 인쇄환경의 출현 이전에 프로테스탄트 개혁과 비슷한 형태의 이단들은 그처럼 빠른 점화율을 기대할 수 없었다.

인쇄환경이 프로테스탄트 개혁의 이익과 일치했던 또 다른 방식들이 있었다. 인쇄술은 작고 싼 팜플렛의 대량생산을 가능케 했다. 팜플렛은 선전내용의 급속한 전파, 저렴한 플래카드와 포스터를 원하는

---

17) Dudley, *The Word and the Sword*, p. 153.

18) Febvre and Martin, *The Coming of the Book*, pp. 289~290을 보라.

19) Mark U. Edwards, Jr., *Printing, Propaganda, and Martin Luther* (Berkeley: University of California Press, 1994), p. 1을 볼 것.

20) Ibid., p. 17.

21) Ibid.

22) Anderson, *Imagined Communities*, p. 39.

23) Ibid.

개혁가들의 전략적 이익에 유리했고, 제작자들과 소비자들이 이단적 인쇄물을 당국에 감추는 데 편리했다. 팜플렛은 4절판으로 제작되었다. 즉, 네 장 또는 여덟 쪽을 만들기 위해 두 번 접은 종이로 제작되었다. 그리고 두꺼운 표지를 사용하지 않은 이 초기 형태의 책은 독일어로 '플루크슈리프텐'(Flugschriften), 즉 '날아다니는 글'이라고 불렸다.[24] 에드워즈는 팜플렛이 "행상인들에 의해 쉽게 운반되고, 거리의 골목들과 선술집 안에서 판매되고, 요란하고 흥미를 자아내는 제목으로 광고되며, 관헌들이 나타났을 때 보따리나 옷 속으로 잽싸게 숨겨지는" 과정을 묘사하고 있다.[25] 에드워즈는 계속해서 팜플렛이 "개혁의 반대자들 코앞에서 체제전복의 메시지를 유통시키는" 데 얼마나 이상적이었는지를 설명한다.[26] 팜플렛은 인력이나 재료 모두에서 대형 수서만큼의 대규모 투자를 필요로 하지 않았기 때문에, 제작이 비싸지 않았고 진행 중인 종교적 논쟁에 즉각 대응할 수 있었다.[27] 정확한 추정은 어렵지만, 역사가 한스요하임 쾰러(Hans-Joachim Kohler)는 평균적인 플루크슈리프텐은 암탉 한 마리 값이었고 쇠고기 1킬로그램 정도의 무게였다고 계산한다. 이 가격은 결코 저가라고 할 수는 없지만 팜플렛이 의도하는 독자층인 '평민'에게 다가갈 수 있는 수준이었고, 수공을 들인 양피지 수서보다는 훨씬 싼 것이었다.[28]

더 많은 독자 대중에게 다가가기 위해 팜플렛을 비롯한 출판물들은 일상어(*vernacular*)로 제작되었는데, 그 언어의 형식 자체가 일상어와 신성한 라틴어 수서 사이의 매개기능 수행을 권력의 기반으로 삼았던

24) Edwards, *Printing, Propaganda, and Martin Luther*, p. 15.
25) Ibid.
26) Ibid.
27) Ibid., p. 16.
28) 쾰러의 연구는 Ibid., p. 180에 인용되어 있다. 또한 Febvre and Martin, *The Coming of the Book*, pp. 109~115를 볼 것.

교회 위계질서에 대한 직접적인 도전이었다. 에드워즈가 지적하듯이, 인쇄술은 루터의 메시지가 확산되는 데 기여했을 뿐 아니라 일상어에 의한 인쇄라는 바로 그 형식을 통해 교리에 대한 도전을 '구체화'했다.[29] 루터의 명백한 목적은 성서를 모든 가정에 갖다놓는 것이었고, 이 목적은 활자가 제공하는 표준화와 대량생산에 의해 기능적으로 실행되었다. 한스 루프트(Hans Lufft)라는 인쇄업자 한 사람이 1534년과 1574년 사이의 40년 동안에 10만 부의 성서를 발행했다.[30] 페브르와 마틴은 16세기 중반까지 대략 1백만 부의 독일어 성서가 인쇄되었다고 추정한다.[31] 그러한 과정을 통해 인쇄술은 "각 개인이 스스로의 신학자가 되는"[32] 수단을 제공함으로써 중앙집권화된 지식재생산의 정당성을 허무는 데 기여했다. 존 홉스(John Hobbes)는 어떻게 "모든 사람, 아니 모든 사내아이, 계집아이까지도 영어를 읽을 수 있으면 전능하신 신과 말할 수 있고 신의 말씀을 이해한다고 생각할 수 있는가"라고 불만을 표명했다.[33]

새로운 커뮤니케이션 수단에 힘입어 프로테스탄트 개혁은 중세 동안에 유럽에서 이단들이 누려보지 못한 대중적 지지의 수준에 도달했다. 앤더슨이 "거대한 종교적 선전 전쟁"[34]이라고 표현했던 현상이 이어졌고, 그것은 곧 유럽 전체를 뒤덮을 것이었다. 이 전쟁의 한가운데는 종교적 격변으로 창출된 시장에 대응하여 유럽 전역에 생겨난 수많은 인쇄소에서 대량생산된 싼값의 팜플렛들이 있었다. 팜플렛 작가들은 최대한 넓은 독자층을 확보하기 위해 텍스트와 삽화를 섞는

29) Edwards, *Printing, Propaganda, and Martin Luther*, pp. 6~7.
30) Luke, *Pedagogy, Printing, and Protestantism*, p. 75.
31) Febvre and Martin, *The Coming of the Book*, p. 295.
32) Edwards, *Printing, Propaganda, and Martin Luther*, p. 7.
33) Curran, "Communications, Power, and Social Order," p. 217에서 인용.
34) Anderson, *Imagined Communities*, p. 40.

방식을 조심스럽게 사용했다. 사악하고 추하게 표현된 고명한 교회 관리들의 모습을 변함없이 그려놓은 파괴적이고 '불경스러운' 풍자화들이 대량으로 인쇄기를 통해 찍혀 나왔다. 이것은 인쇄기에 의해 가능해진 16세기의 종교적 선전 전쟁의 역사적 사실 가운데 자주 간과되는 점이다.[35]

그러나 어떤 회의론자는 근대 초기 유럽의 낮은 문자습득률은 고려되었는지를 물을 지 모른다. 여전히 많은 사람들이 읽고 쓰는 능력을 갖추지 않은 상태에서 우리는 얼마만큼의 무게를 인쇄기에 부여해야 하는가? 문자습득률이 여전히 대부분의 하층계급들에서 낮았지만, 인쇄어의 확산은 콜러가 '2단계' 커뮤니케이션 과정이라고 부르는 것 속에서 전통적 수단인 구두 커뮤니케이션과 나란히 진행되었다.[36] 복음주의 교회의 설교사들은 '신경중추' 역할을 하는 수많은 인쇄소에서 금방 발행되어 밀수된 논쟁적인 저작들을 말로써 전했다. 그러므로 우리는 문맹자들이 글을 읽는 이들을 통해 인쇄어에 접근할 수 있었던 정도를 과소평가해서는 안 된다. 종교개혁이 대중적 수준에서 구두적 과정의 성격이 강했던 반면에 결정적인 엘리트 수준에서의 과정을 추동한 것은 인쇄물의 광범한 유포였다.[37] 더구나 프로테스탄티즘은 의도적으로 추종자들에게 문자습득과 성서읽기의 중요성을 주입시

---

35) Eisenstein, *The Printing Press*, p. 68; Febvre and Martin, *The Coming of the Book*, p. 291.

36) 콜러는 Edwards, *Printing, Propaganda, and Martin Luther*, pp. 37~39에 인용되어 있다. 에드워즈가 인용하고 있는 연구는 Hans-Joachim Kohler, "The Flugschriften and Their Importance in Religious Debate: A Quantitative Approach," in Paola Zambelli, ed., *Astrologi Hallucinati: Stars and the End of the World in Luther's Time*(New York: Walter. de Gruyter, 1986), pp. 153~175이다.

37) Gerald Strauss, *Luther's House of Learning: Indoctrination of the Young in the German Reformation*(Baltimore: Johns Hopkins University Press, 1978)을 참조할 것.

켰고, 그 결과로 프로테스탄트 지역의 문자습득률은 가톨릭 지역에 비해 현저히 높아졌다.[38]

인쇄환경은 프로테스탄티즘의 전략적 이익에는 유리했지만, 로마 가톨릭 교회의 이익에는 불리하게 작용했다. 인쇄기를 이용했기 때문에 프로테스탄티즘은 논쟁에서 선수를 칠 수 있었고, 로마는 교리의 이름으로 인쇄술을 반대하고 억누르는 다소 자포자기적이고 소용없는 입장을 종종 취하지 않을 수 없었다. 앤더슨은 개혁가들이 "언제나 근본적으로 공격적이었는데, 그 정확한 이유는 〔그들이〕 자본주의에 의해 점점 더 넓게 창출되고 있는 일상어 인쇄시장을 어떻게 이용해야 할 지를 알았던 반면에 개혁반대자들은 라틴어의 성채를 지켰기 때문"이라고 확언한다.[39] 그래서 금서목록(*Index Librorum Prohibitorum*)을 만들어야 할 필요를 느꼈던 것은 바로 로마였다.[40] 아이젠슈타인은 이렇게 강조한다.

> 트리엔트(Trient)에서 입안된 가톨릭의 정책들은 이 새로운 기능들을 저지하는 것을 목적으로 했다. 성서의 일상어판을 거부함으로써, 평신도의 복종을 강조하고 평신도의 읽기에 제한을 둠으로써, 문헌의 흐름을 협소하게 규정된 방침에 따라 이끌기 위해 금서목록과 출판허가와 같은 새로운 장치를 개발함으로써, 트리엔트 공의회 이후의 교황제는 완전히 조정력을 상실했음이 드러났다. 교황제가 취한 완고한 자세는 시간이 가면서 더 경직되었다.[41]

---

38) Curran, "Communications, Power, and Social Order," p. 220; 아울러 Edwards, *Printing, Propaganda, and Martin Luther*, pp. 37~38을 보라.

39) Anderson, *Imagined Communities*, p. 40.

40) Eisenstein, *The Printing Press*, pp. 347~348; 또한 Anderson, *Imagined Communities*, p. 40을 참조.

41) Ibid., p. 355.

16세기 이후 계속적으로 갱신되었던 금서목록은 그 속에 포함된 인쇄물을 금기로 보이게 함으로써, 그리고 심지어는 더욱 매력적으로 만듦으로써 금지된 인쇄물의 시장을 활성화시키는 반어적인 효과를 낳았다.[42] 프로테스탄트 개혁이 일어나기도 전에 교회는 교황청이 인가하지 않은 책들의 인쇄를 금지하는 교령을 공포했다. 1515년에 교황 레오 10세(Leo X)는 신성로마제국에게 "어떤 책도 교회가 인정하는 대표자의 검사와 인가를 받을 때까지는 인쇄허가가 주어져서는 안 된다"[43]는 칙령을 공포했다. 그러나 이런 식으로 무허가 인쇄물의 출판을 제한함으로써 교회의 구속은 비가톨릭 지역의 인쇄소들에 의해 공급되는 서적들의 대규모 암시장을 창출했다.[44]

그것은 또한 새로이 출현하는 인쇄물—특히 교회에 의해 금지된 것들—시장에 진입할 수 없게 됨으로써 심각한 불이익을 당하게 된 가톨릭지역 인쇄업자들로부터도 강한 불만을 낳았다. 예컨대, 1524년에 라이프치히의 인쇄업자들은 가톨릭교도 대공에게 "비텐베르크(Wittenberg)나 다른 곳에서 만들어진 새로운 책들의 인쇄나 판매"를 허가하지 않는 바람에 자신들이 "집, 가정, 그리고 모든 생계"를 잃을 위험에 처해 있다고 탄원했다. 그들은 새로운 상품들은 "파는 이도 즐겁고 수요도 있는" 것이라면서 프로테스탄트 문헌을 가리켜 "소유나 판매가 허가되지 않지만 갖고 있는 이가 넘친다"고 말하고, 가톨릭 문헌에 대해서는 "아무도 원하지 않지만 줘 버릴 수도 없다"고 말했다.[45] 요컨대, 교회의 전략적 이익은 새로 출현하는 커뮤니케이션 환경의 속성들과 충돌했다.

이러한 종교적 분열이 어떻게 기독교 공동체의 세속적 영역들로 넘

42) Ibid., pp. 415~416.

43) Luke, *Pedagogy, Printing, and Protestantism*, p. 47에서 인용.

44) Ibid.

45) Edwards, *Printing, Propaganda, and Martin Luther*, p. 14에서 인용.

쳐흘렀는가는 잘 알려져 있다. 중세 세계질서의 구조—특히 로마 가톨릭 교회의 초국가적 헤게모니—에 미친 종교적 분열의 영향은 파괴적이었다. 이내 유럽의 많은 지역이 경쟁적인 종교영역들로 분할되었고, 이 분열은 처음에는 인쇄찬성파와 인쇄반대파의 대립과 일치했다. 앤더슨이 설명하듯이, "1535년에 프랑수아 1세(François I)가 이유 없는 공포에 질려 자신의 영토 안에서 모든 책의 인쇄를 금지하고 위반할 경우에는 교수형에 처하겠다고 했던 것만큼 〔당시 가톨릭 지배층의〕 포위감을 잘 보여주는 예는 없다".[46]

프로테스탄트 개혁은 한 사회 아래 기독교 세계를 한데 묶었던, 그러나 점차 약해지는 우주론적 유대를 맹렬히 공격했다. 프로테스탄트 개혁의 뿌리가 인쇄술의 발전 이전까지 올라가는 것은 분명하지만, 커뮤니케이션 환경의 변화가 없었다면 개혁이 근본적인 중요성을 갖지는 못했을 것이다. 그 예로서 우리는 인쇄술을 이용할 수 없었던 후스파와 같은 이전의 이단들의 운명만을 봐도 알 수 있다. 인쇄술은 "기독교들을 그들의 신과 연결시키는 새로운 커뮤니케이션 통로를 제공함으로써 성직자들의 매개적·중재적 역할, 그리고 교화 자체의 역할마저도" 대체하는 데 기여했다.[47] 프로테스탄트 이념의 개인주의적 기상과 더불어 인쇄술은 성직자들의 사회적 특권을 뒷받침했던 매개 기능을 약화시켰다. 프로테스탄티즘이 공식적인 교회 우주론의 종교적 핵심을 정면공격했다면, 두 번째 사회세력은 더 전체론적인 시각에서 교회의 이념을 점차 약화시키고 있었다.

### 2) 과학적 인본주의(*scientific humanism*)

앤더슨과 다른 저자들이 지적하듯이, 초기의 인쇄업자들은 유럽최

46) Anderson, *Imagined Communities*, p. 40.

47) Curran, "Communications, Power, and Social Order," p. 218.

초의 이윤창출에 전력하는 상업적 기업가 집단이었다.[48] 따라서 그들은 자신들의 책과 인쇄물을 갖다 팔 시장을 찾는 데 주로 관심이 있었다. 일단 종교 팜플렛의 시장이 포화상태가 되자, 서적상들은 자신들의 생산품을 내다 팔 대체매장을 찾을 필요가 있었다. 당시에 대량 생산되는 인쇄물을 갈망하던 신흥 사회집단 가운데 하나는 과학적 인본주의 운동이었다. 인쇄술이 등장하고 난 후 첫 세기에 걸쳐 주로 라틴어에 기반을 둔 종교적 주제들로부터 일상어로 쓰여진 과학적 인본주의 저작들로의 이동이 이루어졌다.[49]

프로테스탄티즘의 팽창과 마찬가지로 과학적 인본주의의 성장은 로마 가톨릭 교회의 상상적 기반인 우주론에 직접 도전함으로써 교회 권위를 허무는 데 기여했다. 프로테스탄트 집단들과 마찬가지로 과학적 인본주의를 주장하는 사회세력들은 새롭게 출현하는 커뮤니케이션 환경 속에서 번성했다.

근대주의적 과학사들이 이른바 '과학혁명'을 몇몇 선구자들이 종교적 허위의식의 족쇄를 버리고 순수한 경험주의의 지혜를 채택한 것으로 묘사하는 경향이 있었지만, 하나의 사회세력으로서 과학적 인본주의의 뿌리는 실제로는 중세 말기까지 거슬러 올라갈 수 있다.[50] 이탈리아와 북유럽에서 대학의 성장은 도시적 환경 속에서 이루어졌고 그리스·로마 고전 텍스트들의 재발견을 둘러싼 격렬한 논쟁들로 특징

48) 앤더슨은 서적출판을 "자본주의 기업의 초기 형태들 가운데 하나"라고 부른다. Anderson, *Imagined Communities*, pp. 37~39를 보라. 또한 Febvre and Martin, *The Coming of the Book*의 제 7 장; Eisenstein, *The Printing Press*, pp. 310~315를 참조.

49) Anderson, *Imagined Communities*, p. 38; Febvre and Martin, *The Coming of the Book*, pp. 264~265.

50) Jacques Le Goff, *Intellectuals in the Middle Ages*, translated by Teresa Lavender Fagan (Cambridge: Basil Blackwell, 1993); Hans Blumenberg, *The Genesis of the Copernican World* (Cambridge: MIT Press, 1987)을 참조.

지어지는 지적 자극을 제공했다.[51] 유럽사회에서 교회의 우주론에 대한 불만이 점증했던 이유는 더 실제적이고 세속적인 데 있었다.

공식적 교회이념에 의해 뒷받침되는 프톨레마이오스의 천동설은 상업과 교역이 팽창하면서 더 중요한 위치를 차지하게 된 대양항해에 더 이상 적합하지 않은 것으로 보였다. 또한 천동설은 새로운 기술적 발견들 — 다른 무엇보다도 망원경 — 의 도움으로 이루어진 천체관측 결과와 쉽게 조화될 수 없었고, 그러한 결과들은 천동설의 핵심가정들에 대한 의구심을 심화시켰다.[52]

인쇄술 이전에 공식적인 교회의 우주론과 상충되는 신념들은 종교적 이단들을 제지하는 종교재판소와 동일한 메커니즘을 통해 상대적으로 용이하게 억제될 수 있었다. 그러나 인쇄술 이후, 특히 과학적 인본주의가(프로테스탄티즘과 마찬가지로) 지식과 정보의 광범한 전파에 전략적 이익 — 새로운 인쇄산업의 이익과 중첩되었다 — 을 갖게 된 이후, 교회가 새로운 과학의 흐름을 차단하는 것은 더욱 어려워졌다.

과학적 인본주의와 인쇄환경의 '적자성'(適者性 ; *fitness*)을 이해하려면, 인쇄술 발명 이전 중세 절정기의 대학 설립을 되돌아 볼 필요가 있다. 앞장에서 개략적으로 논했듯이, 절정기에서 중세 후기에 이르는 기간에 팽창한 학생과 교수의 수는 서적시장을 창출했고, 이는 수도원 네트워크에 공식적으로 연계되어 있지 않은 대학 내부의 수서(手書) 복제 중심지가 발전하는 데 박차를 가했다. 하지만 이 시장은 새로운 과학의 도입이 없었다면 제한적이었을 것이다. 주로 아리스토텔레스의 저작들이 재발견되면서 활성화된 새로운 과학은 당대를 지

---

51) Gordon Leff, *Paris and Oxford Universities in the Thirteenth and Fourteenth Centuries: An Institutional and Intellectual History* (Huntington, N. Y. : R. E. Krieger Pub. co., 1975) ; Le Goff, *Intellectuals in the Middle Ages*를 볼 것.

52) Carlo M. Cipolla, *Before the Industrial Revolution: European Society and Economy, 1000~1700* (New York: Norton, 1976) ; Mumford, *Technics and Civilization*을 참조.

배하던 신플라톤주의의 특징인 전통적 지혜에 대한 순수성찰에 맞서 '관찰'과 관찰결과의 비판적 비교에 지적 에너지를 다시 집중시켰다.[53] 신세대 '경험주의자들'이 자신들의 작업을 교부들의 먼지 묻은 양피지 책들에서 '자연의 책'에 대한 '순수한' 고찰로의 방향전환이라고 과장했지만 아이젠슈타인이 지적하는 것처럼 그러한 과장은 종교적 유대와의 결별을 은유적으로 나타낸 것 이상이 아니라고 봐야 한다.[54] 지식과 이념의 급속한 전파와 교환을 용이하게 함으로써 16세기와 17세기를 특징지었던 과학적 혁신의 갑작스런 물결을 추동한 것은 바로 인쇄기였다. 신화와는 대조적으로 새로운 과학은 인쇄어에 결정적으로 의존했다.

오늘날의 텔레비전에 유용한 측면과 함께 쓰레기적 요소들이 있는 것과 마찬가지로 중세의 인쇄물에도 옥석이 섞여있었던 것은 사실이다. 그러나 한 개인 또는 어떤 하나의 프로젝트에 협력해서 일하는 집단들이 접근할 수 있는 인쇄물의 총량은 실로 혁명적이었다. 특히 그 인쇄물이 새로운 과학적 호기심과 일치할 때 그러했다. 아이젠슈타인은 다음과 같이 주장한다.

> 현존하는 필사지도들과 고대의 지리학적 논고들을 인쇄로 복제하는 것은, '배교행위'의 증거를 제공하는 것으로 보이겠지만, 유례없는 전진의 기반을 제공하기도 했다. … 포괄적이고 균일적인 세계상의 윤곽이 나타나기 전에, 앞뒤가 맞지 않는 형상들이라 해도 접촉, 비교, 대조를 위해서는 충분한 양이 복제되어야 했다.[55]

그러므로, 페브르와 마틴이 지적하듯이, 중세적이고 프톨레마이오

53) Le Goff, *Intellectuals in the Middle Ages*, pp. 107~119; Cantor, *The Civilization of the Middle Ages*, pp. 442~448을 볼 것.

54) Eisenstein, *The Printing Press*, pp. 455~456.

55) Eisenstein, *The Printing Press*, p. 517.

스적인 이론들과 동시에 새로운 과학을 촉진했던 인쇄물의 수많은 예들을 찾기란 희귀한 일이 아니었다.[56] 하지만 유통되는 저작들의 양이 급격하고 극적으로 증가할 때 새로운 지적 사고방식이 태동했다는 것은 혁명적인 일이었다. 일단 어떤 하나의 연구에서 아라비아 학자들이 갈레노스파(*Galenists*)나 아리스토텔레스파와 나란히 서서 프톨레마이오스파와 대립하게 되자, 모순의 화해는 더욱 어려워졌다.[57]

유통되는 인쇄물의 양이 가져다주는 혜택을 넘어서 과학적 인본주의가 인쇄환경과 일치하는 다른 방식들이 있었다. 이와 관련해서는, 인쇄와 함께 나타난 혁신들 — 전후참조와 색인작성 — 이 어떻게 체계적 비교에 대한 지적 관심과 새로운 과학을 특징짓는 지식에 대한 비판적 평가를 기능적으로 일치시켰는지를 고려해 보자.[58] 쪽수매김, 절의 구분, 난외(欄外)표제, 속표지, 색인카드, 표준화된 복제 등과 같은 새로운 고안물 — 기계화된 복제가 아니라면 사실상 불가능했거나 적어도 매우 어려웠을 것이다 — 을 사용할 수 있게 함으로써 인쇄환경은 당시의 '체계정신'(*esprit de système*; 모든 주제를 하나의 일관된 질서 속으로 목록화하고 조직화하려는 욕구)에 유리하게 작용했다.[59]

'적자성'의 보다 미묘한 형태들도 역시 찾아볼 수 있다. 이념의 구두적 전달이 표준화된 텍스트에 대한 개인화된 연구로 이동하면서 분석적이며 편견없는 '비개인적인' 성찰양식과 논법에 대한 새로운 과학의 강조가 어떤 혜택을 얻게 되는지를 고려해보자.[60] 또는 진보와 지식축적의 관념이 어떻게 인쇄술의 복제력에 의해, 유통되는 인쇄물의

---

56) Febvre and Martin, *The Coming of the Book*, p. 148.

57) Eisenstein, *The Printing Press*, p. 75.

58) Ibid., p. 517.

59) Ibid., pp. 88~113; 당시의 '체계정신'에 대해서는 특히 Foucault, *The Order of Things*를 볼 것.

60) Postman, *Amusing Ourselves to Death*, pp. 51~53을 보라.

급증에 의해, 전후참조와 색인작성이 기존의 이론들의 '구축'과 종합을 용이하게 하는 방식에 의해 고무되었는지를 고려해 보자.

재발행과 거듭되는 재판(再版)은 원본의 오류와 탈락을 확인하고 후속판에서 정정하는 비판적 피드백의 과정을 가능케 했다.[61] 대조적으로 수서의 품질하락은 중세 유럽에서 너무나 항상적인 문제였기 때문에 중요한 텍스트들의 보존과 재복제에 엄청난 노력이 기울여지는 동안에 수없이 많은 텍스트들이 잊혀지도록 내버려졌다. 표준화의 부재, 지역화된 연대표, 부정확한 목록화, 구두적 전달은 모두 진보와 지식축적의 관념을 한층 더 제약했던 것으로 볼 수 있다. 그러나 인쇄술과 함께 재복제 비용을 줄일 수 있었기 때문에 보존작업에 대한 관심은 훨씬 줄어들었다. 그리고 표준화된 텍스트들의 교환과 유통은 어느 때보다도 정확해진 관념들의 누진적 축적에 유리하게 작용했다. 라이스는 다음과 같이 논의를 정교화한다.

> 인쇄술은 유럽 전역의 학자들이 똑같이 연구할 수 있는 텍스트를 가져다주었다. 특정한 페이지의 특정한 행에 있는 특정한 단어를 구체적으로 언급하면서 바젤(Basel)의 학자는 수정을 제안하고 이를 로마나 피렌체의 동료들은 빨리 점검할 수 있게 되었다. 그러한 정정과 발견에서 결정판이 나오게 되며, 그것은 또 다른 결정판으로 대체되고, 이 과정은 하나의 표준적 텍스트가 확보될 때까지 계속된다.[62]

허위의 또는 왜곡된 이론들을 걸러냄으로써 문명이 오류로부터 벗어나 진보한다는 생각은('지식' 자체는 아니라 해도) 인쇄물이 가시적이고 상당히 문자 그대로 축적되고 있었던 커뮤니케이션 환경에 '적합한' 것이었다.[63]

---

61) Eisenstein, *The Printing Press*, p. 113을 볼 것.

62) Rice, *The Foundations of Early Modern Europe*, p. 8.

종교개혁과 마찬가지로, 뒤이은 지식과 학습의 세속화는 사물의 질서에 대한 로마의 통제된 해석에 대립되었고, 교황 권위의 정당성이 근원으로 삼았던 중세적 우주론을 점차 뒤엎었다. 새로운 커뮤니케이션 환경은 종교개혁과 세속화된 지식이라는 두 가지 사회세력에 유리했고, 교황-수도원 정보네트워크에 불리했다. 앞장에서 보았듯이, 이 네트워크는 서유럽의 많은 지역에서 교회의 초국가적 헤게모니를 유지하고, 그럼으로써 중세 세계질서의 이념적 기반을 유지하는 데 결정적이었다. 프로테스탄트 개혁과 과학적 인본주의의 이념과 이익에 부응하면서 인쇄술은 중세사회에서 성직자들이 수행했던 매개적이고 특권적인 기능을 약화시키는 데 기여했고, 주된 관심사가 특정한 종교적 우주론의 전파가 아니라 오히려 이윤축적이었던 상업적이고 세속적인 인쇄업자들에게 지식의 재생산 기능을 열어주었다. 쿠랜이 입증하듯이:

> 평신도들의 필경 및 인쇄문화의 발전 또한 교회의 이념적 우위를 허물었다. 상업적인 필사실, 그리고 나중에는 상업적인 인쇄기업의 성장이 이전에는 서적생산의 수단을 직접 통제했던 교회당국이 효과적인 검열을 행하는 것을 더욱 어렵게 만들었다. 중세 후기에 교회가 학습의 중심지에 대한 지배권을 유지하는 데 실패한 것도 엘리트 문화의 내용에 대한 장악력을 약화시킨 요인이었다.[64]

로마 가톨릭 교회는 검열과 후원을 통해 새로운 커뮤니케이션 양식을 광적으로 통제하려 했지만, 인쇄술의 도입과 함께 밀려온 의도되

---

63) 진보의 관념과 커뮤니케이션 양식의 관계에 대해서는, 특히 그것에 관한 콩디악(Condillac)과 콩도르세(Condorcet)와 같은 사상가들의 견해를 보려면 Heyer, *Communications and History*의 제 1 부인 "The Eighteenth Century"를 참조.

64) Curran, "Communications, Power, and Social Order," p. 218.

지 않은 결과의 조류를 막을 수는 없었다. 인쇄술은 애초에 교회가 찬양했던 테크놀로지였다. 인쇄술의 발전과 함께 중세 세계질서에서의 교회의 지배적 위치는 무너졌다. 이 장의 나머지는 새로운 커뮤니케이션 양식이 어떻게 근대 세계질서를 구성하는 데 기여한 사회세력들의 흥기(興起)를 용이하게 했는지를 검토한다.

## 2. 새로운 미디어 환경과 근대질서의 구성

유럽에서 근대 세계질서의 구성에 결정적인 사회세력은 두 개였고, 그들의 이익은 일치했다. 하나는 상업적 교환, 계약적 사회경제관계, 그리고 자본주의적 기업가 정신에 전념하는 '도시 부르주아지'였다. 이 특정한 사회세력의 출현은 특수주의로 뒤얽힌 봉건적 사회관계를 '평등화'시키는 효과를 가졌고, 하나의 중심을 통한 일원적 통치의 가능성을 열었다. 그러나 그 가능성은 이 새로운 기업가 계급을 활성화시킨 가치들이 없었다면 여전히 미발전의 상태로 남았을 것이다. 그들은 안전과 표준화에 대한 필요를 충족시키기 위해 모종의 중앙집권화된 통치에 대한 공통의 관심을 갖고 있었다. 그들의 이익에 부응한 것은 중앙집권적 군주제 국가였다. 이 국가는 도시 부르주아지로부터 대외전쟁 비용을 조달받는 대신 국내문제에 대한 합리화된 관료행정을 제공할 의사가 있었다. 봉건시대를 특징짓는 중첩적이고 사인화된 비영토적 통치형태와는 전혀 다른 중앙집권화된 국가 관료제—근대 세계질서의 주요 특징—가 출현하기 시작했다.

유럽의 근대국가 등장에 관한 문헌은 이미 잘 발전되어 있기 때문에 이 과정에 대한 또 다른 역사적 서술을 제공하는 것은 여기서의 나의 의도가 아니다. 군사기술, 인구성장, 또는 어떤 다른 조합들이 근대국가 등장의 궁극적인 요인이었는지를 둘러싸고 이론가들 사이에 논쟁이 이루어졌다.[65] 이 절에서의 나의 초점은 기존연구들과 다르다. 나는 사회적 현상으로서 근대 부르주아지와 중앙집권화된 통치형태의 뿌리를 설명하는 데 관심을 두지 않는다. 그들이 왜 어떤 지역에서는 서로 동맹을 맺고 어떤 지역에서는 그러지 않았는지도 관심의 대상이 아니다. 그보다 인쇄환경이 그 두 사회세력의 발생지에서 양자의 이익에 어떻게 유리하게 작용했는지가 나의 관심사이다. 그러면서 나는 왜 세계질서의 변형이 이 특정한 역사적 전기에 발생했는지에 대한 부가적 이유를 제공하기를 희망한다.

### 1) 서약에서 계약으로

중세 절정기에서 후기까지의 기간에 사회경제적 관계는 봉건제, 즉 봉신(封臣)과 영주 간의 사인화된 중첩적 관계의 위계질서로 특징지어진다.[66] 이 사인화된 통치형태는 충성서약이 전사들간의 신뢰와 규율을 유지하는 데 중심적 역할을 했던 고대 게르만족의 관습에서 발전했다.[67] 서약은 한 사람의 자유인이 자신의 합친 두 손을 영주의 두 손 사이에 놓음으로써 그에게 충성을 바치는 의식을 필요로 한다. 서약은 상호의무의 유대를 맺는 의식이다. 그것은 복종을 나타내는 몸짓으로 구두서약, 합수(合手)뿐만 아니라 종종 키스를 사용했던 것에서 알 수 있듯이 고도로 사인적인 의식이었고, 봉신이 영주에 대한 충성을 '입과 손으로' 표시하는 것이었다.[68]

봉건제는 9세기와 10세기의 카롤링거 왕조 쇠퇴에 뒤이어 사회경제

65) 개관을 위해서는 Mann, *The Sources of Social Power*; North and Thomas, *The Rise of the West*; Spruyt, *The Sovereign State and Its Competitors*를 보라.

66) 이 점에 대한 고전적 논의는 Bloch, *Feudal Society*, 2 Vols.이다.

67) Ibid., pp. 145~162.

68) Le Goff, *Medieval Civilization*, p. 90.

적 관계를 조직하는 지배적 양식이 되었고, 16세기경에 극적인 쇠퇴를 겪었다. 봉건제는 프랑스와 독일에서 가장 발전했고, 이탈리아에서 가장 덜 발전했다. 이탈리아에서는 고대 로마의 전통들이 존속했고, 도시생활이 사회적으로 더 두드러진 역할을 했기 때문이다.[69]

충성서약이 봉신과 영주간의 사회적 유대를 확인하는 데 중요한 상징적 역할을 했지만, 중세 절정기 동안에 실제로 문자사용이 드물었고, 사회관계가 사실상 구두 커뮤니케이션을 주된 특징으로 했다는 점을 고려할 때, 충성서약은 단순한 상징적 몸짓 이상의 것이었다.[70] 르 고프가 강조하듯이, "봉건제는 몸짓의 세계였지, 문어의 세계가 아니었다".[71] 구어가 실제적 의미에서 그리고 은유적 의미에서 봉건사회 전체에 걸쳐 널리 사용되었음은, 클랜치가 제시하듯이, 법적 절차의 발전에서 가장 잘 예시된다.[72] 13세기 이전에는 소송 당사자들에게 법정출두를 통지하는 방식은 영장이 아니라 '포고원'(布告員; *criatores*)에 의한 구두소환이었다. 성문화된 문서와 인쇄된 문서가 널리 쓰이기 전에는 사람이 직접 자기 입으로 하는 증언에 많은 중요성이 부여되었다. 글로 된 문서는 여전히 믿을 수 없는 것으로 간주되었다. 결과적으로 사람들은 '발언기회'를 얻기 위해서 법정 앞에 갔다. 그로 인한 불행한 일 한 가지는 13세기 잉글랜드에서 귀머거리와 벙어리는 아무런 법적 권리를 갖지 못했다는 것이다.[73] 유언은 문서에 기초하지 않았고, "자신의 입으로" 유증하는 유언자를 눈앞에서 본 사람의 증언에 기초했다. 사람들은 계약을 "보고, 입회하며, 들었다".[74]

---

69) Le Goff, *Medieval Civilization*, p. 90을 볼 것.

70) 중세의 지역별, 시기별 문자사용 수준에 관한 상세한 논의를 위해서는 Stock, *The Implications of Literacy*를 참조.

71) Le Goff, *Medieval Civilization*, p. 92.

72) Clanchy, *From Memory to Written Record*, p. 272.

73) Ibid., p. 275.

74) Ibid., p. 254에서 인용.

물론 어떤 법적 절차가 지배적인가는 그 사회의 반영에 불과하다. 예컨대, 초기의 상업적 기업가들조차도 말로 장사를 했는데, 그것은 전통과 관습 때문만은 아니었고, 분명히 "인쇄술이 문서의 자동복제를 가능케 할 때까지는 문서가 상대적으로 드물 수밖에 없었기"[75] 때문이다. 문맹이 정상적이고 글로 된 문서가 드물었던 봉건시대에 사회경제적 커뮤니케이션을 지배한 것은 구두성(口頭性)이었다.

봉건사회를 이루었던 고도로 사인화된 구두적 형태의 통치는 유럽 전역에 걸친 영주-봉신간의 중첩적 상호의무의 복잡한 망이 형성되는 데 기여했다. 협정이 주로 개인적 기반에서 이루어졌다면, 그러한 관계의 형태가 지역에 따라 큰 차이를 보였다 해도 전혀 놀랄 일이 아니다. 야심찬 자본가의 시각에서 봉건적 환경은 고도로 제약적인 것으로 보일 수밖에 없었다. 스프루트는 다음과 같이 서술하고 있다.

> 성문화된 규약의 저발전, 지역의 관습적 소송절차의 중요성, 도구적 합리성을 갖춘 절차의 부재, 사법권의 중첩성을 고려할 때 〔봉건제의〕 법적 풍토는 교역에 불리했다. 경제적으로 상업은 화폐와 도량형에서의 큰 차이, 소유권에 대한 명확한 정의의 부재로 인해 어려움을 겪었다. 거래비용(*transaction costs*)이 높았던 것이다.[76]

우리가 오늘날 아는 것과 같은 화폐가 사실상 존재하지 않았기 때문에 봉건시대의 재정적 채권채무 관계는 주로 물물교환이나 현물양도를 통해 이루어졌다.[77] 법적인 문제들은 '진부한 정의'(*banal justice*)

75) Ibid., p. 263.

76) Hendrick Spruyt, "Institutional Selection in International Relations: State Anarchy as Order," *International Organization* 48(Autumn 1994), p. 529.

77) Ibid., p. 537. 또한 중세 후기에서 18세기까지의 화폐와 물물교환에 대한 상세한 논의로는 Braudel, *The Structures of Everyday Life*, pp. 436~477을 보라.

로 특징지어졌고, 각 지역은 고유한 법적 특수성을 갖고 있었다. 이러한 상황은 남프랑스와 이탈리아를 제외한 대부분의 유럽지역에서 13세기 이전에 성문법이 없었기 때문에 더욱 심화되었다.[78] 세속영주들과 성직영주들은 자체적인 도량형을 사용했고, 많은 지방영주들은 자체적으로 화폐를 주조했다. 프랑스에서만 300개에 달하는 화폐주조소가 있었다.[79] 이러한 특수주의는 봉건제에 고유한 개인화된 구두적 통치형태와 밀접한 관계에 있었다. 13세기에 이를 때까지 봉건적 통치형태는 추상적인 것에 대립되는 의미에서의 표상화된 도량형태를 장려하고, 사회경제적·법적 사안에서의 특수성과 지역성을 고무시켰다. 이 점은 초기의 국가 관료제를 다루는 다음절에서 다시 논의될 것이다.[80]

물론 중세 절정기에 우리가 오늘날 고도의 '거래비용'이라고 간주하는 것을 문제삼을 자본가는 거의 존재하지 않았다. 그러나 12세기부터 근본적인 경제적 변형이 본격화되어 에릭 존스가 '유럽의 기적'[81] 이라고 부르는 결과를 낳았다. 복합적인 원인들—농업기술의 향상, 기후와 인구의 변화, 국제교역의 성장—로 인해 경제생산성이 제고되었고, 경제는 더욱 복잡해졌다.[82] 러기의 설명대로, "경제관계는 점점 화폐화되었고, '보이지 않는 것들', 즉 대규모 박람회, 해운업,

---

78) Spruyt, "Institutional Selection," p. 537; 아울러 Clanchy, *From Memory to Written Record*; Susan Reynolds, *Kingdoms and Communities in Western Europe, 900~1300* (Oxford: Clarendon Press, 1984)를 참조.

79) Spruyt, "Institutional Selection," pp. 537~538.

80) 추상적 도량형태에 대립되는 중세의 표상적 도량형태에 대한 논의로는 Spruyt, *The Sovereign State and Its Competitors*, p. 159를 볼 것.

81) E. L. Jones, *The European Miracle: Environments, Economies, and Geopolitics in the History of Europe and Asia* (New York: Cambridge University Press, 1981).

82) Ibid.; 아울러 Ruggie, "Territoriality," pp. 152~154를 참조.

보험, 금융서비스 등의 발전은 상업을 더욱 원활하게 해주었으며, 범유럽적 시장의 창출을 도왔다."[83]

이처럼 역동적인 경제적 상호작용에 힘입어 로마시대 이후로 잠들어 있던 수많은 도시들이 재등장했다. 그리고 이 도시들 내부에서 새로운 집단이 하나의 응집적인 사회세력으로 대두되기 시작했다. 시민(*burghers*)이라 불렸던 이 도시 거주민들이 바로 나중에 '도시 부르주아지'로 알려진 집단이었다. 스프루트는 이 새로운 도시민들의 이익과 구제도 위에서 번창한 성직자와 봉건영주의 이익의 공통분모가 얼마나 작았는지를 재치있게 지적한다.

> 그리하여 도시의 흥기와 더불어 새로운 이익과 이념적 시각들이 새로운 요구를 들고 나왔다. 중첩적 사법권, 명확하게 정의되지 않은 재산권과 사법절차에 기초한 봉건질서는 시민들의 상업적 추구에 들어맞지 않았다. 시장에서의 교환과 교역은 화폐를 매개로 하는 추상적인 계약적 의무를 필요로 했다.[84]

스프루트가 언급하는 이념적 시각들과 새로운 요구들은 커뮤니케이션 환경이 변화하면서 번성했다. 커뮤니케이션 환경의 변화는 처음에는 13세기와 14세기에 도시 중심지들에서 문자습득과 글로 된 기록의 사용이 증가하면서 시작되었고, 나중에 인쇄술의 확산과 함께 더욱 극적이고 강력한 모습을 보였다. 사실상 도시 부르주아지의 성장과 인쇄술의 확산은 공생관계에 있었다고 말할 수 있을 것이다. 한쪽의 발전이 다른 한쪽의 발전에 박차를 가했던 것이다. 따라서 자본주의가 인쇄물의 광범한 전파의 전제조건을 만들어 주었다는 앤더슨의 지적이 정확하기는 해도[85], 양자의 관계는 각각이 완전히 독립적으로

---

83) Ruggie, "Territoriality," p. 153.

84) Spruyt, "Institutional Selection," p. 539.

존재하면서 서로에게 영향을 주는 것이 아니었다. 양자를 그렇게 떼어놓기는 쉽지 않다. 서유럽에서 자본주의의 발흥은 그에 상응하는 커뮤니케이션 양식의 변형과 긴밀히 맞물려 있었기 때문이다. 달리 말해, 구두문화에서 인쇄문화로의 이동은 서약에서 계약으로의 이동이기도 했던 것이다. 근대의 상호의존적 경제의 비인격적 유대—뒤르켕의 용어로 기계적 연대성(*mechanical solidarity*)에 대립되는 의미에서의 유기적 연대성(*organic solidarity*)[86]—가 그렇게 광대한 규모로 지속되기 위해서는 고도의 문자습득이 필요했고, 영구적이고 복제 가능한 인쇄문서가 필수적이었다.

초기의 자본주의 기업가들은 중세 후기의 구두-수서(手書) 문화를 고도로 제약적이라고 느꼈고, 자신들에게 더 유리한 인쇄환경을 원했다. 그러므로 라이스가 "도시에서 살면서 일하는 상인, 직공, 법률가, 정부관리, 의사, 교사"로부터의 인쇄물에 대한 채워질 줄 모르는 수요를 근대 초기 유럽에서 "인쇄술이 놀랍도록 급속하게 확산"될 수 있게 한 결정적 요인들 가운데 하나로 지목하는 것은 전혀 놀랍지 않다.[87]

가장 근본적인 수준에서 인쇄술은 '사회적 추상'(*social abstractions*)이라 불릴 수 있는 것—근대적 계약사회의 정수라고 할 수 있는 매도증, 증서, 법원기록, 면허, 계약, 약관, 판결—의 광범한 사용을 촉진시켰다. 스탁과 클랜치가 지적하듯이, 이러한 사회적 추상이 출현하기 위해서는 전반적인 문자습득의 증가, 글로 된 문서에의 의존이 요구되었다. 성문 커뮤니케이션이 구두 커뮤니케이션을 압도하는 이 과정은, 앞장에서 지적되었듯이, 중세 절정기에 시작되었으나 인쇄술에 의해 대량복제가 가능해지면서 가속화되었다.[88]

---

85) Anderson, *Imagined Communities*, p. 144.

86) Emile Durkheim, *The Division of Labor in Society*(New York: Free Press, 1933).

87) Rice, *The Foundations of Early Modern Europe*, p. 6.

인쇄술은 새로이 출현하는 서유럽의 도시-상업 중심지 내부의 복잡한 노동분업에 필수적인 표준화된 교환매체를 수많은 형태로 유통시키는 데 도움을 주었다. 이 점에서 금속 동전이나 토큰보다 인쇄된 지폐가 경제적 교환의 표준화된 매체로서 더 널리 사용되었음을 생각해 보자.[89] 또는 기업가들과 금융가들이 인쇄술의 새로운 발명품인 신문에 의존했음을 생각해 보자. 머큐스커와 그레이브스틴은 "15세기와 16세기의 상인들과 은행가들은 사업 소식의 흐름을 좀더 빠르게 하기 위해 최첨단의 정보 테크놀로지인 인쇄기의 도움을 얻었다"고 말한다.[90] 15세기 후반에 시작되었던 리용 교환시장에서 인쇄된 교환율 회람물이 최초의 신문으로 볼 수 있는데, 그 회람물은 박람회에 참여한 사람들을 위해 고정 교환율(*conto*)을 인쇄한 것이었다.[91] 《암스테르담 상품가 추세》(*Cours der Koopmanschappen tot Amsterdam*)는 1585년에 간헐적으로 발행되다가 1609년에는 주간지로 바뀌었다.[92] 17세기에는 유럽 전역에서 상업지와 금융지가 생겨났다〔아우크스부르크(1592), 볼로냐(1628), 볼차노(1631), 보르도(1634), 단치히(1608), 피렌체(1598), 제노바(1619), 릴(1639), 리스본(1610), 런던(1608), 리옹(1627), 나폴리(1627), 피아첸차(1614), 베로나(1631)〕.[93] 이 신문들은 상업정보

---

88) Stock, *The Implications of Literacy*; Clanchy, *From Memory to Written Record*.

89) 지폐가 샴페인 박람회에서 처음 사용되었다는 점과 지폐가 상업적 목적에서 얼마나 더 효율적이었는지를 보려면 North and Thomas, *The Rise of the Western World*, p. 55를 참조.

90) John J. McCusker and Cora Gravesteijn, *The Beginnings of Commercial and Financial Journalism: The Commodity Price Currents, Exchange Rate Currents, and Money Currents of Early Modern Europe* (Amsterdam: NEHA, 1991), p. 21.

91) Ibid., p. 23.

92) Ibid., pp. 43~84.

93) Ibid.를 보라.

의 교환을 표준화된 출판물의 형태로 제공하는 데 핵심기능을 했다. 노스와 토머스에 의하면, 유럽의 모든 중요한 상업중심지의 문서보관소에서 그러한 신문들을 찾아볼 수 있었다.[94] 이 신문들의 존재는 17세기에 도시의 상업활동이 급속히 성장했음을 보여준다. 그리고 신문은 상업성장의 중요한 한 요인이었다.

더 실제적인 수준에서 문서와 인쇄물, 그리고 자연히 그것들에 수반되는 문자습득 증가는 도시 부르주아지의 일상생활에 필수불가결했다. 복식부기와 같은 표준화된 회계관행과 기록보존은 순전히 말에 의존하는 환경에서는 사실상 생각할 수 없는 것이었다. 이탈리아에서는 복식부기가 인쇄술 발명 이전에 등장하기는 했지만, 그것은 어디까지나 문자습득의 수준이 높은 도시인들의 산물이었고, 전 유럽의 도시중심지들로 복식부기가 확산되기 위해서는 인쇄술과 문자사용이 일단 뿌리를 내려야만 했다.[95] 엄밀한 합리주의, 추상적 인지로의 지향과 같이 자본주의 정신에 연관된 보다 단명한 속성들이 만개했던 지역들이 인쇄술과 문자사용이 가장 빨리 확산되었던 곳들이라는 사실도 놀랍지 않다.[96]

---

94) 도시 시장의 창출에서 가격추세지의 중요성에 대해서는 North and Thomas, *The Rise of the Western World*, pp. 136～137을 참조.

95) Carolyn Webber and Aaron Wildavsky, *A History of Taxation and Expenditure in the Western World*(New York: Simon and Schuster, 1986), p. 153을 볼 것.

96) 자본주의 정신에 관한 고전적 저작은 물론 막스 베버의 《프로테스탄트 윤리와 자본주의 정신》〔*The Protestant Ethic and the Spirit of Capitalism*, translated by Talcott Parsons(New York: Scribner, 1958)〕이다. 그러나 자본주의적 에토스를 종교적 추진력에 연결시키는 베버의 명제를 고려할 때, 그가 당시의 커뮤니케이션 양식의 변화에 아무런 관심을 나타내지 않는 것은 놀라운 일이 아니다. 이러한 누락은 많은 커뮤니케이션 이론가들에 의해 지적되었으며, 그 중 가장 목소리를 높인 이는 아이젠슈타인이었다. Eisenstein, *The Printing Press*, pp. 378～402 참조.

많은 이론가들이 주장했듯이, 필기와 인쇄술은 구두적 대화의 흐름을 차단하고, 글자와 문서의 비교 및 병렬을 가능케 하며, 커뮤니케이션 내용을 장소, 시간, 인성으로부터 분리함으로써 추상적이고 합리적인 인지성향을 촉진한다.[97] 따라서 우리가 높은 문자습득률, 인쇄물의 침투를 발견하는 곳에서는 고도로 발전된 상업적 에토스도 발견하게 된다.

아마도 가장 좋은 예는 문자습득률이 높고, 16세기에 신교화된 국가가 인쇄술을 열광적으로 사용했던 네덜란드 연방일 것이다. 노스와 토머스는 예컨대 네덜란드 상인들의 '방식'이 얼마나 세련된 것이었고, 어떻게 복식부기의 기법이 교수되고 표준적 회계관행으로 정착했는지에 주목한다.[98] 더들리에 의하면, 증권거래소, 다국적 기업 같은 자본주의의 특징들이 원래 네덜란드에서 발전되었던 것은 우연의 일치가 아니다. 네덜란드는 여러 면에서 커뮤니케이션 양식의 변화가 가장 먼저 일어난 곳이었다. 더들리의 설명으로는:

> 〔인쇄술과 문자의 최대한 사용이〕 네덜란드 사회에 남긴 결과는 이전의 공동체들에 존재했던 시장제도들이 더 깊숙이 침투한 것이었다. 암스테르담 교환은행과 증권거래소(Bourse)는 이 점을 예시한다. 이 기관들이 설립 당시부터 누렸던 대중성은 문서가 금화나 은화만큼의 가치를 가질 수 있다는 관념에 익숙한 문자사용 사회에서만 가능한 것이었다.[99]

요컨대, 근대 초기 유럽에서 도시 부르주아지의 출현이 복합적 요인들의 산물이기는 했지만, 부르주아 사회운동은 새로운 커뮤니케이

---

97) 특히 Ong, *Orality and Literacy*; Havelock, *Preface to Plato*; Goody, *The Logic of Writing*을 보라.

98) North and Thomas, *The Rise of the West*, p. 138을 볼 것.

99) Dudley, *The Word and the Sword*, p. 171.

션 환경에서 번성하였다. 인쇄술은 자본주의 기업가의 많은 기본적 일상들을 기능적으로 보완하는 데 그치지 않고, 더 근본적으로 사회적 추상의 광범한 유포를 가능케 하고 그를 통해 복잡한 노동분업을 야기했다. 인쇄술에 의해 제공된 표준화와 대량복제가 없었다면, 계약적 사회경제관계가 그토록 복합적으로 침투할 수 있었을지는 의문이다. 분명히 중세 유럽의 수서 문화는 자본주의 발전의 경로에서 중대한 장애물이었다. 하지만 일단 환경이 변하자 계약적 사회경제관계의 복잡한 체계가 번성하기 시작했다.

이러한 분배적 변화가 세계질서 변형에 가져다 준 결과는 이중적이었다. 첫째, 도시 부르주아지의 성장은 앞서 내가 정치적·경제적 의무를 '평등화'시키는 효과라고 불렀던 결과를 낳았다. 적어도 도시지역에서는 봉건시대의 특징인 사인적 충성의 망을 해체하고 하나의 중심에서 행해지는 통치의 가능성을 열었다.[100] 액스트먼의 설명대로, "장원/촌락의 '분자적'(*molecular*) 수준에서의 봉건제 해체는 정치적-법적 권력을 '전국적' 수준의 권력으로 대체하는 결과를 가져왔다".[101] 그러므로 중세 세계질서의 중심특징들 가운데 하나—사인화된 권위의 다중적이고 중첩적인 망—는 점점 그 중요성이 커져가던 집단 사이에서 붕괴되었던 것이다. 근대 초기 도시 경제관계의 기초는 서약

---

100) '평등화'는 부와 기회의 평등이 아니라 도시인들이 봉건적 통치체제를 특징짓는 사인적 유대를 해체하고 그것을 사법적 평등으로 대체하는 과정을 의미한다. 이에 대한 논의로는 Spruyt, *The Sovereign State and Its Competitors*, p. 93을 보라.

101) Roland Axtmann, "The Formation of the Modern State: The Debate in the Social Sciences," in Mary Fulbrook, ed., *National Histories and European History*(Boulder: Westview Press, 1993), p. 33. 비슷한 논의로는 Perry Anderson, *Lineages of the Absolutist State*(London: New Left Books, 1974); Charles Tilly, *Coercion, Capital, and European States, A. D. 990~1990* (London: Basil Blackwell, 1990); Spruyt, *The Sovereign State and Its Competitors*, p. 92를 참조.

에서 계약으로 대체되었다.

둘째, 부르주아 계급은 절대주의 군주들에게 특정 영토적 공간내의 법적·상업적 절차의 표준화된 합리적 행정을 공급받는 대가로 상비군 재정을 제공함으로써 절대주의의 중앙집권화 추세에 직접적으로 기여했다. 만은 신흥 자본가들이 "막 생겨나 서로 싸우면서도 외교적으로 조정되던 국가들의 세계로 들어가 그 세계를 강화시켰다"고 말한다. "〔부르주아지는〕 국가규제를 내적으로 지정학적으로 필요로 했고 동시에 그것에 취약했으며, 국가는 재정을 필요로 했기 때문에 계급과 국가는 영토적으로 집중화된 조직을 향했던 것이다".[102] 도시 부르주아지의 발흥은 중세 세계질서의 구조(구체적으로 봉건적 사회경제관계)를 해체하는 데 기여했을 뿐만 아니라, 근대 세계질서(구체적으로 하나의 중심에 의한 영토적 통치의 집중화/표준화)의 출현을 추동했고, 그것을 구성하는 힘이었다는 점에서 이행기의 분배적 변화로 볼 수 있다. 다음절에서는 이 과정을 중앙집권적 국가관료제의 시각에서 볼 것이다.

### 2) 근대의 중앙집권적 국가관료제의 출현

개럿 매팅리가 지적했듯이, 근대국가의 초기형태는 멀리 고대부터 찾을 수 있다.[103] 최초의 관료제는 고대 수메르에서 필기의 발전과 함께 성립되었으며, 필기의 발전은, 많은 이들이 강조했던 것처럼, 관료제 발전의 필수조건이다.[104] 그러나 유럽에서 근대 국가관료제만이 갖는 법체제 및 재정체제는 11세기와 12세기부터 비롯된 것이고,

102) Mann, *Sources of Social Power*, p. 514.

103) Mattingly, *Renaissance Diplomacy*, p. 122.

104) Goody, *The Logic of Writing*; Gellner, *Plough, Sword, and Book*; Dudley, *The Word and the Sword*; Innis, *Empire and Communications*를 참조.

그때는 세속적 문자사용과 평신도에 의한 문서사용이 재확립되던 시기였다.[105] 물론 세속적 문자사용과 성문화된 텍스트의 사용만이 근대국가의 발흥을 야기한 것은 아니었다. 북부 이탈리아의 코뮌들에서 비롯된 기술혁신들 — 한정된 임기 동안 복무하는 비인격적 유급 관료기구에 의한 행정, 복식부기 — 은 국가관료제가 궁극적으로 취한 모습의 중요한 초기 형태를 제공했다.[106] 유럽에서 국가관료제가 탄생하는 데 영향을 준 또 다른 요인들 가운데서는 로마법의 재발견이 두드러지는데, 그것은 독립적인 '공적' 영역의 관념을 정착시키는 데 기여했다.[107] 그리고 헨리 2세(Henry II)의 재위기간(1154~1189년)에 쓰여진 리처드 피츠닐(Richard Fitzneal)의 《재정방침에 관한 토론》(*Dialogues on the Course of the Exchequer*)과 같은 이정표적 논저는 추상적 실체로서의 국가에 대한 관료적 행정가의 비인격적 역할을 정의하는 데 기여했다.[108] 하지만 집중화된 행정통치의 전제조건들은 단순히 이념만이 아니었고, 더 결정적인 조건은 그러한 이념을 실행할 수 있는 기술적 능력이었다. 그러한 능력은 중세 유럽의 대부분 신생국가들의 정치적 권위에 결여된 것이었다.

야심찬 중세 군주들은 앞에서 논의된 바처럼 사인화된 구두 커뮤니케이션의 비중이 압도적인 사회적·경제적·정치적 환경이 가하는 제

---

105) 이는 클랜치(M. T. Clanchy)의 《기억에서 성문화된 기록으로》(*From Memory to Written Record*)의 주제이다. 아울러 Joseph Strayer, *On the Medieval Origins of the Modern State*(Princeton: Princeton University Press, 1970)를 볼 것.

106) Webber and Wildavsky, *A History of Taxation*, p. 153.

107) 로마법의 재발견과 그것의 중앙집권적 국가관료제와의 관계에 대해서는 Anderson, *Lineages of the Absolutist State*, p. 27; Webber and Wildavsky, *A History of Taxation*, p. 182; Ruggie, "Continuity and Transformation in World Polity," p. 144를 참조.

108) Cantor, *The Civilization of the Middle Ages*, pp. 398~399; 또한 Clanchy, *From Memory to Written Record*, p. 19를 보라.

약 때문에 중앙집권화로의 자신들의 움직임을 계속하는 것이 어렵다는 사실을 알게 되었다. 그래서 문서화된 행정이 더 앞서있던 잉글랜드 같은 나라들에서 이미 12세기부터 근대국가의 외형이 발전되기 시작했음을 발견할 수는 있지만, 유럽의 나머지 지역에서는 지역화와 집중화 사이의 긴장이 여전히 지속되고 있었다. 그 한 이유는 사인적 또는 혈연적 유대의 망에 기초한 행정은 세대를 넘어선 통치를 유지하는 데 비효과적이었기 때문이다. 그러한 유대는 지역적 특권을 지닌 소규모 봉토들로 해체되는 경향을 띠었고, 그러한 패턴은, 카롤링거 왕조와 오토 왕조의 해체에서 증명되듯이, 중세 전 기간에 걸쳐 자주 되풀이되었다.[109]

포지는 중세의 정치적 통치는 "효과적인 권력의 자리, 통치의 받침대를 영주-봉신 관계 사슬의 아래쪽 고리들로 하향이동시키는 내재적 경향을 갖고 있었다"고 말한다.[110] 이러한 경향은 이론의 여지없이 당시의 사인화된 구두 커뮤니케이션에 연관된 것이었다. 결과적으로 중세 유럽의 정치적 지도는, 매팅리에 의하면, "지리, 또는 국민문화, 또는 역사적 발전"보다는 "출생, 결혼, 사망과 같은 우연적 요소"에 의해 결정되었다.[111]

중세의 사인화된 중첩적 영주-봉신 관계의 복잡성은 신생국가들이 영토적으로 한정된 공간 안에서 집중화와 합리적 행정을 해보려는 모든 시도를 극도로 어렵게 만들었다. 로마법이 재발견되기 전에는 지역적 권위의 사적인 법적·재정적 특권과 공적 영역의 그것을 구분하는 관념이 없었다. 지역 영주들의 경우에는 "그의 사법권이 적용되는

109) 이에 대한 논의로는 Spruyt, *The Sovereign State and Its Competitors*, p. 78을 참조.

110) Gianfranco Poggi, *The Development of the Modern State: A Sociological Introduction* (Stanford: Stanford University Press, 1978), p. 26.

111) Mattingly, *Renaissance Diplomacy*, p. 125.

땅 위에서 공공경제, 그리고 그와 연관된 재정적 의무는 영주 개인의 가정경제와 동일했다".[112] 국가세입을 일정하게, 즉 한 세대의 지도자와 다음 세대의 지도자간에 차이가 없도록 거둔다는 것은 사실상 불가능했다. 전형적인 중세의 통치자라면 자신의 영토 전체에서 발생하는 "수입도 지출도 그 총액을 알지 못했다".[113]

이 뒤얽힌 특수주의로 인해 왕들은 자신들의 관할지에서 세입을 원한다면, "흩어져 있는 자신들 소유지의 수확물을 소비"[114] 하기를 원한다면, 대규모의 수행원을 대동하고 정기적인 징수 행차를 나서야 했다. 그리고 영주와 봉신 간의 주종관계가 '개인적으로'(*intuitu personae*) 유지되었기 때문에 통치형태는 관계에 따라 지역에 따라 편차가 컸다. 포지에 의하면:

> 통치의 궁극적 대상인 백성에 대한 영주의 관계는 봉신에 따라 다르게 매개되었다. 봉토의 규모, 봉토부여의 정확한 조건, 봉토에 대해 영주에게 남아있는 권리 또는 봉신에게 주어진 권리, 이러한 측면들이 달랐기 때문에 통치행사의 양태와 내용도 달랐다.[115]

그럼에도 불구하고 13세기와 14세기에 이르면 국가권위는, 가끔씩 후퇴를 겪기는 했지만, 점차 공고해지고 집중되었는데, 이는 일종의 '이보전진 일보후퇴'의 과정이었다. 확실히 그 과정은 유럽의 모든 곳에서 일률적이지는 않았다. 예컨대, 독일과 이탈리아에서는 도시연맹들과 도시국가들이 대안적인 '탈중심적' 조직논리를 제시했다. 그러나 잉글랜드, 프랑스, 네덜란드 같은 곳에서는 집중화된 통치형태가 봉건

---

112) Webber and Wildavsky, *A History of Taxation*, p. 149.

113) Bernard Guenee, *States and Rulers in Late Medieval Europe*, translated by Juliet Vale(London: Basil Blackwell, 1985), p. 92.

114) Ibid., p. 168.

115) Poggi, *The Development of the Modern State*, p. 27.

체제를 대체하기 시작했다. 이론가들은 이 과정의 주된 추동력에 대해, 또는 왜 그 과정이 앞선 시기가 아닌 바로 그 시점에 본격화되었는지에 대해 의견이 분분하다. 틸리 같은 이들은 군사기술의 변화에 많은 강조를 둔다.[116] 다른 이들은 인구압력과 그에 수반하는 경제호황을 강조한다.[117] 궁극적 원인이 무엇이든 간에, 잉글랜드, 프랑스, 네덜란드 같은 지역들은 비슷한 패턴을 보여준다. 점차 안보가 중시되는 환경에서 상비군을 유지하고, 중앙의 통치자가 소집할 수 있는 해군력을 유지해야 할 필요성이 강조되었다.[118]

전쟁에 필요한 새로운 사항들로 인해 통치자들은 국내의 안정과 질서에, 그리고 보다 중요하게는 군비를 위한 고정적 세입의 확보에 관심을 두지 않을 수 없었다.[119] 다행히도 국가통치자들은 질서와 합리적 행정을 원한다는 점에서 이해관계가 일치했던 도시 부르주아지에서 자발적 동맹자를 발견했다. 그리고 이 새로운 도시인들이 국가가 제공하는 국내서비스의 대가로 세금을 납부할 능력과 의사를 갖고 있었던 것은 국가들로서는 행운이었다. 이러한 관계의 구체적 형태는, 틸리와 만이 증명했듯이[120] 국가에 따라 달랐다. 그러나 15세기에서 17세기까지 유럽의 일부지역에서는 한정된 영토내의 절대주의 통치하에서 근대적 국가관료제라는 일반적 현상이 나타나 정치적 권위의 모

116) Tilly, *Coercion, Capital, and European States*.

117) North and Thomas, *The Rise of the Western World*; Spruyt, *The Sovereign State and Its Competitors*를 볼 것.

118) 이 과정에 대한 탁월한(그리고 간결한) 서술로는 Poggi, *The Development of the Modern State*의 제 4 장을 보라.

119) 이에 대해 널리 받아들여지는 설명으로는 Anderson, *Lineages of the Absolutist State*를 보라. 아울러 James Anderson and Stuart Hall, "Absolutism and Other Ancestors," in Anderson, ed., *The Rise of the Modern State*, p. 31을 참조.

120) Tilly, *Coercion, Capital, and European States*; Mann, *Sources of Social Power*.

델로서 번성하기 시작했다.

대안적인 '탈중심적' 조직논리를 누르고 집중화된 통치형태가 성공적으로 등장하는 데 인쇄환경은 어떤 촉진적 역할을 했는가? 가장 중요한 것은 인쇄환경이 하나의 중심을 통해 이루어지는 합리적·관료적 행정을 제공함으로써 표준화된 통치를 용이하게 만들었다는 점이다. 위에서 지적된 바대로, 관료적 행정이 출현하는 데 필요한 전제조건은 일정한 형태의 필기체계였다. 그러므로 유럽에서 근대 국가관료제의 발전이 중세 절정기에 세속적 문자사용이 확산된 것과 긴밀히 연관되어 있음은 놀라운 일이 아니다. 그래서 문자습득률이 상대적으로 높은 지역들에서는 관료제의 전문화와 발전이 보다 앞서가는 경향을 보였다. 예컨대, 잉글랜드의 경우에는 13세기 중반에 대법관청의 피고용자가 60명에 달했다. 15세기에 이르면 민사법원 한 곳에만 100명 이상의 사람들이 일하고 있었다.[121)]

물론 관료제화로의 압력은 역으로 세속적 문자사용을, 그리고 표준화된 커뮤니케이션에 대한 요구를 촉진시켰다. 초기의 인쇄업자들은 이 시장을 재빨리 인식했고, 국가로부터 행정기록의 인쇄를 위탁받아 번창했다. 페브르와 마틴이 지적하듯이, 근대 초기의 유럽 전역에서 국가정책은 대규모의 전국적인 출판소 설립을 적극 장려했다.[122)] 그리고 이 대규모 출판중심지들에서 나오는 인쇄물들은 역으로 관료제 문서의 규모를 증대시켰고, 이는 관료기구를 더욱 전문화시키고 관료의 확충을 필수적으로 만들었다. 구니는 "관직과 관리의 급증은 문서의 급증을 필연적으로 이끌었다"고 말한다. "문서가 없었다면 국가행위는 불가능했을 것이고, 국가권력의 기반은 문서였다."[123)]

---

121) 이 수치는 Guenee, *States and Rulers*, p. 127에서 인용했다. 또한 Clanchy, *From Memory to Written Record*를 볼 것.

122) Febvre and Martin, *The Coming of the Book*, p. 127.

123) Guenee, *States and Rulers in Late Medieval Europe*.

새로운 커뮤니케이션 환경이 집중화된 국가의 통치자들의 이익을 선호하는 가장 명백한 방법은 외곽지역의 통치에서 보상과 제재를 보다 효과적이고 체계적으로 촉진시키는 것이었다. 특히 법제도와 직접 징수체제의 표준화가 두드러진 방법이었다. 틸리가 확언하듯이, "거의 모든 유럽의 정부들은 자신들의 국민을 동질화시키는 단계들을 마침내 밟게 되었다".[124] 인쇄술이 제공하는 표준화된 문서화 수단을 가지고 국가통치자들은, 왕의 영토 곳곳에서 자주 불일치를 만들어냈던 사인화된 봉건적 의무의 변이들을 효과적으로 잘라내고 넘어설 수 있었다. 인쇄환경에서는 영토적으로 한정된 공간에 따라 더욱 중요하게는 통치자의 세대교체에 따라 변하지 않는, 정규화되고 비인격적 절차들이 더 효과적으로 확립될 수 있었다. 그 예를 들어보자. "1665년과 1690년 사이에 루이 14세는 프랑스 전역에 일률적으로 적용되는 법령과 규칙을 공포했는데, 그것들은 민사 및 형사소송의 절차에서, 삼림과 하천의 관리, 선적과 항해, 흑인노예 무역에 이르기까지 다양한 문제들에 관련된 것이었다".[125] 인쇄환경은 세입징수의 효율성과 일관성을 가져다주었고, 그 결과로 국가의 규모와 권력, 그리고 집중화된 통치의 효과가 커지기 시작했다.

표준화(또는 틸리의 적절한 용어로는 '동질화')에 대한 국가의 관심은 재정수입의 징수를 더 효율적이고 일관적으로 집행하려는 욕구뿐 아니라, 주민과 영토의 감시를 통해 국내의 질서와 안보를 유지하려는 욕구와 밀접히 연결되어 있었다. 인쇄술이 사용가능해지면서 국가의 이러한 관심도 커졌다. 감시에 대한 국가의 관심을 더 설득력있게 해석한 것들 가운데 하나는 '규율국가'(*disciplinary state*)에 대한 미셸 푸

---

124) Tilly, "Reflections on the History of European State-Making," in Tilly, ed., *The Formation of National States in Western Europe* (Princeton: Princeton University Press, 1975), pp. 43~44.

125) Poggi, *The Development of the Modern State*, p. 72.

코의 논의이다.[126] 근대국가로의 이행에서 사회질서를 지켜주는 강제력과 공개적 폭력은 보다 비인격적인 규율의 '미시정치'(*micro-politics*)로 점차 대체되었는데, 이 규율의 정치는 제도적 규제와 관료적 행정을 통해 개인들을 도덕적으로 규제하거나 '정상화'(*normalize*)하기 위해 고안된 것이었다.[127] 물론 푸코의 관심은 이러한 이행의 이면에 있는 이념들이다. 그러나 집중화된 국가 행정가들이 장악하고 있는 테크놀로지의 물질적 수단들이 그러한 방향의 재설정을 촉진하는 데 얼마나 결정적이었는지를 우리는 쉽게 볼 수 있다.[128]

인쇄술이 '규율국가'에 힘을 실어준 아마도 가장 대표적인 방식은 행정적 목적에서 사용되는 지도를 인쇄로 복제하는 일이었을 것이다. 바버가 잉글랜드의 예를 들어 강조하듯이, 16세기에 와서 국가각료들은 "자신들의 전임자들보다 더 정밀한 지도를 기대하게 되었고, 일부는 정부용 지도를 평가하는 눈이 높아졌으며, 지도의 잠재적 용도들을 인식하게 되었다". 바버는 계속해서 당시의 정부는 "손으로 그려진 지도보다 값싸고 필사상의 오류가 적은 인쇄된 지도를 더 많이 만드는 데 관심을 가졌던 것으로 보인다"고 말한다.[129] 1610년에 잉글랜드에

---

126) Foucault, *Discipline and Punish: The Birth of the Prison*, translated by Alan Sheridan(New York: Vintage Books, 1979)을 보라. 유사한 해석들로는 Anthony Giddens, *The Nation-State and Violence*(Oxford: Oxford University Press, 1985); Norbert Elias, *The Civilizing Process: The History of Manners and State Formation and Civilization*, translated by Edmund Jephcott(Oxford: Basil Blackwell, 1994)를 참조.

127) 푸코의 이 논점에 대한 개관적 논의로는 Axtmann, "The Formation of the Modern State," pp. 38~40을 볼 것.

128) 푸코가 문서화, 또는 그가 '필기의 네트워크'라고 부르는 것이 규율 메커니즘의 부분으로서 담당했던 역할을 간략히 언급하고는 있지만, 그와 관련해 인쇄를 언급하지 않은 것은 지적 태만이다. *Discipline and Punish*, p. 189를 보라. 인쇄를 논하지 않은 푸코의 지적 태만에 대한 논의로는 Luke, *Pedagogy, Printing, and Protestantism*, p. 3; Heyer, *Communications and History*, pp. 141~155를 참조.

서는 계속 늘어나는 공식지도를 보관하기 위해 국가문서청(State Paper Office)이 설립되었다.[130] 뷰서렛은 프랑스에 대해 비슷한 논의를 제공한다. "루이 14세가 즉위할 당시에 … 프랑스 지배층은 지도의 유용성에 대해 잘 알고 있었고, 그들의 필요에 부응할 수 있는 지도제작자들이 있었으며 … 상당한 분량의 대형지도를 인쇄하고 보급할 수 있는 인쇄기들이 파리를 중심으로 풍족하게 있었다".[131] 예컨대:

> 경제와 재정의 계획을 위해, 지도제작 의뢰는 다양한 재정적 행정구역, 즉 납세구(*generalité*)의 범위, 염세(鹽稅; *gabelle*)와 같은 특정한 세금의 납부장소를 표시하도록 요구했다. … 남부운하(canal du Midi)와 같은 대규모 공공토목공사가 계획될 때에도 지도제작이 주문되었다. 이 운하와 관련된 지도제작법은 대단히 훌륭한 것이었다. 그 외에도 프랑스에서는 광산의 위치나 삼림의 성격과 범위를 나타내는 지도의 제작의뢰가 이루어졌다.[132]

인쇄환경이 규율국가를 뒷받침한 또 다른 경우는 공공교육의 영역이다. 이 점은 특히 루크가 잘 보여준다.[133] 어떻게 인쇄환경이 각 개인이 통과해야만 하는 표준화된 공식 '시험'을 촉진시켰고, 개인에 대한 신상'기록'을 축적하는 데 기여했는지를 보자. 루크는 다음에 주

---

129) Peter Barber, "England II: Monarchs, Ministers, and Maps, 1550~1625," in David Buisseret, ed., *Monarchs, Ministers, and Maps: The Emergence of Cartography as a Tool of Government in Early Modern Europe*(Chicago: University of Chicago Press, 1992), pp. 58, 61.

130) Ibid., p. 83.

131) Buisseret, "Monarchs, Ministers, and Maps in France Before the Accession of Louis XIV," in Buisseret, ed., *Monarchs, Ministers, and Maps*, p. 100.

132) Ibid., p. 99.

133) 이 단절에서의 논의는 Luke, *Pedagogy, Printing, and Protestantism*에 의존한 것이다.

목한다. "인쇄술이 '글쓰기의 힘'이 보편화되고 표준화되도록 만들었다. 교사들은 감독관처럼 자기가 맡은 이들에 대한 시험, 평가, 기록, 논평을 분류기준에 따라 표준화된(행정적) 형태로 행했다".[134] 인쇄물을 통한 이 표준화된 시험들은 등급의식의 주입을 도왔고, 이 등급의식은 푸코의 서술대로, "교육을 통해 개인들을 서열적으로 분포시키는 거대한 형식 … 연령집단의 배열, 교수와 출제의 대상이 되는 일련의 과목들"을 규정했다.[135] 이렇게 인쇄된 학교 교과서들과 인쇄된 교칙들의 형식으로 표준화된 공공교육은 규율국가의 이익에 복무했고, 국가는 어린 세대의 의무적인 학교교육을 통해 국민들 사이에서 신념의 일원성을 증진시켰다.[136]

요컨대, 중세 절정기에 시작된 근대 국가관료제를 향한 움직임은 커뮤니케이션 양식의 변화에 의해 촉진되었다. 그 과정은 처음에는 세속적 문자사용의 점증과 함께, 나중에는 인쇄술의 도입과 함께 보다 극적으로 이루어졌다. 인쇄술은 표준화된 문서들 — 학교 교과서, 공공규칙, 재정적 규제, 영토지도 등 — 을 대량복제하고 유포시킬 수 있는 수단을 제공함으로써 이제 막 태어난 중앙집권적 국가관료제의 전략적 이익에 유리하게 작용했다. 이렇게 인쇄술은 중앙집권적인 통치자들이 영토적으로 한정된 공간에 걸쳐 동질적인 정책들을 진전시키고, 그럼으로써 중세 세계질서의 특징인 중첩적 관할권을 해체할 수 있는 수단을 제공했다. 인쇄술이 적은 비용으로 문서를 대량복제할 수 있는 수단을 공급함에 따라 세대를 넘어선 통치체계가 확립될 수 있었다. 중세에는 아무리 중앙집권적 통치가 이루어졌다 해도 일단 중심인물이 죽으면 체제 자체가 붕괴되어 왔는데, 인쇄술은 그러

---

134) Ibid.

135) Foucault, *Discipline and Punish*, p. 147; 이 구절은 Luke, *Pedagogy, Printing and Protestantism*, p. 7에서 재인용한 것임.

136) Luke, *Pedagogy, Printing and Protestantism*, pp. 11~12를 볼 것.

한 경향을 빙결(氷結)시키는 효과를 가졌다. 더 나아가 하나의 집중화된 통치형태를 결여하던 기존의 정치적 권위형태들—이탈리아의 도시국가들과 독일의 도시연맹들—은 집중화된 국가관료제만큼 인쇄환경으로부터 혜택을 얻지 못했다.[137] 결과적으로 집중화된 국가관료적 통치체제가 성공을 거두면서 그것은 근대 유럽 전체에 정치적 권위의 모델이 되었다.

이 장에서 나는 중세 유럽에서 인쇄술의 도입이 어떻게 행위자들과 사회세력들에게 차등적으로 힘을 부여하는 분배적 변화를 가져왔는지를 서술했다. 인쇄술의 도래로 가장 즉각적인 영향을 받은 것은 로마가톨릭 교회의 초국가적 권위였다. 교회는 중세 절정기에 지식재생산의 독점에 기반하여 서유럽의 많은 지역에서 신정주의적 교황제 통치를 확립하기에 이르렀다. 중세 세계질서에서의 교회의 지배적 위치는 그 전략적 이익이 인쇄술의 도래와 일치했고 그것에 의해 증대된 세력들—프로테스탄트 개혁과 과학적 인본주의—에 의해 약화되었다. 새로운 커뮤니케이션 환경은 교황-수도원 네트워크 밖에서의 이념의 대량복제와 광범한 전달을 가능케 함으로써 이 두 사회세력들의 이익을 촉진시켰다. 반면에 교회는 커뮤니케이션 양식의 변화로 크게 불리한 위치에 서게 되었다. 일단 그 잠재력이 완전히 드러나자 교회가 인쇄기를 노골적으로 비난했던 것은 그러한 상황의 반영이다.

이 장은 또한 인쇄술과 연관된 분배적 변화가 근대 세계질서의 특징들—도시 부르주아지의 계약적 사회경제관계, 근대 국가관료제—을 어떻게 촉진시켰는지를 검토했다. 인쇄환경은 근대의 상호의존적 경제에 결정적인 사회적 추상의 광범한 사용을 가능케 함으로써 계약

137) 도시연맹들과 도시국가들이 왜 집중화된 내부통치 형태를 결여하고 있었는지에 대한 논의로는 Spruyt, *The Sovereign State and Its Competitors*, pp. 153, 160을 보라.

적 사회경제관계를 확대시켰다. 도시 부르주아지는 근대의 정치적 통치가 발전하는 데 필수불가결한 존재였다. 표준화와 질서에 대한 그들의 이해관계가 국내안정을 제공하는 대가로 징수능력을 확보하고자 했던 중앙집권적 국가 군주들의 이해관계와 수렴했기 때문이다. 또한 인쇄술은 특히 표준화된 문서의 대량복제를 통해 국민의 동질화와 행정의 표준화를 원했던 규율국가에 힘을 실어주었다. 이러한 분배적 변화들이 중세 세계질서에서 근대 세계질서로의 변형에 결정적이기는 하지만, 그것이 모든 것을 말해주지는 않는다. 다음 장은 커뮤니케이션 양식의 변화와 사회인식론 변형간의 관계를 밝힌다.

# 제4장

# 인쇄와 중세 세계질서에서 근대 세계질서로의 변형 : 사회 인식론의 변화

새로운 커뮤니케이션 양식에 의해 촉진된 분배적 변화가 중세 세계질서에서 근대 세계질서로의 이행을 설명하는 데 도움을 주지만, 그것이 전부를 말해주지는 않는다. 러기는 이렇게 설명한다. "중세 통치체제의 퇴조와 근대의 등장은 부분적으로는 사회인식론(*social epistemology*)의 변형에서 비롯되었다. 단순하게 말해, 사람들이 공동체 자체의 형태들을 상상하고 상징화시키기 위해 끌어들인 지적 장치가 근본적 변화를 겪었던 것이다". [1]

이 장에서 나는 커뮤니케이션 양식의 변화에서 비롯되는 두 번째 효과, 즉 사회인식론의 변화에 관심을 돌리고자 한다. 이론을 다룬 장에서 요약되었듯이, 사회인식론은 한 인간집단이 문화적으로 편입되는 신념망(*web-of-beliefs*)으로서 이를 통해 그들은 주위세계를 인지한다. 사회인식론에는 사회적으로 구성된 이념, 상징형태, 인지 편견이 모두 포괄되며, 그것들은 특정한 역사적 맥락에 있는 한 인간집단의 의미와 행태를 틀짓는다. 여기서 개진된 생태학적 전체론의 시각에

---

1) Ruggie, "Territoriality," p. 157.

따르면, 사회인식론은 궁극적으로 어떤 물질적 '토대'(*base*)로 환원될 수 있는 단순한 '상부구조'(*superstructure*)가 아니라, 정치와 사회질서의 본질이나 성격에 독립적인 영향을 미친다. 한 시대의 사회인식론을 이루는 사회적 구성물, 상징형태, 인지 편견은 매우 다양한 측면들을 포괄하기 때문에, 분석의 목적상 우리는 그것들을(완전하지는 않지만) 조작 가능한 몇 개의 조합들로 분류해야 한다.

제 1 장에서 요약되었듯이, 나는 사회인식론의 세 요소, 즉 개인적 정체성(*individual identity*), 공간적 편견(*spatial biases*), 상상의 공동체(*imagined communities*)를 검토한다. 아래의 논의에서 볼 수 있듯이, 사회인식론의 이 세 요소들의 변화는 이른바 근대 세계질서의 '형이상학적' 기초를 제공하는 데 결정적이었다.

이 장의 목적은 상징형태와 사회적 구성물이 변화하는 데 어떻게 인쇄환경의 발전이 중요한 촉매제 역할을 했는가를 추적하는 것이다. 이는 사회인식론의 요소들이 인쇄환경에 의해 만들어졌다는 식의 조잡한 단일원인론적 주장이 아니다. 새로 나타난 근대적 사회인식론이 중세 후기 또는 그 이전에 뿌리를 갖는 많은 상이한 요인들의 산물임은 확실하다. 그럼에도 불구하고 사회인식론의 변화를 커뮤니케이션 양식의 렌즈로 봄으로써 우리는 특정의 상징형태와 인쇄술 사이의 '적자성'(適者性 ; *fitness*)이 어떻게 생겨났는지를 볼 수 있다. 커뮤니케이션 양식의 렌즈는 양자의 공명이 특정시점에서 그토록 강했던 이유를 설명할 수 있게 해준다. 인쇄술은 사회인식론의 중요한 잠재적 구성요소들 가운데 일부를 촉진시켰는데, 이는 근대 유럽에서 정치적 권위가 분화되는 기반을 제공하는 데 매우 중요한 측면이었다.

## 1. 개인적 정체성

아마도 중세 우주론에서 근대 우주론으로의 이동에서 가장 두드러지고 중요한 측면은 개인적 정체성일 것이다. 듀몬트가 설명하듯이, 개인주의의 관념에는 두 가지가 있다. 첫째는 모든 사회와 문화에서 발견되는 것으로서 더 이상 쪼갤 수 없는 인간존재의 기본단위를 가리킨다. 둘째는 "독립적이고 자율적이며 그러므로(본질적으로) 비사회적인 도덕적 존재로서, 인간과 사회에 대한 우리의 근대적 이념에서 주로 발견된다".[2]

여기서 우리의 관심사는 후자, 즉 이데올로기로서의 '개인주의'이다. 듀몬트는 "우리들 가운데 점점 더 많은 수가, 세계에 알려진 다른 위대한 문명들에 비추어 볼 때, 근대적 개인주의는 예외적 현상임을 알게 되었다"고 지적한다.[3] 달리 말해, 근대적 개인주의의 관념은 역사적으로 특수한 도덕적 이념이다. 일부 자유주의 목적론자들이나 방법론적 개인주의자들이 그리고자 하는 모습과는 달리 그것은 모든 시대와 장소의 모든 인간존재에서 찾을 수 있는 것이 아니다.

물론 이렇게 말한다고 해서 우리가 근대 이전에서 개인주의의 뿌리를 찾을 수 없다는 뜻은 아니다. 분명히 근대적 개인성의 요소들은 기독교에서 찾을 수 있다. 기독교는 속계에서의 지위와 무관하게 모든 사람이 구세 받을 수 있다고 주장했다(물론 여기서 개인성은 자연질서를 엄격한 위계로 보는 시각에 종속되었다).[4] 그리고 '근대적' 개인성의 특

---

2) Louis Dumont, *Essays in Individualism: Modern Ideology in Anthropological Perspective*(Chicago: University of Chicago Press, 1986), p. 62.

3) Ibid., p. 23.

4) Ibid., pp. 23~60을 보라. 아울러 Richard Matthew, "Back to the Dark Age: World Politics in the Late Twentieth Century,"(Paper delivered at the ISA Annual Meeting, Chicago, February 1995)를 볼 것.

징들은 12세기와 13세기에 나타난 중세 지식인들 사이에서 산발적으로 볼 수 있다.[5] 또 다른 선구는 프란체스코적 경건주의에서 찾을 수 있는데, 그 가르침은 개인적 경험과 신앙심을 중심으로 한 종교를 촉진시켰고, 13세기 신흥도시들에서 대중화되어 있었다.[6] 하지만 중세적인 '존재의 사슬'[7]에 명백히 대조되는 의미에서, 개인적 정체성을 규정하는 원리로서 개인주의가 최초로 격상된 곳은 바로 근대 유럽이었다. 달리 말해, 중세에서 발견될 수 있는 모든 개인주의는 지배적인 기독교 우주론 내에서 분명히 예외적인 현상이었다.

중세에 '자아'의 지배적 관념은 무엇이었나? 중세적 질서 안에서 개인의 위치는 "평등한 존재와 불평등한 존재의 배열, 각자를 자신에게 맞는 위치에 앉히는 것"[8]이라는 아우구스티누스적 관점에 따라 결정되었다. 그러므로 불평등과 차이는 구성부분들의 기능적 분화를 상정하는 유기적 사회상의 부분으로 당연시되었다. 이러한 관념의 가장 뚜렷한 표현이 사회를 세 신분, 즉 싸우는 자(*bellatores*), 기도하는 자(*oratores*), 일하는 자(*laboratores*)로 나누는 것이었다.[9] 라이언이 설명

---

5) Le Goff, *Intellectuals in the Middle Ages*를 볼 것. 또한 오컴(William of Okham)의 유명론과 개인주의의 연관성에 대해서는 Guenee, *States and Rulers*, p. 32를 참조. 구니는 철학적/인식론적 신념들이 어떻게 나중에 정치이념으로 변형되는가에 주목한다. "예컨대, 실재론과 유명론의 대논쟁(실재론자들은 일반개념의 실재성을 확신했고, 반면에 유명론자는 개체만이 존재한다고 주장했다)은 정치적 사고의 양극단을 규정했다. 실재론자가 전체를 위해 부분을, 국가를 위해 개체를 기꺼이 희생시키려 했던 반면에 오컴과 같은 유명론자에게 개체는 가장 중요한 것이었고, 공공선은 개별이익의 총합 이상의 것이 아니었다. 14세기와 15세기에 교황에 맞선 공의회 운동과 군주들에 맞선 삼부회로 대표되는 '민주적' 흐름은 유명론의 고조와 일치했다".

6) Cantor, *The Civilization of the Middle Ages*, p. 432.

7) Lovejoy, *The Great Chain of Being*.

8) Guenee, *States and Rulers*, p. 43에서 인용.

9) Duby, *The Three Orders*; Rodney Bruce Hall and Friedrich V. Kratochwil, "Medieval Tales: Neorealist 'Science' and the Abuse of History," *Interna-*

하듯이, 중세 우주론에서 한 사람의 위치는 근대 개인주의에서의 그 것과 정반대였다.

> 시간과 공간이 시작과 끝을 가지고 있듯이 사람들의 지위 또한 고정되어 있다. 문화가 그들에게 전하는 메시지는 그들의 위치를 일깨워주고, 가족, 직업, 종교, 계급에 그들을 묶어놓은 사슬을 끊으려는 어떠한 시도도 슬픔을 낳을 뿐임을 되새겨주는 것이다. … 그러한 고정성은 형이상학적인 최종해결책이 존재에 강요되고, 자기에 대해 고민하는 사람은 자기 안의 과도한 우울증을 앓는 것으로 간주되었던 세계와 일치했다.[10]

대부분의 이론가들은 개인주의를 낳은 요인들로 앞장에서 제시된 역사적·사회학적 요인들에 무게를 주는 경향이 있다. 특히 도시와 상업주의의 등장, 프로테스탄티즘의 개인주의적 지향 등인데, 이것들이 거대한 존재의 사슬의 '자연적' 질서를 해체했다는 것이다. 예컨대, 맥퍼슨은 근대 초기 유럽에서 도시 부르주아지 사이에서 굳어진 '소유적 개인주의'(*possessive individualism*)에 대해 논한 바 있다. 그것은 "사회가 아니라 스스로에게서 비롯된 자신의 신체나 능력을 근본적으로 소유하는 것은 개인이라는 관념"이다.[11] 이 소유적 개인주의는 도덕이론의 구성이나 상업부문에만 국한되지 않았고, 사회의 많은

---

*tional Organization* 47(Autumn 1993); Rodney Bruce Hall, "The Medieval 'State' and the Social Construction of Sovereign Identity,"(Paper delivered at the 36th Annual Convention of the ISA, February 21~25, 1995, Chicago)를 참조.

10) John Lyon, *The Invention of the Self: The Hinge of Consciousness in the Eighteenth Century*(Carbondale: Southern Illinois University Press, 1978), p. 37.

11) C. B. Macpherson, *The Political Theory of Possessive Individualism*(Oxford: Clarendon Press, 1962), p. 3.

영역들에 걸쳐 반향을 일으켰다.

당시의 정치학과 과학을 특징짓는 '원자론'(*atomism*)은 소유적 개인주의의 반영이었다. 그 예를 우리는 홉스와 로크에 의한 사회계약론의 구성, 르네 데카르트에 의해 표출된 급진적 개인주의와 내적 강박감에서 볼 수 있다.[12] 찰스 테일러의 설명대로, 원자론은 "더 이상 확장되지 않는(*extensionless*) 주체, 인식론적 백지상태(*tabula rasa*), 정치적으로 아무런 전제를 갖지 않는(*presuppostionless*) 권리의 소유자를 가정하면서 출발했던 철학적 전통들"[13]과 공명했다.

사회의 많은 영역들에 걸쳐 반향을 일으킨 '원자론' 또는 자율적 개인성의 관념은 자신에 상응하는 세계질서를 국가주권의 관념에서 찾았다. 그것은 개인주의와 마찬가지로 "합리적 정체성의 징후였다". 국가주권은 "동질적이고 지속적인 존재"로서 "위계적 질서, 결정의 중심체, 동화에 저항하는 외부세계와의 분리와 대립"으로 특징지어졌다.[14] 개인주의와 국가주권은 존재론적으로 상보적인 대응물이다. 이제 막 출현중인 국가들의 정치와 사회가 원자적 행위자들간의 상호작용이라는 관념에 종속되었듯이, 정치적 단위들간의 상호작용 역시 그

---

12) Steven Lukes, "Individualism," in David Miller, ed., *The Blackwell Encyclopedia of Political Thought*(Oxford: Basil Blackwell, 1991), p. 240을 보라. 데카르트의 급진적 개인주의는 물론 잘 알려져 있다. *Discourse on Method and Meditations*, translated by Laurence J. Lafleur(Indianapolis: Bobbs-Merrill, 1960)을 볼 것. 아울러 개인성으로의 데카르트적 은둔에 함축된 사회세력들에 관한 탁월한 논의로는 Ernest Gellner, *Reason and Culture: The Historic Role of Rationality and Rationalism*(Oxford: Basil Blackwell, 1992)을 참조.

13) Charles Taylor, "Atomism," in Philosophy and the Human Sciences: *Philosophical Papers*, Vol. 2(Cambridge: Cambridge University Press, 1985), p. 210.

14) Richard K. Ashley, "Untying the Sovereign State: A Double Reading of the Anarchy Problematique," *Millennium: Journal of International Studies* 17(1988), p. 230.

러했다.

러기는 원자적 행위자로서의 개인이라는 '자아형상'(*self-image*)이 어떻게 세계질서 영역으로 점차 옮겨지게 되었는지를 보여준 바 있다. 각 영토의 통치자들은 동일한 렌즈를 통해 국가간 정치를 보았다. "희소성과 야심에 의해서만 움직이는 원자적이고 자율적인 존재들의 체계"로 본 것이었다.[15] 듀몬트는 어떻게 "위계적인 기독교 공동체가 두 수준에서 원자화"되었는지를 설명한다. "그것은 수많은 개별국가들에 의해 대체되었고, 개별국가들 자체는 개인들로 이루어져 있다".[16] 이 자아형상은 국가를 "다수가 한 사람으로 통일된 것"라고 보는 홉스의 시각에 반영되어 있다.[17] 오토 기에르케(Otto Gierke)는 이렇게 말한다.

> 민족은 그것을 구성하는 단위들의 총합과 같도록 만들어졌다. 그러나 동시에 민족의 권리를 표상하는 하나의 존재에 대한 필요가 있으면 민족 자체가 본질적으로 하나의 단위인 것으로 인식된다. 공동체의 통일성과 다중성간의 모든 구별은, 전체(*omnes*)를 총합체로서의 전체(*omnes ut universi*) 또는 단독체로서의 전체(*omnes ut singuli*)로 해석했던 것에 비추어 볼 때, 단순한 관점의 차이에 지나지 않았다. 그러한 시각은 소멸되었다.[18]

근대 세계질서의 구성에 그토록 중심적이었던 이러한 세계관이 변화하는 과정에서 인쇄술은 어떤 역할을 했는가? 《자아의 발명》에서 존 라이언은 "활자의 발명과 확산은 유일한 자아라는 관념을 가능케

---

15) Ruggie, "Territoriality," p. 158.

16) Dumont, *Essays on Individualism*, p. 73.

17) Thomas Hobbes, *The Leviathan*, edited by Michael Oakeshott (New York: Collier Books, 1962), p. 132.

18) Dumont, *Essays on Individulaism*, pp. 74~75에서 인용.

한 아마도 가장 중요한 기계적 요인일 것"이라고 주장한다.[19] 인쇄술의 기여에는 여러 측면들이 있다. 첫째, 그것은 주권의 표현, 자기 스스로의 저자로서 홀로 존재하는 개인이라는 근대적 관념을 촉진시켰다. 옹은 "인쇄된 텍스트는 저자의 말을 확정적 또는 '최종적' 형태로 나타내게 되어 있다. … 그것은 어떤 저작을 다른 저작들과 분리된, 그 자체가 '폐쇄된' 하나의 단위로 느끼는 경향을 띤다"고 설명한다.[20] 오늘날에는 그러한 관념들이 당연하게 인식되지만, 항상 그런 것은 아니다. '저작권'(*copyright*)의 관념이 모양을 갖추기 시작한 것은 오로지 인쇄술이 나타나면서였다. 인쇄-출판업자의 권리를 감독하고 보장하기 위해 런던에 서적출판조합(Stationers' Company)이 설립된 것은 1557년에 가서였다.[21]

그 이전에는 텍스트를 상호인용하는(*intertextual*) 중세적 관행이 지배적이었다. 체이터에 따르면, "다른 사람의 책을 복제하고 유통시키는 일은 수서(手書)의 시대에는 칭찬받을 일이었을지 모르나, 인쇄의 시대에 그러한 행위는 소송과 배상금으로 귀결된다".[22] 중세는 근대에 널리 보급된 '저작자'라는 관념을 가지고 있지 않았다. 그러한 관념은(제 7 장에서 보이듯이) 또한 오늘날에는 하이퍼미디어의 출현으로 약화되고 있다.[23] 실제로 정확히 표절작가나 표절행위를 뜻하는 라틴어 단어는 없다.[24] '저자' 관념의 부재는 중세의 수서들이 여러 저자들의 작품인 경우가 많았고, 다수의 저작들이 무기명으로 남겨졌던

---

19) Lyon, *The Invention of the Self*, p. 67.

20) Ong, *Orality and Literacy*, p. 133.

21) Ibid., p. 131.

22) Henry John Chaytor, *From Script to Print: An Introduction to Medieval Vernacular Literature* (London: Folcroft Library Editions, 1945), p. 1.

23) '저자 없는' 중세에 대한 논의로는 McLuhan, *Gutenberg Galaxy*, pp. 160~163을 볼 것.

24) Ong, *Orality and Literacy*, p. 131.

까닭에 누구의 저서라고 할 수 없는 경우도 있었던 점에 상당부분 기인한다.[25]

한 텍스트에 주석을 달고 여백에 해석을 기입하는 작업이 계속 이어졌다. 그 좋은 예가 대헌장(Magna Carta)이다. 오늘날까지 존재하는 이 문서에는 서로 다른 수많은 판본들이 있는데, 그 이유는 필기사들이 복제과정에서 자신들만의 수정본을 만들었기 때문이다. 수전 레이놀즈는 정확한 복제는 필기사의 주된 관심사가 아니었다고 설명한다. "헌장은 중요했다. 그러나 법령집 편찬자와 연대기 작성자 모두에게 중요한 것은 요지였지, 정확한 어구가 아니었다".[26] 옹이 지적하듯이:

> 수서문화는 상호텍스트성(*intertextuality*)을 당연하게 받아들였다. 과거 구두세계의 평범한 전통에 여전히 매여있던 수서문화가 기존의 텍스트로부터 새로운 텍스트를 창출해내는 방법은 원래는 구두적이던 공통의 방식과 주제를 차용하고 각색하고 공유하는 것이었다.[27]

게다가 대중적 문헌의 전파는 대체로 구두전달에 의존했기 때문에 작가들이 처음에는 저작권을 확보하고자 했다 해도 실제로 그 권리를 유지하기는 불가능했다. 중세 작가들이 특정 작품의 '저자'로서의 자신들의 지위를 이기적으로 지키기를 원했다면, 그들의 유일한 선택은 자신들의 작품을 쌓아두는 일이었을 것이다. 페브르와 마틴은 "그러나 그랬다면, 최대한 많은 독자들에게 자신의 작품을 알림으로써 얻게 되는 만족을 그들은 누릴 수 없었을 것"이라고 지적한다.[28]

---

25) Febvre and Martin, *The Coming of the Book*, p. 261.

26) Susan Reynolds, "Magna Carta 1297 and the Legal Use of Literacy," *Bulletin of the Institute of Historical Research* 62(1989), p. 241; Clanchy, *From Memory to Written Record*, p. 265에서 재인용.

27) Ong, *Orality and Literacy*, p. 133.

인쇄술의 도입과 함께, 개인적 명성과 치부의 측면에서 저자가 누리는 혜택은 더욱 명백해졌다. "자기 이름이 찍힌 수십만 권의 책을 가진 당대의 작가들은 개인적 평판을 의식하게 되었다".[29] '필명에 대한 욕구'는 강력한 동기부여의 요인이었고, 아이젠슈타인이 지적하듯이, 그러한 욕구는 인쇄어가 제공하는 '불후성'에 의해 조장되었을 것이다.[30] 요컨대, 단일한 주권의 표현이라는 관념은 인쇄환경과 일치했고, 인쇄환경은 수공복제를 기계복제로 대체하면서 구두전달과 여러 세대에 걸친 필기사들의 상호적 텍스트의 관행을 뒤안길로 돌렸다.

유럽에서 근대성의 배타적 특징인 개인적 정체성의 관념 또한 인쇄문화에서의 독서관행에 의해 강화되었다. 중세문화는 글쓰기의 존재에도 불구하고 여전히 구두문화가 지배적이었다. 문어는 음독(音讀)되었고, 종종 구두적 표현에 맞도록 구성되었다.[31] 글쓰기는 공동체의 일이었던 것이다. 그러나 12세기에 이르러 처음에는 수도원의 필사실에서 묵독(默讀)이 시작되었고, 이후 15세기에는 대학들과 비성직 귀족들에게까지 확산되었다.[32] 혼자만의 묵독에 대한 이 새로운 관심은 인쇄환경에서 커져갔고, 인쇄환경은 더 작고 더 휴대가 편한 책들을 대량복제할 수 있게 해주었다.[33] 이렇게 인쇄술은 "공동체로부터 벗어날 수 있는 피난처를 찾는 개인이 숨어들 수 있는 새로운 사적 영역을 창출하는" 것을 당시 사회운동의 역할로 규정하는 데 이바지했다.[34]

---

28) Febvre and Martin, *The Coming of the Book*, p. 23.

29) Ibid., p. 261.

30) Eisenstein, *The Printing Press*, p. 121.

31) Finnegan, *Literacy and Orality*, p. 28.

32) 이에 대한 논의로는 Chartier, "The Practical Impact of Writing," p. 125를 보라.

33) Febvre and Martin, *The Coming of the Book*, p. 88.

34) Chartier, "The Practical Impact of Print," p. 111.

조용한 사적 장소에서 인쇄된 책을 읽는 행위는 혼자만의 성찰과 사적이고 개인적인 관점을 키워주었다.[35] 지적 작업은 "계속 늘어가는 텍스트들과의 개인적 대면행위"가 되었고, 다른 무엇보다도 "교회의 규율과 매개에 복속되지 않는" 보다 개인적인 경건성을 고무시켰다.[36] 차티어가 독서의 '사유화'라고 부르는 이 현상은 "부인할 수 없는 근대 초기의 주된 문화적 발전 가운데 하나이다".[37] 인쇄에 의해 조장된 이 새로운 사생활의 관념은 러기가 열거하는 다음 변형들의 일부를 촉진시켰다고 할 수 있다.

> 예컨대, 언어영역에서 일어난 비슷한 변화를 보면, 일상어(*vernacular*)의 사용이 늘었고, '1인칭' 화법이 지배적이게 되었다. 이는 프란츠 보케나우(Franz Borkenau)가 '나와 너, 나와 세계의 명확한 대립적 구분'이라고 묘사했던 것이다. 개인들간의 정서에도 유사한 변화가 있었다. 개인적 주관성이라는 새로운 관념과 개인의 미묘한 감정과 수치(羞恥)의 문화가 생겨났다. 이러한 변화들은 다른 어떤 효과보다도 가정의 공간적 재형성을 가져다주었다. 궁전에서 장원저택으로, 다시 도시 부유층의 거주지로 가정의 개념이 좁아지면서 사적인 것은 공적 영역과 기능으로부터 더 엄격히 구분되고 분리되었다.[38]

러기가 묘사하고 있는 변화들이 여러 요인들에서 비롯된 것은 의심의 여지가 없지만, 우리는 어떻게 인쇄술이 개인을 수서문화의 공동체적 표출로부터 분리시킴으로써 '개인들간의 정서'에 그러한 변화를 조장했는지를 볼 수 있다. 인쇄문화에서 사적인 독서는 문필에 대한 새로운 형태의 친밀감과 자아발견을 고무시켰고, 이는 다시 가정 내

---

35) 이에 대한 더 깊은 논의로는 Ibid., pp. 111~159를 참조.

36) Ibid., p. 125.

37) Ibid.

38) Ruggie, "Territoriality," p. 158.

에서 사적 공간을 더 분명하게 구획할 것을 요구했다.[39] 옹은 이 논의를 더 정교화시킨다.

> 인쇄는 또한 근대사회를 특징짓는 개인의 사생활이라는 관념이 발전하는 데 주된 요인이었다. 그것은 수서문화에서보다 책을 더 작고 휴대하기 좋게 제작했으며, 조용한 구석에서의 혼자만의 독서를 할 수 있는 심리적 무대를 만들어 주었고, 마침내는 완전한 묵독을 가능케 했다. 수서문화와 초기 인쇄문화에서 독서는 한 사람이 다른 이들에게 집단적으로 읽어주는 사회적 활동에 속했다. … 사적 독서는 개인적 고립과 정숙을 제공하기에 충분한 가정의 공간을 요구한다.[40]

요컨대, 지배적 상징형태이자 도덕적 이념으로서 개인주의의 점진적 등장은 인쇄환경에서 이루어졌다. 인쇄물의 대량생산은 저자, 저작권, 개인적 주관성과 같은 새롭게 유포되는 관념들을 조장했고, 인쇄된 책들의 휴대성은 조용하고 사적인 독서, 지적 고립과 성찰을 용이하게 만들었다. 상징형태로서의 개인주의와 원자론의 확산은 근대 세계질서의 구조에 반영되었다. 개인적 정체성은 국가간 영역으로 전위되어 중세 절정기의 기독교 공동체를 자율적인 주권국가 단위들로 해체시키는 데 기여했다.

---

39) 이에 대한 논의로는 Orest Ranum, "The Refuges of Intimacy," in Aries and Duby, eds., *A History of Private Life*; Jean Marie Goulemot, "Literary Practices: Publicizing the Private," in Ibid. 를 참조.

40) Ong, *Orality and Literacy*, p. 131.

## 2. 공간적 편견

위에서 요약된 대로, 개인적 수준과 국가적 수준에서 정치적 정체성은 하나의 자율적 중심, 러기가 "하나의 고정된 관점"이라고 부르는 것[41]에 집중되었다. 새롭게 나타나는 이 자아형상과 상응하는 것은 정치적 공간의 더 엄격한 구분, 국내자와 국외자의 분명한 분리였다. 달리 말해, 정치적 공동체의 공간적 표상은 경계선이 덜 고정적이고 실제로 어떤 시점에서는 중첩되는 중세 세계질서와는 대조적으로 더욱 명확해졌다. 다지스혼은 "초기 국가들이 스스로를 영토화하는 방법의 참신함은 그들이 공간질서에 부여한 새로운 개념에서 비롯되었다"고 말한다.[42] 다시 한번, 정치적 공간의 더욱 엄격하고 선형적인 구분으로의 움직임은 중세까지 거슬러 올라갈 수 있는 여러 요인들의 복합적 산물인 것이다. 그러나 이 공간적 편견이 그토록 강력한 반향을 일으킨 한 이유는 그것이 인쇄술의 표면적 형태와 표현방식, 특히 시각적 편견과 선형적 표현에 '적합'했기 때문이다.

중세적 상상력을 연구한 한 역사가의 서술대로, 중세의 정치적 통치를 당시의 사람들은 공간적-영토적 측면에서 개념화하지 않았다. 실체를 이루는 것은 바로 기독교 세계였고, 그 속에서 물질적 세계는 쉽게 정신적 세계로 옮겨갔다.[43] 실제로 자연은 신성함을 나타내는 추상적 기호들로 가득 찼고, 지리는 위계적 우주관에 복속되었다. 실체의 관념은 우리의 그것보다 일사불란하고 유동적이었으며, 덜 엄밀

---

41) Ruggie, "Territoriality," p. 159.

42) Dodgshon, *The European Past*, p. 164.

43) 이 점에 대한 훌륭한 개관으로는 Le Goff, *Medieval Civilization*의 제 6 장과 Le Goff, *The Medieval Imagination*의 제 2 부 "Space and Time," pp. 47～82를 보라.

했다.[44] 하비는 "외재적 공간에 대한 이해가 빈약했고 전반적으로 신비적인 우주론으로 개념화되었으며, 그 우주론을 채우고 있는 것은 외재적 권위, 일월성신(日月星辰), 또는 신화와 상상력 속의 사악한 등장인물들이었다"고 강조한다.[45] 정치적 권위의 경계를 구분하는 기반으로서의 공간의 부재는 봉건시대의 복잡하고 이질적인 권리/의무체계를 분명히 반영한 것이었지만, 더 미묘하게는 당시 커뮤니케이션에 팽배했던 구두적-청각적 편견 또한 반영했다. '보는 것'보다는 '듣는 것'이 은유적으로든 실제관행에서든 지배적이었다. 클랜치는 "중세의 필기문서가 〔어떻게〕 청취를 요구하는 소리들을 표상하는 것으로 이해"되었는지를 보여준다.[46] 그리하여 솔즈베리(John of Salisbury)가 문자를 '소리의 지시자'(*vocum indices*)라고 일컬었을 때, 그는 평범함에서 벗어난 것이 아니었다.[47]

이와 관련해서 계산내용을 면밀히 검토하는 작업인 회계를 '오디팅'(*auditing*)이라고 부르게 된 경위를 보자. 이 명칭은 상업회계를 하면서도 사람들은 그 문서의 내용을 소리내어 읽도록 했음을 보여주는 것이다.[48] 구두적 환경이 지배적이었던 중세에 널리 사용되던 은유와 상징형태가 듣기와 말하기 쪽으로 치우쳤음은 놀라운 일이 아니다.

중세 세계질서와는 대조적으로 서유럽에서 근대적 통치유형들은 엄격하게 구획된 정치적 공간으로 인식되었다. 이 선형적인 공간적 편견은 유럽 지도의 변형에서 가장 뚜렷하게 드러났다. 15세기에 이르러 유럽의 지도는 "고도로 선형화되었고, 믿을 수 없을 정도로 정확

---

44) Donald M. Lowe, *History of Bourgeois Perception* (Chicago: University of Chicago Press, 1982), p. 12.

45) Harvey, *The Condition of Postmodernity*, p. 241.

46) Clanchy, *From Memory to Written Record*, p. 285.

47) Ibid.

48) Ibid., p. 267.

했다. … 그것은 명백한 개체들로 분할되었으며, 몇몇 예외를 빼고는 전체적으로 꽉 차 있었다는 점에서 연속적이었다".[49] 정치적 권위의 이상은 점차적으로 공간적 배제의 관념으로 굳어져 갔다. 정치적 권위들은 서로 구별되는 인접한 영토적 공간들을 의미했다. 절대적이고 엄격하게 구획된 주권적 영토들이 점차 근대 유럽에서 정당한 개별화 양식을 규정하게 되었다. 무엇이 정치적 질서의 엄격한 공간적 표출을 중심적인 관심사로 만들었는가? 이 물음에 하나의 변수로 대답하는 것은 가능하지 않다. 뷰서렛은 "세계를 유럽적 방식으로 보는 혁명의 원인은 다중적이었다"고 설명한다.[50]

유클리드 기하학과 뉴튼 물리학에 연관된 관념들이 당시의 문화적 형태를 결정짓는 데 중요한 구성요소였다는 점은 분명하다. 그것은 지도제작법의 변화가 상업적 이해관계의 세계적 확장과 함께 이루어졌던 것과 마찬가지이다.[51] 지구가 바깥이나 위에서는 어떻게 보일까를 상상하며 고안되었던 프톨레마이오스 지도제작법의 재발견은 영토적 공간의 감시에 대한 상업적·안보적 이해관계와 시간적으로 일치했다.[52] 새로운 물리학과 다시 불붙은 지도제작 열의의 만남은 유럽인들을 세계가 "하나의 수학적 좌표체계로 작도될 수 있다"[53]는 생각에 익숙하게 만드는 데 특히 중요했다. 단점화법을 강조하는 르네상스 회화의 변화 역시 결정적이었는데, 그것은 "개인이 '보는 눈'의 위

49) Edward W. Soja, *The Political Organization of Space*(Washington, D.C.: Resource Paper, no. 8, Association of American Geographers, 1971), p. 9.

50) Buisseret, "Introduction," in Buisseret, ed., *Monarchs, Ministers, and Maps*, p. 1.

51) R. B. J. Walker, *Inside/Outside: International Relations as Political Theory*(Cambridge: Cambridge University Press, 1993), p. 129.

52) Buisseret, ed., *Monarchs, Ministers, and Maps*와 *Harvey, The Condition of Postmodernity*, pp. 240~253을 볼 것.

53) Buisseret, "Introduction," p. 1.

치에서 세계를 그려내는"[54] 것이었다. 예술적 표현에서의 새로운 형태의 사실주의는 시각적 표상의 정확성을 종교적 위계질서에 종속시켰던 중세예술의 상징주의를 뒤엎는 데 기여했다.[55]

몇몇 저자들에 의해 다른 요인들에 비해 간과되기는 하지만 결코 덜 중요하지 않은 것이 바로 커뮤니케이션 양식의 변화, 즉 인쇄술로의 이동이다. 인쇄술이 새로운 집단정서(*mentalité*)를 촉진시킨 한 통로는 인쇄된 지도의 대량복제와 배포였고, 이 점은 앞장에서 국가감시와 관련하여 논의되었다. 인쇄된 지도가(특히 표준화된 학교 교재의 형태로) 점점 더 많이 배포되면서 유럽인들은 정치질서를 모눈판을 통해 시각적으로 나타내는 것에 익숙해졌고, '국내자'와 '국외자'를 분명히 구분하는 데 익숙해졌다. 지도의 표준화와 복제는 국가간 경계에 질서와 고정성을 불어넣는 데 기여했다. 수세대에 걸친 학생들, 국가행정가들, 엘리트들, 학자들이 평면의 선형적 공간을 표준화된 작도법으로 그려낸 산물인 정치적 공동체로의 시각적 편입을 겪게 될 것이었다.

그러나 지도의 전파보다 더 미묘한 변화를 인쇄술은 가져왔다. 인쇄술은 중세를 지배했던 구두적-청각적 편견으로부터 근대 초기의 시각적 편견으로 커뮤니케이션의 지향을 옮겨놓았다. 지배적 커뮤니케이션 양식은 말하기와 듣기로부터, 표준화된 인쇄문서를 조용히 시각적으로 읽는 것으로 옮겨갔다. 이 환경은 심화되고 팽창되면서, 다른 유사한 편견 및 상징형태와 함께 굳어지고 그것들을 강화하였다. 그리고 이 환경은 선형질서적 공간을 근대 초기의 지배적인 집단정서로 정착시켰다. 맥루한은 이 연관성을 정교화시킨다.

---

54) Harvey, *The Condition of Postmodernity*, p. 245.

55) Samuel Y. Edgerton, Jr., *The Renaissance Rediscovery of Linear Perspective* (New York: Basic Books, 1975)를 보라.

심리적으로, 인쇄된 책은 시각적 능력의 연장으로서 전망과 고정된 관점을 심화시켰다. 보이는 지점과 사라지는 지점에 대한 시각적 강조는 착시를 가져오며, 그와 더불어 공간은 시각적이고 일률적이며 연속적이라는 착각이 생겨난다. 활자배열의 선형성, 정확성, 일률성은 르네상스의 경험에서 나온 이 거대한 문화적 형식들과 혁신들과 분리될 수 없는 것이다.[56]

맥루한이 즐겨 강조하듯이, 인쇄술은 글자를 정확히 공간 속에 위치시키는 '복제도구'(*ditto device*)이다.[57] 그것은 "엄밀히 말해 반복 가능한 시각적 진술"[58]의 기계적 복제이다. 초기 인쇄서는 외관은 중세 수서(手書)와 비슷했지만 체재는 인쇄업자나 지역에 따라 달랐다. 그러나 초기 인쇄업자들이 떠돌아다니면서 책을 찍는 데 드는 비용, 개별적으로 글자체와 활자를 깎아 만드는 데 드는 비용이 너무 컸기 때문에 시간이 흐르면서 보다 일률적인 식자판에 대한 수요가 나타났다. 인쇄면 각각의 여백을 주의깊게 재서 왼쪽 끝을 맞추고, 괘선으로 행을 곧바르게 만들고 표준화된 로마자를 사용함으로써 인쇄서는 일률적인 모습을 갖추었다. 이러한 균일화된 인쇄물의 외관은 당시의 공간적 편견이라고 할 수 있는 시각적 질서와 선형성을 드러내는 것이었다.[59]

알파벳순의 배열, 절의 구분, 색인과 같은 인쇄 텍스트의 새로운 혁신들은 일률적인 공간질서와 선형성을 선호하는 추상적이고 합리적인 인지지향을 강화시켰다. 그리고 표준화된 인쇄물의 확산은 커뮤니케이션의 편견을 말하기와 듣기로부터 조용한 시각적 독서로 이동시

56) McLuhan, *Understanding Media*, p. 157.

57) McLuhan and Fiore, *The Medium is the Message*, p. 49.

58) Ong, *Orality and Literacy*, p. 127.

59) Febvre and Martin, *The Coming of the Book*, pp. 77~104는 책의 시각적 외관이 어떻게 변천해 왔는가를 고증하고 있다.

키는 데 기여했다. 활판술이 서유럽 문화에 자리잡게 되면서 로우가 말하는 새로운 "지각영역"(*perceptual field*)이 열렸다. 이 지각영역은 "보는 행위의 우위"와 "공간 내 표상물의 질서"로 특징지어졌고, "당시의 도시계획, 도로건설, 조경에서 뚜렷히 드러난다".60)

당시의 새로운 물리학, 기하학, 지도제작법과 마찬가지로 인쇄문화 역시 근대 세계질서의 공간적 지향에 기여했다. 시각적, 합리적, 선형적 사고가 고도로 엄격하게 구획된 정치적 통치를 이상적이라고 보는 관념을 낳은 것이었다. 국가들은 그 이상형에 자신을 맞추기 위해 움직였고, 그 결과 유럽의 지도도 그 이상형을 점차 닮아갔다. 인쇄술은 커뮤니케이션의 편견을 말하기와 듣기에서 묵독과 시각적 질서로 변형시키는 데 기여했다. 인쇄물의 대량보급과 함께 이루어진 인쇄술의 표준화와 문자사용의 점증이 없었다면, 중세 시기를 지배했던 구두적-청각적 편견은 결코 무너지지 않았을지 모른다. 정치적 권위를 선형적이고 파편화된 영토적 단위로 보는 근대 초기의 관념은 새로운 활판술 미디어 환경에서 널리 유포되었다.

## 3. 상상의 공동체·

새로운 커뮤니케이션 양식이 사회인식론에 미친 가장 중요한 영향들 가운데 하나는 새롭고 분명히 근대적인 형태의 상상의 공동체, 즉 민족이 출현하는 데 촉매제 역할을 했다는 점이다. 인쇄술의 발전은 공통의 정체성 의식을 갖는 국민언어의 관념을 촉발시켰고, 그 관념은 근대 유럽 세계질서의 중심특징들 가운데 하나가 되어갔다. 이 장에서 논의된 상징형태와 사회적 구성물과 마찬가지로 인쇄술도 민족

60) Lowe, *A History of Bourgeois Perception*, p. 26.

주의를 발생시킨 요인은 아니었다. 민족주의의 뿌리는 인쇄술이 발전되기 이전인 중세까지 거슬러 올라갈 수 있다. 그러나 아래에서 주장되듯이, 인쇄술이 근대 초기 유럽에서 지방어(*vernacular*)들을 표준화시키고 고착시키지 않았다면 민족주의가 언어라는 핵심요소를 발전시키기는 어려웠을 것이다. 더 나아가서 인쇄술은 중앙집권적 군주들이 취했던 '동질화' 정책을 직접적으로 간접적으로 고무시켰고, 이는 표준화된 언어를 공유하는 상상의 공동체를 낳았다.

근대성이 가진 다른 대부분의 특징들과 마찬가지로 원초적 민족주의(*proto-nationalism*)의 한 형태는 중세 후기에서 찾아볼 수 있다.[61] 나라의 이름들은 민족의식이 들끓었음을 보여주는 증거들이다. 1000년에는 폴로니아(Polonia), 12세기에는 카탈로니아(Catalonia)라는 이름이 나타나기 시작했다. 1204년에는 필립 오귀스트(Philip Augustus)가 프랑스 왕국(Regnum Francie)을 지칭하기 위해 렉스 프랑시에(rex Franciae)라는 이름을 사용했다.[62] 고유명사의 존재가 적어도 발생기의 민족의식을 가리키는 것이기는 하지만, 그것은 아직 희미한 의식이었다. 민족의식은 다른 지배적인 집단정체성 의식에 종속되어 있었을 뿐만 아니라 한 인간집단의 '자연적' 표시이자 정치적 권위가 분화되는 정당한 기반으로서 공유된 언어가 갖는 유사신화적 속성을 결여하고 있었다.

중세 후기 동안에 사람들이 여러 지방의 말에 노출되면서 언어적 차이를 감지하게 되었음은 확실하다. 특히 여러 차례에 걸친 십자군 원정으로 다양한 집단들이 섞이면서 언어적 이질감은 커져갔다.[63] 때때로 이런 차이들은 집단적 정체성의 바탕을 이루었다. 예컨대, 13세

61) 이에 대한 논의로는 Guenee, *States and Rulers*, pp. 50~65를 참조.

62) Guenee, *States and Rulers*, pp. 50~51.

63) Jonathan Riley-Smith, *The Crusades: A Short History*(New Haven: Yale University Press, 1987); Riley-Smith, *The First Crusade*를 보라.

기 초 파리대학교(University of Paris) 설립에 참여한 사람들은 자신들의 언어나 민족에 따라 집단화하였다.[64] 그러나 지방어 자체가 18세기와 19세기처럼 상징적 또는 정치적 경쟁의 장을 규정하는 요소는 아니었다. 체이터에 따르면, "어떤 통치자도 피정복 민족에게 다른 언어를 강요하기 위해 한 언어를 억누르는 시도를 꿈꾸지 않았다".[65] 엘리트들 사이에서는 라틴어가 쓰였고 그럼으로써 그들간의 초국가적 정체성이 확립되어 있었다. 반면에 각 지역의 말과 방언은 그것을 사용하는 이들 사이에서 강한 정서적 유대를 이끌어내지 못했다. 설사 그러한 유대가 있었다 해도 정치적 분화와 정당화의 기반을 형성하기에는 모자랐다. 구니가 말하듯이, 13세기에는 "언어적 경계가 정치적 경계와 아무런 관계를 갖지 않았고, 한 국가가 한 '민족'에 일치되어야 한다고 누구도 생각하려 하지 않았을 것이다".[66]

교회-라틴어의 헤게모니적 역할 이외에, 인쇄술 이전에 언어와 민족성의 융합을 가로막은 중요한 장애물은 구두문화에서 언어의 유동성이었다. 구어는 인쇄어의 고정성을 결코 획득할 수 없었다. "이 때문에, 예컨대 12세기 무훈시(*Chansons de geste*)의 프랑스어는 15세기에 비용(Villon)이 쓴 프랑스어와 크게 다르다".[67] 체이터의 설명대로:

> 글로 된 언어나 인쇄된 언어는 표준어를 나타낸다고 주장한다. 이로부터 구어는 계속적으로 벗어나는 경향이 있다. 구어는 유행하게 되는 새로운 변화들을 따르려고 한다. 인쇄된 언어는 이를 가로막는 벽이다. 인쇄된 언어는 새로운 형식들이 너무 널리 사용되어서 무시될 수 없을 때에만 변경된다. 이 단계에 도달하게 되면, 국민적 언어의식이 형성되는 기반이 놓여진 것이고, 언어 자체가 부족적 또는

64) Le Goff, *Intellectuals in the Middle Ages*, pp. 73~74를 볼 것.

65) Chaytor, *From Script to Print*, p. 22.

66) Guenee, *States and Rulers*, p. 53.

67) Febvre and Martin, *The Coming of the Book*, p. 319.

> 종족적 특징의 표현으로 느껴진다. 인쇄만이 표준화의 불가결한 조건, 즉 청각적 단어기억장치의 시각적 장치로의 대체를 확립할 수 있다.[68]

16세기에 와서는 인쇄술의 도래와 함께 이러한 유형의 '언어적 흐름'이 상당히 늦추어졌다. 17세기에 이르러서는 유럽 각 나라의 지방어들이 현재의 근대적 형태를 띠게 되었다.

어니스트 겔너는 표준화된 일률적 국민언어로의 추세가 어떻게 중앙집권적 국가 군주제의 이익과 산업화의 절대적 필요성에 긴밀히 연결되었는지를 설득력 있게 보여준 바 있다.[69] 겔너에게 국민어를 통한 고도의 문자사용은 인쇄술의 표준화(그의 용어로는 "표준화된 미디어")와 결부됨으로써 "공통의 개념적 통화(通貨)"를 제공하는 데 결정적인 도구가 되며, 이는 복잡한 노동분업의 전제조건이다.[70]

결과적으로 근대 초기의 국가에게 "합법적 교육의 독점"은 국민적 노동력을 구조화하는 데 필수적이었고, 국민들간의 비인격적 "커뮤니케이션은 똑같이 공유되는 표준화된 언어적 미디어와 문서로 이루어져야 했다".[71] 겔너에 의하면, 이 의도적인 동질화 정책의 한 가지 결과는 공통의 언어적 정체성에 기초한 상상의 공동체가 출현하기 시작했다는 것이다. 중앙집권적 군주들이 대중적 공공교육을 실시하고, 산업화에 필요한 교육받은 문자습득 노동력을 육성함으로써 상상의 공동체는 의도적으로 조장되었다.[72] 19세기에 이르면, 공통의 언어적

---

68) Chaytor, *From Script to Print*, p. 34.

69) Gellner, *Nations and Nationalism* (Oxford: Basil Blackwell, 1983).

70) Ibid., p. 34.

71) Ibid., pp. 34~35. 여기서 겔너가 '문서'(*script*)라고 부르는 것은 '인쇄'(*print*)라고 불러야 더 적합하다. 겔너는 인쇄라는 용어를 명시적으로 쓰지 않지만, '표준화된 매체'라는 그의 개념은 인쇄를 암시한다.

72) 겔너의 주장은 다른 누구보다도 찰스 틸리의 주장과 일치한다. 틸리는 국가

정체성에 기초하는 공동체라는 의식은 점차 근대 민족주의의 강력한 이념으로 발전하게 될 것이었다.

민족주의 발흥에 대한 겔너의 설명은 체이터, 페브르와 마틴의 설명과 일치한다. 페브르와 마틴에 의하면, 인쇄기는 국가관리자들과 문화적 엘리트들이 "상당히 넓은 영토에 걸쳐 단 하나의 언어가 문자로 쓰여지도록 만드는 통일과 공고화의 과정"을 촉진할 수 있는 수단을 제공했다.[73]

유럽의 모든 주요 나라들에서 자국어 표준화의 과정이 이루어졌다. 인쇄술은 단순히 이 과정을 널리 고무시킨 정도가 아니었다. 인쇄술이 없었다면 자국어란 사실상 불가능했을 것이다. 대량인쇄의 수단을 통해 철자, 문법, 어휘에 관련된 규약들이 표준화되었다.[74] 하나의 방언을 지배적인 언어양식으로 고정시킴으로써 인쇄술은 다른 방언들을 지역적 사투리로 전락시켰고, 그를 통해 지방적 정체성을 약화시키는 동시에 영토적 경계 안에서 공유되는 표준화된 언어를 정당화시켰다.[75]

단일 '국민'언어의 정당화는 자국민과 타국민, 자국과 타국을 구분하고, 교회-라틴어의 초국가적 헤게모니를 무너뜨리는 데 중요한 기

---

형성자들이 "동질화로의 유인"을 가졌다고 주장하면서 두 가지 이유를 제시한다. 첫째, 더 동질적인 국민은 더 충성스러울 수 있다. 둘째, "집중화된 추출 및 통제 정책들은 국민의 일상생활이 상대적으로 일률적인 방식으로 조직되었을 때 더 높은 수익을 정부에게 가져다 줄 수 있었다". Tilly, "Reflections on the History of European State-Making," p. 79를 보라. 아울러 Anderson and Hall, "Absolutism and Other Ancestors," p. 32를 볼 것. 이들은 "여러 방언들에서 표준화를 통해 만들어진 지방어들"이 장려되고 라틴어가 점차 약화되는 과정에서의 인쇄술의 역할을 간략히 언급하고 있다.

73) Febvre and Martin, *The Coming of the Book*, p. 319.

74) 이에 대한 탁월한 논의로는 Ibid., pp. 319~332를 참조. 또한 Eisenstein, *The Printing Press*, pp. 117~118도 볼 것.

75) Chaytor, *From Script to Print*, p. 45.

반이 되었다.[76] 하지만 그것은 체이터의 주장대로, "국민적 유산이자 국민성의 표현으로서의 공식언어"[77]로 가는 짧은 한 걸음에 불과하다. 특히 국민의 동질화에 전략적 이해관계를 갖는 국가관리들에 의해 계획적으로 국민성이 배양될 때 그러하다.[78] 달리 말해, 언어를 공통의 국민적 정체성을 나타내는 유사종교적인 표식이자 정치적 분화의 시각적 확인으로 격상시키기 위해서는 두 가지가 필요했다. 하나는 인쇄술의 속성들이고, 다른 하나는 통일과 동질화를 향한 의식적 노력이다.

인쇄술과 민족주의의 관계에 대해, 조금 다르지만 설득력에서는 전혀 떨어지지 않는, 또 다른 설명은 베네딕트 앤더슨의 《상상의 공동체》에서 개진되고 있다. 앤더슨에 따르면, '민족'은 신성한 문서언어가 존재론적 진리에 접근할 수 있는 특권을 제공한다는 믿음이 약화된 뒤에야 상상될 수 있었다. 말씀으로부터 신성이 제거되어야 했던 것이다. 민족의 출현에 기여한 또 다른 요인은 중세적 우주론에서 '동질적이고 비어 있는 시간'이라는 새로운 시간관념으로의 이동이었다.

앤더슨에 의하면, 이 두 가지 변화 모두 인쇄술의 발전, 인쇄술과 자본주의의 상호작용에서 비롯되며, 그것은 새로운 커뮤니케이션 양식의 광범한 확산을 보증했다. "자본주의와 인쇄 테크놀로지가 인간 언어의 결정적인 다양성에 영향을 미치면서 새로운 형태의 상상의 공

---

76) 결국 라틴어는 가톨릭 미사와 같은 장소들에서만 사용되는 '죽은 언어'가 되었고, 전통을 통해 구질서에 묶이게 되었다. Febvre and Martin, *The Coming of the Book*, p. 319를 보라. 이 시점에서 라틴어의 운명은 정해진 것이었지만, 단기적으로는 특히 많은 유럽 학자들 사이에서 '국제적인' 의사소통 수단으로서 끈질기게 살아남았다. Ibid., pp. 322~323을 볼 것. 베네딕트 앤더슨은 "라틴어의 몰락은 낡은 성어로 통합된 신성공동체가 파편화되고 다원화되며 영토화되는 커다란 과정을 예시한 것이었다"고 말한다. Anderson, *Imagined Communities*, p. 19.

77) Ibid., p. 46.

78) Luke, *Pedagogy, Printing, and Protestantism*, pp. 61~62를 보라.

동체의 가능성이 창출되었고, 그 기본적 형태론은 근대민족의 무대를 만들어 주었다". [79]

겔너, 체이터, 페브르와 마틴과는 달리 앤더슨은 국가엘리트들이 국민적 정체성을 공공연하게 제조했다는 점을 그다지 강조하지 않는다. 대신 수많은 우연적 변수들이 복합적으로 작용했음을 강조한다. 그러나 두 가지 해석이 아주 다른 것은 아니다. 동질화에 대한 국가의 이해관계는 앤더슨이 지적하는 다른 요인들이 '부지불식간에' 수렴되도록 조장할 것이기 때문이다. 앤더슨의 분석은 국민적-언어적 정체성을 촉진시키는 데 기여한 요인들 가운데 덜 의식적인 것들을 강조함으로써 다른 저자들의 논지를 보완한다.

앤더슨에게 결정적인 변수는 신문이다. 신문은 매일 이루어지는 동시다발적 소비를 통해 "동질적이고 비어 있는 시간을 달력처럼 움직여 가는 사회학적 유기체"의 형상을 제공하는데, 그 형상이 민족과 닮음꼴이라는 것이다. [80] 신문은 민족적 경험을 함께 나눈다는 느낌을 제공하며, 신문을 통해 의사소통에 참여하는 이들은 아무런 개인적 접촉이 없었던 수천, 수백만의 타인들과 동시에 똑같은 내용을 읽는다는 경험을 인식한다. [81] 민족주의 발전에서 신문이 갖는 간접적인 역할에 대한 앤더슨의 강조는 예전에 맥루한이 발전시킨 주장과 비슷하다. 앤더슨과 마찬가지로 맥루한은 《구텐베르크 은하계》에서 신문지를 통해 한 인간집단은 자신을 처음으로 보게 된다고 주장한다.

> 고도의 시각적 선명성을 갖고 나타나는 일상어는 자신의 경계와 일치하는 사회에게 통일성을 제공한다. 자신들이 원래 사용하던 말의 시각적 통일성을 사람들이 경험하는 통로는 책보다는 신문이었다. [82]

---

79) Anderson, *Imagined Communities*, p. 46.

80) Ibid., p. 26.

81) Ibid., p. 35.

하나의 이념적 힘으로서 민족주의가 절정에 달한 것은 18세기 후반과 19세기 초반에 가서였지만, 그것의 '부화기'는 실제로 중세 후기까지 거슬러 갈 수 있다. 그러나 인쇄술의 도래와 함께 민족주의를 가로막던 결정적 장애물이 제거되었다. 중세의 구두적 환경을 특징짓던 일상어의 언어적 유동성은 제지되었고, 위로는 초국가적인 교회-라틴어와 아래로는 여러 지역적 방언들 사이에 하나의 표준화된 '국민'언어가 나타났다. 국민언어의 출현, 국가엘리트들에 의한 동질적 국민의 의도적 배양, 인쇄물의 광범한 전파는 한 인간집단이 공유하는 언어에 기반을 두는 상상의 공동체의 의식이 유럽 전역에 생겨나게 만들었다. 18세기 후반과 19세기 사이에 이 상상의 공동체 의식은 정치적 권위를 분화시키는 정당한 방식이 되었고, 근대 세계질서를 받치는 한 지주가 되었다.

사회인식론의 변화는 세계질서의 변형에서 결정적인 요소이다. 공유된 상징형태와 인지편견은 정치적 권위의 구조, 특히 정치적 공동체가 상상되는 방식을 결정하는 '형이상학적 기초'를 제공한다. 너무나 오랫동안 실증주의자들과 유물론자들이 정치행태에 구조와 방향을 부여하는 데서 집단정서가 갖는 중요성을 경시했지만, 사회과학은 문화와 상징형태에 민감한 새로운 이론적 경향을 보여주고 있다. 한 인간집단이 문화적으로 편입되는 신념망은 문화와 문화를 구분하고 시대와 시대를 구분하는 데서 결정적인 것으로 인식된다. 그러므로 우리가 연구해야 할 대상은 사회인식론이 변형을 겪게 되는 과정이다.

이 장에서 나는 인쇄술로의 커뮤니케이션 양식의 변화가 사회인식론의 변형을 돕는 세 가지 경로를 검토했다. 그것들 각각은 유럽 세계질서의 성격과 중요한 연관성을 갖는 것으로 나타났다.

---

82) McLuhan, *The Gutenberg Galaxy*, p. 260.

첫째, 새로운 형태의 저작권의 발생, 사적인 묵독과 지적 분리의 선호를 통해 인쇄환경은 근대적 의미에서의 원자론 또는 개인주의가 지배적인 상징형태 및 도덕적 관념으로 확립되는 데 기여했다. 새로운 상징형태의 확산은 세계질서의 수준에서는 자율적인 주권국가들의 출현이라는 거울 이미지로 나타났다.

둘째, 인쇄면의 선형적 외관은 커뮤니케이션을 구두적-청각적 편견에서 시각적 편견으로 변형시켰다. 이를 통해 정치적 공동체를 고도로 엄격하고 선형적으로 표상하는 공간적 편견이 강화되었다.

마지막으로, 인쇄술의 고정성과 대량복제성은 일상어를 통해 집단 정체성을 불어넣었고, 그럼으로써 민족이라는 근대적인 상상의 공동체를 촉진시켰다.

유럽 세계질서가 중세적 형태에서 근대적 형태로 변화한 것은, 의심의 여지없이, 환경적 변화에서 이념적 변화에 이르기까지 여러 요인들이 복합적으로 작용한 결과였다. 따라서 어떤 하나의 '지배적 변수'를 제시하는 것은 소용없는 일이다. 이 연구의 제 1 부에서 나는 커뮤니케이션 양식의 변화가 사회세력들간의 권력분포를 변화시키고 지배적 신념망을 다시 짜는 데 결정적이었음을 주장했다. 커뮤니케이션 환경에 변화가 없었다면 분명히 세계질서의 변형은 달랐을 것이다. 봉건시대를 특징짓는 구두적이고 사인화된 형태의 통치로 인해 자주 사멸되었던 집중화된 형태의 정치적 권위가 서유럽에서 성공적으로 재등장할 수 있었던 것은 대량복제된 인쇄문서에 힘입은 바 컸다.

도시 부르주아지의 발흥 자체도 근대국가의 등장에서 결정적인 고리이기는 하지만, 상업적 교환을 촉진시키는 신문과 같은 표준화된 미디어를 이용할 수 없었다면 상업문화가 발전되지는 못했을 것이다.

프로테스탄트 개혁이 인쇄술의 혜택을 이용하지 못한 채 예전의 이단운동들과 같은 길을 갔다면 어떻게 되었을까? 과학적 인본주의에 대해서도 우리는 마찬가지의 질문을 던질 수 있다. 이 두 세력 모두 인쇄환경에 '적합'했을 뿐 아니라 중세적 우주론에서의 교회의 위치에 도전하는 데 결정적이었다. 마지막으로, 인쇄술이 없는 상태에서 개인적 주관성의 변화를 생각하기란 어려울 것이다. 선형성을 선호하는 공간적 편견이 확산되고 고정된 국민적-일상적 언어가 공동체를 상상하는 지배적 방식이 된 것은 인쇄술이 이용가능했기 때문이다.

커뮤니케이션 테크놀로지가 분명히 중요한 요인이었지만, 인쇄술이 세계질서 변형의 유일한 변수 또는 주된 추동력이라고 주장한다면 그것은 나의 이론적 시각과 모순될 것이다. 그럼에도 불구하고 커뮤니케이션은 안보에서 문화에 이르기까지 모든 생활영역에 연관되어 있기 때문에 커뮤니케이션 양식에 초점을 두는 것은 정치적 권위의 변형을 전체적으로 볼 수 있는 유용한 렌즈를 제공해주었다. 이 연구의 제 2 부에서는 동일한 분석적·이론적 렌즈를 사용하여 오늘날 세계질서가 지구적 수준에서 보여주는 변형을 검토할 것이다.

제 2 부

# 하이퍼미디어와 근대적 세계질서에서 탈근대적 세계질서로의 변형

# 제 5 장
# 커뮤니케이션 양식의 변형 : 하이퍼미디어 환경의 출현

투명한 시각의 망이 지구를 덮고 있다. 그를 통해 짧은 섬광들이 끊임없이 날아다니며 기계들의 칩과 칩을, 사람들의 얼굴과 얼굴을 이어준다.
— Vinton G. Cerf, "Networks," *Scientific American* (September 1991), p.72.

어느 날 아침, 나는 7시 30분에 일어나 개인용 컴퓨터를 켰다. 몇 가지 명령어를 내린 뒤에 나는 인터넷에 연결되었고, 밤새 저장된 58 통의 전자우편 메시지를 읽기 시작했다. 메시지들의 대부분은 내가 가입되어 있는 여섯 개의 전자토론집단 가운데 두 곳으로부터 온 '게시물'들이었다. 그날 두 토론집단이 보낸 메시지들의 내용은 근대 초기 국가형성과정에 대한 아리스토텔레스의 연관성에서 촘스키의 미디어관, 멕시코의 치아파스(Chiapas) 인디언의 운명에 이르기까지 다양한 주제들이 현재 토론되고 있음을 보여주었다. 58통의 메시지 가운데 12통은 개인들로부터 온 것들이었다. 그 중 두 통은 도쿄의 동료가 최근에 자신이 전자공동체(*electronic community*)에 대한 일본에서의 연구들을 다루는 '넷'(*net*)에서 '다운로드'받은 논문들을 내게 '포워드'한 것들이었다. 타이페이에 근거를 두고 활동하는 동료는 지구적 소비문화에 관한 나의 지난번 메시지에 대해 회답을 보냈다. 나와 정기적으로 '온라인' 토론을 갖는 노스웨스턴 대학의 심리학 교수는 세 통의 메시지를 보냈다. 워싱턴 시에 있는 동료는 앞으로 나올 책에 관한 계획을 자세히 알려주었다. 펜실베이니아 주의 동료는 학계의 취업상황에 대한 의견을 간략하게 써서 보냈다. 온타리오 주 런던의 동료로부터는 리처드 로티(Richard Rorty)와 철학적 실재론에 대한 나의 해석을 비판적으로 논평하는 두 통의 메시지가 왔다. 캘리포니아 주 샌 레펠(San Rafael)의 동료는 나의 지난번 메시지를 받았다고 전해왔다. 건너편 동네에 사는 동료는 내가 언제 학교에 나오는지 물어왔다. 이 모든 일은 지극히 일상적이었다.

15년 전, 또는 10년 전의 보통사람들 시각에서 볼 때, 그러한 아침의 일상은 과학소설의 이야기로 치부되기 십상일 것이다. 그러나 오늘날 그것은 커뮤니케이션 양식이 아주 짧은 시기에 극적이고 근본적인 변화를 일으켜 왔음을 예증하는 것으로서 그 변화는 내가 '하이퍼미디어'(*hyper-media*)라고 부르는 새로운 커뮤니케이션 환경을 낳았다.

이 장의 목적은 이제 막 나타나고 있는 이 커뮤니케이션 환경의 모습을 제시하는 데 있다. 즉, 그것의 사회학적·기술적 뿌리를 추적하고, 그것의 중심적 속성들 또는 '본성'을 개관하려는 것이다. 하이퍼미디어로의 변형 역시 어떤 하나의 기술혁신으로 표상되지 않으며, 이러한 비환원성은 앞선 커뮤니케이션 양식의 변형보다도 아마도 더 클 것이다.

하이퍼미디어 환경의 출현은 여러 테크놀로지들이 하나의 통합적인 디지털-전자-텔레커뮤니케이션의 '망'으로 섞이고 수렴되는 복합적인 과정이다. 그 뿌리는 19세기 후반까지 거슬러 가며, 20세기를 관통하는 일련의 기술혁신들을 포괄하며, 1960년대 말에 디지털 전환으로 귀결되었다.

하이퍼미디어가 원래 따로따로 존재했던 테크놀로지들이 수렴한 결과이기 때문에 많은 관찰자들은 하이퍼미디어의 환경 자체보다는 그것을 이루는 서로 다른 여러 부분들에 초점을 맞추어 왔다. 그 결과

하이퍼미디어 환경의 특정 구성요소들을 가리키는 용어들과 명칭들이 급증했지만 그것들은 새로운 커뮤니케이션 양식을 전체적인 모습을 만족스럽게 포착하지는 못했다. 예를 들자면, '정보'가 분명히 새로운 미디어 환경에서 더 풍부하다 해도 그것이 특이성이 되지는 못한다. 왜냐하면 이전의 모든 커뮤니케이션 양식들이 어떤 특정한 방식으로 정보를 배포시켜 왔기 때문이다. 원시적 구두문화들도 예외는 아니다. '정보 초고속도로'(*information superhighway*) 같은 용어는 새로운 커뮤니케이션 환경의 극히 일부분에 지나지 않는 전송의 요소만을 묘사하는 것이다. 마찬가지로 '사이버 스페이스'(*cyberspace*) 라는 용어도 우리가 컴퓨터 연결망에 진입하면서 발견하는 인공적인 '공간'의 의미를 가질 뿐 텔레비전이나 팩스를 전반적으로 아우르지는 못한다.[1]

이미 넘쳐나는 학문적 · 대중적 신종어에 또 다른 하나를 더하고 싶지는 않지만, 나는 출현중인 커뮤니케이션 환경을 지칭하는 용어로 장 보드리야르로부터 하이퍼미디어라는 용어를 빌려왔다.[2] 이 용어는 상이한 테크놀로지들의 수렴을 나타낼 뿐만 아니라 새로운 커뮤니케이션 환경의 특징인 전자미디어의 대량침투와 편재성을 시사한다. '하이퍼'라는 접두사는 이 환경의 중심적인 특징 두 가지를 강조한다. 커뮤니케이션이 현재 발생하는 속도, 원래 별개였던 미디어들의 상호텍스트성(*intertextuality*), 또는 상호작동성(*interoperability*) 이 그것들이다. 하이퍼미디어 환경은 단순히 텔레비전, 컴퓨터, 팩스머신, 휴대전화기, 위성정찰체제, 소형 비디오 카메라를 의미하는 것이 아니다. 그것은 위에 열거된 전부를 뜻하며, 전체로서 디지털-전자-텔레커뮤니

1) '사이버 스페이스'는 작가 윌리엄 깁슨(William Gibson) 이 *Neuromancer* (New York: Ace Books, 1984) 에서 만들어 낸 용어였다. '정보'와 '정보 초고속도로'는 내가 '하이퍼미디어'라고 부르는 것을 지칭하는 용어로 대중적인 잡지들과 신문들에서 널리 사용되고 있다.

2) Jean Baudrillard, *Simulations*, translated by Paul Foxx, Paul Patton, and Philip Beitchman (New York: Semiotext(e), 1983) 을 보라.

케이션의 망 속으로 연결된다.

## 1. 하이퍼미디어의 전사 : 기술적 · 사회학적 뿌리

커뮤니케이션 테크놀로지의 다른 혁신들과 마찬가지로, 하이퍼미디어의 발전도 무에서 이루어진 것이 아니라 일련의 기술적, 사회학적, 물질적 요인들이 상호의존하면서 만들어 낸 불확정적 산물이었다. 그러므로 하이퍼미디어의 '전사'(前史)는 사회세력들이 장거리 의사소통을 향상시키기 위해 테크놀로지의 연구개발을 추진했던 19세기 중반으로 거슬러 올라간다. 수세기 동안 사람들은 먼 거리에 걸쳐 메시지를 상호전송하기 위해 연기와 불을 사용했지만, 그것들은 가장 기본적인 전술적 커뮤니케이션을 넘어서는 의사소통에 사용되기에는 너무 단순했다. 구어, 문어, 인쇄어에서 발견되는 보다 복합적인 커뮤니케이션은 수송양식의 제약을 받았다. 그러므로 1840년 이전에 복합적인 커뮤니케이션은 당시로서는 시속 35마일의 가장 빠른 테크놀로지인 기차가 가는 속도만큼 이동할 수 있을 뿐이었다.[3]

그러한 제약들을 극복하는 방법들에 몰두하는 사회세력들의 발전이 없었다면 커뮤니케이션의 제약요인들이 그대로 존재했을 것임은 충분히 생각할 수 있는 일이다. 하지만 19세기 후반에는 사정이 달랐다. 1830년에 태어난 사람은 사진, 전신(1830년대), 윤전인쇄(1840년대), 타자기(1860년대), 대서양 해저전신(1866년), 전화(1876년), 영화(1894년), 무선전신(1895년), 자기(磁氣) 테이프 녹음(1899년)과 같은 커뮤니케이션 혁신들을 목격했을 것이다. 그는 라디오의 출현(1906년), 또는 심지어 텔레비전의 출현(1923년)에 경이를 느꼈을 수도 있다.[4]

---

3) Postman, *Amusing Ourselves to Death*, p. 64를 볼 것.

4) Beniger, *The Control Revolution*, p. 7.

베니거가 《통제혁명》에서 말하듯이, 이러한 혁신들은 산업혁명에서 비롯된 '통제'위기에 대한 반응으로 볼 수 있다. 계속 더 복잡해지고 통합되어 가는 상품과 용역의 생산·유통·소비 체계를 조정하고 관리하려는 노력들이었던 것이다. 이 통제위기는 특히 미국에서 심각했는데, 그것은 서부로의 영토팽창으로 열린 광대한 공간으로 인한 것이었다. 따라서 혁신들의 대부분이 북아메리카에서 시작되었음은 놀라운 일이 아니다. 베니거는 산업화의 과정이 심화되면서 생산, 유통, 소비의 관리를 위해 커뮤니케이션을 향상시키는 데 관심이 집중되었음을 이렇게 묘사한다.

> 상품들은 바람보다도 더 빠르게 움직이기 시작했고, 공장을 통해 점점 더 많은 양이 대륙을 건너 전세계로 퍼져갔다. 19세기 중반에 이르면 역사상 처음으로 사회의 물질적 생산이 그 양과 속도에서 체제의 통제력을 앞설 지경에 달했다. 바로 여기서 통제의 위기가 생겨났다. 세기말에 이르러서는 미국경제 전체가 이러한 위기에 빠지게 되었다.[5]

수송능력이 매우 빠르게, 그리고 아주 먼 거리에 걸쳐 향상되고 있었기 때문에 장거리에서 정보를 상호전송하는 데 더 효과적인 수단을 찾아내는 것이 절대적으로 필요했다. 안전문제는 특히 열차수송에서 민감한 사안이었다.[6] 실제로 철도회사들은 안전문제 때문에 신설노선의 계획을 취소하기도 했다. 그러한 상황은 허술한 의사소통과 조정으로 인한 일련의 대형사고들을 통해 더 크게 비쳐졌다. 통상이 매우 빠른 속도로 이루어졌기 때문에 기업들은 재고를 관리하고 먼 곳으로 유통된 생산품의 움직임을 파악하는 데 애를 먹었다. 기업들은 소비

5) Ibid., p. 217.
6) Ibid., pp. 220~226.

자 요구를 효과적으로 추적하지 못했다.

1830년대에 새뮤얼 모스(Samuel Morse)가 전신의 개발에 정력을 쏟은 것은 이러한 압력들에 응답하려는 것이었다. 모스가 그러한 실험을 한 유일한 인물이 아님은 분명하다. 1820년대와 1830년대에 프랑스, 러시아, 독일, 영국의 과학자들은 보다 효율적인 장거리 커뮤니케이션을 원하는 사회적 요구에 부응하겠다는 열의로 가득 차 있었다.[7] 그러나 1838년에 전자기 전신의 실제작동을 최초로 고안하고, 그것을 회의적인 청중들에게 그 후 수년 동안 논증했던 사람은 바로 모스였다. 사실상 모스가 의회로부터 워싱턴과 볼티모어를 잇는 시험용 전신선을 가설할 수 있게 허가받아 그 유명한 말 "신은 무엇을 만드셨는가?"를 전송했던 것은 1844년의 일이었다. 모스의 공개시범이 있고 난 다음날, 《볼티모어 페트리엇》(*Baltimore Patriot*)지는 하원선거 보도를 위해 워싱턴-볼티모어 전신선을 사용하면서 전신은 '공간의 폐지'를 의미한다는 말로 전문을 끝맺었다.[8]

처음으로 메시지가 메신저보다 빨리 이동할 수 있게 된 것이다. 더 이상 커뮤니케이션이 수송에 목을 매고 있는 것은 아니었지만, 전신선은 철도선의 용지에 가설되었고, 애초의 용도도 철도교통의 조정이었다.[9] 하지만 그로부터 얼마 안 가서 전신은 보다 넓은 상업적·행정적 기능을 하게 되었고, 통상을 원활하게 만들고 대륙 전체에 걸쳐 가격 및 시장체제를 통일시켰다. 1862년까지 전세계적으로 15만 마일의 전신 케이블이 가설되었는데, 영국이 1만5천 마일, 미국이 4만8천 마일을 갖고 있었다. 이는 훗날 하이퍼미디어 환경이 될 세계적 연결망을 최초로 시험적으로 짠 것이었다.[10]

---

7) Daniel Czitrom, "Lightning Lines," in Crowley and Heyer, eds., *Communications in History*, p. 150.

8) Postman, *Amusing Ourselves to Death*, p. 66.

9) Carey, *Communication as Culture*, p. 215.

전신의 뒤를 이어 곧 전화가 나오면서 쌍방향 커뮤니케이션의 동시 전송이라는 추가적 이점을 제공했다. 1876년에 알렉산더 그레이엄 벨(Alexander Graham Bell)이 발명한 전화는 전신이라는 '번개전선'(*lightning wires*)에 의해 이미 촉발된 세계 속으로 도입되었다. 결과적으로 새로 창립된 벨과 전신독점체인 웨스턴 유니언(Western Union) 사이에는 새로운 장치에 대한 권리와 그것의 사용을 두고 법적 승강이가 이어졌다.[11] 그러나 일단 법적 분규가 수습되고 나자 전화는 대단히 빠른 속도로 확산되었다. 1880년에서 1893년 사이에 미국의 전화대수는 6만 대에서 26만 대로 늘어났는데, 그 가운데 2/3 가량은 기업에 설치된 것이었다.[12] 1934년까지 세계적으로 3천3백만 대의 전화기가 작동되고 있었다.[13] 처음에는 기업과 정부에 국한되었던 전화는 마침내 개인가정들에 서로의 음성을 주고받는 쌍방향 고리를 제공했는데, 이는 하이퍼미디어 환경을 규정하는 중심특징의 하나가 될 것이었다.

텔레커뮤니케이션의 이러한 발전과 동시에 이루어진 커뮤니케이션 테크놀로지의 또 다른 놀라운 혁신은 하이퍼미디어의 발전을 가속화할 씨앗을 제공했다. 그것은 1838년에 루이 다게르(Louis Daguerre)가 발명한 은판사진술(*daguerreotype*), 즉 사진이었다.[14] "자연을 그릴" 뿐만 아니라 "자연에게 스스로를 복제할 힘을 주는" 도구를 개발하면서 다게르는 자연과 상상력의 세계를 시각적으로 복제했던 고대 인류의 전통 위에 서 있었고, 그것은 인류의 초기 특징 가운데 하나이다.[15]

---

10) Saxby, *The Age of Information*, p. 65. 색스비는 모스의 연구와 같은 시기에 영국과 독일에서 이루어진 유사한 개발내용을 개관하고 있다.

11) Claude S. Fischer, "The Telephone Takes Command," in Crowley and Heyer, eds., *Communications in History*, pp. 167~172.

12) Ibid., p. 172.

13) Saxby, *The Age of Information*, p. 72.

14) Postman, *Amusing Ourselves to Death*, p. 71.

15) Ibid.; 아울러 Alexander Marshack, "The Art and Symbols of Ice Age Man,"

"빛으로 쓰는 글"인 사진은 처음엔 정지된 풍경에 국한되었지만, 음화 사용의 기술적 발전은 사진의 복제력을 향상시켰고, 1890년대에 가서 사진은 신문·잡지 상업광고의 주된 요소가 되었다.[16] 이 테크놀로지는 5센트 극장(*nickelodeon*)의 무성영화에서 밸러밴 앤 캐츠(Balaban and Katz) 극장, 그리고 대형영화관에 이르기까지 세기 전환기에 펼쳐졌던 일련의 영상적 풍경 가운데 첫 번째 것이었다.[17]

전신, 전화, 사진의 발전은 커뮤니케이션 테크놀로지의 후속혁신을 급증시켰다. 그 중에서 라디오와 텔레비전이 가장 중요했다. 라디오는 굴리엘모 마르코니(Guglielmo Marconi)가 개발한 무선전신의 부산물이었고, 1차대전 후에 취미용 무선방송이 점차 상업용으로 편입되기 전까지는 본격적으로 사용되지 않았다.[18] 텔레비전 수상기가 1923년에 발명되고 첫 방송이 1939년에 이루어졌지만, 그것이 대중적 미디어로서 출현한 것은 2차대전 이후였다. 텔레커뮤니케이션 테크놀로지들이 전자기의 기본적인 과학원리들에 공통된 기반을 두었지만, 각각의 미디어는 독특성을 유지했다. 텔레비전, 사진, 라디오, 영화, 전신 모두 분명히 각각의 커뮤니케이션 구성요소를 필요로 했다. 누구든 텔레비전을 보거나 라디오를 듣거나 사진을 볼 수 있지만, 그것들 각각은 물리적으로 상이한 행위이다.

그렇게 짧은 시기 동안에 갑작스럽게 일어난 커뮤니케이션 혁신은 지배적인 문화적 환경에 심대한 영향을 미쳤다. 많은 관찰자들이 지적했듯이, 이러한 변화들은 20세기 초에 미술, 시, 대중음악 등의 다

---

in Crowley and Heyer, eds., *Communications in History*, pp. 10~20.

16) Ulrich Keller, "Early Photojournalism," in Crowley and Heyer, eds., *Communications in History*, pp. 193~200.

17) Douglas Gomery, "Nickelodeons to Movie Palaces," in Crowley and Heyer, eds., *Communications in History*, pp. 201~206.

18) Susan J. Douglas, *Inventing American Broadcasting, 1912~1922* (Baltimore: Johns Hopkins University Press, 1987)을 보라.

양한 영역들에서 대항문화(*counter-culture*)와 아방가르드(*avant-garde*)의 반향을 불러일으켰다.[19] 좀더 일반적인 수준에서, 일상어 인쇄물을 통해 창출된 '대중'은 이러한 혁신들에 힘입어 가장 발달된 형태에 도달했다. 산업화된 나라들에서는 정부 규제하에서 주권적·영토적 관할권 내 시청자·청취자 대중에 대한 텔레비전과 라디오 방송의 독점이 이루어졌다.

훗날 비판이론가들(*critical theorists*)이 모든 곳에 침투하는 대중선전(*mass propaganda*)에 의해 삶이 구조화되는 '1차원적 인간'(*one-dimensional man*)의 등장에 몰두하고 있을 때, 그들이 염두에 두고 있었던 것이 바로 한 지점에서 대중에게로 전파되는 방송의 범형이었다. 이 모델은 전체주의 체제들이 대중미디어를 효과적으로 사용하여 결국은 2차대전으로 귀결되었던 사실에서 깊은 영향을 받은 것이었다.[20] 그러나 다분히 역설적으로, 커뮤니케이션 기술혁신의 다음 물결을 가져다 준 것은 세계대전과 뒤이은 냉전의 요구를 충족시키려는 노력이었다. 그러한 노력은 점차적으로 하이퍼미디어의 발전으로 이어졌고, 마침내는 국민이라는 이름의 대중청취자와 대중시청자를 해체시키게 되었다.

---

19) Stephen Kern, *The Culture of Time and Space, 1880-1918*(Cambridge, Mass.: Harvard University Press, 1983); Lowe, *History of Bourgeois Perception*의 특히 제 6 장을 보라.

20) 여기서 내가 끌어들이는 증거는 초기 프랑크푸르트 학파의 비판이론이다. 특히 Herbert Marcuse, *The One-Dimensional Man: Studies in the Ideology of Advanced Industrial Society*(Boston: Beacon Press, 1964)를 볼 것. 전반적인 개관으로는 David Held, *Introduction to Critical Theory: Horkheimer to Habermas*(Berkeley: University of California Press, 1980)를 참조.

## 2. 냉전과 군사적 연구개발

19세기 말과 20세기 초의 기술혁신들이 통상 및 산업혁명의 필요성과 긴밀히 연관되었던 반면, 연구개발(R&D)을 커뮤니케이션 기술변화의 다음 물결을 가져올 추동력으로 만든 것은 2차대전과 뒤이은 냉전이었다. 몰리나에 의하면, 자본, 정부, 군부, 과학의 이해관계는 2차대전 동안에 일치했고, 그 후에도 이 복합체는 지속되어 미세기술(*microtechnology*)의 발전을 이끄는 지배적인 사회적 구성요소가 되었다. 이러한 상황은 냉전의 압력이 가장 컸던 미국에서 특히 두드러졌다.[21] 사회적 이해관계들 각각이 상보적으로 서로를 자원으로 삼았지만, 그 시기에 테크놀로지 발전을 틀짓고 제약하는 데 주도적 역할을 한 것은 바로 군사적 이해관계였다. 나중에, 특히 냉전이 끝나가면서 미국 안팎의 상업적 이해관계는 극소전자공학 발전을 이끄는 지배적 사회세력으로서 미국 군부를 점차적으로 따라잡게 되었다. 기술혁신, 군사적 재구조화, 통상 마케팅, 소비자 수요가 합류하면서 1980년대 말과 1990년대 초에 하이퍼미디어 환경의 갑작스런 폭발이 이루어진 것이었다.

### 1) 기술혁신의 군사적 근원

냉전 복합체를 형성했던 집단들간의 이익수렴은 2차대전의 발발까지 거슬러 올라갈 수 있다. 전시의 국가총동원은 민간자본과 정부지출을 공동의 목적에 투입하게 만들었고, 주요 산업국가에서는 자국내

---

21) Alfonso Hernan Molina, *The Social Basis of Microelectronics Revolution* (Edinburgh: Edinburgh University Press, 1989).

또는 타국과의 전자 커뮤니케이션을 향상시키기 위한 연구개발이 가속화되었다. 2차대전 이전의 군사연구는 전쟁수행에 필요한 테크놀로지를 민간기업으로부터 얻어 사용하는 것이었다. 2차대전은 이 관계를 역전시켰고, 군사적 이익을 연구개발의 최우선 목적으로 만들었다. 이 새로운 관계는 이후에 '파생효과'(*spin-offs*) 론에 의해 뒷받침되었다. 군사적 용도로 개발된 테크놀로지에서 민간용도의 기술이 응용될 수 있다면 군사연구는 유익한 것으로 볼 수 있다는 것이었다.[22]

2차대전 동안 이루어진 레이더, 컴퓨터, 미세화(*miniaturization*), 유도탄의 연구는 전자산업을 탈바꿈시켰다. 특히 미국의 레이더 계획은 엄청난 사업으로서 벨 연구소(Bell Labs), 매사추세츠 공과대학 무선전신연구소 같은 주요 연구개발 중심체들과의 협력이 이루어졌고, 원자탄을 만들어 낸 맨해튼 프로젝트 전체비용보다 많은 25억 달러 상당이 들었다.[23] 이 거대한 연구사업은 그 짧은 시기 동안에 수많은 중대한 전자공학의 발전을 가져 왔다. 그 모든 발전은 군사적 이익에서 비롯된 것이었다. 예를 들어, 최초의 디지털 컴퓨터인 에니악(ENIAC)의 연구개발비용은 탄도탄 발사와 관련된 수치들의 산정을 목적으로 하는 군사과학 프로젝트에서 제공되었다.[24] 전체적으로 볼 때, 2차대전 시기의 연구사업들은 새로운 테크놀로지와 새로운 이익복합체를 창출했을 뿐만 아니라 "전자기술에 대한 더 큰 이해와 전자광들의 군대"를 만들어 냈다.[25]

---

22) J-J. Salomon, "Science Policy Studies and the Development of Science Policy," in I. Spiegel-RÖsing and Derek de Solla Price, eds., *Science, Technology and Society: A Cross-Disciplinary Perspective* (London: Sage Publications, 1977), p. 48; 또한 Molina, *The Social Basis*, p. 16을 볼 것.

23) Molina, *The Social Basis*, p. 37.

24) Ibid., p. 38.

25) David Noble, *Forces of Production: A Social History of Industrial Automation* (New York: Alfred Knopf, 1984), p. 47; 아울러 Molina, *The Social*

전쟁 동안 계속된 군사연구의 독점은 연합군이 승리하면서 이내 급격히 약화되었다. 미국에서 전자산업 매출 가운데 정부가 사들인 양은 전체의 25% 정도로 줄어들었다.[26] 그러나 그 추세는 오래가지 못했다. 냉전의 시작은 전쟁이 끝나면서 위축되던 이익복합체를 되살렸고 다시 한번 군사관련 사업에 연구개발이 집중되었다. 그리하여 1953년에는 전자산업 매출 가운데 정부조달량의 비중은 60% 이상으로 상승했다.[27] 몰리나에 따르면 그 영향력은 광범했다. 텔레커뮤니케이션 일부를 제외한 전자산업의 모든 부문들이 영향을 받았고, 이는 벨 체제(Bell System)하에서 민간의 연구개발이 독점되던 기존의 상황을 확고하게 만들었다. 민간부문의 독점에도 불구하고 벨 연구소는 군이 후원하는 새로운 연구개발과 긴밀히 연관되어 있었다. 몰리나는 "컴퓨터, 산업통제 시스템, 그리고 다른 무엇보다도 반도체의 기술과 산업만큼 〔군사연구의〕 영향력이 결정적이었던 부문은 없었다"고 썼다.[28] 1950년대와 1960년대를 통해 냉전은 더욱 효율적이고 작고 빠른 커뮤니케이션 테크놀로지에 대한 수요를 부추겼다. 전자공학의 발전에 더 결정적 영향을 미친 것들 가운데 하나는 1957년에 소련이 스푸트니크(Sputnik)호를 성공적으로 발사시키면서 시작된 이른바 '우주경쟁'(*space race*)이었다. '우주경쟁'은 국립항공우주국(NASA) 내에서의 민간 프로그램을 발전시켰다. 또한 일급기밀의 우주첩보 프로그램은 주로 우주정찰을 목적으로 한 광학, 전자공학, 컴퓨터에 대한 연구를 시작시켰다.[29] 냉전의 '영합적'(零合的) 성격은 더 앞선 커뮤

---

*Basis*, p. 39를 보라.

26) Molina, *The Social Basis*, p. 40.

27) Ibid.

28) Ibid.

29) Walter McDougall, *The Heavens and the Earth: A Political History of the Space Age*(New York: Basic Books, 1985)를 보라. 우주정찰과 그것의 세계질서 변형과의 관계에 대해서는 다음 장들에서 다루어질 것이다.

니케이션 테크놀로지에 대한 연구에 급박성을 더했다. 특히 소련이 앞서간다고 널리 인식될 때 그러한 강박관념은 더욱 심했다.

냉전 시기에 군의 재정지원으로 이루어진 연구들은 트랜지스터, 실리콘 트랜지스터, 집적회로 등의 결정적인 전자공학 기술혁신을 가져왔다. 특히 집적회로는 하이퍼미디어 환경 발전의 중요한 초석으로서 하나의 마이크로칩에 다중적 전자기능과 구성요소들을 집어넣을 수 있게 해주었다.[30] 에니악에서 출발한 컴퓨터의 발전은 이러한 혁신들과 긴밀히 맞물려 있었다. 에니악을 고안한 모클리와 에커트(Mauchly and Eckert)는 1951년에 자사 컴퓨터인 유니백 1(Univac 1)을 시장에 내놓기 위해 본격적으로 기업화했으나, “컴퓨터의 잠재력을 인정하는 기업은 거의 없었다”.[31] 샤프는 이렇게 말한다.

> 1951년까지 컴퓨터 산업은 본질적으로 비기업적이었다. 모든 기계들이 똑같은 종류였고, 지원은 주로 대학들과 정부로부터 주어졌다. 사실상 정부(특히 군)의 지원이 없었다면 오늘날의 컴퓨터 산업은 없었을 것이라고 말할 수 있다.[32]

냉전이 한창일 때, 군은 전자계산과 커뮤니케이션의 가장 중대한 발전들을 이끄는 주된 동력이었다. 1959~1960년에 미국의 우주-방위 부문은 컴퓨터 매출량 전체의 70% 이상을 사들였다.[33] 전자 커뮤니케이션의 연구개발을 이끈 이 지배적 사회세력은 기술혁신의 성격

---

30) Peter Hall and Paschal Preston, *The Carrier Wave: New Information Technology and the Geography of Innovation, 1846-2003* (London: Unwin Hyman, 1988), p. 153; 아울러 Molina, *The Social Basis*, pp. 49~62를 볼 것.

31) Hall and Preston, *The Carrier Wave*, p. 157.

32) W. Sharpe, *The Economics of Computers* (New York: Columbia University Press, 1969), p. 186; 또한 Molina, *The Social Basis*, pp. 44~45를 볼 것.

33) Molina, *The Social Basis*, p. 47.

과 방향을 틀지었다. 가상현실 시스템이나 컴퓨터 게임과 같은 오늘날의 민수(民需)전자제품들의 다수는 공군 전투기 시뮬레이션과 같은 군사기술의 직접적인 산물이다.[34] 그러나 그러한 연구개발의 기밀성은 상업적 응용의 폭을 제한했고, 가장 정교한 커뮤니케이션 테크놀로지들은 분류절차로 인해 군사용으로 국한되는 것이 일반적이었다.

### 2) 기술혁신의 상업적 근원

하지만 1960년대 말에 와서 이 복합체에서의 군의 영향력은 쇠퇴하기 시작했고, 기업적-상업적 이해관계가 더 중요하게 되었다. 몰리나에 따르면, "새로 나온 테크놀로지와 산업이 발달하고 법인자본의 활동영역이 커지면서 정부와 군의 영향력은 기울었다".[35] 미국에서 정부의 반도체 구입은 1960년에는 전체의 50%이던 것이 1973년에는 6%로 떨어졌다.[36] 아마도 이러한 변화를 가장 잘 보여주는 것은 개인용 컴퓨터 영역일 것이다. 하이퍼미디어의 발전에서 아마도 가장 중요한 기술혁신이라고 할 마이크로프로세서는 1970년대 초에 미국기업 인텔(Intel)이 순전히 상업적 응용을 위해 개발한 것이었다.[37] 컴퓨터 한 대의 중앙처리장치에 필요한 부품들을 한 개의 마이크로칩에 집적시킴으로써 마이크로프로세서는 컴퓨터 하드웨어의 비용을 격감시켰다.[38] 그 결과 일반용 컴퓨터를 만드는 다양한 소규모 기업들이 생겨나 개인용 컴퓨터 시장을 구축하였다. 원래 이런 전략은 IBM과 같은 거대기업들에 의해 소용없는 짓이라고 일축되었던 것이다.[39] 대

---

34) Thomas B. Sheridan and David Zeltzer, "Virtual Reality Check," *Technology Review* (October 1993), p. 22.

35) Molina, *The Social Basis*, p. 61.

36) Ibid., pp. 54, 61.

37) Ibid., p. 61.

38) Hall and Preston, *The Carrier Wave*, p. 157.

학중퇴자인 스티븐 워즈니액(Stephen Wozniak)과 스티븐 잡스(Steven Jobs)가 설립한 애플사가 두드러진 경우이기는 하지만, 이 분야에서 급속성장을 이룬 기업들은 하나같이 1970년대 말에 자라나기 시작한 가정용 컴퓨터 시장에 편승하여 성공을 거두었다.

가정용 컴퓨터 시장이 꽃을 피우고 있을 때, 일본과 유럽에 기반을 둔 기업들은 가전품, 특히 컬러TV과 스테레오 컴포넌트의 시장을 개척하고 있었다.[40] 전통적으로 고정적 방위비 지출에 의존했던 미국 기업들은 1970년대의 방위조달의 급감과 동시에 닥친 외국기업들과의 치열한 경쟁에 직면하기 시작했다. 그 결과는 냉전시기 동안 전자 커뮤니케이션에 대한 군사지향적 연구개발을 유지시켜 준 자본-과학-정부-군 복합체의 해체였다.[41] 1980년대 초의 이른바 '제 2 차' 냉전이 전략방위구상(*Strategic Defense Initiative*) 같은 고비용 군사계획을 통해 복합체를 부분적으로 부활시키기는 했지만, 추동력은 분명히 상업부문으로 기울었다. 민간기업들은 연구개발의 비용을 분산시키고 소비자용 전자제품의 해외시장에 진입하기 위해 초국가적 합작투자와 전략적 동맹을 맺기 시작했다.[42]

냉전의 갑작스런 종식은 복합체에 조종을 울렸다. 한때 군사적 연구개발 계약들에 의존했던 기업들은 이제 새로운 조건들에 적응하기 위해 '재구조화'할 수밖에 없었다.[43] 세계 곳곳의 커뮤니케이션 관련

---

39) P. Freiberger and M. Swaine, *Fire in the Valley: The Making of the Personal Computer*(Berkeley: Osborne/McGraw Hill, 1984)를 보라.

40) Tom Forester, *Silicon Samurai: How Japan Conquered the World's IT Industry*(Cambridge: Blackwell Publishers, 1993), 특히 제 3 장, 제 4 장을 보라.

41) Molina, *The Social Basis*, p. 61.

42) Ibid., pp. 132~144. 몰리나는 142쪽에서 이렇게 쓰고 있다. "그 결과는 갈수록 수렴되어 가는 글로벌 전자제품 시장에서 경쟁하는 기업들이 국익에 의해 추동되지 않는다는 것이다. 그 대신 기업들은 자본의 이익, 즉 글로벌 경쟁의 맥락에서 이윤과 축적을 추구하고 있다".

산업과 기업으로 이루어진 새로운 복합체가 형성되었고, 각 나라 정부들의 장려하에 이 복합체는 개척되지 않은 '가정' 또는 민간시장에 관심을 돌렸다. MIT의 미디어연구소(Media Lab), 캘리포니아의 팰러 앨토(Palo Alto) 연구센터처럼 기업으로부터 재정지원을 받는 연구중심체들이 군의 지원을 받는 연구중심체들을 제치고 기술혁신의 추동력으로 등장했다.[44] 미디어연구소와 팰러 앨토 연구센터의 명시적 목적은, 두 기관의 소장들과 수석 연구원들이 밝히는 것처럼, '유비쿼터스 컴퓨팅', 즉 커뮤니케이션 테크놀로지가 일상생활에 너무나 깊이 침투한 나머지 사실상 눈에 보이지 않는 상황을 만드는 것이다. 그것은 새로운 환경이었다.[45]

끝이 없을 것처럼 보이는 커뮤니케이션 테크놀로지의 혁명적 변화들은 냉전의 종식으로 인해 열린 새로운 시장들에 대한 필사적 탐색과 결합되었고, 커뮤니코피아(*communicopia*)가 다가온다는 과장된 문구들로 윤색되었다. 그리하여 1990년대에 와서는 정교한 전자공학 테크놀로지를 소비자용과 기업용으로 응용하는 데 초점을 두는 수많은 기업들이 생겨났다. 그로스먼의 적절한 표현을 따르면, "그 모든 과정을 이끄는 힘은 단 한 가지의 거역할 수 없는 생각, 돈을 벌겠다는 생각이다. 모든 가정과 직장을 하루 종일, 일주일 내내 영업하는 하

43) Trudy Bell, "Jobs at Risk," *IEEE Spectrum*(August 1993)을 보라.

44) Stewart Brand, *The Media Lab: Inventing the Future at MIT*(New York: Penguin, 1987).

45) 미디어 연구소의 전망에 대해서는 Nicholas Negroponte, *Being Digital*(New York: Knopf, 1995); idem, "Products and Services for Computer Networks," *Scientific American*(September 1991), pp. 106~113; Herb Brody, "Machine Dreams: An Interview with Nicholas Negroponte," *Technology Review*(January 1992), pp. 33~40을 보라. 팰러 앨토 연구센터에 대해서는 마크 위저(Mark Weiser)와의 인터뷰인 Richard Wolkomir, "We're going to have computers coming out of the woodwork," *Smithsonian*(September 1994), pp. 82~90을 볼 것.

나의 컴퓨터화된 매표소, 상점가, 비디오 아케이드, 자동판매기로 바꾸어 놓으려는 발상이다".[46]

오늘날 지향점이 이동하고 있음은 여러 미묘한 점에서 두드러진다. 새로운 생산품들은 정교한 테크놀로지들이 더욱 실용적으로, 즉 '사용자 친화적으로' 맞추어진다. 아이콘, 즉 형상이 컴퓨터 작동도구로서 텍스트적 통제장치를 대체했다. 이 인터페이스(*interface*)는 애플사의 매킨토시 컴퓨터 시스템에서 처음 사용된 것이지만, 대중화된 것은 마이크로소프트 윈도 95에 사용되면서부터였다. 멀티미디어 제품들의 광고는 이제 어린아이들, 노인들, 심지어 수녀들까지도 등장시킨다. 이 모든 변화들은 기업전략이 군사용품에서 소비자/기업용품으로 이동했음을 보여준다.

이러한 기업들의 움직임을 부추기는 힘은 '위로부터' 온다. 즉, 세계 각국의 정부는 '정보혁명'의 과실을 취하려 노력했기 때문이다. 거의 모든 주요국가는 새로운 커뮤니케이션 테크놀로지의 영향에 대한 연구를 지원했다. 정부들은 하이퍼미디어 환경에 내재되어 있는 경제적 가능성들을 신기루와 같은 것으로 인식했다. 싱가포르에서 그것은 '정보 섬의 비전'이며, 한국에서 그것은 '한국 정보인프라 구축의 구상'이고, 유럽공동체에서 그것은 '유럽과 지구촌 정보사회'이며, 캐나다에서 그것은 '캐나다 정보 고속도로'이다.[47] 이 점에서 가장 두드러지는 것은 클린턴 행정부였다. 특히 부통령 앨 고어(Al Gore)는 '정보초고속도로'의 열렬한 옹호자였다.[48] 혁명적 기술혁신들과 새로운 기

---

46) Lawrence K. Grossman, "Reflections on Life Along the Electronic Superhighway," *Media Studies Journal 8*, no. 1 (Winter 1994), p. 30.

47) 몇몇 아시아 나라의 커뮤니케이션 프로그램에 대한 강조는 Kris Szaniawski, "As Many Strategies as Countries," *Financial Times Survey* (April 9, 1996), p. 2에서 찾아볼 수 있다. 나라들마다 상이한 정보 및 커뮤니케이션 프로그램에 대한 개관으로는 http://www.itu.ch/에서 International Telecommunications Union의 홈페이지를 보라.

업-정부 복합체의 이러한 융합이 커뮤니케이션 환경을 하이퍼미디어로 변화시켜 온 것이다.

## 3. 하이퍼미디어 환경의 속성들

위에서 언급된 대로, 어떤 하나의 기술혁신이나 테크놀로지 도구도 하이퍼미디어 환경 발전의 신호가 되지는 못한다. 단지 세 영역들에서의 기술발전이 특히 결정적이었음은 분명하다. 디지털화, 컴퓨터화, 전송능력의 향상이 바로 그것들이다. 특히 전송능력은 광섬유 케이블과 무선전송을 통해 발전되었다.

### (1) 디지털화 (*digitalization*)

이것은 오디오, 비디오, 그래픽, 텍스트 등 모든 정보를 이진수, 즉 1과 0으로 부호화(*encoding*)하고, 변형하고, 전송하는 것을 가리킨다.[49] 정보전송의 이 혁명적 수단이 낡은 아날로그 체제보다 우월한 주된 이유는 정보가 이진수로 전환될 때 아무런 내용의 손상 없이 무한량의 복제가 이루어질 수 있다는 점이다. 디지털 정보는 장거리 전송에 더욱 안전하다. 아날로그 신호와는 달리 주파수를 계속적으로

48) Al Gore, "Infrastructure for the Global Village," *Scientific American* (September 1991)을 보라. 나는 1993년 가을에 개인용 컴퓨터 네트워크인 컴퓨서브(Compuserve)에 고어가 등장하는 것을 보았으나, 그 내용은 실망스러웠다.

49) Saxby, *The Age of Information*, p. 3; W. T. Stanbury and Ilan B. Vertinsky, "Assessing the impact of New Information Technologies on Interest Group Behaviour and Policy Making," Bell Canada Papers III on Economic and Public Policy (January 1995); Ithiel de Sola Pool, *Technologies Without Boundaries: On Telecommunications in a Global Age* (Cambridge: Harvard University Press, 1990), pp. 20~22를 볼 것.

변경시키지 않고 점멸식으로 컴퓨터 언어를 전환하기만 하면 되기 때문이다. 또한 디지털화는 예전에 다른 미디어였던 것도 동일한 시스템 속으로 통합할 수 있게 한다. 일단 디지털화되면 모든 정보는 그 형식이 오디오든 비디오든 텍스트든 상관없이 상호전환할 수 있는 잠재력을 갖게 된다. 브랜드가 강조하듯이, "디지털화와 함께 〔정보의〕 내용은 완전한 유연성을 획득하게 된다. 모든 메시지, 소리, 형상은 어떤 것에서 다른 어떤 것으로 편집될 수 있다".[50] 따라서 디지털 신호의 보편적 성격은 상이한 미디어를 동일한 커뮤니케이션 채널을 따라 전송하는 데 특히 중요하다. 색스비에 따르면:

> 아날로그 채널의 경우에는, 전송되는 정보에 따라 신호가 계속적으로 바뀌었다. 이는 신호의 각 유형에 따라 다른 경로가 존재함을 의미했다. 전화나 라디오 방송이 그런 예들이다. 디지털 채널에서 고려되는 유일한 차이는 정보를 전송하는데 필요한 이진수 전송속도이다. 정보가 데이터, 형상, 또는 인간의 목소리의 형태를 띠는지는 상관없다.[51]

### (2) 컴퓨터화 (*computerization*)

그러나 컴퓨터 테크놀로지가 충분히 발전되지 않았다면 디지털 '혁명'이 그처럼 커다란 영향력을 갖지는 못했을 것이다.[52] 컴퓨터 테크놀로지의 몇몇 결정적 혁신들이 앞에서 언급되었지만, 특별히 하나를 꼽자면 그것은 마이크로프로세서(*computer-on-a-chip*이라고도 불린다)의 개발이다.[53] 1969년에 개발되어 1971년에 미화 200 달러에 출시된 이

---

50) Stewart Brand, *The Media Lab*(Saxby, *The Age of Information*, p. 3에서 재인용).

51) Saxby, *The Age of Information*, p. 266.

52) 이 점은 Ibid., p. 265에 논의되고 있다.

53) Ken Polsson, "Chronology of Events in the History of Microcomputers,"

최초의 실리콘 마이크로프로세서 안에는 칩 한 개당 약 2천3백 개의 트랜지스터가 부착되어 있었고, 초당 6만 회의 연산을 수행할 수 있었다. 마이크로프로세서는 장비의 크기는 줄이고 작동능력을 증대시키면서 계산속도를 높임으로써 전자 커뮤니케이션을 혁명적으로 바꾸었다. 오가턴은 이렇게 논평한다.

> 인텔이 처음부터 인식했던 것은 아니지만, 이 회사는 전자공학의 보편적 원동력이 될 장치 위에 앉아 있었다. 그것은 기어, 차축, 그리고 다른 형태의 기계적 제어를 대체할 극소형의 분석적 기계장치였다. 그것은 세탁기, 주유기, 정육점 저울, 주크박스, 타자기, 초인종, 온도조절장치 등의 모든 종류의 장치들에, 그리고 필요하다면 바위에도 저렴한 가격에 눈에 띄지 않게 설치될 수 있었다. 정보를 조작하거나 과정을 제어하는 거의 모든 기계는 마이크로프로세서의 혜택을 볼 수 있었다.[54]

그 이후로 컴퓨터 칩의 성능향상은 계속되어 이른바 "무어의 법칙"을 따르게 되었다. 인텔의 전 회장이었던 고든 무어(Gordon Moore)의 이름을 딴 이 법칙은 한 개의 실리콘 칩에 장착되는 트랜지스터의 수는 그 칩이 만들어지고 나서 1년이면 두 배가 된다는 내용이다. 정확히 말해서, 한 개의 실리콘 칩 위에 조립되는 트랜지스터의 수는 1948년에 트랜지스터가 처음 발명된 이후로 80배 증가하였다.[55] 오늘날 가장 앞선 상업용 실리콘 칩들은 자외선으로 제조되며, 크기는 계

---

On-Line Document, http://www.islandnet.com/kpolsson/comphist.htm을 보라.

54) Stan Augarton, *Bit by Bit: An Illustrated history of Computeres*(London: Allen and Unwin, 1986), p. 265, Saxby, *The Age of Information*, p. 123에서 재인용.

55) Robert Keyes, "The Future of the Transistor," *Scientific American*(June 1993)을 볼 것.

속 작아지면서도 계산능력은 증대되었다. 1 마이크론(*micron*; 1미터의 백만분의 1)도 채 안 되는 크기의 트랜지스터들이 한 개의 반도체 칩 위에 천만 개에 가까운 수가 일상적으로 제조된다.[56] 이러한 추세에 물론 물리적 한계가 있기는 하지만, 연구자들은 그 행진이 다음 세기까지 계속될 것이라고 믿는다.[57] 그로 인한 컴퓨터의 수행능력과 저장능력의 팽창은 엄청난 것이었다. 1961년에 가장 정교한 컴퓨터는 초당 3만4천 번의 산술연산을 처리할 수 있었다. 1981년에는 한 대의 컴퓨터가 80만 번의 산술연산을 처리할 수 있었다. 오늘날에는 컴퓨터 한 대가 아니라 마이크로프로세서 하나가 초당 십억 개까지의 명령어를 처리할 수 있다.[58] 1970년에는 백만 개의 문자를 담은 텍스트를 즉각적으로 접근할 수 있는 형태로 저장하려면 생일케이크만 한 디스크 팩 하나가 필요했다. 똑같은 양의 자료가 1980년대에 와서는 3.5인치 디스켓에 저장할 수 있게 되었고, 오늘날에는 신용카드보다도 작은 반도체 장치에 저장할 수 있다.[59]

### (3) 전송능력

하이퍼미디어 환경의 출현에 결정적이었던 테크놀로지 발전의 세 번

56) Jack L. Jewell, James P. Harbison, and Axel Scherer, "Microlasers," *Scientific American* (November 1991).

57) Ibid.

58) Richard B. McKenzieand Dwight R. Lee, *Quicksilver Capital: How the Rapid Movement of Wealth Has Changed the World* (New York: The Free Press, 1991), p. 41; 아울러 Gary Stix, "Toward 'Point One'," *Scientific American* (February 1995), pp. 90~95를 보라.

59) Lawrence G. Tesler, "Networked Computing in the 1990s," *Scientific American* (September 1991), p. 89; 너무 작아서 꿀꺽 삼켜버릴 수도 있는 컴퓨터가 미 육군에 의해 개발된 적도 있다. "Wave of Future: Computers So Small You Can Swallow Them," *CNN Network* (*On-Line*) (August 22, 1996)을 보라.

째 영역은 전송능력(*transmission capabilities*)이다. 하이퍼미디어 환경에서 디지털 정보는 이제 광섬유 케이블, 공축(共軸) 케이블, 구리전선 등의 다양한 물리적 미디어를 통해, 또는 무선 커뮤니케이션의 경우에는 전자기파 스펙트럼을 통해 이동할 수 있다.[60] 이 다양한 전송경로들 가운데 가장 중요한 발전은 의심의 여지없이 광섬유 케이블이다. 그것은 가는 규선(硅線)을 병렬시킨 것으로 케이블의 운반능력을 크게 증대시켰다.[61] 최대 운반능력이 초당 약 백만 비트였던 전통적인 동선(銅線) 전화선과 비교할 때, 광파(光波)를 운반하는 광섬유는 초당 약 십억 비트를 처리할 수 있다.[62] 아직까지는 이 능력에 어떤 실제적 상한선이 존재하지 않는다.[63] 1975년 이후로 광섬유의 전송능력은 4년마다 10배씩 증가하였다.[64] 현재는 광섬유가 이론적으로 가능한 운반능력의 1%도 채 발휘하지 못하고 있지만, 그 1% 미만의 능력발휘로도 《브리태니커 백과사전》 전체를 1초만에 전송시킬 수 있다.[65] 또한 광섬유 전선은 전통적인 공축전선이나 동선보다 훨씬 작기 때문에 똑같은 공간을 이용해서 더 많은 물리적 전송을 할 수 있다.[66]

---

60) Elizabeth Angus and Duncan McKie, *Canada's Information Highway: Services, Access ad Affordability*(Ottawa: Industry Canada, New Media Branch and Information Technologies Indutry Branch, 1994), p. 25.

61) Emmanuel Desuvire, "Lightware Communications: The Fifth Generation," *Scientific American*(January 1992)을 보라.

62) Ibid.; The Editors, "The Computer for the 21st Century," *Scientific American*(Special Issue on the Computer in the 21st Century, 1995), p. 7을 참조.

63) Angus and McKie, *Canada's Information Highway*, p. 25.

64) Desurvire, "Lightwave Communications".

65) Philip Elmer-Dewitt, "Take a Trip into the Future on the Electronic Superhighway," *Time*(April 12, 1993), p. 50.

66) 광섬유 전화선에 대해서는 "The Death of Distance," Economist Survey (September, 30, 1995)를 보라. 이 글은 http://www.economist.com/surveys/distance/index.html에서도 볼 수 있다.

그러나 광섬유 전선의 한 가지 제약은 기존의 동선과 공축 케이블의 교체와 연관된 설치비용이다. 이 제약은 특히 개별가정과 기업에 큰 부담이다. 결과적으로 현재 대부분의 산업국가들에 설치되어 있는 광섬유 전선들의 대다수는 각 '교점'(*node*), 즉 도시를 잇는 데만 사용되고, 가정과 기업 등에 대한 최종'낙하'는 여전히 전화의 경우 동선, 케이블 TV의 경우 공축선을 사용한다. 하지만 ADSL(*Asymmetric Digital Subscriber Loop*) 같이 더 앞선 전송 테크놀로지들은 기존의 동선과 공축 케이블의 대역(帶域 ; *bandwidth*) 전송능력을 향상시켜 '마지막 마일'(*last mile*)의 고리라고 불리는 고속의 디지털 고리를 가능하게 만들었다.[67] 그 결과 개별 가정들은 광섬유 고리를 직접 사용하지 않으면서도 하이퍼미디어의 고속 디지털 환경에 접속할 수 있게 되었다.[68] 예컨대, 캐나다 가정의 98%가 여전히 동선 전화 연결선을 갖고 있지만, 도시간의 네트워크는 완전히 디지털화되어 있다. 광섬유 케이블, 위성, 극초단파(*microwave*)를 이용하는 이 전송망은 초당 2.5 기가비트(*gigabit*)의 속도로 소통량을 처리하는데, 그 양은 3만2천 회의 대화가 동시에 이루어지는 것에 해당한다.[69]

광섬유, 전통적인 동선과 케이블선만이 오늘날 정보를 전송하는 수단은 아니다. 무선전송은 극초단파 송신탑과 위성을 통해 하이퍼미디

67) Elmer-Dewitt, "Take a Trip," pp. 51~52; Angus and McKie, *Canada's Information Highway*, p. 26; James Gleick, "The Telephone Transformed Into Almost Everything," *New York Times Magazine* (May 16, 1993), p. 54를 보라.

68) 타임-워너(Time-Warner) 사가 개발한 '로드 러너'(Road Runner)라는 이름의 시스템은 TV 케이블 연결선을 통해 인터넷에 접속할 수 있게 해주는 것으로 접속 속도가 전화 연결선보다 백 배까지 빠르다. "Cable May Speed the Line," *CNN Financial Network On-Line* (August 15, 1996). 이 기사는 http://www.cnnfn.com/digitaljam/9608/15/cablemodems_pkg/index.htm에서 볼 수 있다.

69) Angus and McKie, *Canada's Information Highway*, p. 30.

어 환경의 전송능력에 또 다른 두터운 층을 형성한다. 전자기파 스펙트럼에서 라디오가 차지하는 몫은 전자신호를 주파수 스펙트럼 내에서 전송하는 데 사용되는데, 그 범위는 저주파수 및 중주파수(10~3만 kHz)에서 고주파수(3~30 MHz), 초고주파(30~100 MHz), 극초단파(3천~1만2천 MHz)에 이르기까지 다양하다.[70]

각 주파수 범위는 전송되는 커뮤니케이션의 유형에 따라 일장일단을 지닌다. 더구나 전자기파 스펙트럼은 제한된 자연자원이기 때문에 전송될 수 있는 정보량에는 한계가 있다.[71] 그러나 케이블, 동선과 마찬가지로 방송전파의 대역을 넓히려는 압축기술들이 무선 커뮤니케이션에도 활용되어 왔다. 휴대전화, 호출기, 그리고 현재 시장에 쏟아져 나온 이동식 컴퓨터 장비들을 사용하려면 전자기파 스펙트럼 속으로 더 많은 운반능력을 밀어넣어야 했기 때문이다.[72]

극초단파 영역에서 운용되는 위성시스템은 적도 상공 2만2천3백 마일의 정지궤도상에 설치되어 있다. 이 높이에서 위성이 회전하는 주기가 지구의 자전주기와 일치하기 때문에 위성은 정지된 것처럼 보인다. 궤도를 도는 위성들은 지상의 극초단파 중계소와 비슷한 기능을 수행한다. 즉, 전자정보를 지상의 안테나로 전송한 다음에 그 정보를 케이블, 광섬유 전선, 또는 동선으로 중계한다. 정지궤도에 위치한 한 대의 위성의 가시권은 지구표면의 43%이기 때문에 인도양 상공에 떠 있는 위성이 영국과 일본에 동시에 발신할 수 있다.[73] 적정한 거

---

70) Raymond Akwule, *Global Telecommunications: The Technology, Administration, and Policies* (Boston: Focal Press, 1992), pp. 34~35.

71) Ibid., p. 34.

72) Gleick, "The Telephone Transformed"; "Speak to Me: A Survey of Telecommunications," *The Economist* (October 1993), pp. 23~29를 보라. 1993년 말 현재 전세계적으로 약 70개국에서 3천만 대 이상의 휴대전화기가 사용되고, 그 가격은 매년 평균 25%씩 떨어지고 있다고 추정된다. "End of the Line," p. 5를 볼 것.

리를 두고 설치된 세 대의 통신위성만 있으면 양극을 제외한 지구 전 지역에 발신이 가능한 것이다.[74]

그러나 라디오 주파수역과 마찬가지로 정지궤도상의 위성들에도 '주차공간', 즉 '끼어들 수 있는 자리'(*slot*)가 제한되어 있다. 결과적으로 위성자리의 분배원칙을 두고 싸움이 벌어질 수밖에 없었다. 잘 사는 나라들, 특히 미국은 '선착순' 원칙을 주장했던 반면에 저개발국가들은 더 국제적으로 공정한 분배를 얻고자 노력했다.[75] 보다 최근에는 저궤도(*low-earth orbiting*; LEO) 위성이 이동통신용으로 제안되었는데, 가장 잘 알려진 시도는 모토로라(Motorola)의 아이리디엄(*Iridium*) 시스템으로서 대략 66대의 저궤도 위성들을 사용하여 지구상 어디로도 전화통신을 할 수 있게 만드는 것이다. 모토로라 위성들은 1990년대 말에 발사될 계획이고, 다른 일곱 개의 시스템이 그 뒤를 곧 따라 실행될 예정이다.[76]

이러한 기술혁신이 사회세력과 결합되면서 미디어와 산업은 전지구적인 디지털 전자 텔레커뮤니케이션의 망 속으로 통합되어 왔다. 오늘날에는 텍스트, 비디오, 그래픽, 오디오가 상호전환될 수 있을 뿐

---

73) Aharon Kellerman, *Telecommunications and Geography*(Lodnon: Belhaven Press, 1993), p. 40.

74) Ibid.

75) Pool, *Technologies Without Boundaries*, pp. 30~31.

76) Joe Flower, "Iridium," *Wired*(November 1993), pp. 72~77을 보라. 또한 "End of the Line," p. 15; Stephen K. Black, "A Sobering Look at Cyber-space," *Ridgeway Viewpoints* 96-3(June 1996), On-Line Document, http://www.pitt.edu/rcss/VIEWPOINTS/BLACK2A/black2a.html을 볼 것. 이 글들은 개발도상국들이 커뮤니케이션 정보 하부구조가 빈약하기 때문에 위성 및 무선 커뮤니케이션을 추구하는 경향이 있음을 지적한다. 빌 게이츠(Bill Gates)는 Teledesic이라는 이름의 저궤도 위성체제를 제안했는데, 이 시스템은 840대의 위성으로 지구를 빙 둘러싸는 것이다. "Technology Brief: The Final Frontier," *The Economist*(July 27, 1996). 이 글은 http://www.economist.com/issue/27-07-96/st1.html에서 볼 수 있다.

만 아니라 원래는 서로 무관했던 테크놀로지들—특히 컴퓨터, 전화, TV—도 그것들이 전달하는 정보의 측면에서는 구분이 불가능해지고 있다. 《이코노미스트》지의 표현대로, 그것들은 "이례적인 전체 속으로 휘말려 들어가고 있다".[77] 컴퓨터로 텍스트를 처리하고 TV를 보고 전화로 말하는 시대는 끝나가고 있다. 글레익의 적절한 표현대로, "이 작은 상자들은 기업계에서는 그저 네트워크라고만 알려져 있는 거대한 무형의 창조물에 연결될 것이다".[78]

실제로 커뮤니케이션 테크놀로지들이 디지털 전자 텔레커뮤니케이션의 망으로 완전히 수렴되는 것을 가로막는 장애물은 산업경쟁과 정부규제 두 가지뿐이다.[79] 테크놀로지들이 수렴하면서 전통적으로 한 부문 안에서 서로 경쟁하고 협력하던 산업들은 이제 다른 부문에 속하는 기업들로부터 도전받게 되었고, 역으로 다른 부문으로 침투하게 되었다. 가장 치열한 싸움은 케이블 회사와 전화회사 사이의 싸움이다. 그들이 제공하는 서비스가 점점 더 구별하기가 힘들어지기 때문이다. 다른 산업들도 역시 새로운 경쟁에 돌입하고 있다. 특히 일반 전자제품, 출판, 정보서비스가 그러하다.[80] 하지만 테크놀로지 수렴 이전의 커뮤니케이션에 맞도록 만들어진 기존의 정부규제들은 여전히 직접경쟁을 가로막고 있는 장벽이다. 이러한 규제들은 개별 국가의 관할권내에서만 장벽인 것이 아니라 국제적 상호연결성에도 부정적으로 작용한다. 한 저자는 이렇게 논평했다.

---

77) "Make Way for Multimedia," *The Economist* (October 16, 1993), p. 15. 또한 "The Tangled Webs They Weave," Ibid., pp. 21~24; Elmer-Dewitt, "Take a Trip"을 보라.

78) Gleick, "The Telephone Transformed," p. 28.

79) 하이퍼미디어 환경의 범위가 '지구적'이라 해도 모든 사람들이 그것에 접근할 수 있는 것은 아니며, 하이퍼미디어 환경에 '접속된' 사람들의 실제 수는 아주 작다. 그럼에도 불구하고 환경 자체는 본질적으로 지구적 범위를 갖는다.

80) Elmer-Dewitt, "Take a Trip," pp. 50~51을 보라.

문제는 간단하다. 업계가 이미 텔레커뮤니케이션 네트워크와 컴퓨터를 풍부하게 갖고 있어도 이 시스템들이 언제나 서로 연결될 수 있는 것은 아니다. 기준과 규약이 서로 다르기 때문이다. 여러 국가들에서 여전히 전화가 독점사업이라는 점도 물론 한 이유이다. 따라서 정보 초고속도로의 '건설'은 부분적으로는 대서양 양안의 장벽들을 제거하는 문제이다.[81]

세계 각국의 민간기업들과 정부들은 규제를 변화시키기 위해 공동 노력을 했는데, 종종 그들은 현상을 유지하려는 강력한 정치적 반대 압력에 직면했다.[82] 적절한 규제의 틀이 어떤 것인가를 둘러싼 논쟁은 선진국과 후진국 어디에서나 격렬했다. 논쟁의 초점은 대규모 민간자본의 이익에 유리한 테크놀로지 수렴을 촉진시키면서 동시에 평균적 소비자들에게 '보편적 접근'과 '입수가능성'을 보장할 수 있는 방법이 무엇인가였다. 지금까지는 '자유화'(*liberalization*) 세력들이 대기업과 강대국, 특히 미국의 뒷받침을 받아 분명한 우세를 나타냈다.[83]

---

81) James Pressley, "G-7 Seen Skirting Key Issues at Superhighway Jamboree," *Wall Street Journal Europe* (February 23, 1995).

82) 텔레커뮤니케이션의 탈규제를 향한 유럽의 움직임에 대해서는 Andrew Adonis, "Whose Line Is It Anyway?" *Financial Times* (October 11, 1993)를 보라. 더 전반적인 설명으로는 다음을 참조. William J. Drake, "Territoriality and Intangibility: Transborder Data Flows and National Sovereignty," in Kaarle Nordenstreng and Herbert I. Schiller, eds., *Beyond National Sovereignty: International Communication in the 1990s* (New Jersey: Ablex Publishing Corporation, 1993), pp. 259~313; Stephen D. Krasner, "Global Communications and National Power: Life on the Pareto Frontier," *World Politics 43* (April 1991), pp. 336~366; Peter Cowhey, "The International Telecommunications Regime: The Political Roots of International Regimes for High Technology," *International Organization* 44 (Spring 1990), pp. 169~199; Mark Zacher, *Governing Global Networks: International Regimes for Transportation and Communication* (Cambridge: Cambridge University Press, 1996).

하이퍼미디어의 낙후성에 대한 우려들을 제조하는 것도 바로 이 세력들이다.[84] 예컨대, 미국의 부통령 앨 고어가 주창한 '지구적(*planetary*) 정보 네트워크'를 많은 사람들은 세계 각국의 국영 텔레커뮤니케이션 산업들을 민간기업과 경쟁에 개방시키려는 공동노력의 일환으로 해석한다.[85] 자유화 정책들을 좀더 강력하게 채택한 최근의 예는 1996년에 독일의 국영 전화회사인 도이체 텔레콤(Deutsche Telekom)이 계획대로 해체를 시작한 것이었다. 이는 세계에서 두 번째로 큰 규모의 민영화가 될 것으로 기대된다. 가장 큰 규모의 민영화를 실시한 나라는 1980년대 말에 7백억 달러어치의 주식매각을 통해 전화사업의 독점을 종식시킨 일본이다.[86] 아시아-태평양 지역에서는 모든 국가들이 텔레커뮤니케이션의 자유화와 탈규제를 채택하는 쪽으로 빠르게 옮겨가는 모습을 보인다.[87] 중국의 체신통신부조차도 자유화 조치를

---

83) 이 쟁점에 대해서는 Drake, "Territoriality and Intangibility"; Cowhey, "The International Telecommunications Regime"을 보라.

84) 하이퍼미디어 환경에 낙후되지 않도록 하는 방편으로서의 공공정책에 대한 압력이 어떻게 형성되는지를 캐나다의 맥락에서 다룬 탁월한 논의로 다음을 참조. Marc Raboy, "Cultural Sovereignty, Public Participation, and Democratization of the Public Sphere: The Canadian Debate on the New Information Infrastructure,"(Paper presented to the "National and International Initiatives for Information Infrastructure" Symposium, John F. Kennedy School of Government, Harvard University, January 25~27, 1996).

85) *New York Times*(March 22, 1994), p. D2를 보라. 아울러 Karen Lynch, "World Net Strategy Laid Out," *Communications Week International*(March 28, 1994)을 볼 것.

86) Nathanial Nash, "Goldman Wins Big Role in German Sale," *New York Times*(November 26, 1994), p. 139를 보라. 내쉬는 "유럽은 대략 5년에서 8년 사이에 대체로 국가소유인 대규모 텔레커뮤니케이션 자산을 일반에게 매각할 것"이라고 강조한다.

87) 개괄적 논의로는 "Asia-Pacific Telecommunications," *Financial Times Survey*(April 9, 1996)을 참고하라. 이 기사는 호주, 일본, 한국, 뉴질랜드 등지

취해 텔레커뮤니케이션 하부구조에 대한 외국기업들의 접근을 허용했다. 이는 베트남의 체신통신부가 먼저 취했던 조치였다.[88] 다른 개발도상국에서도 텔레커뮤니케이션에 대한 이전의 국가독점이 해체되고 민간자본을 유치하기 위한 치열한 쟁탈전이 벌어지는 것이 점점 지배적인 현상이 되고 있다.[89]

세계 곳곳의 커뮤니케이션 기업들은 국경을 넘어선 멀티미디어 합작투자와 동맹의 물결 속으로 열광적으로 돌입했는데, 그것은 기존의 규제들을 비켜가는 동시에 하나의 거대한 시장 속에서 사업비용과 위험을 줄이기 위한 것이었다.[90] 이러한 기업동맹의 수와 범위는 어마어마하며, 그 내용을 매일 추적하는 것은 아주 어려운 일이다. 기업들간의 협상은 기껏해야 법적 분쟁이나 의견불일치로 인해 무효화되기 일쑤이기 때문이다.[91] 동맹과 거래성사의 속도는 미국에서 가장

---

에서 취해진 자유화 및 탈규제 조치들을 자세히 다루고 있다.

88) Lynne Curry and Andrew Adonis, "China's Telecoms Regimes Under Pressure," *Financial Times* (November 23, 1993); 또한 "AT&T China Contract," *New York Times* (November 28, 1994)를 보라. 유사한 내용의 민영화를 경험하고 있는 인도에 대해서는 John F. Burns, "AT&T Seeks Stake in India's Phone Market," *New York Times* (January 6, 1995)를 참조. 베트남에 대해서는 Jeremy Grant, "Red Tape Snags Progress," *Financial Times* (April 9, 1996), p. 5를 볼 것.

89) Catherine Arnst, "The Last Frontier: phone Frenzy in the Developing World is Charging Up the Telecom Industry," *Business Week* (September 18, 1995). 이 기사는 개발도상국에서의 텔레커뮤니케이션 자유화 및 탈규제 추세를 상세히 보도하고 있다.

90) "Make Way for Multimedia"; "The Death of Distance"; "The Tangled Webs They Weave"; John Teresko and William H. Miller, "Tripping Down the Information Superhighway," *Industry Week* (August 2, 1993), pp. 32~39를 보라.

91) 다음을 참조. Andrew Adonis, John Ridding and Arian Genillard, "European Telecoms Lay Down Lines of Defence," *Financial Times* (November 15, 1993); Caroline Monnot, "France Telecom et DBTs'

맹렬하다. 1994년에 미국에서는 대규모의 멀티미디어 기업합병들이 이루어졌다. AT&T와 머코 셀룰라(McCaw Cellular)의 합병액은 115억 달러, 비아콤(Viacom)과 패러마운트(Paramount)는 96억 달러, 비아콤과 블록버스터(Blockbuster)는 79억 7천만 달러였다.[92]

국경을 넘어선 기업동맹의 추세를 가장 잘 보여주는 회사는 미국의 마이크로소프트이다. 이 회사는 1994년에 호주의 텔스트라(Telstra), 독일의 도이체 텔레콤, 캐나다의 로저스(Rogers)커뮤니케이션스 등 여덟 개 회사들과 제휴관계를 맺었다.[93] 미국에 기반을 둔 휴대전화기회사 팩텔(PacTel)은 독일, 포르투갈, 일본, 스웨덴, 벨기에의 휴대전화 네트워크들 주식을 소유하고 있다.[94] 가장 맹렬한 움직임이 일어나고 있는 곳은 아시아-태평양 지역이다. 이 지역의 경제호황 때문이기도 하지만, 전통적 하부구조가 전반적으로 빈약한 탓에 대규모 투자와 개발이 유치되었던 것이다. 예컨대, 매년 1,450만 회선의 새로운 전화선이 가설되는 중국에서 AT&T는 대규모 광섬유 간선을 건설하는 1천6백만 달러 상당의 계약을 체신통신부와 체결했다. 이 간선은 2000년까지 16개로 늘어날 예정이다.[95] 또한 송수화기에 대한

---

engagement pour le long terme," *Le Monde* (December 7, 1993); Ernest Beck, "US West, France Telecom to Bid for Hungarian Stake," *Wall Street Journal* (October 29/30, 1993); Gary Stix, "Domesticating Cyberspace," *Scientific American* (August 1993); Anthony DePalma, "AT&T Gets Mexico Partner For Long-Distance Service," *New York Times* (November 10, 1994).

92) Geraldine Fabrikant, "Deal Makers' Phones Could Be Busy," *New York Times* (January 3, 1995).

93) John Markoff, "Microsoft Organizes Its Interactive TV Team," *New York Times* (November 2, 1994).

94) "End of the Line," p. 7.

95) Alan Cane, "Winners in the East Will Inherit the Earth," *Financial Times Survey* (April 9, 1996), p. 1.

수요증대도 지멘스(Siemens), NEC, AT&T, 노던(Northern) 텔레콤, 알카텔(Alcatel) 과의 합작투자로 이어졌다.[96] 이전에 국가가 독점하던 커뮤니케이션 사업이 민영화되면서 멀티미디어 기업합병의 밀도와 복합성은 더 높아질 것이다.

글로벌 스탠더드와 상호연결성을 기존의 일국적 관할권에 조화시킬 수 있는 규제제도가 어떤 것인지 정확히 예측하기에는 너무 이르다. 커뮤니케이션 산업에서 지금 진행중인 초국가적 전략적 동맹과 기업합병의 바람이 가라앉은 뒤에 그로부터 과연 어떤 유형의 기업이 나타날지도 분명하지 않다. 그러나 현재 분명히 존재하는 것은 '망들로 이루어진 망'(*a web of webs*) 이다. 전화, 영화, TV, 개인용 컴퓨터, 휴대전화기, 팩스 등 여전히 따로 존재하지만 그 상호연관성이 점증하는 커뮤니케이션 시스템이라는 것은 의심할 수 없는 현실이다.[97]

이 시스템의 완전한 통합을 가로막는 규제와 기술의 장벽이 극복되면서 시스템의 상호연관성과 상호작동성은 점차 제고되고 있다. 일부 새로운 시스템들은 최신의 멀티미디어 컴퓨터처럼 전화도 TV도 컴퓨터도 아닌 세 가지 모두의 복합체이다. 그러나 스튜어트가 '완비된 정보장치'라고 부르는 이러한 하나의 멀티미디어 컴퓨터가 하이퍼미디어 환경에서 커뮤니케이션을 독점하는 수단이라고 볼 수는 없다.[98] 가정용(컴퓨터, TV, 전화, 멀티미디어 시스템), 휴대용〔이동전화, PDA(*personal*

---

96) Tony Walker, "Subscribers could double by 2000," *Financial Times Survey*(April 9, 1996), p. 2.

97) 대중매체의 보도는 종종 '정보 초고속도로'는 아직 건설되어야 할 무엇이라고 보는 것 같다. 하지만 이러한 시각은 잘못된 것이다. 새로운 매체환경의 하부구조는 '망들의 망'이라는 형태로 이미 존재한다. 정부규제와 기술적 장벽만이 완전한 통합을 가로막고 있을 뿐이며, 그것들은 빠르게 철거되고 있다. 나와 비슷한 견해로는 Angus, *Canada's Information Superhighway*, pp. 5, 13에서 볼 수 있다.

98) Thomas A. Stewar, "Boom Time on the New Frontier," *Fortune*(Autumn 1993), p. 158.

*digital assistants*), 캠코더, 랩탑 컴퓨터], 원거리작동식(위성정찰 시스템, 감시용 카메라) 등 다양한 형태의 기능적 장치들이 지구적으로 연결된 디지털 커뮤니케이션 망 속에서 공존할 것이다.[99] 이 장치들은 이제 상호연결성의 잠재력을 갖는다. 어떤 것들은 빛의 속도로 연결되고 어떤 정보는 공중으로 전파되며, 위성을 통해 발신된다. 기존의 동선과 케이블을 향상시키는 방법도 사용된다. 물론 광섬유 전선이 함께 활용된다.[100] 하이퍼미디어 환경을 규정하는 것은 어느 하나의 테크놀로지 도구나 커뮤니케이션 수단이 아니라 디지털로 통합된 복합적인 커뮤니케이션 망이다.

## 4. 인터넷과 월드와이드웹

새로운 커뮤니케이션 양식의 범형이자 하이퍼미디어 환경의 하부구조를 이루는 것은 네트워크화된 컴퓨터, 특히 '인터넷'(*Internet*)으로 알려진 전세계적 컴퓨터 연결망이다. 그로스먼은 "인터넷은 '의도되지 않은 결과의 법칙'이 어떻게 미쳐날뛰는지를 명확히 보여주는 예"라고 말한다.[101] 잘 알려진 대로, 인터넷은 1970년대에 미군이 핵공격을

---

99) 이는 Nicholas Negroponte, "Products and Services for Computer Networks," *Scientific American*(September 1991), pp. 106~113의 견해와 일치한다.

100) Angus, *Canada's Information Superhighway*, pp. 36~37; 아울러 Negroponte, "Products and Services," p. 108을 보라. 니그로폰티는 정보유통의 방식을 가리는 일반 원칙을 제시하고 있다. 움직이는 정보는 방송 주파수역을 통해 전해지고, 사무실이나 가정처럼 고정된 것들은 전선을 통해 전해진다는 것이다.

101) Grossman, "Reflections on Life Along the Electronic Superhighway," p. 32.

견뎌낼 수 있도록 고안한 알파넷(*arpanet*)이라는 컴퓨터 네트워크에서 시작된 것이다.[102] 이 연결망의 근본원리는 중앙통제 없이 커뮤니케이션을 유통시키는 것으로서 '패킷 교환'(*packet switching*)이라는 전달 시스템으로 뒷받침되었다. 이 패킷 교환방식을 통해 메시지들은 여러 개로 갈라져 분산된 통로들을 통해 보내질 수 있기 때문에 군사공격으로 네트워크의 일부가 손상되어도 나머지는 목적지까지 도달할 수 있게 된다.

ARPANET은 미국내의 공공연구기관이나 대학들에 커뮤니케이션 수단으로서 사용되게 되었고, 다른 유사한 시스템들이 그 뒤를 이었다. 애당초 단순히 네트워크의 보조적 역할에 지나지 않던 전자우편(*electronic mail*)을 통해 자기들만의 주제와 쟁점을 다루는 다양한 토론 집단이 우후죽순처럼 생겨났다. 알파넷이 1980년대 말/1990년대 초에 들어와 인터넷으로 계승되면서 네트워크화된 커뮤니케이션은 전세계의 개인들을 진정으로 무정부적인 컴퓨터 망 속으로 연결시켰다. 그들은 데이터베이스를 검색하고 공유하며, 어느 누구의 중재를 받지 않은 채 통신상의 토론에 참여한다.[103]

《사이언티픽 아메리칸》(*Scientific American*)의 최근 특집호 편집자가 말하듯이, "인터넷은 너무나 많은 장소에서 너무나 빨리 성장했기 때문에 그것이 얼마나 큰지 또는 얼마나 많은 사람들이 그것을 사용하

---

102) Kurt Kleiner, "What a Tangled Web They Wove," *New Scientist* (July 30, 1994), p. 36; 아울러 Howard Rheingold, *The Virtual Community: Homesteading on the Electronic Frontier* (Reading, Mass.: Addison-Wesley, 1993), p. 7을 볼 것. 그리고 초기 인터넷의 역사적 개관으로는 "The accidental Superhighway," *Economist Survey* (July 1, 1995)가 좋다. 이 기사는 http://www.economist.com/surveys/internet/index.html에서 볼 수 있다.

103) 인터넷의 발전을 역사적으로 개관한 것 가운데서는 Robert H. Zakon, "Hobbes' Internet Timeline v2.2"가 유용하다. 이 글은 http://www.isoc.org/에서 볼 수 있다.

는지를 정말로 아는 이는 없다".[104] 1990년대에 인터넷으로의 이주는 실로 대단한 것이었다. 정부기관, 연구기관, 대학, 기업, 남녀노소 모두가 앞다투어 인터넷으로 뛰어들었다. 1993년에는 미국의 대통령, 부통령, 그리고 대통령 부인이 인터넷 주소를 얻었다(president@ whitehouse. gov; vice-president@whitehouse. gov; root@whitehouse. gov). 1995년에는 캐나다 총리 장 크레티엥(Jean Chrétien)이 컴퓨터 네트워크 회의에 참여한 최초의 국가원수가 되었다.

결과적으로 인터넷 사용자 수는 폭발적으로 증가했다.[105] 예컨대, 주전산기(*host computer*), 즉 네트워크의 '교점'(*node*)은 전세계적으로 1984년에는 1천 대였던 것이 1987년에는 1만 대, 1989년에는 10만 대, 1992년에는 100만 대, 1994년에는 485만1천 대, 1996년 1월에는 950만 대, 1996년 7월에는 1, 288만1천 대로 늘어났다.[106] 1994년 한 해에만 100만대의 새로운 주전산기가 생겼는데, 그 대부분은 미국에서 설치된 것이었다. 1994년 상반기 동안 독일은 51%, 프랑스는 117%, 스페인은 79%, 뉴질랜드는 157%, 헝가리는 169%, 멕시코는 45%, 칠레는 170%, 말레이시아는 204%의 주전산기 증가율을 보였다.[107] 기하급수적 증가로 인해 새로운 수치들이 이내 소용없게

---

104) Editors, "The Computer for the 21st Century," p. 6.

105) 인터넷 사용자 수는 인터넷 협회(Internet Society)가 추산하고 있다. 이 협회는 인터넷의 조정과 협력을 위한 국제기구이다. 본문에 사용되는 통계치는 인터넷 협회에서 바로 구할 수 있다. 이 기구의 월드와이드웹 주소는 http://www. isoc. org이다.

106) 1996년 1월, 7월의 수치는 다음에서 얻은 것이다. Matrix Information and Directory Services at http://wwwl. mids. org/growth/internet/html/hosts. html ; Network Wizards internet domain survey at http://www. nw. com/zone/host-count-history. 이 두 기구는 인터넷 협회와 함께 월드와이드웹 상에서 자주 참조되며, 믿을 만한 조사방법을 사용하는 것으로 보인다.

107) 나라별 인터넷 서비스 제공자를 보려면 http://thelist. iworld. com/country/country. html을 참조.

되어버리기는 하지만, 전세계적으로 대략 9천만명의 인터넷 사용자들이 있다고 볼 수 있다.[108]

수년 동안 인터넷은 항해하기 쉽지 않은 바다였다. 주로 텍스트적 인터페이스 공간이었기 때문에 컴퓨터에 능숙하지 않은 사용자들에게 인터넷은 고압적인 미디어였다. 하지만 1990년대를 통해 이루어진 소프트웨어와 항해능력의 향상은 인터넷의 검색을 더욱 편리하도록 만들었다. 이제 막 싹트는 시장에서 돈을 벌고자 하는 수많은 서비스 제공자들(Compuserve, America On-Line, Prodigy, 그리고 보다 최근에는 Microsoft Network, AT&T's Worldnet)이 생겨나 훨씬 더 접근하기 쉬운 길을 제공함으로써 인터넷의 부속물 역할을 하게 되었다.[109] 인터

108) 인터넷의 '규모'를 정확히 추산하는 것은 대단히 어려운 일이다. 인터넷 사용자를 어떻게 정의하는가에 따라 추정치는 크게 달라진다. 아마도 가장 믿을만하고 엄격하며 가장 널리 인용되는 조사치는 존 쿼터맨(John S. Quarterman)이 TIC (Texas Internet Consulting), MIDS (Matrix Information and Directory Services)와 함께 실시해서 Matrix News (http://www.mids.org/)를 통해 배부하는 자료일 것이다. 1994년 10월에 실시된 최근의 조사에 의하면, 전자우편 같은 최소한의 이용을 하는 이는 2,750만 명, 월드와이드웹 같은 쌍방향 서비스를 사용할 줄 아는 이는 1,350만 명, 텔넷(Telnet; 즉 remote login), FTP (파일전송), WWW (하이퍼텍스트) 같은 쌍방향 서비스를 제공할 줄 아는 이는 780만 명이다. 이 조사는 또한 인터넷 규모가 매년 대략 두 배로 커지고 있다고 추정한다. 쿼터맨은 총 사용자의 대략적인 수는 주전산기의 수에 7.5를 곱하면 얻을 수 있다고 주장한 바 있다. 그렇다면 1996년 7월에는 12,881천 대의 주전산기가 있었으므로 대략 96,607,500명의 사용자가 있었다고 할 수 있다. 물론 약 1,300만 대에 달하는 주전산기들 전부가 모든 사용자들에게 접속가능한 것은 아니라는 점이 중요하다. 쿼터맨이 사용의 깊이를 보다 정확하게 정의하려는 이유가 바로 여기에 있다. 어쨌든 인터넷은 전체적으로 기하급수적 성장을 하고 있으며, 하이퍼미디어 환경의 하부구조로서 등장하고 있다. *Economist*(July 1, 1995)의 인터넷 조사는 쿼터맨의 보다 조심스러운 추산을 빌어 1994년 10월 현재의 사용자 수를 1,350만 명이라고 추정했다.

109) Prodigy에 대해서는 Peter H. Lewis, "An Atals of Information Services," *New York Times*(November 1, 1994), Compuserve에 대해서는 Lewis,

넷과 이러한 사설 서비스에 가입한 사람들은 데이터베이스를 검색할 수 있고, 텍스트, 오디오, 그래픽, 비디오 정보를 교환할 수 있으며, BBS's(Bulletin Board Systems), USENET, listserves에 올라와 있는 주제들을 토론할 수 있다.[110] 현재 전세계적으로 USENET 사용자의 수는 만 명 정도이고, BBS's는 5만7천 명에 달한다.[111] 많은 수가 전문화된 학문적 토론집단들이지만, 극도로 은밀하고 비밀스러운 주제들을 다루는 토론집단들도 당황스러울 정도로 다양하다(예를 들어, alt. personals. spanking. punishment 또는 alt. barney. die. die. die 같은 사이트를 보라).

그러나 지난 몇 년 동안의 그러한 기하급수적 성장에 기여한 진정한 혁명적 발전은 월드와이드웹의 등장이었다. 그것은 하이퍼텍스트 고리들과 멀티미디어가 하나의 공간으로 통합될 수 있도록 했다.[112] 기술적으로는 다른 것이면서도 월드와이드웹이 너무 빨리 성장하고

---

"The Compuserve Edge: Delicate Data Balance," *New York Times* (November 29, 1994), America On-Line에 대해서는 Lewis, "A Cyberspace Atlas: America On-Line," *New York Times* (November 15, 1994), Microsoft에 대해서는 Lewis, "Microsoft's Next Move is On Line," *New York Times* (January 13, 1995)를 보라. 이 대규모 공급자들의 서비스는 갈수록 소규모 공급자들의 서비스와의 차별성을 잃어가고 있다. 월드와이드웹이 발전하면서 사용이 편리해졌고 대규모 공급자들의 패키지형 인터페이스를 중복적인 것으로 만들어 버렸기 때문이다.

110) 내가 가입한 listserves 가운데 하나인 IPENET(International Political Economy-NET)의 회원수는 1993년의 64명에서 1994년의 300명으로 불어났고, 현재는 31개국에서 천 명 가까운 사람들이 참여하고 있다. 1994년 9월의 어느 날에는 3만2천 개의 메시지가 배포되어 최고치를 기록했다. 이 수치들은 IPENET E-news #8(November 13, 1994)에서 IPENET의 관리자인 레브 고닉(Lev Gonick)으로부터 얻을 수 있다.

111) Negroponte, *Being Digital*, p. 176.

112) Philip Elmer-Dewitt, "Battle for the Soul fo the Internet," *Time* (July 25, 1994), pp. 40~46; Steiner, "What a Tangled Web They Wove"; "The Accidental Superhighway," *Economist Survey*를 보라.

그 적응도가 너무 높았던 나머지 실제로 인터넷 전체를 포괄하는 의미로 통하게 되었다. 모자익(Mosaic), 넷스케이프(Netscape), 스파이글래스(Spyglass), 마이크로소프트 인터넷 익스플로러(Microsoft's Internet Explorer) 등의 새로운 브라우저들과 함께 사용되면서 인터넷의 '파도타기'(*surfing*)는 갑자기 TV 채널을 돌리는 것만큼 쉬워졌다. 월드와이드웹의 '홈페이지'를 만드는 일이 쉬워지면서 인터넷 참여자 수는 더욱 급속하게 늘어났다. 정부, 통신사, 이익집단, 학교 및 연구기관, 모든 종류의 기업이 서둘러 자신들의 홈페이지를 만들었다. 가장 중요한 점은 자신들만의 독특한 개인적 취미나 숭배대상을 선전하고자 하는 일반 개인들이 앞다투어 홈페이지를 구축했다.

충분히 예상할 수 있듯이 이 페이지들의 내용이 갖는 실질적인 깊이는 천차만별이다. 그러나 시간이 갈수록 정보의 양은 팽창하고 그 내용은 깊어진다. MIT 미디어연구소의 매튜 그레이(Matthew Gray)가 측정한 바에 의하면, 월드와이드웹 홈페이지의 수는 6개월마다 두 배로 늘어나며, 내가 이 책을 쓰고 있는 시점에서 알려져 있는 홈페이지의 수는 대략 23만 개이다.[113] 사설 및 공공 컴퓨터 조직들로 이루어진 무정부적 연결망 속에서 전지구적으로 하이퍼텍스트적이고 쌍방향적이며 멀티미디어적인 디지털 커뮤니케이션을 제공하는 월드와이드웹이야말로 하이퍼미디어 환경의 커뮤니케이션을 가장 잘 보여주는 '범형'일 것이다.

하이퍼미디어의 지리적 분포는 어떠한가? 위성을 통한 커뮤니케이션으로 지구상에 하이퍼미디어가 침투하지 않는 지역은 없게 되었다는 점에서 지구적(*planetary*) 범위를 갖는다고 볼 수 있다. 군사용, 상업용, 환경용 원격측정위성들은 지구상의 1평방인치까지 그려냈다. 통신위성들은 아무리 멀리 떨어져 있는 곳이라도 컴퓨터와 전화를 연

113) Matthew Gray, "Growth of the World-Wide Web," at http://www.mit.edu:8001/people/mkgray/net/web-growth-summary.html을 보라.

결시켜주며, 글로벌 TV 네트워크와 직접방송위성(*direct broadcast satellite*)들은 지구상의 모든 대륙에 프로그램을 발신한다. 이제 하이퍼미디어 환경이 디지털-전자-텔레커뮤니케이션의 조밀한 연결망 속에서 지구를 뒤덮고 있다는 점은 의심할 수 없다. 이 추세는 수년 동안 지속되었고, 매일 그 밀도와 공간은 커지고 속도는 빨라졌다.

그러나 '통제'의 시각에서 볼 때, 하이퍼미디어의 분포는 분명히 지구의 북반구에 집중되어 있다. 가장 잘 사는 나라들이 가장 많은 개인용 컴퓨터, 전화, TV을 보유하고 있을 뿐만 아니라 커뮤니케이션 유동량도 가장 많다.[114] 불균등성을 가장 극명하게 보여주는 사실은 세계 57억 인구 가운데 47억 명이 여전히 전화가 없다는 점이다.[115] 텔레커뮤니케이션 발전이 가장 낮은 나라인 캄보디아에서는 100명당 0.06대의 전화가 있을 뿐이다. 가장 저발전된 47개국의 전화보유대수는 100명당 평균 0.25대에 불과하다.[116] 아프리카에서는 커뮤니케이션 하부구조가 아직도 식민지 유산에 밀접히 묶여 있다. 인접국가들 사이에 이루어지는 통화는 국경선을 관통하는 전화선을 통하는 것이 아니라 대륙을 일단 떠나 되돌아오는 회선을 통하는 경우가 많다.[117]

---

114) 1992년 현재 전세계적으로 사용중인 약 10억대의 TV 수상기 가운데 35%가 유럽에, 32%가 아시아에, 20%가 북아메리카에 있으며, 카리브해, 아프리카, 중동, 라틴아메리카에 나머지 13%가 있다. "Feeling for the Future: A Survey of Television," *The Economist* (February 12~18, 1994)를 보라.

115) Karen Lynch, "Telecoms Funding Body Set," *Communications Week International* (February 6, 1995). 아울러 Rex Winsbury, "Who Will Pay for the Global Village? Funding the Buenos Aires Declaration," *Intermedia* (June/July 1994)를 볼 것.

116) Wisbury, "Who Will Pay for the Global Village?"; International Telecommunications Union, *World Telecommunications Development Report 1995* at http://www4.itu.ch/WTDR95/를 보라.

117) Black, "A Sobering Look at Cyberspace"를 보라. 또한 Peter Knight, et. al., "Increasing Internet Connectivity in Sub-Saharan Africa: Issues, Options,

결국 하이퍼미디어의 침투율이 가장 높은 곳은 지구상에서 가장 잘 살고 가장 힘있는 나라들인 것이다. 이는 세계질서 변형의 측면에서 분명한 중요성을 갖는다. 특히 하이퍼미디어가 지구적 범위를 갖는다는 점에서 그러하다.

## 5. 전지구적 '중추신경계'

이 새로운 커뮤니케이션 환경의 중심속성들은 지구적 '중추신경계'(*central nervous system*)라는 맥루한의 용어로 가장 잘 표현될 것이다. TV, 전화, 컴퓨터, 캠코더, 휴대용 디지털 보조장치, 팩스머신 등의 커뮤니케이션 장비들로 이루어진 이 시스템은 하나로 통합된 디지털-전자-텔레커뮤니케이션 네트워크이다.[118] 이 네트워크는 결코 문을 닫는 법이 없으며, 광섬유 케이블을 통해 빛의 속도로, 궤도를 도는 위성들을 통해, 공중으로, 또는 케이블과 동선을 통해 끊임없이 정보를 이동시킨다. 하이퍼미디어 도구들이 생활의 구석구석에 깊이 침투함으로써 컴퓨터와 커뮤니케이션 환경은 어디에든 존재하는 것이 되었다. 가정용 기구, 은행과 거리의 감시카메라 속에 내장되어 있는 소형 컴퓨터에서, 디지털화된 '스마트'(*smart*) 신용카드를 읽고 처리하

---

and World Bank Role"(March 29, 1995, On-Line World Bank Draft Report) at http://www.worldbank.org/html/emc/documents/africa0395.html을 볼 것. Steve Homer, "Still on Hold in the Developing World," *The Independent* (October 9, 1995)는 사하라 사막 이남지역 전체보다 맨해튼에 더 많은 전화기가 있다는 사실에 주목한다.

118) 하이퍼미디어의 속성들에 대한 좋은 개관으로는 William J. Drake, "Introduction: The Turning Point," in idem, ed., *The New Information Infrastructure: Strategies for U.S. Policy* (New York: The Twentieth Century Fund Press, 1995), pp.6~8을 보라.

며, 디지털화된 정보를 동시에 금융기관들에 전송하는 자동출납기와 '인터랙'(*interac*) 기계, 전세계의 특정 시청자에게 전문적 내용의 프로그램을 '협송'(狹送 ; *narrowcast*) 하는 35번, 58번, 또는 120번 채널의 TV 시스템, 이동식 텔레커뮤니케이션을 제공하는 휴대전화기, 개인용 디지털 보조장치, 랩탑 컴퓨터에 이르기까지 하이퍼미디어 도구들은 무궁무진하다.

모든 미디어가 서로 텍스트를 주고받을 수 있고 상호전환할 수 있는 커뮤니케이션 환경인 것이다. 비디오, 오디오, 텍스트, 그래픽 모두가 이진수로 전환되기 때문에 동일한 경로를 통해 전달되고 똑같은 방식으로 처리되며 동일한 스크린에 비쳐진다. 그것은 커뮤니케이션 흐름이 하나의 중심에서 하향적으로 움직이는 것이 아니라 쌍방향으로 오가는 상호작용적 환경이다. 하이퍼미디어 환경에서는 모든 사람이 다른 모든 이에게 동시에 도달할 수 있는 잠재력을 갖고 있다. 네트워크에 접속된 모든 사람에게 '출판'과 '방송'의 문이 열려 있는 것이다.

요컨대, 커뮤니케이션 양식의 변화는 19세기 말에서 비롯된 기술적, 사회적, 물질적 요인들에 의해 추동되었다. 전자기의 과학적 원리들에 입각한 일련의 커뮤니케이션 테크놀로지 혁신은 산업혁명에 대한 반응으로서 19세기 후반에 갑작스럽게 일어난 것이었다. 전신과 전화가 장거리 커뮤니케이션의 가능성을 열었고, 사진과 영화, 그리고 TV이 형상들로 이루어진 풍경을 제공했다. 양차대전의 발발과 뒤이은 냉전은 전자 커뮤니케이션에 대한 연구개발의 절박성과 궤도를 바꾸어 놓았고, 미국의 이해관계를 중심으로 정부-과학-군-자본의 복합체가 형성되게 만들었다. 하이퍼미디어 환경의 중요한 기술적 선구들 가운데 일부는 바로 이 복합체에서 나온 것이었고, 그 가운데 가장 중요한 것이 컴퓨터였다. 그러나 1970년대에 와서 이 복합체는 해체되기 시작했고, 서서히 보다 소비자지향적이고 기업지향적인 복합체로 대체되어 갔다. 미국 밖의 기업들, 특히 독일과 일본의 기업들이 미국기업들과 소비자용 전자제품 시장에서 경쟁을 시작했고, 동시에 정부의 방위비 지출은 줄어들기 시작했다. 냉전의 갑작스런 종식은 기업의 재구조화를 급박한 과제로 만들었고, 새로운 과학-정부-자본 복합체가 나타나 전자 커뮤니케이션을 군사적으로 응용하기보다는 엔터테인먼트, 가정용 소비재, 기업용으로 응용했다. 이 새로운 복합체가 일련의 기술혁신들과 결합되면서 1980년대 후반에는 하이퍼미디어 환경이 출현했다. 나머지 두 장은 이 연구의 제 1 부에서 제시된 이론적 · 분석적 렌즈를 사용하여, 근대의 정치적 권위구조가 이 새로운 커뮤니케이션 환경 속에서 어떤 변형을 겪고 있는지를 검토한다.

# 제 6 장
# 하이퍼미디어와 근대적 세계질서에서 탈근대적 세계질서로의 변형 : 분배적 변화

이 장에서 나는 하이퍼미디어 환경의 결과로 오늘날 일어나고 있을 분배적 변화(*distributional changes*)를 검토한다. 이론적 장에서 개관했듯이, 분배적 변화는 사회세력들과 커뮤니케이션 환경간의 '적자성'(適者性 ; *fitness*)에 따라 사회세력들의 상대적 권력이 변하는 것을 말한다. 달리 말해, 하이퍼미디어 환경과 일치하는 이익을 갖는 사회세력들은 번성하고, 그렇지 않은 세력들은 불리한 위치에 서게 되는 경향이 있다. 여기서의 주장은 커뮤니케이션 양식이 하이퍼미디어로 변화해서 새로운 사회세력들이 생겨났다는 것이 아니라 기존의 사회세력들이 하이퍼미디어 환경과의 '적자성'에 따라 흥망한다는 것이다. 이 차이는 중요하다. 양자를 구분함으로써 우리의 분석은 아직 펼쳐지지 않은 미래세계보다는 현재의 조건들에 국한될 수 있기 때문이다. 여기서 나의 목적은 오늘날 세계에서 누구의 이익 또는 '조직논리'가 하이퍼미디어 환경에 적합한지, 누구의 그것들이 부적합한지를 밝히는 것이다. 이를 바탕으로 우리는 하이퍼미디어 환경이 가질 수 있는 분배적 결과들을 예측할 수 있다.

나의 초점은 이 분배적 변화들이 세계질서의 구조에 어떤 영향을 미쳤는가 이다. 이 장에서는 근대적 세계질서가 분석의 대상이다. 근대적 세계질서의 '패러다임'은 정치적 권위를 영토적으로 구분되고 상호배타적인 주권을 갖는 국민국가들로 분할하는 관행이다. 이 분화양식은 제1부에서 개관한 대로 근대 초기 유럽에서 처음 나타났고, 모방과 강제를 통해 서서히 확산되어 전 지구를 포괄하게 되었다. 내가 '패러다임'이라는 용어를 쓰는 것은 의도적이다. 정치적 권위의 이러한 분화양식은 한번도 절대적이지 않았고, 근대를 통해 다양한 실제적·이론적 변이들에 적응해온 것이기 때문이다. 다른 많은 관찰자들과 마찬가지로 나는 이 패러다임이 근본적인 변화를 일으키고 있다고 본다. 러기와 엘킨스의 용어로 말해서 근대적 세계질서는 '개체화'(*unbundling*)되고 있는 것이다.[1] 이 장에서의 나의 의도는 이 '개체화' 과정의 요소들이 하이퍼미디어 환경으로 인한 분배적 변화에 어떻게 연결되는지를 추적하는 것이다.

이 장의 진행순서는 다음과 같다. 첫째, 국제정치경제(*international political economy*)에서 발생하는 분배적 변화들, 특히 하이퍼미디어 환경이 어떻게 생산의 초국가화와 금융의 세계화에 유리하게 작용하는지를 검토할 것이다.

둘째, 초국가적 사회운동들이 하이퍼미디어가 제공하는 비영토적 공간에서 어떻게 번성하고 있으며, 이것이 이른바 '글로벌 시민사회'(*global civil society*)로 어떻게 귀결되는지를 검토할 것이다.

셋째, 하이퍼미디어 환경에서 국내안전을 확보하는 대안적 제도들의 상대적 '적자성'을 평가하면서 하이퍼미디어 환경은 자유주의적-공화주의적 정치조직들, 또는 이른바 '반(反) 위계체제'(*negarchies*)를 보완한다고 주장할 것이다. 마지막으로 나는 이 분배적 변화들이 근대적 세계질서의 구조를 변형시키는 데 일조할 수 있다고 결론지을 것이다.

---

1) Ruggie, "Territoriality"; Elkins, *Beyond Sovereignty*를 볼 것.

## 1. 하이퍼미디어 시장 : 생산과 금융의 초국가화

### 1) 초국가적 생산

사회조직의 다른 측면들과 마찬가지로 근대적 세계질서에서 생산의 조직화는 영토적으로 구분되고 상호배타적 주권을 가지는 국민국가들 속에서 대체로 이루어져 왔다. 달리 말해, 상품과 용역의 생산, 그리고 경제의 조직화는 일차적으로 '국민적' 사안이었고, '국민적' 맥락에서 수행되었다. 국가 지도자들이 국가생존을 최우선시하는 집단정서를 갖고 있었기 때문에 경제적 생산을 주형하고 추동하는 일차적 요인은 자족성과 자율성에의 욕구였다.[2] 톰슨이 말하듯이, "역사적으로 경제에 대한 국가통제는 사회가 아닌 국가의 전쟁수행능력에 기능적이도록 행해진 것이었다".[3] 기능적으로 미분화된 '유사'단위들이라는 월츠의 개념이 국가의 실제 모습과 정확히 일치한 적은 없다 해도 적어도 그것은 모든 국가들이 되고자 노력했던 이상적 모습을 잘 묘사한 개념이었다.[4]

물론 실제적으로 이 이상적 모습에 근접하는 정도는 국가들마다 크게 다르다. 그리고 맑스주의자들이 지적했듯이, '국민적' 경제생산은 '중심부' 경제와 '주변부' 경제간의 다양한 종속체제들로 특징되는 세계경제체제로부터 한번도 완전히 분리된 적이 없었다.[5] 그러나 일반적

---

2) 특히 Hans Morgenthau, *Politics Among Nations: The Struggle for Power and Peace*, 5th ed. (New York: Knopf, 1973)의 제 3 부인 "National Power", Wendt, "Anarchy Is What States Make of It"를 보라.

3) Thomson, "State Sovereignty in International Relations," p. 221.

4) Waltz, *Theory of International Politics*.

5) Wallerstein, *The Modern World System*, vols. 1~3; Baran, *The Political Economy of Growth*; Andre Gunder Frank, *Capitalism and Underdevelopment* 를 보라.

으로 경제적 생산은 주권적-영토적 경계 안에서 조직되고 계획되며 조정되어 왔다. 한마디로 경제는 국가의 틀을 벗어나지 못했다. 이를 가장 명백히 보여주는 것은 경제적 거래의 압도적 다수가 국제적인 것이 아닌 내부적 또는 국내적인 것이었다는 사실이다.[6] 국가들간의 교역은 안정기에는 종종 국민총생산(GNP)의 상당부분을 차지하기도 했다. 그러나 교역의 대부분은 각 국가에서 생산된 상품을 국경선을 사이에 두고 교환하는 '원거리'(*arms-length*) 유형이었다.[7] 자본주의 기업가들이 주권적-영토적 공간 내로 생산을 경계짓는 자족성의 범형에서 벗어나려는 의도를 갖고 있었다 해도, 기존의 커뮤니케이션 환경은 생산이 초국가화되는 것을 제약하는 중대한 요소였다. 커츠먼이 강조하듯이, "〔19세기 동안〕 세계경제의 대부분은 서로 떨어져 있는 섬들로 이루어져 있었다. 그 섬들은 아직 속도가 느렸던 증기선, 범선, 기차, 그리고(1844년에 시작된) 전신을 통해서 연결될 뿐이었다".[8]

물론 위에서 묘사된 상황은 일반적인 구조적 특징들을 가리키는 것이다. 실제로 그러한 구조는 결코 정태적이지 않고, 기술적·사회적 조건들의 변화와 함께 끊임없이 변해왔다. 한 가지 분명히 구별되는 추세는 19세기 말과 20세기 초에 시작된 초국가적 경제관계가 수송과 커뮤니케이션의 일련의 발전을 통해 가속되어 왔다는 점이다.[9] 예컨

---

6) 이는 부분적으로 근대적 세계질서 시기 내내 지속된 자본의 '본성'과 연관된다. 자본은 특정의 지리적 지역 안에 고정되거나 집중되었고, 그럼으로써 국가의 규제 및 징세의 '포획물'이 되기가 더 쉬웠다. McKenzie and Lee, *Quicksilver Capital*의 제 2 장, "From Captive Capital to Quicksilver Capital"을 보라.

7) Michael C. Webb and Stephen D. Krasner, "Hegemonic Stability Theory: An Empirical Assessment," *Review of International Studies* 15(1989), pp. 183~198을 참조.

8) Joel Kurtzman, *The Death of Money: How the Electronic Economy Has Destabilized the World's Markets and Created Financial Chaos* (New York: Simon and Schuster, 1993), p. 207.

대, 1835~1968년 기간에(1920~1945년은 제외) 국제통상은 10년마다 평균 55%의 성장을 보였다.[10] 이처럼 경제적 유대가 공고해짐에 따라 초국가화(*transnationalization*)와 주권적-영토적 국가들의 정치적 조직화 사이의 명백한 모순이 문제시된다. 길핀의 용어로 말하자면, 20세기 후반의 국제정치경제를 관찰하는 이들을 지배해온 모티프는 "지구 전체의 경제적·기술적 상호의존이 진전되는 동시에 주권국가들로 이루어진 국제정치체제의 구획화 역시 지속되고 있다는 데서 오는 갈등적 측면"이다.[11] 하이퍼미디어의 출현 이전에 이러한 추세들은 전통적인 '원거리' 국가간 거래에 압도적으로 집중되어 있었고, 그 거래액의 상승치는 주로 국제교역량의 증가분으로 이루어졌다. 그러나 하이퍼미디어 환경에서는 무역과 생산의 초국가화가 질적으로 다른 수준에 도달했다. 단순히 국경 사이의 거래량 변화를 나타내는 것이 아니라 생산 자체의 성격과 조직화에 근본적 변화가 온 것이었다. 달리 말해, 초국가화 과정은 오랜 연원을 갖지만, 그것이 질적 변형을 일으키게 된 것은 새로운 커뮤니케이션 환경에서였고, 그것은 생산이 국가경계를 넘어서 복잡하게 확산되는 과정이었다.

하이퍼미디어 환경에서 초국가적 생산이 갖는 '적자성'을 이해하기 위해서는 먼저 이 환경이 정치적 경계선을 넘고자 하는 기업들의 전략적 이익을 어떻게 촉진시켰는지를 봐야 한다. '합리적 행위자' 모델이 몰역사적이고 문화적으로 편협하다는 합당한 비판을 종종 받기는 하지만, 행위자의 동기와 이익에서 출발하는 이 모델이 들어맞는 영역들 가운데 하나가 바로 이윤축적과 비용감소를 최고의 목적으로 삼

---

9) 이 장기적 과정의 역사적 개관으로는 Zacher, "The Decaying Pillars of the Westphalian Temple"을 보라.

10) Ibid., p. 81을 보라.

11) Robert Gilpin, *The Political Economy of International Relations*(Princeton: Princeton University Press, 1987), p. 11.

는 자본주의 조직들이다.[12] 물론 '세계화'하려는 개별기업들의 실제 결정들은 제도적 경로의존성(*path-dependency*), 리더십 문화, 내부 권력투쟁, 기업이 속한 국가 등과 같이 합리적 행위자 모델에 쉽게 들어맞지 않는 다양한 인과적 요인들에 좌우된다.[13] 그러나 일반적으로 말해서, 하이퍼미디어는 초국가적으로 움직이는 기업들에게 강력한 유인을 제공하는 환경을 창출한다. 그러한 유인에 끌려 들어가는 기업들의 수가 늘어날수록 경쟁에서 살아남기 위해 다른 기업들도 똑같은 선택을 하게 된다. 이것은 '폭포'(*cascading*) 효과를 가져온다. 하이퍼미디어 환경이 초국가화를 선택한 기업들의 성공에 유리하게 작용하게 되면, 다른 기업들은 선례를 따르고자 하는 동기를 갖는다. 그 결과를 모건은 다음과 같이 표현한다. "텔레커뮤니케이션은 이제 광범한 기업제국들의 중추신경계의 한 부분을 이루게 되었고, 단순한 비용항목 이상의 것이 되었다".[14]

하이퍼미디어 환경이 생산의 초국가화를 촉진하는 가장 명백하고 강력한 방법은 어마어마한 양의 음성, 텍스트, 형상 데이터를 전세계에 동시에 전달하는 것이다. 머켄지와 리는 다음에 주목한다. "이제, 몇 개의 키를 누름으로써, 전화 한 통화 비용으로 현대의 관리자들은 위성을 통해 설계명세서, 제작비용, 또는 일정표에 관한 수백만 비트의 결정적 정보를 거의 광속으로 사실상 지구상의 어떤 지점에라도

---

12) '합리적 행위자' 모델들에 대한 비판으로는 Ulrich Witt, *Explaining Process and Change: Approaches to Evolutionary Economics*(Ann Arbor: University of Michigan Press, 1992)를 보라.

13) Peter Dicken, "The Roepke Lecture in Economic Geography-Global-Local Tensions: Firms and States in the Global Space-Economy," *Economic Geography*(1994), p.111. 더 자세한 논의로는 Richard R. Nelson and Sidney G. Winter, *An Evolutionary Theory of Economic Change*(Cambridge: Belknap Press, 1982)를 보라.

14) Kevin Morgan, "Digital Highways: The New Telecommunications Era," *Geoforum* 23, no. 3(1992), p.319.

보낼 수 있다".[15] 달리 말해, 하이퍼미디어는 개별기업들이 장거리에 걸쳐 사업할 때 발생하는 위험과 비용을 감소시킴으로써 헵워스가 '다중소재지의 유연성'(*multilocational flexibility*)이라고 불렀던 요소를 크게 증진시킨다.[16] 기업들이 다중소재지의 유연성에 가치를 부여하는 주된 이유는 정부규제의 도피처를 찾아, 싼 노동력 또는 특별한 기술을 가진 노동력, 낮은 세금, 그 밖의 규제상 이점들을 찾아 정치적 경계선을 건널 수 있는 가능성 때문이다. 기업들은 다중소재지의 유연성을 얻기 위해 효과적인 텔레커뮤니케이션에 의존하고 있다.

많은 기업들이 안전하고 확실한 커뮤니케이션을 위해 자신들만의 네트워크, 이른바 '인트라넷'(*intranet*)을 구축했다. 그 한 예가 포드자동차의 자체 텔레커뮤니케이션 네트워크인 '포드넷'(*Fordnet*)이다. 이 네트워크는 전세계에 소재하는 2만 명의 설계사들과 엔지니어들로부터 더 나은 시너지 효과를 얻어내기 위한 것이다.[17] 또 다른 예는 제너럴 일렉트릭 정보서비스(General Electric Information Services)가 개발한 롤스 로이스의 트레이더넷(Tradanet) 시스템으로서 전세계의 납품업체들과 구입주문, 수취통지, 납품예고 등의 업무를 처리하는 데 사용된다.[18] 기업들이 이처럼 민간업체에게 정보망 구축을 의존하게 되면서 '탈규제', 그리고 텔레커뮤니케이션의 국가독점 해체가 가속화되어왔다.[19]

---

15) McKenzie and Lee, *Quicksilver Capital*, p. 11.

16) Mark Hepworth, *Geography of the Information Economy* (London: Belhaven Press, 1989), p. 94.

17) Morgan, "Digital Highways," p. 326을 보라. 또한 기업에서의 인트라넷의 더 많은 예들을 보려면 Paul Taylor, "First the Internet: Now the Intranet Phenomenon," *Financial Times* (April 3, 1996)을 참조.

18) "Rolls Royce Introduces Electronic Commerce Solutions," *Electronic Information Commerce Resource News* (May 1996) at http://www.yearx.com.uk/ec/zzapr96.htm#rolls를 보라.

다중소재지의 유연성을 알기 쉽게 보여주는 한 예는 개별기업들의 생산사슬을 구성하는 상이한 요소들이 여러 나라의 사업장들로 분산되는 것이다. 이것은 각국 경제의 통화가치 차이에서 오는 변동을 약화시키는 동시에 특정한 과정들(마케팅, 관리, '비밀'〔*back-room*〕 데이터 처리 및 연구개발)에 유리한 규제조건이나 노동시장을 이용하기 위함이다.[20] 헵워스는 다음에 주목한다. "정보와 전문화된 물리적 자산들(컴퓨터와 텔레커뮤니케이션 설비들)을 공유함으로써 향상된 규모와 범위의 경제는 기업에게 지점(원거리에 소재한 공장, 판매사무소 등)을 효율적으로 운영하는 데 필요한 최소한의 규모를 줄이고 지리적 분산도를 높일 수 있게 한다".[21] 예컨대, 유나이티드 테크놀로지스사(United Technologies)는 24개국에 120개 이상의 제조공장을 가동하고 있고, 56개국에서 판매 및 서비스 사무소를 운영하고 있다. 이 회사가 만드는 엘리베이터인 엘레보닉(Elevonic) 411은 생산사슬의 분절화를 보여주는 예이다. 문짝은 프랑스에서, 소형 톱니바퀴 부품들은 스페인에서, 전자부품들은 독일에서, 특수모터는 일본에서 제작되고, 마지막으로 시스템 통합은 미국 코네티컷에서 이루어진다.[22]

이러한 초국가적 해체의 가장 흔한 예는 아마도 데이터만 입력하는

---

19) Zacher, *Governing Global Networks*; Krasner, "Global Communications and National Power"; Cowhey, "The International Telecommunications Regime".

20) Kenichi Ohmae, *The Borderless World: Power and Strategy in the Interlinked Economy*(New York: Harper Collins, 1990), p. 8.

21) Hepworth, *Geography of the Information Economy*, p. 94; 아울러 생산사슬의 해체에 대해서는 Peter Dicken, *Global Shift: The Internationalization of Economic Activity*, 2nd ed. (New York: Paul Chapman, 1992)의 그림 〈7-1〉을 보라.

22) Harvey S. James, Jr. and Murray Weidenbaum, *When Businesses Cross International Boundaries: Strategic Alliances and Their Alternatives*(London: Praeger, 1993), p. 49; 또한 Amy Borrus, "The Stateless Corporations," *Business Week*(May 14, 1990), p. 101을 보라.

'후방 사무소'(*back-office*)의 일자리들일 것이다. 이는 '글로벌 사무실'(*global office*)이라는 용어로 불리는 현상이다. 예를 들자면, 뉴욕생명보험은 지급청구 접수업무를 아일랜드에서 하며, 아메리칸 에어라인은 바베이도스(Barbados)에 천 명 이상의 데이터 입력 직원을 두고 있다.[23]

하이퍼미디어 환경은 한 기업의 초국가적 생산을 촉진시킬 뿐만 아니라 여러 기업들간의 초국가적 생산도 증진시킨다. 서로 다른 기업들끼리의 전략적 동맹, 합작투자, 공동생산의 조정을 기업들간의 지리적 거리에 상관없이 쉽게 만듦으로써, 하이퍼미디어 환경은 개별기업들이 연구개발의 위험과 비용을 분산시킬 수 있게 하고, 관세나 다른 규제조치 때문에 차단되었던 외국시장으로의 진입을 가능케 한다. 이러한 유형의 협력은 하이퍼미디어 환경 이전에도 존재했지만, 글로벌 생산의 더욱 지배적인 특징이 될 수 있었던 것은 하이퍼미디어 환경 이후의 일이다.[24] 제임스와 위던봄에 의하면, "기업들간의 전략적 동맹이 이루어지는 속도는 컴퓨터, 반도체, 텔레커뮤니케이션, 전자, 화학, 산업설비 같이 고기술·고성장 산업들에서 특히 빨라지고 있다".[25] 항공우주 산업과 자동차 산업에서는 "모든 주요 회사들이 신제품 개발의 비용과 위험을 분산시키고 아울러 해외시장들로의 접근을 확실히 하기 위해 외국 경쟁자들과 동맹을 형성해 왔다".[26] 원격지 회의 시스템, 팩스, 컴퓨터 네트워크(특히 전자우편)를 통해 초국가적

---

23) McKenzie and Lee, *Quicksilver Capital*, pp. 51~52; Ruggie, "Territoriality," p. 141; 또한 초국가적 '후방' 처리센터의 여러 예들을 보려면, Richard J. Barnet and John Cavanaugh, "Creating A Level Playing Field," *Technology Review* (May-June 1994), pp. 46~54를 보라.

24) 포괄적 개관으로는 James and Weidenbaum, *When Businesses Cross International Borders*가 탁월하다.

25) Ibid., p. 63.

26) Ibid.

협력은 같은 건물 안에서 이루어지는 것만큼의 긴밀성을 갖게 되었다.[27] 오늘날 서로 수천 마일씩 떨어져 있는 설계팀들이 실시간(*real-time*) 컴퓨터 네트워크를 통해 똑같은 설계에 대해 작업하는 것은 드문 일이 아니다.[28]

이러한 유형들의 협력사업은 또한 공급과 전통적인 납품업체-의뢰자 관계의 성격을 변형시켰다. 납품업체들은 의뢰자들 제품의 연구개발에 더 밀접하게 다가가게 되었다. 재고는 부품과 완제품의 '적시'(*just-in-time*) 납품을 통해 조정될 수 있다.[29] '무재고 시스템'(*zero stock systems*)으로도 알려진 적시 상호작용은 EDI (*Electronic Data Interchange*)를 사용하지 않고선 불가능하다. 이 장치는 월마트(Wal-Mart) 같은 회사들이 주요 납품업체들인 프록터 앤 갬블(Procter & Gamble)이나 도미노 피자(Domino's Pizza)와의 지속적인 전자적 연결을 유지해 준다. 도미노 피자는 '도미링크'(Domilink)라는 컴퓨터 네트워크를 사용하여 북미 28개 사업장에서 일하는 천백 명의 노동자들이 공급물품을 조정할 수 있게 한다.[30] 그러한 복잡한 전자적 고리들은 먼 거

27) Paul Taylor, "As Costs Fall, Corporate Interest Rises Rapidly," *Financial Times*(April 3, 1996). 이 기사는 대규모 다국적 기업들 사이에서 화상회의의 비용은 하락하고 그 인기는 상승하고 있음을 지적하고 있다.

28) Lee Sproull and Sara Kiesler, "Computers, Networks, and Work," *Scientific American*(September 1991), pp. 116~123을 볼 것.

29) '적시' 생산에 대한 논의로는 Harvey, *The Condition of Postmodernity*, pp. 147~173; Richard Meegan, "A Crisis of Mass Production," in John Allen and Doreen Massey, eds., *The Economy in Question*(London: Sage Publications, 1988), pp. 136~183을 보라.

30) Thomas A. Stewart, "Boom Time on the New Frontier," *Fortune*(Autumn 1993); '도미링크'에 대해서는 Peter H. Lewis, "Trying to Find Gold with the Internet," *New York Times*(January 3, 1995)를 보라. 또한 Robin Mansell, "European Telecommunication, Multinational Enterprises, and the Implication of 'Globalization,'" *International Journal of Political Economy*(Winter 1993~1994), pp. 83~104를 볼 것. 맨셀은 이렇게 강조한다.

리에서의 납품업체-의뢰자 관계를 운용하는 데 생길 수 있는 제약들을 해결한다. 먼 거리에서도 재고에 대한 지속적 관리가 가능하고 제품에 따라 소요되는 운송시간에 맞춰 납품을 조정할 수 있기 때문이다. 이 전자연결체제는 생산사슬의 모든 부분에 위치한 회사들을 국내적으로 국제적으로 하나의 신속반응/상호조정 시스템으로 이어주며, 이 시스템은 제품이 구매되면서 소매점 금전출납기에서 바코드가 스캔되는 바로 그 순간에 작동을 시작한다.[31]

이 새로운 복합적인 초국가적 협력사업의 예는 풍부하다. 컴퓨터 제조업체인 유니시스(Unisys)는 미국의 IBM과 허니웰(Honeywell), 유럽공동체의 BASF, 필립스, 지멘스, 일본의 후지쓰와 히타치의 구매자이자 공급자이다. "이 회사들은 합작투자를 하고, 공동생산을 하며, 서로의 공급원 역할을 하고, 산출을 나눠 가지며, 그리고 경쟁한다".[32] 코닝유리(Corning Glass)의 수입 가운데 절반 이상은 합작투자로부터 거둬들이는 것이다. 합작투자 가운데 2/3는 외국기업들과의 것이며, 대표적인 파트너들은 독일의 지멘스, 스위스의 치바-가이기(Ciba-Geigy), 영국의 플레시(Plessey), 한국의 삼성, 일본의 아사히 글라스 등이다.[33] 새로운 민간 제트항공기인 777기의 개발과 제작에서 보잉사는 6개국 항공사들과 공동제작 협정을 맺었다. 여기에 참여한 항공사와 참여부문은 다음과 같다. 이탈리아의 알레니아(Alenia ;

"많은 경우에 생산과정의 재조직은 설계, 생산품, 과정의 혁신, 경쟁자의 전략, 부품공급업자의 적합성, 소비자 프로파일에 관련된 광대한 정보를 교환하는 작업이다. 이 작업은 단순한 음성전화에서 컴퓨터 통합 제조설계의 개념들을 빠른 속도로 교환하는 것에 이르는 다양한 커뮤니케이션 서비스를 통해 뒷받침될 수 있다".

31) 바코드의 역할과 관련해 공급업자-의뢰자 관계를 다룬 것으로는 Thomas W. Malone and John F. Rockart, "Computers, Networks and the Corporation," *Scientific American* (September 1991), pp. 128~136을 볼 것.

32) James and Weidenbaum, *When Businesses Cross International Borders*, p. 67.

33) Ibid.

보조날개), 호주의 에어로 스페이스 테크놀로지스(방향타), 일본의 미쓰비시, 가와사키, 후지(기체 칸 사이, 문, 날개 소골), 한국의 대한항공(보조날개 덮개), 캐나다의 메나스코(Menasco, 착륙장치), 영국의 제너럴 일렉트릭(주요 비행용 컴퓨터) 등이다.[34]

이러한 유형들의 공동생산/합작투자 관계가 가장 복잡하게 발전된 부문들 가운데 하나는 자동차 산업이다. 서로가 경쟁관계에 있는 각국의 자동차회사들끼리의 동맹은 대부분의 차량생산이 이루어지는 방식이 되어왔다. 두 가지 예만 들어보자. 제너럴 모터스는 이스즈의 주식 40%, 스즈키의 주식 5%를 소유하고 있고, 크라이슬러, 대우, 도요타와 합작투자를 하고 있다. 도요타는 다이하쓰(Daihatsu)와 주식을 나눠갖고 있고, 크라이슬러, 폭스바겐과 합작투자를 하고 있다.[35]

장기적인 세계질서 변화에 아마도 가장 큰 의미를 갖는 것은 방위산업에서 초국가적 합작투자와 전략적 동맹이 늘어나고 있다는 점일 것이다. 1985년만 해도 주요 방위산업체들 사이에는 일체의 전략적 동맹이 존재하지 않았다. 그러나 1993년 현재 16개의 사례가 있다. 마찬가지로 1981년에서 1985년까지 초국가적 합작투자의 사례는 하나에 불과하지만, 1991년에서 1993년 사이에는 16개로 늘어났다.[36] 비칭거는 이러한 추세들이 단순히 양적 변화뿐만 아니라 질적 변화를 나타내는 것이라는 점에 주목한다. 협력과정의 "임시성이 점점 약화되고 공식성, 통합성, 영구성이 점점 더 강화되고 있〔기〕" 때문이다.[37] 하이퍼미디어가 이 복잡한 초국가화 과정의 직접적 원인은 아

---

34) Ibid., p. 77.

35) Ibid., p. 85.

36) Richard A. Bitzinger, "The Globalization of the Arms Industry: The Next Proliferation Challenge," *International Security* 19, no. 4(Fall 1994), p. 182.

37) Ibid., p. 188; 아울러 Molina, *The Social Basis*, pp. 107~132를 보라.

니지만, 그것은 기업들이 '세계화'의 과실을 거둘 수 있는 보다 유리한 커뮤니케이션 환경을 제공함으로써 초국가화를 촉진시킨다.

생산의 초국가화가 하이퍼미디어 환경과 일치하는 두번째 방식은 지역마다 다른 소비자의 기호에 맞도록 생산을 더 유연하게 만드는 과정에서 발견된다. 하이퍼미디어가 지식집약적이고 소프트웨어에 기초한 생산라인을 제공하기 때문에 생산품의 빠른 이동이나 광고 캠페인의 대대적인 변화가 전통적인 노동집약적 완제품 대량생산 양식에서보다 더 실행가능성이 높아진다. 바틀릿과 고샬은 이렇게 말한다.

> 컴퓨터 설계와 제작(CAD/CAM), 로봇 공학, 그리고 다른 첨단 생산기술의 최근발전들은 유연한 제조업(*flexible manufacturing*)이라는 개념을 현실로 만들었다. 이전에는 최소한의 효율적 규모를 얻기 위해 한 공장에서 수만 또는 수십만 개의 제품을 만들어야 했던 회사들이 이제는 거의 비용을 들이지 않고서도 전국의 소규모 공장들에 제작을 분산시킬 수 있게 되었다. 이런 식으로 그들은 경제적 효율성을 손상시키지 않으면서도 지역적으로 다른 소비자 기호와 나라마다 다른 정치적 제약들에 대처할 수 있다.[38]

이 특별한 능력은 생산의 세계화가 동질화를 필연적으로 가져온다는 통념과는 모순된다.[39] 그러한 통념과는 대조적으로 초국가적 기업들이 성공적으로 사업하기 위해서는 지역적 조건들에 적응할 준비가 되어야 한다. 이것은 전 소니 회장 아키오 모리토의 표어였던 '세계적 지역화'(*global localization*), 그리고 오늘날 다국적 기업에 관련된 문헌들에서 널리 쓰이는 개념에 상응한다.[40] 오마에는 "일본에서의 코카

---

38) Christopher Bartlett and Sumantra Ghoshal, *Managing Across Borders: The Transnational Solution* (Boston: Harvard Business School Press, 1989), p. 9.

39) 대표적인 견해로는 Benjamin Barber, "Jihad vs. McWorld," *The Atlantic* 269, no. 3 (March 1992)을 보라.

콜라의 성공은 판매로의 확립에 기인하는 것이지만 동시에 일본에 맞는 독특한 제품을 빨리 도입한 것이 주효했다"는 점에 주목한다.[41]

컴퓨터에 기초하여 디지털적으로 설계되고 가동되는 제조 및 광고 시스템을 통해 하이퍼미디어는 지역적 조건들에 맞는 '틈새시장' 제품의 생산을 가능케 해준다. 컴퓨터에 의해 제공되는 소비자 프로파일(*consumer profiles*)과 다른 시장감시 메커니즘들을 갖고서 기업들은 지구 곳곳에 대한 지속적인 감시를 할 수 있게 되었고, 이는 지역적 조건들에 대한 다양한 대응을 가능케 하는 동시에 지역적으로 특수한 소비자 기호에 영향을 줄 수 있도록 광고전략을 신속히 조정하는 것을 가능케 한다.[42] 자본주의적 동질화라는 것이 있다면 아마도 그 표본이라고 할 수 있을 맥도날드조차도 지역 소비자 프로파일에 맞추기 위해 정기적으로 제품과 광고의 성격들을 바꾼다. 예를 들어, 일본에서 맥도날드는 마스코트의 이름을 '로널드' 맥도날드에서 '도날드' 맥도날드로, 상호의 발음을 '마쿠도날도'로 바꾸었는데, 이 두 가지 조치 모두 일본인들 발음의 편의를 위한 것이었다.[43]

하이퍼미디어 환경이 초국가화 과정을 촉진시키는 세 번째 방식은 지역적 기반을 가진 소규모 기업들이 세계시장에 진입할 수 있게 해주는 것이다. 세계화가 일반적으로 수십억 달러의 자산을 가진 엄청

---

40) Bartlett and Ghoshal, *Managing Across Borders*; C. K. Prahalad and Y. Doz, *The Multinational Mission: Balancing Local Demands and Global Vision* (New York: The Free Press, 1987); Samuel Humes, *Managing the Multinational: Confronting the Global-Local Dilemma* (New York: Prentice Hall, 1993).

41) Ohmae, *Borderless World*, p. 9를 보라.

42) 탈산업 사회들에서의 소비자 감시에 대해서는 Oscar Gandy, *The Panoptic Sort: A Political Economy of Personal Information* (Boulder: Westview Press, 1993)의 특히 제 4 장을 보라.

43) James and Weidenbaum, *When Businesses Cross International Borders*, pp. 41~42.

난 규모의 초국가적 기업들로 연상되지만, 하이퍼미디어는 특정시장용 제품을 생산하는 소규모 기업들이 세계시장에 진출하여 한정된 영역에서 거대기업들과 경쟁할 수 있게 해준다. 이러한 현상의 가장 좋은 예는 인터넷의 급속한 상업화이다. 인터넷에서는 창업투자액이 적은 개인이나 소규모 기업이라도 웹사이트에 광고를 게시하기만 하면 전세계 인터넷 사용자들에게 자신들의 제품을 마케팅할 수 있다.[44] 꽃꽂이에서 피자, 컴퓨터 소프트웨어, 법률자문에 이르기까지 모든 것들이 이제는 인터넷에서 거래된다. 인터넷은 일종의 '사이버 스페이스 시장'(*cyberspace bazaar*)으로 불리게 되었다.[45] 처음에는 신용카드 회사들이 안전 문제를 걱정하여 인터넷 상업화의 제약요인이 되었다. 그러나 혁신적인 신용 해결책들이 이러한 걱정들을 씻어주었다. '디지캐시'(*Digicash*)와 '사이버캐시'(*Cybercash*)는 가장 대표적인 경우들이다.[46] 신용카드 회사들은 컴퓨터 보안전문가들과 함께 상업적 거래들의 익명성을 통해 신용카드 번호의 온라인 사용을 보호할 수 있는 암호화 기술의 연구개발에 착수했다.[47]

---

44) Peter H. Lewis, "Trying to Find Gold with the Internet," *New York Times*(January 3, 1995); Lewis, "Companies Rush to Set up Shop in Cyberspace," *New York Times*(November 2, 1994)를 볼 것.

45) '사이버 스페이스 시장'에 대해서는 Adam Bryant, "Am I Bid Six? Click to Bid Six," *New York Times*(May 13, 1996)를 보라.

46) Peter H. Lewis, "Attention Internet Shoppers: E-Cash is Here," *New York Times*(October 19, 1994); "Bank OKs Internet Payment," *Associated Press-Clarinet*(May 8, 1995)를 볼 것.

47) *Strategic Solutions*(January 12, 1995)에 실린 캐나다 로열은행(Royal Bank of Canada) 부회장 허버트 필립스 2세(Herbert I. Philips, Jr.)와의 인터뷰를 보라. 아울러 다음을 참조. John Markoff, "A Credit Card for On-Line Sprees," *New York Times*(October 15, 1994); Lawrence M. Fisher, "Microsoft and Visa in Software Deal," *New York Times*(November 9, 1994); Saul Hansell, "Mastercard to Develop On-Line Standard," *New York Times*(January 10, 1995); Kelley Holland and Amy Cortese, "The

하이퍼미디어가 평균적인 개별 생산자들이 저비용으로 전세계 시장에 진출할 수 있게 해주지 않았다면, 모리토의 표어를 뒤바꾸어 '지역적 세계화'(*local globalization*)로 부를 수 있는 현상이 가능하지는 않았을 것이다. 전세계적으로 인터넷은 기하급수적인 성장을 계속하고, 더 많은 민간기업들이 '넷'으로 몰리고 있기 때문에 상품과 서비스의 생산, 마케팅, 판매는 상당부분이 '장소'로부터 분리되어 지구적으로 연결된 컴퓨터 네트워크라는 비영토적 '공간'에서만 이루어질 것이다.

하이퍼미디어 환경과 생산의 초국가화의 이러한 기능적 수렴은 생산의 비영토적 조직화를 가져오는데, 그것은 더욱 복잡하고 중첩적인 과정이다. 덜 위계적이고 웹에 더욱 긴밀히 연결된 새로운 기업구조가 생겨나고 있을 뿐만 아니라 전세계의 모든 기업들이 이제 형식적인 주식공유나 공동생산 협정에서 비공식적 동맹과 합작투자에 이르는 다중적이고 중첩적이며 복합적인 초국가적 생산으로 이루어진 글로벌 '네트워크' 환경에 자리잡고 있는 것이다.[48]

우리가 완전히 '국경없는' 경제에 도달한 것은 결코 아니지만, '소재지 없는'(*placeless*) 상당수의 기업들이 분명히 존재하며[49], 이미 일어나고 있는 변화들은 중대한 것이고 심화되고 있다. 이는 잠시 뒤에 설명하겠지만, 정치적 권위의 구조에 중요한 결과를 가져올 것이다.

현재의 변화를 나타내는 여러 가지 지표들이 있다. 예를 들어, 선

---

Future of Money," *Business Week*(June 12, 1995); Larry Donovan, "Software to Make Signatures Secure Could Prove Boom," *The Globe and Mail*(November 14, 1995).

48) 이 점에 대한 가장 상세한 논의는 James and Weidenbaum, *When Businesses Cross International Borders*에서 찾아볼 수 있다.

49) 이 점에 대한 비판으로는 Paul Hirst and Grahame Thompson, "The Problem of 'Globalization': International Economic Relations, National Economic Management, and the Formation of Trading Blocs," *Economy and Society* 21, no. 4(November 1992)를 보라.

진 3개 지역(*triad*), 즉 미국, 일본, 유럽공동체의 국경간 교역의 1/3에서 1/2은 동일한 기업 내부의 거래들로 이루어진다.[50] '국경간의 데이터 유동'의 80~90%는 기업내부 거래에 의해 이루어지는 것으로 추산된다.[51] 생산의 초국가화의 또 다른 지표는 서비스 교역의 증대이다. 이것은 인터넷의 상업화와 더불어 대부분의 관찰자들이 중요하다고 가정하기는 해도 정확히 계측하기가 특히 어려운 현상이다.

러기가 강조하듯이 '서비스 교역'이 무엇인지 분명하지 않다. "상품 교역에서는 생산요소의 변화 없이 물건들이 국경을 오가지만, 서비스 교역에서는 물건, 즉 서비스는 그대로인데 생산요소가 이동한다. 서비스는 현지에 있는 소비자를 위해 생산되는 것이기 때문이다".[52] 줄여서 추정하더라도 전세계적으로 이루어지는 서비스 수출은 한해에 대략 7천억 달러에 달하며, 세계무역의 25~30%를 차지한다.[53]

또 다른 지표는 해외직접투자(*Foreign Direct Investment*; FDI)의 증가이다. 갈수록 그 중요성이 더해가는 주식거래 이외의(*nonequity*) 관계 및 활동을 배제하고는 있으나 이 지표는 상당히 정확한 자료원이다.[54] 1983년 이후 전세계적으로 FDI의 한해 평균 성장률은 거의 29%였는데, 이는 세계수출성장률의 3배이다.[55] 1995년에 나온 UNCTAD(U-

---

50) James and Weidenbaum, *When Businesses Cross International Borders*, p. 3; 또한 United Nations, *World Investment Report 1994*, p. 143을 볼 것.

51) Hepworth, *Geography of the Information Economy*, p. 95.

52) Ruggie, "Territoriality," p. 142; 또한 다음을 참조. Ruggie, "Unraveling Trade: Institutional Change and the World Economy," Paper prepared for the Roundtable on Fair Trade, Harmonization, Level Playing Fields and the World Trading System: Economic, Political, and International Legal Questions for the 1990s, Columbia University, January 10, 1992.

53) William J. Drake and Kalypso Nicolaidis, "Ideas, Interests, and Institutionalization: 'Trade in Services' and the Uruguay Round," *International Organization* 46(Winter 1992), p. 37을 보라.

54) 이 점은 Dickens, "The Roepke Lecture," p. 109에서 볼 수 있다.

nited Nations Conference on Trade and Development) 연구는 4만 개의 초국적기업들과 25만 개에 달하는 그들의 계열사들이 상품 및 서비스 교역의 2/3를 차지하고 있다고 밝혔다.[56] 최근의 UNCTAD 보도자료에 의하면, 선진국과 후진국에서의 FDI 총액은 1995년에 40%까지 상승하여 미화 3,150억 달러에 달했다.[57] 보도자료는 이렇게 강조하고 있다. "기업 세계화의 템포는 극적으로 빨라지고 있다. 테크놀로지와 경쟁의 압력에 대응하여 모든 선진국의 회사들뿐만 아니라 점점 더 많은 개발국의 회사들이 더욱 더 적극적으로 세계화되어 가고 있다".[58] 더구나 최근의 추세는 FDI의 주체가 전통적인 탈산업화 국가들뿐만 아니라 몇몇 신흥산업국들까지도 포함하면서 지리적으로 다변화되고 있음을 보여준다. 탈산업 국가들에서는 FDI가 상당히 평준화되어 미국의 경우 1975년에는 11:1이었던 대외 FDI와 대내 FDI의 비율이 1980년대 말에는 1:1이 되었다.[59]

이러한 초국가화 과정들의 지리적 분포는 확실히 불균등하다.[60] 위의 수치들 일부가 시사하듯이, FDI의 세계적 분포는 선진 3개 지역

---

55) James and Weidenbaum, *When Businesses Cross International Borders*, p. 52; 이 상승세는 1990년대 초 2년 동안 세계적인 경기불황으로 멈추었지만, 최근에 다시 제 속도를 찾기 시작했다. UN, *World Investment Report 1994*, p. 17.

56) Globalization and Liberalization: Development in the Face of Two Powerful Currents, UNCTAD Report TD/366/Rev. 1 (December 1995). 바꾸어 말해, 전통적인 '원격지' 거래는 세계무역의 1/3에 불과하다는 것이다.

57) UNCTAD Press Release, September 13, 1996.

58) Ibid.

59) Dicken, "The Roepke Lectures," pp. 109~110.

60) '지리적 불평등'에 대한 일반적 논의로는 Andrew Gillespie and Kevin Robbins, "Geographical Inequalities: The Spatial Bias of the New Communications Technologies," *Journal of Communications* 39, no. 3 (Summer 1989), pp. 7~18을 보라.

(그리고 그 중에서도 미국과 영국)에 압도적으로 집중되어 있고, 개발국의 몫은 약 18%로 낮은 수준이다.[61] 첨단기술 이전에 관한 협정이 이루어지는 몇몇 예외가 있음에도 불구하고, 발전도상국(*the South*)으로 향하는 FDI의 대다수는 여전히 저임금, 저숙련 노동시장에 집중되어 있다.[62] 이러한 지리적 불평등은 북과 남 사이에 존재하는 힘의 불균형을 반영하는 동시에 강화하는 것이다. 그러나 힘의 차이에도 불구하고, 어떤 식으로든 세계화된 경제에 연결되지 않은 지역은 이제 세계에 존재하지 않는다. 근대적 세계질서의 패러다임에 대한 도전이라는 측면에서 볼 때, 북과 남의 이 불균형은 정치적 경계를 넘어선 생산의 전파보다 그 의미가 작다. 이 변화들이 세계질서 변형에 어떤 전조가 되는지를 정확히 검토하기에 앞서 나는 글로벌 금융시장에 일어나고 있는 유사한 분배적 변화들을 살펴볼 것이다.

### 2) 글로벌 금융의 출현

스톱포드와 스트레인지에 의하면, 국제금융구조는 "시장에 바탕을 둔 경제 속에서 신용이 창출되어 구매와 매각이 이루어짐으로써 자본의 이용이 결정되는 체제"이다.[63] 그것은 "환율평가를 관리하는 체제"를 일컫는 국제통화구조와 중요한 점들에서 연관되어 있지만, 양자는 엄연히 다르다. 국제금융구조는 지난 수십 년 동안 극적인 변화들을 겪어 왔다. "일국 중심의 신용체제에서 하나로 통합된 금융시장으로, 각국의 시장이 물리적으로는 떨어져 있지만 기능적으로는 한 곳에 있

61) Dicken, "The Roepke Lectures," p. 110; 또한 Hirst and Thompson, "The Problem of 'Globalization'," pp. 368~369.

62) Barnet and Cavanaugh, "Creating a Level Playing Field"를 볼 것.

63) John M. Stopford and Susan Strange (with John S. Henley), *Rival States, Rival Firms: Competition for World Market Shares* (Cambridge: Cambridge University Press, 1991), p. 40.

는 것 같은 글로벌 체제로" 바뀐 것이다.[64] 달리 말해, "어느 정도의 초국가적 연계"를 가지고는 있으나 일차적으로는 "국가에 기반을 두는" 체제가 하나의 글로벌 금융체제로 발전했고, 이 체제는 오늘날 국가들의 거시경제 운용에 구조적 압력을 독자적으로 행사한다.[65]

글로벌 금융이 출현하는 데는 다중적인 원인들이 있었고, 커뮤니케이션 양식이 바뀌기 전의 선례들이 있었지만, 국제금융시장의 성격을 근본적으로 변화시킨 것은 하이퍼미디어와 공생적인 글로벌 금융을 선호하는 사회세력들이었다. 금융의 세계화에 대한 압력은 커뮤니케이션 테크놀로지에 대한 요구를 만들어냈고, 그것의 발전에 박차를 가했다. 역으로 테크놀로지의 발전은 금융의 세계화 과정을 이끄는 동력이었다. 하이퍼미디어가 없었다면 글로벌 금융구조는 오늘날과 같은 엄청난 규모로 존재할 수 없었을 것이다. 헵워스는 이렇게 말하고 있다. "이 시장변형의 중심에는 새로운 정보 및 커뮤니케이션 테크놀로지들이 있으며, 그것들은 24시간 내내 글로벌 수준에서 이루어지는 증권거래에 가해졌던 공간적·시간적 제약들을 효과적으로 제거했고, 세계 모든 나라들에서 '탈규제'로의 압력을 창출했다".[66]

많은 국제정치경제 이론가들이 지적했듯이, 국경을 넘어선 화폐와 금융의 운동은 새로운 현상이 아니라 근대 산업자본주의와 함께 발전했다.[67] 그러나 생산과 마찬가지로 금융은 근대적 세계질서 패러다임

---

64) Ibid., pp. 40~41.

65) Ibid., p. 41.

66) Mark Hepworth, "Information Technology and the Global Restructuring of Capital Markets," in Stanley D. Brunn and Thomas R. Leinbach, eds., *Collapsing Space and Time: Geographical Aspects of Communications and Information* (New York: Harper Collins, 1991), p. 132.

67) Charles Kindleberger, *International Capital Movements* (Cambridge: Cambridge University Press, 1987); Fred Hirsch, *Money International* (Middlesex: Penguin Books, 1967)을 보라.

속에서 일국적 현상이었다. 처음에는 지역의 자본을 민간산업으로 연결시키는 은행들이 분산되어 발전하였고, 이것들이 나중에는 '일국적' 시장으로 흡수되었다. 일국화된 시장은 공간적으로 조직적으로 더욱 집중화되었지만 여전히 영토적으로 분할되어 있었다.[68]

화폐가 처음으로 국경선을 넘어서 이동할 때 그 용도는 어디까지나 국제통상의 대금지불이었지, 해외투자에 자본이 흘러들어가는 일은 극히 드물었다.[69] 예를 들어, 19세기 후반에(주로 영국에서) 대대적으로 축적된 자본은 미국, 캐나다, 호주의 철도, 항구시설 그리고 다른 하부구조 건설 등의 상대적으로 규모가 큰 해외사업에 투자되었다.[70] 하지만 이러한 금융적 흐름은 1차대전 동안에, 그리고 그 후에 크게 줄어들었고, 이후 한참동안 통상과 정부원조 다음의 부차적 역할로 남았다. 1950년대와 1960년대까지 "국제금융은 무역의 흐름을 원활하게 하고, 상대적으로 통제된 체제 속에서 초국가적 기업들과 정부들이 벌였던 사업들에 자금을 대는 역할을 했다".[71] 이 시기에 걸쳐 금융이 생산을 보조하는 역할을 했던 것은 테크놀로지의 한계로 금융자본의 이동이 제한되었기 때문이다. 또한 그것은 브레튼 우즈(Bretton Woods)에서의 존 메이너드 케인tm(John Maynard Keynes)의 처방대로 금융을 생산의 '종복'으로 만들려는 의도적 정책의 결과였다.[72] 1970

68) 이 발전의 추세에 대한 논의는 다음을 변용한 것이다. Ron Martin, "Stateless Monies, Global Financial Integration and National Economic Autonomy: The End of Geography?" in Stuart Corbridge, Nigel Thrift, and Ron Martin, eds., *Money, Power and Space*(Oxford: Blackwell, 1994), p. 255.

69) Ibid.

70) Gilpin, *The Political Economy of International Relations*, pp. 308~309.

71) Stephen Gill, "Economic Globalization and the Internationalization of Authority: Limits and Contradictions," *Geoforum* 23, no. 3(1992), p. 273.

72) Ibid.; 또한 다음을 보라. Eric Helleiner, "From Bretton Woods to Global Finance: A World Turned Upside Down," in Richard Stubbs and Geoffrey R. D. Underhill, eds., *Political Economy and the Changing Global Order*

년대 이전까지 국제금융구조는 "일련의 일국적 금융체제"로 특징되었다. 각 나라의 금융체제들은 "초국가적으로, 즉 국경을 넘어 환율조정을 통해 신용을 사고 파는 중개업자들을 통해, 각 나라의 자산시장(증권거래소)을 통해 서로 연결될 뿐이었다".[73]

글로벌 수준에서 통합된 금융부문의 등장은 상호작용적이고 서로를 강화하는 복합적 요인들에서 비롯된 것이기 때문에 어떤 하나의 '원동력'을 제시한다는 것은 소용없는 짓이다.[74] 거의 예외없이 모든 이론가들이 하이퍼미디어 환경을 이 과정에서 결정적 요인으로 간주하지만, 그 영향력을 다른 요인들로부터 분리시키는 것은 사실상 불가능하다.[75] 그러므로 금융의 세계화에 기여한 비기술적 요소들을 간략히 살펴보고 나서 하이퍼미디어가 어떻게 그것들을 강화하고 증진시켰는지를 보여주는 것이 분석상 유익할 것이다.

국제금융의 이동량이 늘어난 한 이유는 위에서 제시된 대로 생산의

---

(Toronto: McClelland and Stewart, 1994), pp. 163~165; Eric Helleiner, *States and the Reemergence of Global Finance: From Bretton Woods to the 1990s* (Ithaca: Cornell University Press, 1994).

73) Susan Strange, "Finance, Information, and Power," *Review of International Studies* 16(1990), p. 260.

74) David M. Andrews, "Capital Mobility and State Autonomy: Towards a Structural Theory of International Monetary Relations," *International Studies Quarterly* 38(1994), p. 198.

75) 브라이언트는 이렇게 쓰고 있다. "기술적인 비정책적 요소들은 너무나 강력하기 때문에 정부의 분리장벽을 변화시키지 않고서도, 상이한 규제·징세·감독제도를 끌어들이지 않고서도 금융의 국제화를 진전시킬 것이라고 나는 믿는다. 그러나 나는 또한 국제적 커뮤니케이션의 상대적 비용 절감과 같은 비정책적 혁신들이 경제적 거리를 좁혀주지 못했다면 일국적 금융체제들을 유의미한 수준으로 통합시키는 데는 정부정책의 변화들이 중요했다고 추정한다." R. Bryant, *International Financial Integration* (Washington, D.C.: The Brookings Institution, 1987), p. 69. 브라이언트는 Andrews, "Capital Mobility and State Autonomy," pp. 198~199에도 인용되어 있다.

초국가화이다. 앞서 언급한 대로 국제금융의 전통적 역할은 국제통상의 수레바퀴에 '윤활유'를 제공하는 것이었다. 20세기에 걸쳐 통상이 늘어나면서, 그리고 국경선을 넘어 생산이 확산되면서, 국제금융도 그에 맞추어 확대되었다. 특히 초국가적 은행들은 1960년대와 1970년대에 널리 확산되면서 다국적 기업들의 수요에 부응하게 되었다. 그들은 은행, 정부, 대기업의 대규모 거래를 원활하게 만듦으로써 국제 도매시장에서 일국적 기반을 가진 은행들에 대해 거래비용의 측면에서 실질적 이점을 가졌다.[76]

금융의 세계화에 큰 영향을 미치는 두 번째 요인은 금융 자체의 혁신이다. 이른바 '유로달러'(*Eurodollar*) 시장의 창출은 두드러진 예이다. 유로달러 시장은 런던에서 시작되었다. 런던 금융가의 느슨한 규제와 높은 수익률은 금융전문가의 집중, 은행과 금융유관업체의 광범한 연결망이라는 이점과 결합되어 미국의 엄격한 규제와 인위적인 저금리를 피해온 투자가들을 끌어들이기 시작했다.[77] 유로달러의 성장은 1970년대 초의 석유위기 때까지 지속되었다. 수십억 달러에 이르는 이른바 '석유달러'(*petrodollars*)가 수중에 들어오자 산유국들은 규제가 일반화되고 세율이 높은 미국이 아닌 "세금이 없고 익명적이며 수지맞는" 유로달러 시장에 재투자했다.[78] 그 결과는 전세계에 유통되는 금융자본량의 갑작스런 폭증이었다. 그것은 "정치적 권위나 책임성에 속박되지 않는 거의 무국적이라 할 수 있는 어마어마한 유동자

---

76) John Langdale, "Electronic Funds Transfer and the Internationalization of the Banking and Finance Industry," *Geoforum* 16, no. 1(1985), p. 2.

77) Geoffrey Ingham, "States and Markets in the Production of World Money: Sterling and the Dollar," in Corbridge et al., *Money, Power, and Space*, p. 45.

78) Susan Strange, "From Bretton Woods to the Casino Economy," in Corbridge et al., *Money, Power, and Space*, p. 58; 또한 Strange, *Casino Capitalism*(Oxford: Blackwell, 1986)을 보라.

본"이었다.[79]

금융 세계화의 세 번째 근원은 선진국 경제의 규제정책 변화, 특히 국내자본통제의 자유화였다. 금융시장의 탈규제와 자유화는 1971년의 브레튼 우즈 체제 붕괴에서 시작된 것으로 볼 수 있다. '금본위제의 창'(*gold window*)이 닫히면서 국제적 통화이동에 대한 통제가 없어졌고 금리규제가 완화되었다.[80] 이 변화는 "통화를 재정의하였고", "중재거래(*arbitrage*)의 커다란 가능성"을 창출했으며, "무수한 새로운 금융상품이 발명될 수 있는 무대를 만들었다".[81]

아마도 더 중요한 점은 금본위제의 붕괴를 통해 투기자본이 무역과 생산의 '실물'경제에 '윤활유를 치는' 굴종적 역할에서 벗어나기 시작했다는 점일 것이다.[82] 국제금융은 갑자기 스트레인지의 적절한 표현대로 '카지노 자본주의'(*casino capitalism*)가 되어버렸다.[83] 증권중개인 수수료에 대한 규제완화가 이어졌고, 은행 및 금융기관들의 경쟁은 투기와 불확실성으로 이어졌다.[84] 1980년대를 통해 레이건과 대처의 신자유주의하에서 탈규제는 선진국 경제의 모든 부문들을 휩쓸며 자본의 투기흐름을 불러일으켰다.[85]

---

79) Gill, "Economic Globalization," p. 274.

80) Richard O'Brien, *Global Financial Integration: the End of Geography* (London: Pinto, 1992), p. 18을 볼 것. 또한 Kurtzman, *The Death of Money*, p. 51을 보라.

81) Kurtzman, *The Death of Money*, p. 51.

82) Ibid.

83) Strange, *Casino Capitalism.*

84) 이 점에 대한 유용한 요약으로는 Strange, "From Bretton Woods to the Casino Economy," pp. 58~59를 보라.

85) 신자유주의의 헤게모니에 대한 '그람시적' 관점에 대해서는 Stephen Gill and David Law, "Global Hegemony and the Structural Power of Capital," *International Studies Quarterly* 33(1989), pp. 475~499; Gill, *American Hegemony and the Trilateral Commission*(Cambrdige: Cambrdige University

이러한 변화들 가운데 어떤 것도 하이퍼미디어 환경의 발전과 분리될 수 없다. 하이퍼미디어 환경은 위에서 언급된 비기술적 요인들의 산물이자 그것들을 강화하였다. 사실상 금융자본과 커뮤니케이션 테크놀로지는 서로를 강화하는 공생관계를 전신의 출현 때부터 유지해왔다. 한쪽이 세계화로 움직이면, 그것은 비용을 효과적으로 사용하고 신속한 커뮤니케이션이 발전하는 데 박차를 가하고, 이는 다시 더 많은 세계화로 이어진다.

대니얼스는 하이퍼미디어 환경으로 이어진 새로운 혁신들이 외국환거래의 일상적 작업들에 적용되는 세 단계를 제시한다. 1970년대에는 고가의 대형 컴퓨터가 최초로 나와 기업내부 회계절차를 처리했고, 1970년대 말에는 로이터즈(Reuters), 텔러레잇(Telerate) 같은 기관들이 온라인 데이터 서비스를 제공했으며, 오늘날에는 디지털로 통합된 복합적인 하이퍼미디어 시스템이 있다.[86] 결과적으로 글로벌 금융서비스가 가장 앞선 하이퍼미디어 네트워크를 발전시켰고, 오늘날 컴퓨터 및 텔레커뮤니케이션의 혁신을 선도하는—전통적으로 군사적 연구개발이 차지했던—위치에 서 있다. 해리 스카버러에 의하면:

> 금융서비스는 고도로 정보집약적인 부문이며, 정보의 처리와 조작에 엄청난 투자가 이루어진다. 영국의 주요 은행 한 곳의 정보 테크놀로지(IT) 투자액은 5년에 걸쳐 10억 파운드를 쉽게 넘을 것이다. 이 부문은 또한 다른 어떤 산업부문보다 컴퓨터 테크놀로지 사용경험이

---

Press, 1990)을 보라.

86) P. W. Daniels, "Internationalization, Telecommunications, and Metropolitan Development: The Role of Producer Services," in Stanley D. Brunn and Thomas R. Leinbach, eds., *Collapsing Space and Time: Geographic Aspects of Communications and Information* (New York: Harper Collins, 1991), p. 160; 또한 금융부문에서 로이터즈의 역사를 개관하려면 Kurtzman, *The Death of Money*, pp. 44~46을 보라.

많다. 모든 주요 금융서비스 기업들 내에서 대규모 IT 부서들은 기술발전을 지도하고 통제하게 되었다.[87]

금융과 하이퍼미디어간의 적자성은 오래된 경구가 말하는 '시간과 돈'의 중요한 관계를 생각하면 이해하기 쉽다. 미국에서만 하루에 1만 4천 개의 은행들이 약 2조1천억 달러를 계좌잔액 정리를 위해 자체 데이터 네트워크를 통해 옮긴다는 것을 생각해보라. 한 은행이 결손액을 메우기 위해 들이는 비용은, 그것이 단지 하룻밤에 소요되는 비용이라 해도, 효율적이고 신속한 일국적, 다국가적 네트워크를 개발해야 할 충분한 이유가 된다.[88] 예를 들어, 미국에 기반을 둔 뱅크 오브 아메리카(Bank of America)는 하루에 100종이 넘는 외국환들로 6백억 달러에 달하는 거래를 한다.[89] 최근의 한 연구는 하이퍼미디어 시스템에 대규모 투자를 했던 한 미국의 주요 은행은 경쟁자들에 대해 10초의 이점을 갖게 되었다고 밝혔다. 이는 수십억 달러에 달하는 주문을 더 확보할 수 있었음을 의미한다.[90]

뱅킹 테크놀로지 전문가들에 의하면, 궁극적 목적은 '적시성'(*just-in-time*) 현금이다. 플로트(*float*), 즉 이 은행에서 저 은행으로 이동하느라 사실상 사용될 수 없는 떠 있는 돈이 사라지는 것이다. 이러한 잔액의 실시간(*real-time*) 정리는 하이퍼미디어가 없으면 도저히 생각할 수 없는 것이다.[91]

---

87) Harry Scarbrough, "Introduction," in idem, ed., *The IT Challenge: IT and Strategy in Financial Services* (New York: Prentice-Hall, 1992), pp. 1~2.

88) Kurtzman, *The Death of Money*, pp. 170~171; *Strategic Solutions*에 실린 캐나다 로열은행 부회장 Herbert I. Phillipps와의 인터뷰를 보라.

89) Black, "A Sobering Look at Cyberspace"를 보라. 블랙은 이 정보를 다음의 웹사이트에서 인용하고 있다. http://www.bankamerica.com/batoday/bacfacts.html.

90) O'Brien, *Global Financial Integration*, p. 9에서 인용.

'시간이 돈'이라는 절대원칙이 금융부문에 가져다 준 결과는 하이퍼미디어 응용기술의 폭발이었다. 정보 테크놀로지의 새로운 혁신들이 산업에 침투하여 새로운 상품과 서비스는 예전 어느 때보다도 많은 정보를 갖고, 더 빠른 속도로, 더 나은 컴퓨터 능력으로 제공된다.

증권거래는 이제 물리적인 거래장을 필요로 하지 않는다. 전자적으로 연결된 교환이 24시간 내내 글로벌 수준에서 이루어지기 때문이다. 그 예들은 굉장히 많고 점점 늘어나고 있다. 몇 가지 예만 들어보면 런던의 SEAQ (Stock Exchange Automated Quotation), 미국에 기반을 둔 NASDAQ 네트워크, 로이터즈와 시카고 상업교환소가 공동개발한 전자거래 시스템인 글로벡스(Globex), 토론토에 중심으로 하는 CATS (Computer Assisted Trading System) 등이 있다. 이 대규모 시스템들에 뒤이어 인스티넷(Instinet), 포짓(Posit), 바스(Was) 등의 소규모 '사설' 거래 '클럽'이 생겨나서 세계 어느 곳에서든 언제라도 PC나 터미널을 통해 거래가 이루어질 수 있도록 해준다.[92]

수많은 월드와이드웹 페이지들은 전세계에서 수집된 무수한 양의 금융서비스 및 투자정보를 특정시장에 제공한다.[93] 그리고 시장에서의 조그만 변화에도 즉각 반응하는 대규모의 복잡한 증권거래를 처리할 수 있는 인공지능 소프트웨어 시스템들이 보안회사들에 의해 개발되었다.[94] 미국의 로이터즈, 텔러레잇, 쿼트론(Quotron), 유럽의 엑

91) *Strategic Solutions*에 실린 Herbert Phillipps와의 인터뷰.

92) Hepworth, *Geography of the Information Economy*, pp. 171~172; 글로벡스에 대해서는 "The Screen Is the Future, Master," *The Economist* (October 24, 1992), pp. 85~86을 보라. 또한 Hepworth, "Information Technology and the Global Restructuring of Capital Markets," pp. 138~139를 보라. '사설' 거래 '클럽'과 기타 전자증권시장들에 대해서는 Kurtzman, *The Death of Money*, pp. 36~37을 참조.

93) Andrew Allentuck, "Financial Services That Delight, Amaze," *The Globe and Mail* (November 14, 1995)를 보라.

94) Nigel Thrift and Andrew Leyshon, "A Phantom State? The De-Traditional-

스텔(Extel), 데이터스트림(Datastream) 같은 온라인 서비스 회사들, 그리고 쿼트렉스(Quotreks) 같은 소형 휴대용 장비들이 국제거래에 대한 최신정보를 제공하기 위해 서로 경쟁할 뿐만 아니라 CNN의 파이낸셜 네트워크나 아시아 비즈니스 뉴스 같은 세계적 TV 네트워크와도 경쟁한다.[95]

금융기관들은 이제 글로벌 거래 전반을 촉진시키기 위해 초국가적 커뮤니케이션 하부구조 구축에 엄청난 투자를 하고 있다.[96] 헵워스는 일본의 노무라 증권이나 미국의 프루덴셜-베치(Prudential-Bache) 증권이 텔레포트(*teleport*), 광섬유 장치들과 같은 주요 텔레커뮤니케이션 기술개발을 이끌었음을 지적한다.[97] 임차(賃借) 통신선, '사실상 사적인 네트워크들', 인트라넷, 또는 SWIFT (Society of Worldwide Interbank Financial Telecommunications) 같은 전문화된 전송서비스가 집약도가 계속 높아가는 금융기관들의 실시간(*real-time*) 연계를 가능케 해준다.[98]

---

ization of Money, The International Financial System and International Financial Centres," *Political Geography 13*, no. 4(July 1994), p. 309; 또한 Maurice Estabrooks, *Programmed Capitalism: A Computer-Mediated Global Society*(London: M. E. Sharpe, Inc., 1988); Robert X. Cringely, "Fast Money: How Computers Are Used for Trading Securities," Forbes(April 11, 1994)를 보라.

95) Mark Hepworth, "Information Technology and the Global Restructuring of Capital Markets," in Brunn and Leinbach, *Collapsing Space and Time*, pp. 137~138; 쿼트렉스에 대해서는 Kurtzman, *The Death of Money*, p. 112를 보라.

96) 지난 10년 이상 동안 300개에 달하는 월스트리트의 주요 회사들이 하이퍼미디어에 매년 34억 달러 정도를 투자했다. 이 수치는 총지출의 약 20%에 해당한다. Kurtzman, *The Death of Money*, p. 26을 보라.

97) Hepworth, *Geography of the Information Economy*, pp. 174~175.

98) SWIFT의 개관으로는 Langdale, "Electronic Funds Transfers"; Black, "A Sobering Look at Cyberspace," 특히 제 2 부를 보라.

금융부문에서 하이퍼미디어의 앞선 응용기술들은 자본시장의 글로벌 통합을 촉진시키고 심화시킨다. 초국가적 생산이 중첩적인 것과 마찬가지로 '카지노 자본주의' 시장의 행위자들인 대기업들과 소기업들은 하이퍼미디어가 제공하는 지구적 범위 안에서 하나의 복잡한 몽타주를 이루고 있다. 대기업들—시티은행, 체이스 맨해튼, 메릴 린치, 샐로몬 브라더즈, 바클리스, 내셔널 웨스트민스트, 바르부르크(Warburg), 노무라 같은 금융기관들—은 세계 곳곳에 지점들을 두면서 거래를 지배한다. 보통 상위 20개 기업들이 전세계 거래의 40~60%를 차지한다.[99] 하이퍼미디어 환경이 전세계를 24시간 내내 운영되는 시장에 연결시키기 때문에, 한 해에만 미화 2조 달러에 달하는 증권, 채권, 상품을 매매하는 샐로몬 브라더즈 같은 회사들은 "언제나 어디에서나 영업중"인 것이다.[100] 대니얼스는 다음과 같이 강조한다. "텔레커뮤니케이션은 오전 6시에 일을 시작하는 런던의 유로채(*Eurobond*) 딜러가 도쿄 거래소의 마감상황을 확인한 뒤 런던에서 하루종일 거래하고 나서 나머지 4~5시간은 뉴욕 거래소 상황을 파악할 수 있게 해준다".[101]

증권, 채권 등이 이 거래소에서 저 거래소로, 시장의 조그만 변화에도 반응하면서 계속 거래된다. 컴퓨터 프로그램들이 거래자들의 명세서를 처리하기 때문에 사람의 개입은 필요없다. 스리프트와 레이션은 이렇게 말한다. "우리는 국제금융체제를 전자망으로 연결되어 지속적 순환이 이루어지는, 24시간 내내 전세계적으로 작동되는 유목(*nomadic*) '국가'로 볼 수 있다".[102]

하이퍼미디어 흐름을 타고 늘어나는 자본의 총량은 참으로 엄청난

99) Martin, "The End of Geography," p. 261.
100) Kurtzman, *The Death of Money*, p. 109.
101) Daniels, "Internationalization," p. 163.
102) Thrift and Leyshon, "A Phantom State," p. 311.

것이며, 즉시 확인할 수 있는 수치들에 비교해 보면 때때로 거의 헤아릴 수 없을 정도로 커보인다. 커츠먼은 다음과 같이 놀라운 비유를 한다.

> 매일, 신경망의 엽(*lobe*)인 뉴욕을 통해 1조9천억 달러 이상의 돈이 거의 광속으로 전자적으로 주인이 바뀐다. 이 달러들은, 그리고 그것들이 표상하는 관심, 희망, 두려움은 스크린의 찰나적 반짝임처럼 보인다. … 사흘마다 곰보투성이의 뉴욕 거리 밑을 지나는 광섬유 네트워크를 통해 이동하는 돈의 액수는 미국의 모든 회사들과 그들의 모든 노동력이 한 해 동안 생산해내는 양과 맞먹는다. 그리고 2주마다 세계 연간생산액에 해당하는 돈이 뉴욕의 네트워크를 통해간다. 〔디지털화된〕 수조 개의 1과 수조 개의 0은 모든 인류의 성실한 노력과 그들의 모든 엄청난 어리석음에서 비롯된 노고, 땀, 교활함을 나타낸다.[103]

뉴욕에 근거지를 둔 증권사인 시에스 퍼스트 보스턴(CS First Boston)이 한 해에 거래하는 돈은 미국의 GNP 전체보다 많다.[104] '카지노 자본'이 이른바 '실물'경제로부터 분리되었음(역사적으로 전자는 후자를 따른다고 가정되어 왔다)을 보여주는 한 지표를 들자면, 한 해 국제교역량이 이제 약 2조 달러에 이르게 되었다는 점이다. 오늘날 컴퓨터를 통해 거의 실시간으로 이루어지는 외국환 거래만 해도 하루에 약 1조 달러에 이른다.[105] 이러한 추세는 거시경제정책들에 대한 국가 자율성과 연관하여 고려될 때 특별한 의미를 갖는다.

24시간 열리는 이 엄청난 규모의 글로벌 시장에 맞추어 새로운 공간과 흐름이 생겨나고 있고, 새로운 중심과 축이 출현하였다. 그것은

---

103) Kurtzman, *The Death of Money*, p. 17.

104) Ibid., p. 77.

105) Ruggie, "Territoriality," p. 141.

탈근대적 세계질서의 변화하는 구조를 단적으로 보여준다. 뉴욕, 런던, 도쿄, 싱가포르, 홍콩은 글로벌 '금융풍경'(*finanscape*)에서 '통제센터'로서의 중요성을 더해가고 있으며, 《이코노미스트》는 이 도시들을 "자본의 수도들"이라고 불렀다.[106] 스리프트와 레이션에 의하면, 이러한 "위계적 중심지"(*ordering center*)들이 생겨나는 이유는 "특정한 장소에서 분리된 전자 네트워크의 상호의존적 연결성이 런던, 뉴욕, 도쿄와 같이 〔거래의〕 표현들이 상호적으로 구성되고 협상되고 수용되며 반응되는 몇몇 장소들에 대한 의존을 심화시킨다"는 데 있다.[107] 그것들은 어느 나라의 도시들로서보다는 세계의 도시들, 글로벌 하이퍼미디어 환경 인터페이스의 교점들로서 움직인다.

또한 수많은 "역외"(域外 ; *offshore*)의 미소국가(*microstate*)들의 중요성이 커지고 있는데, 이들은 "의제자본(*fictitious capital*)의 순환과정에서 특정시장이 개척되면서 변형된" 지역들이다.[108] '역외'라는 용어는 특별한 의미를 갖는다. 러기는 그것이 새로이 등장하고 있는 금융관행이 우리가 현재 갖고 있는 개념들과 생각들을 "마치 상대성 이론의 경제학적 등가물에 의해 재인식되기를 기다리고 있는 일종의 천상적

---

106) "Financial Centres: A Survey," *The Economist* (June 27, 1992); 또한 다음을 참조. Nigel Thrift, "On the Social and Cultural Determinants of International Financial Centres: The Case of the City of London," in Corbridge, et al., *Money, Power and Space*, pp. 327~355; Ronald L. Mitchelson and James O. Wheeler, "The Flow of Information in a Global Economy: The Role of the American Urban System in 1990," *Annals of the American Geographer* 84, no. 1 (1994), pp. 87, 91, 98; Castells, *The Informational City*. '금융풍경'이라는 용어는 Arjun Appadurai, "Disjuncture and Difference in the Global Cultural Economy," *Theory, Culture & Society* 7 (1990), pp. 295~310에서 빌어온 것이다.

107) Thrift and Leyshon, "A Phantom State?," p. 312.

108) Susan Roberts, "Fictitious Capital, Fictitious Space: The Geography of Offshore Financial Flows," in Corbridge et al., *Money, Power and Space*, p. 92.

공간으로 존재했던 것처럼" 압박하고 있는 방식을 나타낸다고 본다.[109] 비슷한 맥락에서 로버츠는 이렇게 말한다. "이러한 역외의 금융중심지들은 역외와 역내, 일국적인 것과 국제적인 것, 지역적인 것과 세계적인 것의 대칭적이고 복합적인 융합을 극적으로 드러내는 장소들이다".[110] 예를 들어, 뉴욕 금융시장과 같은 전략적 위치에 규제가 느슨하다는 이점 때문에 조그만 케이맨 제도(Cayman Islands)에는 전세계로부터 546개의 은행들이 '입주'해 있지만, 그 가운데 어떤 형태로든 물리적 소재지를 갖고 있는 은행은 69개에 불과하다.[111]

가장 대표적인 '역외'시장은 유로달러 또는 유로통화 시장으로서 그 역사는 앞서 요약된 바 있다. 마틴은 유로통화를 "국적없는" 돈이라고 부른다.[112] 로버츠가 지적하는 대로, '유로'라는 접두사는 앞선 시기의 오도된 흔적이다. 오늘날 유로통화 시장은 "파나마에서 스위스, 그리고 싱가포르를 넘어 뻗어나가고 있는" 새로운 역동적 지리적 흐름을 보이고 있다.[113] 더욱 혼란스러운 것은 보다 경쟁적인 금융환경을 제공하기 위해 고안된 규제들이 역내에 치외법권적 '역외'시장을 창출해온 점이다. 뉴욕, 캘리포니아, 일본이 그런 예들이다.[114]

카스텔스의 용어로 "흐름의 공간"이 "장소들의 공간"을 지배하고 초월하는 것처럼 보이는 이러한 발전들은 우리가 세계를 보는 전통적 방식, 즉 근대적 세계질서의 패러다임 속에서 구성되고 재확인되었던 세계관을 압박한다.[115] 그것들은 단지 우리의 관행들만이 아니라 우리의 개념적 인습도 '개체화'된다는 것을 의미한다.[116]

---

109) Ruggie, "Territoriality," p. 141.

110) Roberts, "Fictitious Capital, Fictitious Spaces," p. 92.

111) Ibid.

112) Martin, "The End of Geography," p. 259.

113) Roberts, "Fictitious Capital, Fictitious Spaces," p. 94.

114) Ibid., p. 100.

115) Castells, *The Informational City*.

### 3) 근대 정치적 권위구조에 대한 함의

글로벌 생산과 금융에서의 분배적 변화들에 대한 인식은 정치경제학자들과 국제관계 이론가들 사이에서 커지고 있다. 그러나 그것들이 주권국가를 중심으로 하는 근대의 정치적 통치체제에 어떤 의미를 갖는지에 대한 학자들의 의견일치도는 낮다. 많은 이들이 주목했듯이, 금융과 통상의 국제적 흐름은 증가했지만, 국가들이 더 이상 중요한 행위자가 아니라고 말할 수는 없다. 서론에서 주장했듯이, 통제력이나 자율성의 상실이 반드시 정치적 권위의 감소와 등치되는 것도 아니다. 그러나 이러한 분배적 변화들은 근대의 정치적 권위구조에 세 가지 중요한 함의를 갖는다.

첫 번째는 위에서 언급된 것이다. 생산과 금융이 보다 복잡하고 중첩적이며 글로벌체제로 통합됨에 따라 근대적 경제조직의 본질과 성격에 관한 오랜 전제들이 근본적 도전에 직면하게 된다. 생산이 영토적 경계를 넘어 파편화되고 분산되면서 '일국적' 경제체제 또는 '국가산업', 혹은 '국가들간의' 교역과 같이 당연시되었던 관행들이 의문시된다. 생산에서의 분배적 변화들은 단순히 초국가적 거래의 양적 증가를 나타내는 것이 아니라 생산 자체의 본질에 질적이고 근본적인 변화가 일어났음을 의미한다. 기업들 내의 그리고 기업들간의 초국가적 연계의 밀도와 범위를 고려할 때 쉽게 역전될 수 없는 변화들인 것이다. 그 변화들이 경제활동의 모든 부문들에서 보다 깊이 침투함에 따라 어떤 국가라도 로버트 라이시의 물음인 "우리는 누구인가?"(Who is 'US'?)[117]에 대해 확실한 대답을 하기가 점점 어렵게 된다.

마찬가지로, '국내'와 '국제', '내부'와 '외부'에 대한 기존의 인식들은 사이버 스페이스를 통한 자본의 지속적 흐름에 의해, '역외'시장의

116) Elkins, *Beyond Sovereignty*.

117) Robert Reich, *The Work of Nations* (New York: Knopf, 1991).

창출에 의해, 24시간 내내 전자적으로 연결되는 글로벌 거래시스템의 출현에 의해 압박을 받는다. 한때 정치경제 조직의 영토적 개체들로의 '자연스러운' 분할로 보였던 것이 훨씬 더 유동적이고 복잡한 글로벌 경제체제에 자리를 내주었다.[118] 물론 이러한 개념적 변화들은 그 자체로 그리고 저절로 정치적 권위의 본질에 어떤 직접적 영향을 미치지 않는다. 그러나 그것들의 중요성은 결코 가볍게 보아 넘겨서는 안 된다. 특히 다음 장에서 다루어질 사회인식론의 변화들과 결부시켜 볼 때 더욱 그러하다. 러기가 언급하는 중세의 박람회처럼, 개념적 변화들의 영향은 무형적이기는 하지만 새로운 사고방식과 세계관을 교화시키는 데 실질적인 역할을 한다.

두 번째 함의는 더 구체적인 수준의 것이다. 생산과 금융의 초국가화는 개별 지리적-정치적 관할권내의 국가 규제체제의 효과적 권력을 점점 약화시키고 있다.[119] 많은 이론가들이 지적했듯이, 자본이동의 양과 속도는 국가들이 선택할 수 있는 거시경제정책들을 체계적으로 제한하는 '구조적' 압력을 창출하며, 이 힘은 웹에 의하면 국제구조의 '세 번째 이미지'(*third-image*)의 속성들에 충분히 포함될 만큼 크다.[120]

---

118) 새로운 관행이 근대적 세계질서의 범형에 대해 변칙들이 제기되는 방식에 대한 탁월한 논의로는 다음을 보라. Elkins, *Beyond Sovereignty*; Ruggie, "Territoriality"; Walker, *Inside/Outside*.

119) Andrew Leyshon, "The Transformation of Regulatory Order: Regulating the Global Economy and Environment," *Geoforum* 23, no. 3(1992), p. 251; Gill and Law, "Global Hegemony and the Structural Power of Capital"; J. Goodman and L. Pauly, "The Obsolescence of Capital Controls? Economic Management in an Age of Global Markets," *World Politics* 46(1993), pp. 50~82; Michael Webb, "International Economic Structures, Government Interests, and International Coordination of Macroeconomic Adjustment Policies," *International Organization* 45(1991), pp. 309~342; Richard Cooper, *The Economics of Interdependence: Economic Policy in the Atlantic Community*(New York: McGraw Hill, 1968); Andrews, "Capital Mobility and State Autonomy".

가장 강력한 증거는 전세계적으로 각 국가의 경제정책이 서로 점점 더 수렴하고 있다는 사실이다. '전달벨트'(*transmission belt*) 국가[121] 혹은 '경쟁'국가,[122] 무엇으로 불리든간에, 국가들은 스스로의 정체성과 이익을 점점 더 글로벌 자본주의의 압력과 가치에 따라 정의해 왔다.

모든 수준의 정부들은 이제 글로벌 투자를 유치하기 위해 탈규제와 규제의 정책을 경쟁적으로 제시하는 '지역별 토너먼트'(*locational tournaments*)에 돌입하고 있다.[123] 제도적 지체와 문화적 전통으로 인해 개별 국가의 정책들이 어느 정도 다르기는 하지만,[124] 전세계의 정부들은 점점 글로벌 시장의 힘에 따라 정책을 형성해 왔다.[125] 탈규제

---

120) Webb, "International Economic Structures"; 또한 포괄적인 개관을 위해서는 Andrews, "Capital Mobility and State Autonomy"를 보라.

121) Robert Cox, *Production, Power and World Order: Social Forces in the Making of History* (New York: Columbia University Press, 1987).

122) Philip Cerny, "The Deregulation and Re-regulation of Financial Markets in a More Open World," in idem, ed., *Finance and World Politics: Markets, Regimes, and States in Post-Hegemonic Era* (Aldershot, England: Edward Elgar, 1993).

123) '지역별 토너먼트'는 *Information Technologies and International Relations* symposium, Canadian Department of Foreign Affairs and International Trade, January 13, 1995에서의 Lynn K. Mytelka의 발언에서 빌린 것이다.

124) Goodman and Pauly, "The Obsolescence of Capital Controls"를 보라.

125) '글로벌 공공정책의 민간입안자'로서의 신용평가회사들의 역할에 대한 흥미로운 설명으로는 다음을 보라. Timothy J. Sinclair, "Economic and Financial Analysis Considered as Knowledge Dynamics of Global Governance," Paper presented at the annual meeting of the International Studies Association, Chicago, February 1995; Sinclair, "Between State and Market: Hegemony and Institutions of Collective Action Under Conditions of International Capital Mobility," *Policy Sciences* 27 (1994), pp. 447~466.. 이 점에서 발전도상국들에게 가해지는 압력들에 대해서는 다음을 볼 것. Thomas J. Biersteker, "The 'Triumph' of Neoclassical Economics in the Developing World: Policy Convergence and Bases of Governance in the International Economic Order," in Rosenau and

의 물결은 그 과정을 이끌면서 국경간의 자본이동을 증대시키고 그것에 더 유리한 정책들에 대한 요구를 만들어 냈다. 통상과 개발에 대한 최근의 유엔회의 결과를 보자. 1991년과 1994년 사이에 발전국과 발전도상국에서 직접투자 관련 법규들과 규제들에 대해 이루어진 375개의 변경사항 가운데 5개를 제외하고는 모두가 자유화 방향의 변경이었다.[126] 여기서 문제가 되는 것은 통제의 상실 이상의 것이다. 글로벌 시장의 힘에 따른다는 것은 거시경제를 관리하는 정치적 권위가 더 이상 주권국가에만 있는 것이 아님을 의미한다.

분배적 변화들의 세 번째 함의이자 정치적 권위의 본질에 직접 관련되는 것은 세계화되어 가는 경제적 힘에 대응하고 그 힘을 관리하기 위한 다중적이고 중첩적인 권위의 등장이다. 이제 거의 모든 국가들은 생산과 금융이 초국가화되면서 공식적으로 비공식적으로 생겨난 국제적 제도(*institution*), 체제(*regime*), 기구(*organization*), 지역별 통상 블럭의 네트워크에 편입되어있다.[127] 이처럼 글로벌 '거버넌스'[128]가 이루어지는 경로는 다양하며 늘어나고 있다.

삼각위원회(Trilateral Commission)나 'G-7' 정상회담 같은 비공식적 경로가 있는가 하면,[129] 최근에 만들어진 세계무역기구(WTO) 같은

---

Czempiel, eds., *Governance without Government*, pp. 102~131.

126) Drew Fagan, "Transnationals fuelling global integration," *The Globe and Mail*(December 15, 1995).

127) Zacher, "The Decaying Pillars of the Westphalian Temple," pp. 65~67을 보라. '체제'(*regime*)에 대해서는 Stephen D. Krasner, ed., *International Regiems*(Ithaca: Cornell University Press, 1983)을 볼 것. '제도'에 대해서는 Keohane, "Institutional Institutions"를 참조.

128) '글로벌 거버넌스'에 대한 개괄적 논의로는 James N. Rosenau, "Governance, Order, and Change in World Politics," in Rosenau and Czempiel, eds., *Governance without Government*, pp. 1~29를 보라.

129) Gill, *American Hegemony and the Trilateral Commission*; Gill, "Economic Globalization"; Gill and Law, "Global Hegemony and the Structural Power

공식적 경로가 있으며, EC위원회(European Commission), 북미자유무역협정(NAFTA), 아시아-태평양 경제협력체(APEC)와 같은 지역적 경로들도 있다.[130] 여기에 세계은행(World Bank; IBRD), 국제통화기금(IMF), 국제결제은행(BIS) 같은 보다 전문화된 기능적 기구들이 추가될 수 있다. 국가들이 이러한 체제들에 자발적으로 가입하고 그것들을 자발적으로 만들었던 것은 사실이다. 그러나 일단 제도적 선례와 일상화된 과정으로서 확립된 글로벌 거버넌스는 쉽게 역전될 수 없는 것이 되어버렸다.

## 2. 하이퍼미디어 환경에서의 초국가적 사회운동

근대적 세계질서의 패러다임을 '개체화'하는 분배적 변화는 다중적이고 중첩적이며 종종 경쟁적인 초국가적 사회운동들(*transnational social movements*)의 등장에서도 발견된다. 이 새로운 사회운동들은 립슈츠가 '글로벌 시민사회'(*global civil society*)라고 불렀던 것이다. 초국가적으로 조직된 정치적 네트워크 및 이익집단들인 이들은 어떤 국가의 통제도 받지 않는 자율적 존재이다.[131] 생산과 금융의 초국가화와 마찬가지로 글로벌 시민사회의 등장은 영토적-정치적 경계를 넘어선 사

---

of Capital".

130) 경제적 사안만을 배타적으로 다루지 않기 때문에 디킨은 이 지역적 기구들을 '중간수준의'(meso-levels) 규제라고 부른다. Peter Dicken, "International Production in a Volatile Regulatory Environment: the Influence of National Regulatory Policies on the Spatial Strategies of Transnational Corporations," *Geoforum* 23, no. 2(1992), p.304를 보라.

131) Ronnie Lipschutz, "Reconstructing World Politics: The Emergence of Global Civil Society," *Millennium: Journal of International Studies* 21, no. 3(1992), pp.398~420.

회적 활동과 이익집단 활동의 조밀한 네트워크를 확산시킴으로써 근대적 세계질서의 패러다임에 근본적 도전을 제기한다. 하이퍼미디어가 이 새로운 사회운동들을 만들어 내는 것은 아니지만, 하이퍼미디어는 그러한 운동들이 활성화되는 커뮤니케이션 환경을 창출한다. 컴퓨터 네트워크가 커지면서 초국가적 사회운동들은 폭발적으로 생겨났고, 복잡한 비영토적 연계를 형성함으로써 근대적 세계질서의 정치적 권위조직에 도전하기 시작했다.

근대시기에도 정치적 경계를 넘어서는 사회운동들이 어느 정도까지는 존재했다. 그 좋은 예가 19세기에 영국 및 해외 반노예제 협회(British and Foreign Anti-Slavery Society)가 시작한 반노예제 캠페인이다.[132] 1839년에 설립된 이 협회는 세계 곳곳의 노예제를 철폐시키기 위해 로비를 펼쳤고, 국제회의와 대중집회를 열었으며 외국의 엘리트들에게 청원과 선전책자들을 보냈다. 그들의 활동은 프랑스, 미국, 브라질 등지에서 비슷한 운동들이 시작되는 데 힘을 주었고, 노예무역에 반대하는 글로벌 금지체제(*prohibition regime*)를 건설하는 데 기여했다.[133] 퀘이커교도들, 또는 최근의 기독교 및 이슬람 원리주의자들과 같은 종교조직들 역시 자신들의 목적과 이익을 근대 주권국가의 경계를 넘어서는 보편주의 관점에서 틀지었다. 그러나 기존 커뮤니케이션 환경의 제약, 내정불간섭의 정당성에 대한 압도적 신념으로 인해 그러한 초국가적 사회운동들의 범위는 몇몇 예외적인 경우들에 국한되었다.[134]

20세기의 초국가적 사회세력들의 성장은 산업화된 서구국가들에서

---

132) Ethan A. Nadelmann, "Global Prohibition Regimes: The Evolution of Norms in International Society," *International Organization* 44(Autumn 1990), p. 495.

133) Ibid.

134) 내정불간섭의 원칙에 대해서는 Jackson, *Quasi-States*를 보라.

주로 이루어졌다. 서구에서는 교육받은 중간계급이 팽창하면서 '다원화'의 공간이 열렸다. 중간계급은 인권과 사회적 행동주의에 대한 자유민주주의적 원칙들에서 동기를 부여받았고, 복지국가가 후퇴하고 나서 남겨진 공백을 채워야 할 전략적 위치에 있었다.[135] 운동들은 계속 성장했고, 전통적 국제관계 이론가들에 의해 간과되고 있기는 하지만, 1980년대에 와서는 국제정치의 일반적인 한 특징이 되었다. 인권에 관련된 비정부기구(NGOs)만 해도 1950년의 38개에서 1960년의 72개, 1970년의 103개, 1980년의 138개, 1990년의 275개로 늘어났다.[136] 국제기구연맹(Union of International Associations)이 현재 인정하고 있는 국제 NGO는 약 14,500개이다.[137] 다양한 국제무대에 모습을 나타내면서 국제문제와 국내정책에 관한 그들의 영향력은 커졌고 무시하기 어렵게 되었다.[138] 자신들의 점증하는 중요성을 반영하듯 NGO들은 1992년에 발전도상국들에게 83억 달러의 원조를 제공했는데, 이는 전세계 개발원조액의 13%에 해당했다.[139]

---

135) Lipschutz, "Reconstructing World Politics," pp. 400~414.

136) Kathryn Sikkink, "Human Rights, Principled Issue-Networks, and Sovereignty in Latin America," *International Organization* 47(Summer 1993), p. 418.

137) Peter J. Spiro, "New Global Communities: Nongovernmental Organizations in International Decision-Making Institutions," *The Washington Quarterly* 18, no. 1(1994), p. 47.

138) 이들의 점증하는 중요성과 이들이 자신들의 이익을 증진시키는 데 하이퍼미디어 환경을 어떻게 활용했는지에 대해서는 Paul Wapner, "Politics Beyond the State: Environmental Activism and World Civic Politics," *World Politics* 47, no. 3(April 1995), pp. 311~340을 보라.

139) Spiro, "New Global Communities," p. 49.; Leon Gordenker and Thomas G. Weiss, "Pluralizing Global Governance: Analytical Approaches and Dimensions," *Third World Quarterly* 16, no. 3(1995), p. 365를 보라. 이들은 미국원조의 약 25%가 NGO를 통해 이루어지며, 부통령 고어는 이 비중을 세기말까지 50%로 늘리겠다고 밝혔다.

글로벌 시민사회를 이루는 운동들은 지향이나 조직에서 동질적이지 않다. 그들은 '이질적이며 자율적인'(*heteronomous*)[140] 정치적 결사체들의 네트워크이다. 이 운동들이 생겨난 원인들 역시 다양하다. 환경(그린피스, Earth First), 인권(국제사면위원회), 원주민 네트워크, 게이 및 레즈비언 운동, 여성운동 등 문제영역에 따라 다양한 단체들이 있다. 스파이로는 이렇게 말한다. "환경주의자들, 인권옹호자들, 여성, 아동, 동물 권리옹호자들, 소비자들, 장애자들, 게이들, 원주민들 모두가 국제화되었다".[141]

이 글로벌 사회운동들의 대다수는 국가구조하에서 이루어지는 전통적인 로비 절차와 정치적 참여경로를 통해 움직이지 않는다.[142] 그것들 대부분은 정부관직을 두고 경쟁하는 정당들과는 확연히 다르다. 근대적 세계질서의 패러다임에 도전한다는 점에서 그들이 갖는 중요성은 "국제적 문제들을 다루기 위해서, 그리고 글로벌 사안들에 민감하다는 것을 보여주기 위해서"[143] 전통적 정치구조와 주권적 경계를 비켜가려 한다는 사실에 있다. 그것들은 "탈중심화된 지역적 행위자들로서 굳어져버린 공간의 경계들을 넘는다".[144] 활동의 조직, 주민의 교육과 동기부여는 국가나 기존의 정치제도를 통하지 않고 직접적으로 이루어진다.

초국가적 사회운동들의 활성화는 그들에게 힘을 실어준 커뮤니케이

---

140) 립슈츠가 사용한 이 용어는 네트워크가 전문화의 측면에서 분화돼 다른 기능을 수행하는 부분들로 이루어졌음을 강조하기 위한 것이다. Lipschutz, "Reconstructing World Politics," p. 391.

141) Spiro, "New Global Communities," p. 45.

142) Leslie Paul Thiele, "Making Democracy Safe for the World: Social Movements and Global Politics," *Alternatives: Social Transformation and Humane Governance* 18, no. 3 (Summer 1993), p. 281을 보라.

143) Ibid., p. 280.

144) Lipschutz, "Reconstructing World Politics," p. 390.

선 테크놀로지와 분리될 수 없다.[145] 스파이로는 다음과 같이 강조한다. "NGO들의 활성화는 국경의 침투가능성이 극적으로 높아졌음을 나타내며, 커뮤니케이션이 향상되어 영토적으로 흩어져 있는 개인들이 공통된 논제와 목적을 국제적 수준에서 발전시킬 수 있게 되었음을 의미한다".[146]

국제적 조정을 위해 오랫동안 사용된 미디어는 전화와 팩스였지만, 초국가적 운동들의 범위와 잠재력을 크게 변형시킨 것은 바로 컴퓨터 네트워크, 특히 인터넷이었다. 사실상 초국가적 환경단체들은 초기 컴퓨터 네트워크의 잠재력을 처음으로 인식한 이들에 속했다. 인터넷이 대중화되기 한참 전인 1982년에 구축된 에코넷(EcoNet)은 이제 70개국에 걸쳐 있다. 리트너는 에코넷을 통해 이루어지는 활동에 대해 이렇게 쓰고 있다.

> 환경문제에 관심을 갖는 수백 개의 조직들과 개인들에게 에코넷은 여러 용도를 갖는다. 에코넷 회원들은 지역적, 일국적, 국제적 회의들을 준비한다. 환경단체들은 편지쓰기 캠페인과 정보를 요구하는 게시물을 정기적으로 올린다. 환경기구들은 다운로드하거나 온라인을 통해 읽을 수 있도록 전자 소식지를 게시한다. 다른 기구들은 자신들의 소식지에 싣기 위해 게시된 기사들을 다운로드한다. … 보도자료를 읽을 수도 있다. 미국 야생생물 연맹의 자연보호단체 명부에는 북미의 거의 모든 환경조직들이 실려 있다. … 자주 기고하는 단체들로는 시에라 클럽(Sierra Club), 대지의 친구(Friends of the Earth), 스탠포드대학의 자연보호 생물학 센터, 자연보호 국제연맹, 그리고 그린피스가 있다.[147]

---

145) 정보 테크놀로지가 이 운동들을 만들어 낸 것이 아니라는 립슈츠의 지적은 옳지만 그는 하이퍼미디어가 글로벌 시민사회의 등장과 밀접한 관계에 있음을 간과한다. 그것은 인터넷만 잠시 살펴봐도 알 수 있는 사실이다. Lipschutz, "Reconstructing World Politics," pp. 411~412를 참조.

146) Spiro, "New Global Communities," p. 47.

오늘날 에코넷은 인터넷을 통해 작동하며, APC (Association for Progressive Communications) 라고 불리는 기구하에 연결된 광대한 네트워크의 일부에 지나지 않는다. APC는 133개국의 약 4만에 달하는 개인들과 NGO들을 연결하는 16개 네트워크의 비영리 협회이다.[148] 샐린에 의하면, APC는 "사회문제 및 환경문제를 다루는 글로벌 컴퓨터 네트워크 시스템 가운데 가장 포괄적"이다.[149] APC 네트워크의 대형 회원들 중 하나는 미국에 기반을 둔 IGC (Institute for Global Communications) 이다. 이 기구는 다양한 사회운동과 환경운동을 산하에 거느리고 있는데, EcoNet, PeaceNet, ConflictNet, WomensNet, LaborNet의 다섯 가지 전문네트워크로 나누어진다.[150] 이 네트워크들은 정부부서 전화번호와 주소에서 과학연구, 사건일지, 정부 규제 및 협정에 이르기까지 모든 것이 담겨있는 엄청난 데이터베이스를 함께 사용한다. 자료들은 고도의 연결성을 보여주며, 키워드로 검색할 수 있다. 80개 이상의 '대안적'(*alternative*) 뉴스 및 정보 서비스가 APC를 통해 제공된다.[151] 회원들은 전자회의에 참여하며, 전자우편을 통해

---

147) Don Rittner, *Ecolinking: Everyone's Guide to Online Environmental Information* (Berkeley: Peachpit Press, 1992), p. 178. 나는 이 인용문을 다음에서 찾았다. W. T. Stanbury and Ilan B. Vertinsky, "Assessing the Impact of New Information Technologies on Interest Group Behaviour and Policy Making," Revised draft, January 1995, pp. 33~34. 이 글은 *Bell Canada Papers III on Economic and Public Policy*에 실릴 예정이다.

148) Susanne Sallin, *The Association for Progressive Communications: A Cooperative Effort to Meet the Information Needs of Non-Governmental Organizations* (A Case Study Prepared for the Harvard-CIESIN Project on Global Environmental Change Information Policy, February 14, 1994). APC의 인터넷 주소는 http://www.apc.org/이다.

149) Ibid., p. 1.

150) IGC의 인터넷 주소는 http://www.igc.apc.org/이다.

151) Peter White, "The World is Wired," San Francisco Guardian (December 1992); Sallin, The Association for Progressive Communications.

직접 의사소통을 하고, 긴박한 인권 또는 환경 위반 사안들을 비롯한 정보를 배포한다. 이러한 활동가 네트워크가 글로벌 거버넌스에서 갖는 중요성이 점증하고 있음을 보여주듯이, APC는 유엔이 후원하는 여러 국제회의(1993년 빈에서 열린 세계인권회의, 1994년 카이로에서 열린 세계 인구 및 개발 회의, 1995년 베이징에서 열린 세계여성회의 등)에 참가하는 NGO 및 유엔 대표들에게 텔레커뮤니케이션을 제공한 중심기구였다.[152] 환경, 인권 등에 관련된 거의 모든 NGO들은 이제 APC 네트워크에 가입되어 있거나 APC 네트워크를 통해 접근할 수 있다.

물론 APC 네트워크에 공식적으로 포함되어 있지는 않지만, 인터넷 게시판, 뉴스그룹, 우편명부를 통해 연결된 수많은 초국가적 사회운동들이 비공식적으로 존재한다. 무수히 많은 '개인적' 교환들이 전자메일을 통해 이루어지며, 컴퓨서브(Compuserve), 프로디지(Prodigy), 아메리카 온라인(America On-Line) 등의 사설 컴퓨터 네트워크에서도 비슷한 토론집단이 형성되어 정보교환의 장이 된다.

아마 가장 의미있는 점은 월드와이드웹의 홈페이지들이 공식적이든 비공식적이든 초국가적 사회운동들에게 정보를 글로벌 규모로 발표하고 전파하는 중요한 방식을 제공한다는 것이다. 특정집단에게 호소하는 수천 개의 정치운동들이 자신들의 존재를 웹상에서 구축하였다. 이를 통해 그러한 운동들은 대안적 뉴스와 정보를 유포시키고, 자신들의 특정이익에 연관된 데이터 저장소를 유지하며, 또는 상보적 관계에 있는 다른 운동들에게 비공식적 접근통로를 제공해줄 수 있다.[153]

컴퓨터 네트워크가 초국가적 사회운동 커뮤니케이션의 필수적 중추를 이루고는 있지만, 그들의 일상활동은 하이퍼미디어 환경의 다른 요소들에서도 도움을 받는다. 예를 들어, 30개국에 40개 이상의 사무

152) APC와 유엔의 관계에 대해서는 http://www.apc.org/un.html을 보라. APC는 유엔 경제사회위원회가 지정한 자문기구이기도 하다.

153) WebActive의 인터넷 주소는 http://www.webactive.com/이다.

소를 두고 있는 그린피스는 '그린링크'(*Greenlink*) 라는 자체적 위성통신망을 통해 감시선들과 사무소들을 연결시키고 있다.[154] 한 고위관계자에 의하면, '그린링크'는 없어서는 안될 존재이다. "그것이 없다면 우리는 지금 하고 있는 활동들을 조정할 수 없을 것이다".[155]

탁상출판(*desktop publishing*)의 기술은 이 운동들이 기층수준에서 팜플렛과 소식지를 배포할 수 있는 보다 효과적이고 정서적인 수단을 제공한다. 이를 통해 전지구적 운동들의 지역교점들은 자신들의 전략과 메시지를 지역조건들에 맞출 수 있다. 글로벌 시민사회의 어떤 요소들은 다른 요소들보다 하이퍼미디어 환경의 특정 속성들에 대한 의존도가 높다. 반체제 집단들이 자신들의 활동을 해외에 알리기 위해 팩스머신과 휴대용 비디오 카메라를 사용하는 것을 생각해 보자. 가장 자주 인용되는 예는 베이징의 천안문 사건 당시에 급진파 학생들이 팩스머신을 통해 자신들의 주장을 전세계에 알릴 수 있었던 일이다. 그러나 이 테크놀로지는 국제사면위원회 같은 인권단체들의 '긴급행동' 전략에서 오랫동안 사용되었다. 인권단체들은 위반사안들을 각지에 알리기 위해 신속한 전송방법에 의존해야 했다.[156]

---

154) Stanbury and Vertinsky, "Assessing the Impact of New Information Technologies," p. 34를 보라. 또한 다음을 참조할 것. Stanbury, "New Information Technologies and Transnational Interest Groups," Paper prepared for delivery at the 'Information Technologies and International Relations' symposium, Department of Foreign Trade and International Trade, January 13, 1995.

155) Stanbury and Vertinsky, "Assessing the Impact of New Information Technologies," p. 34에서 인용. 아울러 Wapner, "Politics Beyond the State"를 볼 것.

156) '민주화의 물결'에서의 정보 테크놀로지의 역할에 대한 균형적인 개관으로는 다음을 보라. Adam Jones, "Wired World: Communications Technology, Governance and the Democratic Uprising," in Edward A. Comor, *The Global Political Economy of Communication: Hegemony, Telecommunication and the Information Economy* (New York: St. Martin's Press, 1994), pp. 145~164.

물론 이러한 초국가적 사회세력들 모두가 똑같은 목표를 품고 일하는 것은 아니며, 모두가 인간조건의 향상을 위해 일한다고 말할 수도 없다. 테크놀로지는 포르노그래피 유포, 테러리스트 활동, 범죄조직의 돈세탁과 같이 국경을 넘어선 범죄행위를 조장할 수도 있다.[157] 신나치 운동은 하이퍼미디어를 아주 효과적으로 활용했다. 그들은 컴퓨터 네트워크, 팩스, 비디오 카세트, 그리고 다른 형태의 전자 커뮤니케이션을 통해 미국, 캐나다, 유럽의 젊은 세대들 사이에서 상당한 추종세력을 확보했다. 1995년 4월에 발생한 오클라호마시티 연방정부 건물 폭파사건은 언론의 관심을 초국가적 테러리스트 조직들과 민병(*militia*) 운동에 의한 컴퓨터 네트워크 사용에 집중시켰다. 미시건 민병대의 사령관인 노먼 올슨(Norman Olson)은 인터넷을 자신의 주장을 펼치는 데 "절대적으로 필요한" 것이라고 불렀다.[158] 30초도 채 안 되는 검색을 통해, 나는 스위스 제네바의 한 웹사이트에서 폭발장치의 재료와 조립에 관한 정보를 제공하는 상세한 '테러리스트 안내서'(*Terrorist Handbook*)를 얻을 수 있었다. 동일한 사이트에서 나는 하고자만 한다면 어떻게 원자탄을 만들 수 있는가를 자세하게 설명한 자료를 얻을 수 있었다.

하지만 이 연구의 목적에 비추어 볼 때, 더 중요한 것은 이 사회운동들이 내세우는 가치들이 아니라 그들의 이익과 행위가 주권적-영토적 경계와 무관하게 정의되고 조직된다는 점이다. 틸의 논평대로,

---

157) 캐나다 왕립 기마경찰(Royal Canadian Mounted Police) 밴쿠버 경제사범과의 피터 저먼(Peter German) 경사와의 면담, 1995년 1월 13일. 자세한 개관을 위해서는 다음을 보라. Bruce Zagaris and Scott B. MacDonald, "Money Laundering, Financial Fraud, and Technology: The Perils of an Instantaneous Economy," *George Washington Journal of International Law and Economics* 26(1992), pp. 61~107.

158) Jared Sandberg, "Militia Groups Meet, Recruit in Cyberspace," *Wall Street Journal*(April 26, 1995).

"초국가적 사회운동들은 베스트팔렌 체제의 바탕이 된 국내정치와 국제정치간의 구분을 허물고 있다".[159] 주민들에게 영향력을 행사하기 위해 정치적 경계를 둘러싸고 관통함으로써, 초국가적 사회운동들은 주권과 영토적 제한 속에서 주권적 권위의 궁극적인 지배를 받는 주민들간의 연계를 약화시킬 뿐만 아니라 국경선을 넘어서 정치가 이루어지는 정당한 영역은 국제적 국가체제(*international states system*)라는 근대적 세계질서의 패러다임의 중심사고에 도전한다.[160] 이는 특히 보편적 인권과 관련된 규범들과 원칙들의 글로벌 수준의 제도화를 실행하기 위해 로비를 펼치는 운동들에서 두드러진다. 인권문제에 대한 개입은 곧 주권에 대한 직접적 도전이기 때문이다. 시킨크는 다음과 같이 주장한다. "인권에 관련된 정책들과 관행들은 근대세계에서의 주권의 점진적이고 유의미한, 그리고 아마도 역전불가능한 변형에 기여하고 있[으며]", 그러한 변화는 "초국가적 행위자들의 역할을 고려하지 않고서는 설명될 수 없다".[161] 달리 말해, 정당한 권위에 대한 영토국가들의 독점권 주장은 보다 넓은 보편주의적 목표로써 자신들의 행위를 뒷받침하는 글로벌 시민사회 네트워크에 의해 점점 더 도전 받고 있다.[162]

그러나 여기서 한 가지 의문이 당연히 생겨난다. 즉, 이 집단들의 활동과 가치의 이질성을 고려할 때, 우리가 현실적으로 그들에게 어느 정도의 정치적 권위와 영향력을 부여할 수 있는가? 분명히 이 운동들을 다 합쳐도 앞 절에서 다룬 글로벌 시장의 힘만큼의 구조적 권력을 갖지는 못한다. 가장 중요한 점은 개별 자본가들의 작은 결정들

159) Thiele, "Making Democracy Safe for the World," p. 278.

160) 이 점은 Lipschutz, "Reconstructing World Politics," p. 392에서 지적된다.

161) Sikkink, "Human Rights, Principled Issue-Networks," p. 411.

162) Richard Falk, "Challenges of a Changing Global Order," *Peace Research: The Canadian Journal of Peace Studies* 24, no. 4(November 1992)를 보라.

이 국가들에 대한 구조적 효과로 전환되는 데 그토록 중요한 요소인 공통의 가치체계가 그들에게는 결여되어 있다는 것이다. 이슬람교도, 게이, 신나치, 환경주의자, 페미니스트, 반핵 활동가가 하나의 공공정책 문제에 대해 동일한 대응을 할 경우는 거의 없다.[163] 그러나 그들이 글로벌 시장의 힘과 같은 구조적 권력은 없지만, 그들 중 다수는 마이클 만(Michael Mann)이 '틈새적'(*interstitial*) 권력이라고 부르는[164] 힘을 갖는다. 특정한 문제영역에 대해 주변부에서 정당한 영향력을 행사하는 것이다. 위에서 언급된 시킨크의 연구는 인권영역이 이러한 힘을 가짐을 분명히 보여준다. 마찬가지로 와프너는 초국가적 환경운동가들이 생태계 보존에 대한 대중들의 인식, 다국적 기업들의 행태, 지역적 권력의 강화에 영향력을 행사한다고 본다.[165] 이러한 분석들의 시각에서 볼 때, 우리는 글로벌 시민사회 네트워크의 틈새적 권력이 계속 커질 것이라고 기대하게 된다. 이 네트워크의 전체적 영향력은 개별 국가정책들에 대한 '구조적' 효과보다는 주변부에서 권위를 개체화시키는 집단적인 힘, 즉 서로 다른 공공정책 쟁점들과 대중들의 태도에 가해지는 '틈새적' 권력에 있다.

그러나 글로벌 시장의 힘에서와 마찬가지로 이러한 운동들의 활성화와 그들의 틈새적 권력의 확대가 '국가' 자체에 대한 직접적 도전을 반드시 의미하지는 않음을 분명히 하는 것이 중요하다. 그러한 '양자택일식' 정식화는 국가들과 초국가적 사회운동들간의 복합적인 상호관계의 많은 부분을 놓치게 된다. 이 운동들의 전부는 아니더라도 많은 수가 국가와 나란히, 즉 적극적 국가의 동의와 재정지원을 통해 움직

---

163) NGO들간의 공식적인 동맹과 연합이 늘어나고 있기는 하다. 이에 대해서는 Gordenker and Weiss, "Pluralizing Global Governance," p. 367을 보라.

164) Mann, *Sources of Social Power*, pp. 15~19.

165) Sikkink, "Human Rights, Principled Issue-Networks"; Wapner, "Politics Beyond the State".

인다. 그리고 일반적으로 그들의 관심사가 특정한 문제영역으로 좁혀져 있다는 것을 고려할 때, 이 운동들이 국가를 통째로 대체할 수 있을 것인가 아닌가라는 관점에서 초국가적 사회운동의 현상을 판단하는 것은 개념적으로 오도된 것이다.

어떤 초국가적 사회운동도 그처럼 거창한 야심을 갖고있지 않다.[166] 이 운동들 전체가 근대적 세계질서 패러다임에 근본적 도전을 제기할 수 있는 것은 컴퓨터 네트워크라는 '비영토적인 글로벌 공간'(*global nonterritorial region*) 내에서 작동하면서 갖게 되는 밀도와 복합성 때문이다. 달리 말해, 이 운동들의 중요성은 국가의 대체가능성이 아니라 정치적 권위와 정치참여 과정을 '개체화'시키고 '비영토화'시키는 집단적 힘에 있다.[167]

---

166) 그렇다고 해서 이 집단들이 국가의 '정당성 파괴'(*de-legitimization*)에 기여하지 않는다고 말하는 것은 아니다. 오히려 그 반대이다. NGO들이 공공후생, 교육과 같이 전통적으로 국가와 연관된 공공 서비스 기능들을 수행하는 많은 경우들이 있다. 이를 통해 NGO들은 국민적 정체성과 국가건설 계획보다는 지역공동체에 힘을 실어줄 수 있다. 와프너가 말하듯이, 이 집단들은 "스스로를 국가 영역 밖에서 활동하고 시민사회 자체에 초점을 맞춘다고 볼 지 모르나, 실제로 그들의 행위는 국가정책들에 광범한 영향을 미치고 국가정책들에 개입한다". Wapner, "Politics Beyond the State," p. 335. 아울러 NGO들이 스리랑카 북부에서 교육제도를 담당하고 방글라데시에서 3만5천 개의 학교를 운영하면서 전통적인 국가기능을 수행하고 있는 사례에 대해서는 Gordenker and Weiss, "Pluralizing Global Governance," p. 370을 보라.

167) '비영토적인 글로벌 공간'이라는 용어는 다음에서 빌어온 것이다. John Gerard Ruggie, "International Structure and International Transformation: Space, Time and Method," in Czempiel and Rosenau, eds., *Global Changes and Theoretical Challenges*, p. 31.

## 3. 하이퍼미디어 환경에서의 안보의 본질

이 장의 나머지는 새로운 커뮤니케이션 환경에서의 안보제도의 본질을 검토한다. 이 검토가 이루어지는 분석수준을 분명히 하는 것이 중요하다. 국제관계 이론가들 사이에서 '안보'의 쟁점들은 전통적으로 '국가간의' 맥락에서 논의되고 검토된다. 국제안보의 이론들은 일반적으로 하나의 기본구조를 가정한다. 그것들은 정치적 권위가 주권국가들로 분할되는 것을 당연하게 받아들이고, 그러한 국가들간의 안보관계에 대해 이론화한다. 이 시각에서 개별적인 국내안보 제도의 본질은 확실한 '소여'(所與 ; *given*) 이며, 이론화의 목적상 가정되어 버리고 만다(*assumed away*). 그러나 세계질서 자체에 구조적 변화들이 생기고 있을 때에는 더 깊고 근본적인 분석수준, 정상적으로 받아들여지는 것을 문제삼는 분석수준이 요구된다.

따라서 이 절에서 나의 초점은 새로운 커뮤니케이션 환경에서 대안적인 '국내' 안보제도들이 얼마만큼의 상대적 '적자성'(適者性 ; *fitness*)을 갖는지에 주어진다.[168] 색출적 목적에서 나는 안보제도의 두 가지 '이념형'을 비교할 것이다. 그것들 각각은 변화하는 환경에서 대안적 '종'(種) 으로 다루어질 수 있고, 오늘날의 세계에서 안보와 정치를 조직하는 근본적으로 대립적인 두 개의 양식들을 나타낸다.

대니얼 듀드니(Daniel Deudney)의 표현을 빌어, 나는 이 두 개의 '이념형적' 안보제도들을 각각 '현실국가'(*real-states*) 형, '반(反) 위계체

---

168) '국내'라는 용어에 강조표시를 한 것은 '국내'와 '국제'의 구분을 핵심적 전제로 삼는 근대적 세계질서의 패러다임을 문제삼는 나의 논지와 모순적일 수 있기 때문이다. 그러나 내가 국내 안보제도가 적합한지를 볼 것을 제안하는 한 이유는 그것이 글로벌 수준의 힘들과 다중적인 정치적 권위를 조정하는 능력이 어느 정도인가를 보는 것이 중요하기 때문이다.

제'(*negarchies*) 형으로 부른다.[169] 전자, 즉 현실국가형은 다음과 같은 여러 상호연관된 특징들을 갖는다. 하나의 특정조직이 폭력과 강제력을 독점한다. 정치조직은 위계적 형태를 띤다. 권위는 하나의 중심에서 하향적으로 흐르며, 정보는 철저히 통제되고 조절된다. 정책의 결정과 실행은 외부세계로부터 경제적, 정치적, 문화적으로 차단된다. 현실국가형은 자족성과 자율성에 가치를 부여하는 체제이다. 반면에 반위계체제는 "균형, 분리, 혼합과 같은 장치들이 권력, 특히 폭력적이고 집중된 권력을 제한하고 견제하며 구속하는"[170] 안보제도이다. 이 제도의 중심적 배열원리(*ordering principle*)는 "부정의 통치"(*the rule of the negative*)[171]로서 권위는 여러 권력중심들로 분산되고, 정보의 자유로운 흐름이 장려된다. 그 정책지향은 경제적, 정치적, 문화적으로 외부세계에 대해 개방을 하고 외부세계와 통합하는 것이다.

물론 실제의 국내 안보제도들이 이러한 이념형들에 근접하는 정도는 상이하다. 기존의 또는 최근의 국내 안보제도들 가운데서는 이전의 공산권 국가들과 이슬람 권위주의 체제들이 현실국가형에 가장 가깝다. 반면에 현재의 자유민주주의 체제들은 반위계체제형의 안보제도에 가장 가깝다. 이 두 이념형 가운데서 근대적 세계질서의 패러다임과 가장 조화되는 것은 분명히 현실국가형이다. 현실국가들이 하이퍼미디어 환경에서 유리한 위치에 서게 될수록 이 장의 앞부분에서 제기된 근본적 변형의 관찰결과는 문제시될 수밖에 없다. 반면에 반위계체제들은 기술적으로는 근대적 세계질서와 배치되지 않지만 초국가적 힘, 통합, 다중적 권위에 대해 개방적이고 그것들을 돕는다는 점

---

169) Deudney, *Pax Atomica*; Deudney, "Binding Powers, Bound States"를 보라. Real-state의 real은 독일어식으로 '레알'로 발음된다(현실정치를 나타낼 때 흔히 독일어의 Realpolitik를 사용하는 것과 비슷한 경우이다: 역자 주).

170) Deudney, "Binding Powers, Bound States," p. 10.

171) Ibid., p. 11.

에서 근본적 변형에 조화되기 쉽다. 이 장의 나머지에서 해결되어야 할 문제는 다음과 같다. 이 두 유형의 안보제도 가운데 하이퍼미디어 환경에서 유리한 위치에 서게 될 것은 어느 쪽인가? 이 물음에 대답하기 위해서 나는 하이퍼미디어 환경에서 안보와 관련된 여러 가지 측면들을 검토할 것이다. 나의 주장은 그러한 측면들 모두가 기능적으로 현실국가형에서 벗어나 반위계체제형을 선호하게 된다는 것이다.

### 1) 하이퍼미디어와 현실국가: 전자 원형감옥?

언뜻 생각하기에는 하이퍼미디어의 속성들이 기능적으로 현실국가들을 보완한다고 볼 수 있을 것이다. 《1984년》의 '빅브라더'[172] 처럼 집중화된 권위체가 주민을 감시할 수 있는 기술적 환경을 제공하기 때문이다. 실제로 전자감시체제를 연구하는 많은 이론가들 사이에서 그러한 주장에 대한 지지는 아주 강하다. 이 주장은 종종 전자 원형감옥(*Panopticon*)의 이미지를 그 기반으로 삼는다. 원래 원형감옥은 18세기에 제러미 벤담(Jeremy Bentham)이 감옥용으로 고안한 건축양식이었고, 미셸 푸코에 의해 근대감시체계의 일반이론 속으로 편입되었다.[173] 원형감옥의 핵심은 정교하게 고안된 조명장치를 이용한 감시체계인데, 이것은 죄수들이 누군가 자신들을 쳐다보고 있다는 사실을 깨닫지 못하게 만든다. 따라서 죄수들은 보이지 않는 눈의 감시를 받고 있다는 지속적인 느낌에 의해 통제된다.[174] 푸코는 이러한 감시모

---

172) George Orwell, *1984* (New York: Signet Books, 1949).

173) Foucault, *Discipline and Punish*를 보라.

174) 이 점에 대한 좋은 개관으로는 다음을 보라. David Lyon, "An Electronic Panopticon? A Sociological Critique of Surveillance Theory," *The Sociological Review* 41(1993), pp. 655~660; Gandy, *The Panoptic Sort*; Lyon, *The Electronic Eye: The Rise of Surveillance Society* (Minneapolis: University of Minnesota Press, 1994), 특히 제 4 장을 볼 것.

델이 감옥에만 국한되지 않고, 근대사회 전체에 깊은 형이상학적 뿌리를 갖고 있다고 주장했다. 푸코가 전자 원형감옥의 문제를 제기한 적은 없지만, 푸코에게 영향을 받은 많은 이론가들은 원형감옥의 아이디어를 현대의 국가감시체계로 확대함으로써 그러한 시도를 했다. 그 이미지는 베버(Max Weber)가 말하는 '철창'(*iron cage*)의 사이버 스페이스적 변형이다. 하이퍼미디어에서 힘을 얻은 국가관료제가 시민생활의 가장 사적인 구석까지 침투하는 것이다.

이러한 주장을 뒷받침하기 위해 수집된 증거들은 상당하다. 컴퓨터 데이터베이스를 통해 정보를 조작하고 전자감시장치를 사용함으로써 치안, 조세와 같은 영역들에서의 국가통제가 쉬워지고, 관료적 행정의 다른 측면들도 촉진된다.[175] 게리 맑스는 하이퍼미디어 테크놀로지에 의한 미국의 비밀경찰 감시체계는 미국을 '치안 극대화 사회'에 근접할 수 있도록 만들었다고 주장한다.[176] 스탠리 코헨은 '풀려난' 범죄자들을 감시하는 전자 꼬리표 장치와 관련하여 비슷한 지적을 한다.[177] 더 나아가 다이애너 고든은 국가의 컴퓨터 데이터베이스와 컴퓨터 매칭(*matching*) 기술이 정교해지고 침투력이 강해지면서 범죄자들의 추적이 더 쉬워진 반면에, "우리 모두는 전자 원형감옥 속에 갇혀있다"고 주장한다.[178]

175) 다음절은 라이언의 유익한 개관을 따른 것이다. 그의 "An Electronic Panopticon?," pp. 661~662를 보라. 비슷한 논의로는 Stephen Gill, "The Global Panopticon? The Neoliberal State, Economic Life, and Democratic Surveillance," *Alternatives* 2(1995), pp. 1~49를 볼 것.

176) Gary Marx, *Undercover Police Surveillance in America*(Berkeley: University of California Press, 1988).

177) Stanley Cohen, *Visions of Social Control*(New York: Basil Blackwell, 1985).

178) Diana Gordon, "The Electronic Panopticon: A Case-Studey of the Development of the National Crime Records System," *Politics and Society* 15(1986), p. 387.

데이비드 플래허티, 오스카 갠디 등이 입증하듯이[179], 실제로 하이퍼미디어 환경에서 모든 종류의 정부 관료기구에게 개인정보의 대조와 교환이 훨씬 쉬워졌다는 것은 부인하기 어렵다. 아마도 가장 명백한 예는 미국의 FinCEN(Financial Crimes Enforcement Network)일 것이다. 이 네트워크는 주로 돈세탁을 추적하는 데 사용된다.[180] FinCEN은 대규모 금융거래들을 고성능 인공지능 컴퓨터 프로그램을 통해 정부, 민간, 외국 컴퓨터 데이터베이스에 있는 거래내역과 대조하고 나서 대표적인 금융범죄 내용과 대조한다. 이 과정을 통해 어떤 결과들을 범법일 가능성이 높은 것으로 표시한다. 비슷한 시스템들이 다른 나라들에서도 구축되어 이제는 각국간에 그리고 인터폴(Interpol)과의 자료공동이용이 이루어지고 있다.[181] 하이퍼미디어 환경이 관료적 감시체계를 향상시켰다는 것은 거의 의문의 여지가 없지만, 그러한 추세가 현실국가에 유리하다고 말할 수 있는가? 하이퍼미디어 환경의 출현은 전자 빅브라더의 등장을 알리는 전조인가?

많은 비판들이 지적했듯이, 이러한 분석들의 가장 심각한 결함은 실제로 현실국가들이 하이퍼미디어 환경에서 처한 불리한 위치, 하이퍼미디어의 감시효과를 상쇄하는 다른 압력과 추세를 무시함으로써

---

179) 다음을 보라. David H. Flaherty, *Protecting Privacy in Surveillance Societies: The Federal Republic of Germany, Sweden, France, Canada, and the United States* (Chapel Hill: University of North Carolina Press, 1989); Gandy, *The Panoptic Sort*; Oscar H. Gandy, "The Surveillance Society: Information Technology and Bureaucratic Social Control," *Journal of Communication* 39, no. 3(1989), pp. 61~76.

180) FinCEN에 대한 자세한 내용은 다음을 보라. Steven A. Bercu, "Toward Universal Surveillance in an Information Economy: Can We Handle Treasury's New Police Technology?" *Jurimetrics Journal* 34(Summer 1994), pp. 383~449.

181) 캐나다 왕립 기마경찰(RCMP) 밴쿠버 경제사범과의 피터 저먼 경사와의 면담, 1995년 1월 13일.

현대 감시체계에 대한 왜곡된 이미지를 제시하는 경향이 있다는 것이다. 라이언의 적절한 표현처럼, "감시이론은 근대에서 비롯된 모델들과 은유들과 '응시'(*gaze*)에 대한 데카르트적 집착에 의해 지배된다".[182] 모든 형태의 감시는 하나의 특권적 중심으로 이끌려 들어간다. '국가'는 원형감옥 감시탑 안의 간수와 등가물이 된다. 푸코에 의하면, 원형감옥 감시탑은 "영구적이고 철저하며 편재적인 감시의 힘을 갖고 있으며, 그 자체가 보이지 않는 한 모든 것을 보이게 할 수 있다".[183] 어떤 시각에서는 이것이 사실일 수 있다. 특히 정부 부서들이 관료적 감시체계를 향상시키기 위해 하이퍼미디어 테크놀로지를 이용할 수 있는 한 그러하다.

그러나 다른 시각에서는 푸코의 말은 단순히 잘못 적용된 은유로 비친다. 원형감옥의 은유를 조심해서 사용해야 할 이유를 살펴보자. 첫째, 정부들이 하이퍼미디어 환경 속에서 개인들을 훨씬 더 쉽게 추적하고 감시할 수 있는 반면에 정부들이 정보의 흐름을 통제하는 것은 더욱 어려워졌다. 적어도 개인들이 어떤 유형의 정보에 접근하는 것을 막는 일은 더 힘들어졌다. 뉴먼은 이렇게 설명한다. "새로운 미디어의 특별한 성격은 수직적 확산(집중화된 권위와 대중간의 보다 전통적인 연계)만큼이나 수평적 확산(개인들과 집단들간의 연계)이 쉽게 이루어질 수 있다는 점이다".[184] 하이퍼미디어 커뮤니케이션의 새로운 테크놀로지들은 보다 작고 보다 이동하기 좋으며 보다 무정형적이다. 그래서 추적과 봉쇄가 쉽지 않다.

이동식 개인용 디지털 보조장치들을 생각해보자. 이 조그만 포켓 사이즈의 장치들은 신용카드만한 모뎀을 통해 디지털 정보의 무선 쌍방향 커뮤니케이션을 가능케 해준다.[185] 이러한 장치들은 아이리디엄

182) Lyon, *The Electronic Eye*, pp. 218~219.

183) Foucault, *Discipline and Punish*, p. 217.

184) Neuman, *The Future of the Mass Audience*, p. 13.

(*Iridium*) 시스템 같은 것들의 저궤도 위성에 연결되어 있기 때문에 당국자들이 자국 안팎을 드나드는 커뮤니케이션을 막는 일은 거의 불가능할 것이다.

아마도 가장 좋은 예는 휴대용 위성안테나일 것이다. 이제 직경 18인치로 줄어든 이 장치는 아무리 멀리 떨어져 있는 지역이라도 위성방송을 연결시켜 준다. 이란이 위성안테나를 금지하기는 했지만, 암시장에서 400달러면 살 수 있는 이 장치를 가지고 위성으로 TV 프로그램을 수신하는 가정은 여전히 20만 가구에 달하는 것으로 추정된다.[186] 콜롬비아에서는 정부가 30만 명에 이르는 위성안테나 보유자들에게 등록지시를 내렸지만 집계된 것은 100대에 불과했다.[187] 중국에서는 위성안테나의 개인보유가 1990년에 금지되었지만, 1994년 초 현재 약 1,100만 가구가 위성안테나를 가지고 있으며, 대략 3천만 명이 직접위성수신을 통해서나 케이블 중계를 통해서 루퍼트 머독(Rupert Murdoch)의 스타 TV를 수신할 수 있다.[188] 국가가 국영방송에 대한 철저한 정부통제를 오랫동안 유지해왔던 아시아의 몇몇 나라들, 그리고 위성안테나를 아예 금지시킨 싱가포르와 말레이시아에서 많은 사람들은 이제 흐름을 거스르는 그러한 정책들이 소용없음을 인식하고 있다. 리와 왕이 지적하듯이, 광고수입과 시청자를 불법 위성방송에 빼앗기자 말레이시아, 대만, 태국, 한국에서는 더 많은 경쟁을 허용하는 방향으로 규제정책의 변화가 이루어질 수밖에 없었

---

185) "End of the Line," p. 6을 보라.

186) "Iran Prohibits Satellite Dishes To Bar U.S. TV," *New York Times* (December 27, 1994).

187) "Feeling for the Future," p. 17.

188) Paul S. N. Lee and Georgette Wang, "Satellite TV in Asia: Forming a New Ecology," *Telecommunications Policy* 19, no. 2(1995), pp. 140~141; 또한 William Shawcross, "Reaching for the Sky," *New Statesman and Society* (March 24, 1995), pp. 12~14를 보라.

다.[189] 인도에서는 국영 두어다샨(Doordashan) 채널이 비슷한 조치들을 취했다. 스타TV로부터 경쟁에 직면하자 독립제작자들에게 다섯 개의 채널을 맡긴 것이었다.[190]

이러한 통제의 문제들은 이 장의 앞부분에서 다룬 경제영역의 변화들로 인해 더욱 악화되었다. 구조적 압력들이 현실국가들로 하여금 자유주의적 경제정책들에 따르고 초국가적 기업들의 투자를 허용하도록 만듦에 따라 이 국가들이 순전히 경제적 용도의 정보와 사회적·정치적 커뮤니케이션 사이의 '방화벽'을 유지하는 것은 점점 더 어려워지고 있다. 컴퓨터 네트워크를 통해 더 많은 초국가적 통상이 이루어지면서 이러한 상황은 더욱 심화되었다. 디지털 정보는 '패킷 교환'(*packet switching*)이라 불리는 시스템을 통해 이동되며, 이 시스템은 전송내용을 일련의 단위들로 쪼개서 독립적인 경로들을 따라 전송목적지로 보낸다.[191] 국가가 그러한 전송내용들을 감시하려 해도, 그것은 엄청난 비용이 드는 어려운 일이다. 특히 부호화(*encryption*) 기술과 재전송(*remailing*) 시스템이 사실상의 익명성과 커뮤니케이션 보안을 가능케 하기 때문이다.[192] 외국의 투자를 유치하고자 하는 현실국

189) Lee and Wang, "Satellite TV in Asia," pp. 141~143.

190) Ibid.

191) Drake, "Territoriality and Intangibility," pp. 270~272를 볼 것.

192) Peter H. Lewis, "Computer Jokes and Threats Ignite Debate on Anonymity," *New York Times*(December 31, 1994)를 보라. '익명적' 재전송자(*anonymous remailer*)로 알려진 컴퓨터 시스템은 전세계로부터 메시지를 받아 전송자의 ID를 없애고 나서 원래의 목적지로 보낸다. 전세계적으로 일반의 접근이 가능한 익명적 재전송 시스템은 20~25개로 추정된다. 루이스는 다음에 주목한다. "익명적이고 추적불가능한 메시지를 보낼 수 있게 되면 정치적, 종교적 반체제인사들, 폭로자들, 인권옹호자들을 있을지도 모를 보복으로부터 보호하는 것도 가능하다". 미국에서는 부호화 기술의 확산을 막으려는 시도들이 규제를 통해 이루어져 왔다. 특히 '클리퍼 칩'(*clipper chip*)으로 알려진 장치가 설치된 전자 테크놀로지에 대해서는 중앙의 당국자들이 접근할 수 있도록 되어 있다. 이러한 점들에 대한 개관으

가들은 글로벌 네트워크를 가진 커뮤니케이션 환경을 제공하는 위험을 감수하면서 다른 한편으로는 정치적으로 민감한 정보를 가려내야 한다. 그러한 전략은 단기적으로는 유지될 수 있으나 기술적 제약이 많고 경제적 비용이 크다. 이러한 모순에 직면할 가능성이 앞으로의 수십 년 동안 가장 높은 곳은 싱가포르 같은 국가들이다. 경제영역에서 자유화 조치들은 취해졌고, 투자유치를 위해 국가가 '정보 섬'(*intelligent island*) 같은 정책적 지원으로 정교한 정보 테크놀로지 환경을 증진시켜온 반면 정보에 대한 집중화된 통제는 강고하게 유지되고 있는 것이다.[193]

하이퍼미디어 환경의 속성들로 인한 통제의 약화는 구 소련의 해체를 이해하는 데 도움을 줄 것이다.[194] 명령식 경제체제를 해체 또는

---

로는 Steven Levy, "The Battle of the Clipper Chip," *New York Times Magazine* (June 12, 1994), pp. 44~51을 보라.

193) 싱가포르의 컴퓨터 네트워크인 텔레뷰(Teleview)의 가입자들은 "도덕적, 종교적, 공동체적 또는 정치적 이유에서 불온한 일체의 메시지를 누구에게라도 보내는" 데 네트워크를 사용하지 않겠다는 진술에 동의해야 한다. "Feeling for the Future," p. 16. 빅터 키건은 싱가포르와 관련하여 다음에 주목한다. "반어적이게도 싱가포르가 선도하고 있는 정보혁명은 그 체제의 정치적, 문화적 억압을 뒤엎는 트로이의 목마가 될지도 모른다. 전지구적 정보 고속도로가 싱가포르 시민들에게 포르노그래피는 말할 것도 없이 전 세계의 멀티미디어 신문에 즉각적인 접속을 가능하게 할 때에도 위성안테나와 수많은 외국 저널들을 금지하는 사회가 지속될 수 있겠는가?" Victor Keegan, "Who's in Charge Here," *The Guardian* (December 12, 1994).

194) John Lewis Gaddis, "Tectonics, History and the End of the Cold War"; Stephen Van Evera, "Primed for Peace: Europe After the Cold War," *International Security* 15, no. 3 (1990/1991), pp. 14~15를 볼 것. 커뮤니케이션 학자의 시각에서 구 소련의 몰락을 날카롭게 예측한 것으로는 Wilson Dizard, "Mikhail Gorbachev's Computer Challenge," *The Washington Quarterly* 9, no. 2 (Spring 1986); Walter R. Roberts and Harold E. Engle, "The Global Information Revolution and the Communist World," *The Washington Quarterly* 9, no. 2 (Spring 1986)를 볼 것.

'재구조화'하고 몇몇 선도산업 부문에 현대적 컴퓨터 및 커뮤니케이션 테크놀로지들을 채택하면서 중앙정부는 다른 형태의 커뮤니케이션에 대한 집중화된 통제를 상실하게 되었다. 전환점은 1991년 8월의 쿠데타 시도 때였다. 중앙의 당국자들은 소련 안팎에서의 정보확산을 더 이상 막을 수 없음을 발견했다. 셰인은 쿠데타까지의 상황에 대해 이렇게 논평한다. "정부 바깥에서 팩스머신과 복사기, 비디오 녹화기와 개인용 컴퓨터는 더 이상 이국적인 물건들이 아니라 러시아의 정치적 반대세력, 공화국 독립운동, 신흥 민간부문을 연결하며 마구 뻗어나가는 살아있는 신경계였다".[195] 보리스 옐친(Boris Yeltsin) 등으로부터의 메시지들은 컴퓨서브, '글라스넷'(GlasNet) 시스템을 통해, 그리고 인터넷상의 토론집단들을 통해 퍼져나갔다.[196] 소련 기자들은 자신들의 기사를 지역회선을 통해 에스토니아의 한 문화연구소로 송고했고, 이 연구소의 컴퓨터는 스웨덴의 피스넷(PeaceNet)과 연결되어 있었으며, 피스넷은 기사를 6개의 컴퓨터 네트워크를 통해 전세계로 전송했다.[197] 소련 내에서 공중파는 반대세력들의 주장들로 포화상태였고, 수천 명의 모스크바 시민들은 크렘린, 외무성, 그리고 몇몇 호텔들을 위해 제공되는 극초단파 중계를 통해 CNN의 텔레비전 영상을 수신할 수 있었다. 옐친이 쿠데타에 맞서기 위해 탱크 위에 올라갔을 때, "그의 모습은 CNN을 통해 수천 명의 모스크바 시민들에게 전해졌고, 그의 말은 복사전단과 백악관 라디오 방송국을 통해 또 다른 수천 명에게 전해졌으며, 수천 명이 더 항거에 가담하도록 만들었다".[198]

원형감옥의 은유를 조심해야 하는 두 번째 이유는 국가의 향상된

---

195) Scott Shane, *Dismantling Utopia: How Information Ended the Soviet Union* (Chicago: Ivan R. Dee, 1994), p. 262.

196) Lyon, *The Electronic Eye*, p. 87.

197) White, "The World is Wired".

198) Shane, *Dismantling Utopia*, p. 266.

감시능력에만 초점을 두면, 하이퍼미디어 환경의 투명도가 전반적으로 높아져서 국가들 스스로가 감시망에 잡히게 되는 현상을 간과하기 때문이다. 달리 말해, 하이퍼미디어 환경은 하나의 '응시'(*gaze*) 주체를 만들기보다는 감시의 중심체를 더 넓은 영역으로 분산시키고 탈중심화시켰다. 이러한 분산의 증거는 수많은 형태의 사적 감시체제에서 찾을 수 있다. 대규모의 상업용 자료수집 회사, 동네가게·상점가·은행의 보안 카메라, 소형 휴대용 비디오 카메라 등이 그러한 감시체제를 이룬다. 특히 휴대용 비디오 카메라는 1년에 250만대가 판매됨으로써 "감시의 민주화"(*democratization of surveillance*)[199] 라고 불리는 현상을 낳았다.

1991년 3월의 로드니 킹(Rodney King) 폭행사건은 이 개인용 캠코더들이 보다 많은 사람들의 수중에 들어갔을 때 어떤 힘을 갖게 될지를 보여주었다. 폭행장면은 조지 할리데이(George Halliday)의 소니 미니캠에 우연히 잡혔던 것이다. 할리데이는 테이프를 지역 TV 방송국에 보냈고, 테이프는 CNN으로 전해졌다. 하루만에 그 테이프는 전지구의 시청자에게 방송되었다.[200] 이러한 감시의 소영역들은 너무나 널리 퍼져 있기 때문에 언론사들은 뉴스거리를 얻기 위해 '아마추어 비디오'를 실제로 조장하고 종종 그것에 의존한다.[201]

감시중심체의 이러한 분산은 국가를 비롯한 대상들을 지켜보는 '눈'이 더욱 많아졌음을 의미한다. 오늘날 정부들과 정치가들은 국가 안팎에서 계속 커져가고 있는 '감시자 집단'에 둘러싸여 있음을 발견하

---

199) Berko, "Surveying the Surveilled," p. 72.

200) Ibid., p. 73.

201) CNN은 아마추어 비디오를 끌어들이기 위해 방영 1회당 150 달러, 머그 1잔, 티셔츠 1장을 주는 시청자 참여프로그램을 만들었다. Ibid., p. 71을 보라. 올해 초에 백악관 안으로 한 남자가 총을 쏘는 장면이 보도되는 것을 보면서 나는 세 개의 서로 다른 아마추어 비디오가 이 소동을 찍었다는 사실을 알았다.

게 된다. 감시자 집단에는 CNN이나 BBC 같은 전지구적 보도기관뿐만 아니라 지역TV 방송국, 탐사 저널리스트(*investigative journalist*), TV와 라디오의 토크쇼도 포함되는데, 이것들 모두 정보유통체계의 확대와 함께 기하급수적으로 성장하고 있다.

여기에 이 장 앞부분에서 다루어진 초국가적 사회운동들이 추가될 수 있다. 이제 그들의 다수는 컴퓨터 네트워크의 비영토적 공간 속에서 활성화되고 있다. 스파이로의 표현을 따르자면, 이러한 비정부 조직들이 "일종의 새로운 세계경찰로서 굴종적 행위들을" 감시한다.[202] 국제사면위원회 같은 감시인 집단들에 의해 울려진 경보는 이제 하이퍼미디어 흐름을 타고 급속히 전파되어, 규범위반국가는 전세계의 눈총을 받게 된다.[203] 이에 더하여, 하이퍼미디어의 쌍방향성과 상호작용성은 정치과정에서의 시민들의 직접적인 피드백과 참여를 높였을 뿐만 아니라 데이터베이스, 컴퓨터 네트워크 토론집단, 월드와이드웹 홈페이지를 통한 정부행위의 감시가능성을 높인다. 예컨대, USENET에는 다양한 주제들에 대한 직접토론(*unmediated discussion*)이 이루어지고 있다.[204] 이처럼 분산된 감시중심체들이 집합적으로 낳는 결과는 《이코노미스트》지의 조사결과가 말하듯이, "빅브라더가 당신을 지켜보고 있는 것이 아니라 당신이 바로 빅브라더"가 되는 상황이다.[205]

---

202) Spiro, "New Global Communities," p. 45.

203) 국제사면위원회는 정기적으로 월드와이드웹에 인권유린 비디오를 유포한다. 이를테면, 구 유고슬라비아에서의 인권유린을 찍은 비디오는 http://www.oneworld.org/amnesty/press_awards/news.html에서 볼 수 있다.

204) Peter H. Lewis, "Exploring New Soapboxes for Political Animals," *New York Times* (January 10, 1995); Robert Wright, "Hyper Democracy," Time (January 23, 1995), pp. 41~46을 볼 것.

205) "Feeling for the Future," p. 17. 《이코노미스트》지는 이 표현을 마크 크리스핀 밀러(Mark Crispin Miller)로부터 인용했다. 나와 비슷하게 원형감옥의 은유를 비판한 것으로는 Martin Hewson, "Surveillance and the Global Political Economy," in Comor, ed., *The Global Political Economy of*

### 2) 행성 감시의 출현

이 분산된 감시망으로 인해 탈근대적 세계질서에서의 거시적 안보의 본질이 겪고 있는 변화 가운데 하나는 우주로부터의 전지구적 감시(*planetary surveillance*)의 등장이다. 최초의 우주정찰 시스템은 1950년대 미국과 소련의 군사 연구개발의 부산물이었다.[206] 정찰은 언제나 군사행동의 중요한 요소였지만, 우주정찰 정거장의 아이디어가 진지하게 고려된 것은 2차대전 이후에 광학, 전자공학, 탄도 미사일 테크놀로지가 발전하면서부터였다. 1960년대에 이르면 미국과 소련 모두 지구상의 군사시설들을 촬영할 수 있는 위성정찰 시스템을 작동시키고 있었다. 이 발전은 지정학적 전략의 범위를 근본적으로 바꾸어 놓았다. 이제 지구 전체가 강대국의 항상적인 군사정찰 대상이 된 것이었다.[207]

우주정찰 시스템은 고도의 기밀사항으로서 모든 군사행동 가운데 가장 민감한 문제였다. 그러나 1970년대부터 전지구적 정찰에 관심을 갖는 비군사적 조직들이 나타나기 시작했다. 미국의 LANDSAT, 프랑스의 SPOT 시스템과 같은 환경 및 상업용 위성정찰 시스템들이 발사되어 환경연구가들, 도시계획자들, 그리고 상업적 이해관계자들에게 자료를 제공하게 되었다. 그러나 냉전이 지속되는 한 정교한 테크놀로지들의 전파는 정치적 장벽에 의해 차단되었고, 결과적으로 비군

---

*Communication*, pp. 61~80을 참조.

206) 포괄적인 역사적 개관으로는 다음을 보라. William S. Burrows, *Deep Black: Space Espionage and National Security* (New York: Random House, 1986); Jeffrey T. Richelson, *America's Secret Eyes in Space: The U.S. Keyhole Spy Satellite Program* (New York: Harper and Row, 1990).

207) 행성적 지정학에 대한 탁월하고 혁신적인 역사적 분석은 Daniel Deudney, *Whole Earth Security: A Geopolitics of Peace* (Worldwatch Paper 55, July 1983)을 보라.

사적 시스템들의 사용은 제한적이었다.[208] 수년 동안 대부분의 세계인들에게 가장 친숙한 위성정찰의 용도는 저녁뉴스의 일기예보에서 보여주는 기상사진에 국한되었고, 강대국들은 이 우월한 테크놀로지에 대한 독점을 유지했다.

하지만 냉전이 실제적으로 끝나자 이러한 정치적 장벽들은 무너졌다. 위성정찰 시스템들은 미소의 독점을 벗어나 급격히 늘어나기 시작했다. 새로 생겨난 시스템들 가운데 일부는 각국 및 지역적 군비개발의 일환이었다. 서유럽 연합의 헬리오스(Helios) 위성, 인도의 IRS 시리즈 위성, 이스라엘의 오페크(Offeq) 시리즈 위성이 바로 그것들이다.[209] 다른 시스템들의 급증은 강대국들의 기밀정책이 완화된 결과였다. 예를 들어, 미국의 민간기업들은 아랍에미리트 연방, 스페인, 한국과 고해상 정찰위성 개발협정을 맺었다.[210] 또한 중요한 점은 미국과 러시아가 다자간 군비통제 기구들과 자료를 공유하고 있다는 사실이다. 구체적 내용을 보면, 국제원자력기구(IAEA)는 이라크와 북한에 대한 사찰 및 감시를 하는데 고도로 정밀한 미국측의 위성사진을 이용했고, 유엔 안전보장이사회가 이라크에서 감시활동을 벌이는 동안에는 U-2기와 위성에서 찍은 정찰사진들이 사용되었다.[211] 최근에

---

208) 나는 환경용과 군사용 위성정찰 시스템들간의 상호작용을 "Out of Focus: U. S. Military Satellites and Environmental Rescue," in Deudney and Matthew, eds., *Contested Grounds*에서 논의한 바 있다.

209) 이에 대한 개관으로는 다음을 참고하라. Percles Sapaini Alves, *Access to Outer Space Technologies* (Geneva: UNIDIR Publicatios, 1992); Jeffrey T. Richelson, "The Future of Space Reconnaissance," *Scientific American* (January 1991); Giovanni de Briganti, "WEU's Satellite System May Fly in 2000," *Defense News* (February 1~7, 1993).

210) William J. Broad, "A U.S. Spy Satellite May be Sold Abroad," *New York Times* (November 17, 1992); Dan Charles, "Governments Queue Up to Buy U.S. Spy Satellite," *New Scientist* (December 1992).

211) A. V. Banner and A. G. McMullen, "Commercial Satellite Imagery for

는 위성정찰 시스템들을 다자간 군비통제 활동에 공식적으로 통합시키자는 제안들이 이루어졌다.[212]

더욱 중요한 점은 미국과 러시아의 위성사진들이 상업적으로 사용되는 것이다(〈그림 6-1〉을 보라). 오늘날 3천 달러만 갖고 있으면 누구라도 지구상의 거의 모든 장소의 고해상도 위성사진을 러시아로부터 구입할 수 있다.[213] 러시아로부터의 경쟁을 들먹이면서 미국기업들은 고해상도 위성사진의 유포에 대한 미국 국가안보상의 제한을 철폐하는 데 성공했다.[214] 이제 몇 년만 지나면 몇몇 미국기업들은 돈을 지불할 사람이라면 누구에게라도 위성사진을 팔기 시작할 것이다.[215]

---

UNSCOM," in Steven Mataija and J. Marshall Beier, eds., *Multilateral Verification and the Post-Gulf War Environment: Learning from the UNSCOM Experience*(Toronto: Centre for International and Strategic Studies, 1992); Joseph S. Bermudez, Jr., "North Korea's Nuclear Programme," *Jane's Intelligence Review*(September 1991), p.408; Nayan Chada, "Atomic Shock Waves," *Far Eastern Economic Review*(March 25, 1993).

212) United Nations, "The Implications of Establishing an International Satellite Monitoring Agency," Report of the Secretary-General, Department of Disarmament Affairs, 1983; Walter Dorn, "Peacekeeping Satellites," *Peace Research Reviews* 10(1987); Bhupendra Jasani, "ISMA—Will It Ever Happen?" *Space Policy*(February 1992); F. R. Cleminson, "Paxsat and Progress in Arms Control," *Space Policy*(May 1988).

213) "Russia Spysat Data Creates Buying Spree," *Military Space*(October 19, 1992); William J. Broad, "Russia is now selling spy photos from space," *New York Times*(October 4, 1992).

214) Tim Weiner, "CIA Considers Allowing Sale of Spy Technology," *New York Times*(November 13, 1993); Jeffrey M. Lenorovitz, "Lockheed Wants Australia To Be Satellite Partner," *Aviation Week and Space Technology*(July 5, 1993), p.70.

215) 그런 회사들에 대한 개관으로는 Vipin Gupta, "New Satellite Images for Sale," *International Security* 20, no. 1(Summer 1995), pp.94~125.

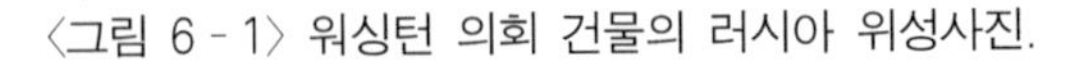

〈그림 6 - 1〉 워싱턴 의회 건물의 러시아 위성사진.

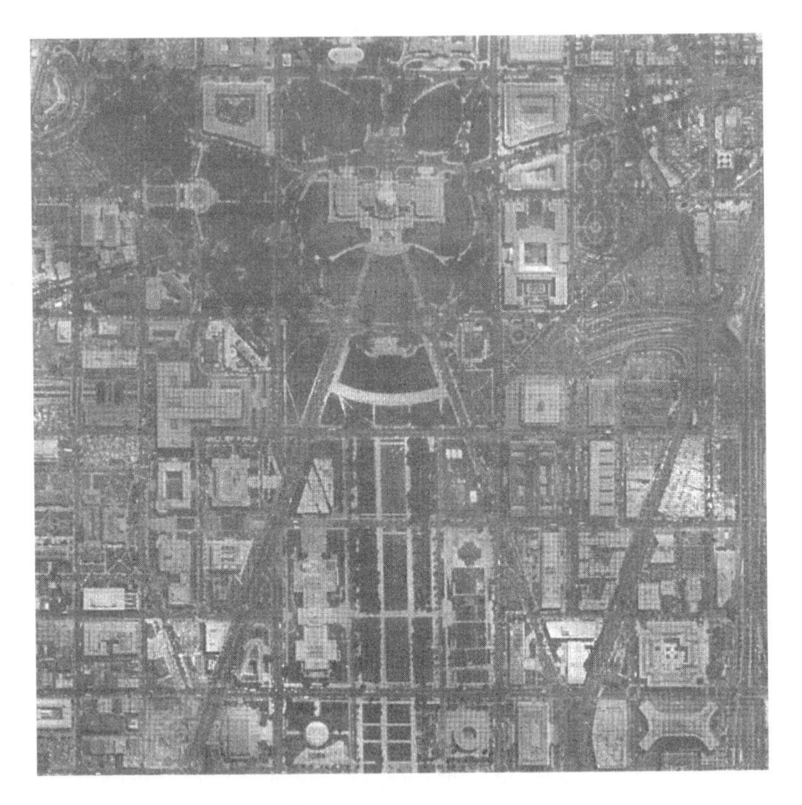

상업적으로 매매되는 이 사진은 약 1.5~2미터까지 식별할 수 있다.

그러나 아마도 가장 중요한 장기적 추세는 환경용 위성정찰 시스템의 성장일 것이다.[216] 각국마다 다양한 프로그램들(캐나다의 SPAR 위성, 인도의 IRS, 일본의 JERS 등)이 있지만, 가장 의미있는 것은 현재 진행중인 다국적 프로그램들이다. 그것은 지구관측 활동을 전지구적

---

216) Deibert, "Out of Focus"; Karen T. Litfin, "Watching the Earth: An Inquiry into Global Environmental Monitoring," Paper delivered at the 1994 Annual Meeting of the American Political Science Association, New York, September 1~4, 1994.

으로 조직화하는 대규모 사업들이다. 지금까지 가장 야심적인 다국적 프로그램은 EOS (*Earth Observing System*) 로서 NASA가 이끄는 이 80억 달러 짜리 계획은 지구의 생물권을 연구하기 위한 것이다.[217] EOS는 두 개의 우주궤도 정거장과 더불어 일련의 저궤도 위성들을 포함하는 시스템으로서 특히 저궤도위성들은 지구표면 전체를 다양한 스펙트럼 모드(*spectral mode*) 로 지속적으로 감시하게 되어있다. EOS, 그리고 유사한 다른 시스템들에 의해 만들어진 사진과 자료는 전세계의 연구자들과 기관들에 널리 보급될 것이다. 이 시스템들을 그토록 중요하게 만드는 것은 그것들이 글로벌 환경거버넌스의 영구적 요소들로 앞으로도 남을 가능성이 높다는 점이다. 한 환경연구가가 말했듯이, "모든 종류의 전자공학 및 광학 테크놀로지들은 지구의 기후와 환경을 감시하고 모형화하는 데 필요한 광대한 궤도상 및 지상의 하부구조를 이루게 될 것이다".[218]

이 시스템들 각각이 특정한 임무를 띠고는 있지만, 그것들의 가장 중요한 장기적 효과는 세계질서 변형에 대한 의도되지 않은 기여에 있다. 오늘날 지구 전체는 일국적 기구, 지역적 기구, 다자적 기구 등의 다양한 조직들에 의한 끊임없는 감시하에 있다. 군사용, 환경용, 상업용 위성들은 이제 지구를 쉬지 않고 선회하는 궤도망으로 감싸고 있다. 이처럼 점점 투명해지고 있는 환경하에서 다른 이들의 눈을 피해서 이루어질 수 있는 대규모 활동은 거의 없다. 따라서 과거에 안보 딜레마(*security-dilemma*) 상황을 만들어 냈던 기습의 가능성은 급격히 줄어들었다.[219] 기존의 현실국가들은 현재 이라크와 북한에

---

217) Gary Taubes, "Earth Scientists Look NASA's Gift Horse in the Mouth," *Science* (February 1993) ; James Asker, "NASA Reveals Scaled Back Plan for Six EOS Spacecraft," *Aviation Week and Space Technology* (March 1992).

218) Glenn Zorpette, "Sensing Climate Change," *IEEE Spectrum* (July 1993), p. 20.

가해진 감시의 눈금에서 증명되듯이 숨을 곳이 없다. 이러한 환경은 반위계체제처럼 외부세계에 개방된 안보제도들에게는 유리한 반면에 현실국가들처럼 폐쇄에 기반을 두는 제도들에게는 불리하다. 위성정찰 시스템들이 처음에는 각국의 군사기구들에 의해 설치된 것이라 해도, 장기적으로 그것들은 안보의 초점을 국제적 수준에서 행성내적(*intraplanetary*) 수준으로 대체하는 예기치 않은 효과를 갖게 될 것이다. 이 절의 앞부분에서 언급된 하이퍼미디어 환경의 다른 속성들과 결부되어 전지구적 감시는 현실국가들의 생존에 상당한 기술적·정치적 제약을 가할 것이다.

이 장에서 나는 하이퍼미디어 환경의 결과로서 발생하는 분배적 결과들을 살펴보았다. 그것들 가운데 가장 중요한 것은 초국가적 생산과 글로벌 금융시장의 활성화로서 이 두 가지는 개별국가들이 취할 수 있는 거시경제정책과 일반적 공공정책에 점점 더 많은 제약을 가하고 있다. 이러한 사회세력들이 국가들간의 교역량이나 통화이동량의 증가 이상을 나타냄을 강조하는 것이 중요하다. 그것들은 '경기의 규칙'을 설정하는 새로운 정치적 권위의 등장을 나타낸다. 전세계의 국가들은 탈규제, 통상자유화, 민영화의 정책들을 점점 더 채택하고 있다. 공공정책을 둘러싼 논의들은 점점 더 시장논리의 관점에서 틀지어지고 있으며, 국가엘리트들은 신용 및 채권 평가기관들, 즉 '글로벌 공공정책의 민간결정자들'에게 권위를 양도하고 있다.[220]

이 장에서 내가 검토한 세 번째 분배적 변화는 환경, 평화, 노동, 페미니즘 등의 영역에서의 '글로벌 시민사회 네트워크'의 등장이었다.

---

219) 존 루이스 개디스는 냉전과 관련해 이 점을 지적한다. John Lewis Gaddis, "The Long Peace: Elements of Stability in the Postwar International System," *International Security* 10(Spring 1986), p. 123.

220) Sinclair, "Between State and Market".

이 집단들은 이질적이며 자율적(*heteronomous*)이기 때문에 공통의 가치를 갖고 있지 않고, 따라서 글로벌 시장의 힘과 같은 구조적 권력을 행사할 수 없지만, 국가들 내부와 국가들 사이에서, 즉 '틈새적으로'(*interstitially*) 정치와 가치에 영향을 줄 수 있다. 글로벌 시민사회는 그 밀도와 복합성, 전통적인 국가구조를 통하지 않고 직접 주민들에게 영향을 주고 동기부여를 하려는 자세 때문에 근대세계의 정치적 권위구조에 도전할 수 있다. 마지막으로 나는 하이퍼미디어 환경의 분산적이고 상호적인 감시체제로 인해 현실국가들의 안보제도가 생존하는 데 상당한 제약이 가해지고 있다는 주장을 했다. 전지구적 시장의 힘과 결합되어 하이퍼미디어 환경의 속성들은 탈중심화, 통합, 외부세계에 대한 개방에 기반을 두는 국내 안보 제도들을 선호한다. 이러한 기초 위에서 우리는 자유주의적-공화주의적, 또는 '반위계체제적'(*negarchical*)인 국가안보 구조의 채택이 계속될 것이라고 기대할 수 있다.

전체적으로 볼 때, 이러한 분배적 변화들이 세계질서에 가져오는 결과들은 무엇인가? 첫째, 그것들은 근대적 세계질서 패러다임을 뒷받침하는 경제적, 사회적, 정치적 조직들의 본질에 대해 오랫동안 지속되어온 편견들에 도전한다. 컴퓨터 네트워크의 비영토적 공간이 부각되면서 정치적 권위의 '자연적' 질서에 대해 당연시되었던 편견들—경제의 정치로의 종속, 내정불간섭의 원칙, 공동체의 공간적 제한성—은 약화되었다. 많은 점에서 '흐름의 공간'(*space of flows*)이 '장소의 공간'(*space of places*)을 대신하여 탈근대적 세계질서를 규정하는 특징이 되고 있다.

우리가 식별할 수 있는 두번째 변형은 다중적이고 중첩적인 정치적 권위의 출현이다. 이를 증명하는 것은 두 가지이다. 하나는 경제영역에서 글로벌 거버넌스의 망이 계속 확대되는 것이고, 다른 하나는 이질적이고 자율적인 초국가적 사회운동들로 이루어진 글로벌 시민사회의 등장이다. 결과적으로 모든 주권국가들은 공식적 국제기구에서 비공식적 관리기구, 비정부조직에 이르는 광범한 정치적 배열의 네트워크 속에 얽히게 되었다.

이처럼 광범한 변화들 속에서 국가의 목적과 형태 자체가 변형되고 있다. 이 변형들을 국가의 '사멸'(*withering away*)이라고 묘사하는 것은 개념적으로 오도된 것이지만(이 주제는 결론에서 자세히 논의될 것이다), 국가는 스파이로가 말하듯이 "예전의 국가가 아니다".[221] 이 변형을 가장 잘 보여주는 것은 국가의 성격이 '봉쇄자'(*container*)에서 '전달벨트'(*transmission belt*)로 변하는 현상일 것이다. 국가들은 정보와 자본의 흐름, 초국가적 사회운동, 다중적이고 중첩적인 권위들을 촉진하는 조직으로 바뀌고 있다.[222] 이 과정 속에서도 다양한 궤적들을 찾을 수 있을 만큼 국가들간의 문화적·역사적 특이성은 여전히 남아 있지만, 거의 모든 국가들은 글로벌 시장의 힘이 가하는 구조적 압력에 대해 비슷한 자유화 조치들을 취했다. 이 경제적 압력들은 안보영역에서의 변화들에 의해 보완된다. 감시체계의 투명도가 전반적으로 높아지고 감시의 중심체들이 분산되면서 현실국가들이 불리하고 반위계체제들이 활성화되는 커뮤니케이션 환경이 창출된다. 이러한 분배적 변화들이 정치적 권위의 구조를 다시 틀짓는다면, 다음 장에서 다루어질 사회인식론의 변화들은 탈근대적 세계질서의 '형이상학적' 기초를 제공할 것이다.

---

221) Spiro, "New Global Communities," p. 46.

222) Peter J. Taylor, "The State as Container: Territoriality in the Modern World-System," *Progress in Human Geography* 18, no. 2(1994), pp. 151~162.

# 제 7 장
# 하이퍼미디어와 근대적 세계질서에서 탈근대적 세계질서로의 변형 : 사회인식론의 변화

이 장에서 나는 커뮤니케이션 양식이 하이퍼미디어로 변화하면서 발생하기 쉬운 사회인식론(*social epistemology*)의 변화를 검토하려고 한다. 사회인식론은 한 인간집단이 문화적으로 편입되는 신념망(*web-of-beliefs*)을 가리키며, 이 망을 통해 그 집단은 주위의 세계를 인지한다. 그것은 특정 시점의 한 인간집단의 사고와 관행을 틀짓는 전반적인 형이상학적 전제들과 경계들을 제공하며, 상징형태, 인지편견, 사회적 구성물이 서로 얽혀있다. 앞서 개진된 이론적 시각에 따라 커뮤니케이션 양식의 변화가 새로운 상징형태, 사회적 구성물, 인지편견을 만들어 내는 것이 아님을 강조하는 것이 중요하다. 사회인식론의 요소들은 원래 존재하는 것이고, 어떤 요소들이 우세하냐는 새로운 미디어환경과의 적자성(適者性 ; *fitness*)에 따라 결정된다. 한 개인이 새로운 커뮤니케이션 테크놀로지에 노출되면서 갑자기 사회인식론적 시각을 바꾸거나 오랫동안 지녀왔던 철학적 전제들을 포기한다는 뜻은 아니다. 특정한 커뮤니케이션 환경에서 특정한 사회인식론이 '적소'(適所 ; *niche*)를 찾을 보다 좋은 기회를 갖게 되고, 따라서 살아남아 번성하게 되는 것이다. 그러므로 사회인식론의 변화는 정신내적

(*intrapsychic*) 과정이기보다는 세대간(*intergenerational*)의 과정이다.

또한 중요하게 강조되어야 할 것은 사회인식론과 커뮤니케이션 환경의 조응은 우연적 현상이라는 점이다. 한때는 무시되었던 사회인식론의 요소들이 우연적인 조응의 결과로 미래에는 강한 호응을 얻을 수 있다. 현재의 기준으로는 혐오스럽고 일시적인 유행같고 완전히 이단적으로 보이더라도 앞으로는 지배적 가치가 될 수 있다. 이러한 시각에서 나는 '탈근대주의'(*postmodernism*)로 알려진 사조와 연관된 상징형태, 인지 편견, 사회적 구성물이 새로운 커뮤니케이션 환경에서 지배적 위치에 오를 것이라고 주장한다. 이러한 주장은 '탈근대주의'라고 애매하게 붙여진 이름에서 비롯된 논란에 연루되기 쉽다. 그래서 나는 다른 '근대적' 인식론에 대해 탈근대적 인식론들의 상대적 이점들을 거론하려 하지 않는다.

나의 논의의 대부분은 여러 인식론들을 실질적으로 해부하고, '탈근대적'이라는 포괄적인 이름에 해당되는 이론가들과 그렇지 않은 이론가들을 비교하는 것이다. 나의 작업은 탈근대주의적 인식론들에 대한 찬반을 논하려는 것이 아니라 단지 하나의 사조로서 탈근대적 사회인식론을 분석하고, 새로이 출현하는 커뮤니케이션 환경이 이 사조의 중심적 특징들에 유리한 기능적 편견을 갖고 있는지 여부를 묻고자 하는 것이다.

탈근대주의적 사유의 등장을 사회학적/물질적 요인들에 연결시키는 시도는 물론 내가 처음이 아니다. 데이비드 하비와 프레더릭 제머슨은 탈근대적 운동을 생산양식 변화의 산물이라고 본다. 제머슨의 표현을 따르자면, 그것은 '후기 자본주의의 문화적 논리'이다.[1] 커뮤니케이션 테크놀로지와의 연관성에 주목한 것조차도 내가 처음이 아니

---

1) Harvey, *The Condition of Postmodernity*; Frederic Jameson, "Postmodernism, or the Cultural Logic of Late Capitalism," *New Left Review* 146 (1984), pp. 53~92.

다. 케니스 거건은 탈근대주의와 새로운 커뮤니케이션 테크놀로지의 연관은 피할 수 없다는 강력한 기술결정론을 펼친다.[2] 그리고 보드리야르, 리오타르 같은 몇몇 탈근대주의자들도 변화하는 커뮤니케이션 테크놀로지와 사회적 · 문화적 변형의 친화성을 밀접하다고 본다.[3]

그러나 나의 분석은 탈근대주의 운동 전체를 하나의 지배적 변수로 환원시키지 않는다는 점에서 분명한 차이를 갖는다. 하비와 제머슨의 생산양식은 물론이고, 거건의 커뮤니케이션 양식조차도 내게는 탈근대주의를 결정하는 요인이 되지 못한다. 탈근대적 사회인식론의 등장은 복합적 요인들에서 비롯된 것이다. 여기서의 나의 주장은 탈근대적 사회인식론은 새로운 커뮤니케이션 양식의 속성들과 '조응'하는 정도에 따라 지배적인 위치에 서게 될 것이고, 그 수용자들은 하이퍼미디어 환경에 문화적으로 편입되어 있는 이들이라는 것이다.

물론 이러한 작업의 목적은 새로이 출현하는 사회인식론이 세계질서 변형과 어떻게 연관되어 있는가를 측정하려는 것이다. 제 4장에서 제시된 분석적 구분을 따라 나는 하이퍼미디어 환경에서의 탈근대적 사회인식론의 상대적 '적자성'을 세 가지 차원에서 평가할 것이다. 그 세 가지는 개인적 정체성(*individual identities*), 공간적 편견(*spatial biases*), 상상의 공동체(*imagined communities*)로서 각각 세계질서의 구조와 중요한 연관을 갖는다. 이 작업을 통해서 탈근대적 세계질서의 구조에 대해 더 포괄적인 '청사진'이 만들어질 수 있고, 이는 앞장에서 분배적 변화들에 대한 분석을 보완하게 될 것이다.

---

2) Kenneth Gergen, *The Saturated Self: Dilemmas of Identity in Contemporary Life*(New York: Basic Books, 1991).

3) Jean Baudrillard, *The Ecstasy of Communication*, translated by Bernard & Caroline Schutze(New York: Semiotexte, 1987); Baudrillard, *Simulations*; Lyotard, *The Postmodern Condition*.

## 1. 탈근대적 사유의 등장

'탈근대주의'라고 알려진 광범한 사회운동에 대해 조금이라도 아는 사람이라면 그것이 손쉬운 정의를 허용하지 않는다는 것을 알 것이다. '근대'와 '탈근대', '탈근대주의'와 '탈구조주의'(*poststructuralism*), 탈근대주의·탈구조주의와 다른 부차적 변형들—'해체'(*deconstruction*)나 '계보학'(*genealogy*)의 차이가 정확히 무엇인지를 둘러싼 수많은 논쟁들은 잘 알려져 있다.[4] 분명한 것은 서구사회들이 지난 20~30년 동안 광범한 문화적 변형을 겪었고, 그를 통해 오랫동안 유지되던 근본적인 철학적 가정들이 공격받게 되었다는 사실이다.

다른 많은 이들과 같이 나는 이 사회적 변형을 가장 잘 포착하는 이름이 '탈근대'라고 느낀다. 그것은 현대(주로 서구) 사회들에 잠재되어 있는 사조를 뚜렷이 드러내준다.[5] 나의 목적이 다소 폭넓기 때문에 이 사조 내의 미묘한 차이들은 논의에서 제외될 것이다. 내가 관심을 갖는 대상은 사유 또는 집단정서의 한 종(*species*)으로서의 탈근

---

4) 이러한 정의의 문제들은 다음에서 다루어지고 있다. Barry Smart, *Postmodernity*(New York: Routledge, 1993); Smart, *Modern Conditions, Postmodern Controversies*; Mike Featherstone, *Consumer Culture and Postmodernism*(London: Sage Publications, 1991); Bryan Turner, ed., *Theories of Modernity and Postmodernity*(London: Sage Publications, 1990); Pauline Rosenau, *Postmodernism and the Social Sciences: Insights, Inroads, and Intrusions*(Princeton: Princeton University Press, 1992).

5) 스마트는 이렇게 말한다. "2차대전 종전 이후에 서구사회들에서 중대한 문화적 변형이 일어나고 있으며, 적어도 아직까지는 '감각, 관행, 담론형성'에서의 변화들을 서술하는 데 '탈근대주의'라는 용어가 적합해 보인다는 점에 대해서는 의견의 일치가 있는 듯하다". Smart, *Postmodernity*, p. 16. 이 인용문에서 강조 표시된 부분은 스마트가 Anreas Huyssen, "Mapping the Postmodern," *New German Critique* 33(1984), p. 8에서 가져온 것이다.

대적 사회인식론을 규정하는 상징형태, 사회적 구성물, 인지 편견이지, 탈근대주의를 내적으로 분할하는 복잡한 차이들이 아니다.

탈근대주의의 역사적 · 사회학적 뿌리(또는 후이센의 적절한 표현대로 "탈근대의 전사〔前史〕"[6])는 19세기 후반까지 거슬러 올라가는 다양한 요인들에서 찾을 수 있다. 지면상 이 운동의 자세한 역사를 논할 수는 없지만, 그 지적 발전은 니체의 허무주의와 헤겔의 역사주의, 하이데거와 실존주의자들과 같은 20세기 초의 반근대주의자들, 소쉬르의 구조언어학을 통해 이루어졌다.[7] 20세기 초의 모더니스트 미술과 다다이스트 시에서도 비슷한 요소들을 찾을 수 있다.[8]

그러나 근대성 전체에 대한 강한 환멸, 파리, 멕시코 시티, 버클리 등지에서의 학원소요에서 보여졌던 젊은이들의 반란과 좌절, 자의식적 사회운동이 '탈근대주의'라는 큰 이름 아래 결집되기 시작한 것은 1960년대에 가서였다.[9] 이후 이 운동의 지적 '지도자들'은 데리다, 푸코, 리오타르, 보드리야르 등의 프랑스 이론가들이었다. 하지만 이들의 생각은 프랑스의 국경을 넘어 확산되었고, 특히 미국에서 많은 학문적 추종자들을 낳았다.

---

6) Huyssen, "Mapping the Postmodern," p. 24.

7) Friedrich Nietzsche, *The Birth of Tragedy and the Genealogy of Morals*, translated by Francis Golffing(New York: Anchor Books, 1956); Charles Taylor, *Hegel*(Cambridge: Cambridge University Press, 1975); Martin Heidegger, *The Question Concerning Technology and Other Essays*, translated by William Lovitt(New York: Garland Publishers, 1977); Jonathan Culler, *Saussure*(Glasgow: Fontana, 1976). 이러한 연관성들은 리처드 로티의 저작에서 가장 명시적으로 나타난다. Rorty, *Contingency, Irony, and Solidarity*를 보라. 아울러 Huyssen, "Mapping the Postmodern"; Smart, *Postmodernity*를 볼 것.

8) Brandon Taylor, *Modernism, Post-Modernism, Realism: A Critical Perspective for Art*(Winchester: Winchester School of Art Press, 1987).

9) Harvey, *The Condition of Postmodernity*, p. 38.

핫산이 제시했던 대로, 이 집단정서의 핵심특징들은 일련의 미묘한 차이들, 또는 대립물들로 가장 잘 표출된다.[10] 철학과 사회과학에서 탈근대주의는 형이상학적 기반, '거대 서사'(*master narratives*), 절대적 진리의 추구, 직선적이고 합리적인 진보, 모든 종류의 보편자에 대한 회의가 특징이다.[11] 그 대신에 탈근대주의는 분리, 불연속, 파편화, 비결정성(*indeterminacy*)을 포괄한다. 그리고 때때로 상대주의를 거리낌없이 내세우면서 '타자'(*the other*)에 대한 관심을 드러낸다. 언어학에서 탈근대주의는 '표상(*representation*)의 위기', 기호의 '비결정성'에 대한 믿음을 특징으로 한다.[12] 건축에서 그것은 미즈 반 데어 로에(Mies van der Rohe)와 르 코르뷔지에(Le Corbusier)의 기능주의적 모더니즘, 역사적·문화적 형식들을 합성한 장식에 대한 반발로 나타났다.[13] 미술에서도 마찬가지로 그것은 상이한 스타일들의 패스티시(*pastiche*)나 콜라주(*collage*)로 대표되는 탓에 종종 깊이가 없다는 느낌을 준다.[14]

자세한 내용들은 아래에서 언급되겠지만, 여기서는 '탈근대주의'라고 느슨하게 불려왔던 것이 서구사회들을 중심으로 하는 하나의 통일

---

10) I. Hassan, "The Culture of Postmodernism," *Theory, Culture and Society* 2, no. 3(1985), pp. 119~132.

11) 리처드 로티의 저작들은 이러한 회의주의를 가장 읽기 좋게 제시하고 있다. 특히 *Contingency, Irony, and Solidarity*를 보라.

12) Jonathan Culler, *On Deconstruction: Theory and Criticism After Structuralism*(Ithaca: Cornell University Press, 1982).

13) Charles Jencks, *The Language of Postmodern Architecture*(London: Sage Publications, 1984); Jameson, "Postmodernism"; Harvey, *The Condition of Postmodernity*, pp. 66~98을 보라.

14) Taylor, *Modernism, Postmodernism, Realism*; Harvey, *The Condition of Postmodernity*, pp. 54~59; Arthur Kroker and David Cook, *The Postmodern Scene: Excremental Culture and Hyper-Aesthetics*(Montréal: New World Perspectives, 1987), pp. 20~27을 볼 것.

적 문화운동을 나타낸다는 점에 주목하는 것으로 충분하다. 분석의 목적상, 그것은 사회에 잠재되어 있는 사유 가운데 생존가능한 '종'의 하나로 생각될 수 있다. 다음에서 나는 이 종이 하이퍼미디어 환경에서 상대적으로 얼마만큼의 적자성을 갖는지에 더 초점을 두고 분석할 것이다.

### 1) 개인적 정체성

탈근대적 사회인식론의 핵심적 특징은 '자아'와 개인적 주관성에 대한 근대주의적 시각을 강력히 반박한다는 것이다. 탈근대주의자들이 반박하는 개인적 정체성에 대한 근대적 개념들은 기본적 정체성에서 변함이 없는 안정적 자아, 모든 인류가 공유하는 보편적 속성들을 지닌 고정된 중심을 의미했다. 이러한 근대적 의미의 자율적 개인은 아마도 데카르트의 '인식'(*cogito*)이나 칸트의 오성(*understanding*)에서 가장 잘 나타난다고 할 것이다.[15] 탈근대주의자들은 이러한 개인적 정체성의 시각을 거부하고, 그 자리에 '탈중심화된'(*decentered*) 자아를 갖다 놓는다. 그것은 역사적으로 구성되는 정체성으로서 지속적인 재구성의 상태에 있다.[16]

탈근대적 자아는 환경의 조립물로서 사회적 상황에 따라 변화하는 '다중적 자아'(*multiple self*)이다. 탈근대주의자들에게 이러한 시각은 맑스주의자들과 자유주의자들의 생각과는 달리 자율적 개인이 인간적 자유를 설계하거나 성취하기 위한 철학적 또는 실제적 기반을 더 이

15) 개인적 자율성과 자아성에 대한 데카르트적 시각과 칸트적 시각의 개관으로는 Gellner, *Reason and Culture*를 보라.

16) 버킷은 이렇게 말한다. "자아의 개념은 고립된 개인이라는 전통적인 이미지로부터 벗어나 인간의 사회적 본성을 강조하는 자아성(*selfhood*)으로 옮겨가기 시작했다". Ian Burkitt, "The Shifting Concept of the Self," *History of the Human Sciences* 7, no. 2(1994), p. 7.

상 제공하지 못한다는 주장이다.[17] 제머슨이 말하듯이, 탈근대주의자들에게 "주체의 소외는 주체의 파편화로 대체된다".[18] 홀은 탈근대적 자아가 어떻게 "더 파편화되고 불완전한 것으로, 우리가 사는 상이한 사회적 세계들과 연관된 다중적 '자아들' 또는 정체성들로 이루어진 것으로, 역사를 가진 무엇으로, 과정에서 '만들어지는' 것으로 경험되는지"를 강조한다.[19]

리처드 로티는 개인적 자아들이 "중심 없는 불확정적이고 독특한 욕구들의 무작위적 조립물"이라고 주장한다.[20] 그러므로 자아는 "신념, 욕구, 감정의 그물망"에 불과하며 "그 뒤에는 아무것도 없고, 그 속성들 뒤에는 아무런 기초가 없다".[21] 리오타르에게 우리들 각각은 수많은 이질적 언어게임들의 "교차점"에 살고 있으며, 그 속으로 "사회적 주체는 해체되는 것으로 보인다".[22] 더 나아가 그는 "자아는 섬이 아니다. 각각의 자아는 이제 어느 때보다도 더 복잡하고 유동적인 관계의 구조 속에 존재한다"고 쓰고 있다.[23] 탈근대주의자들에게 합리적 주체는 "개념 속의 전(前)개념(*preconceptual*)과 비(非)개념(*non-conceptual*), 합리성의 핵심 속의 비합리성 — 욕구의 경제, 권력에의 의지 — 의 존재"에 대한 믿음에 굴복한다.[24] 남는 것은 "다차원적이고 중심이나 위계적 통합 없는 주체"이다.[25] 요컨대 탈근대적 의미의 개

17) 이는 Harvey, *The Condition of Postmodernity*, pp. 53~54에서 맑시즘에 대한 탈근대주의적 시각에 관련하여 지적되고 있는 점이다.

18) Jameson, "Postmodernism," p. 63.

19) Stuart Hall, "Brave New World," *Socialist Review*, pp. 58~59.

20) Rorty, *Essays on Heidegger and Others*, p. 155.

21) Rorty, *Objectivism, Relativism and Truth*, p. 199.

22) Lyotard, *The Postmodern Condition*, p. 40.

23) Ibid., p. 15.

24) Kenneth Baynes, James Bohman, and Thomas McCarthy, "General Introduction," in idem, eds., *After Philosophy: End or Transformation?* (Cambridge: MIT Press, 1991), p. 4.

인적 정체성은 역사적으로 불확정적인 다중적인 또는 '탈중심화된' 자아로 특징된다.

자아에 대한 탈근대적 시각이 하이퍼미디어 환경과 '조응'하는, 즉 하이퍼미디어 환경의 심화와 팽창에 강력하게 공명하는 방법에는 여러 가지가 있다. 첫째, '저자'(*authorship*)와 '주권적 목소리'(*sovereign voice*)의 관념들은 하이퍼미디어의 디지털 세계와 여러 가지 점에서 충돌하는 것으로 보인다. 이는 현재 저작권과 지적 소유권이 위협받고 있으며, 많은 사람들이 그러한 권리들을 새로운 커뮤니케이션 환경에서는 문제가 있는 것으로 보고 있는 데서 증명된다.[26] 커뮤니케이션 법률가인 앤 브랜스콤(Anne W. Branscomb)에 의하면:

> 전자적 충격들이 쉽게 조작되고 변경되며 삭제될 수 있다는 것은 유형적인 것들의 시대에 나타났던 법제도, 즉 거래의 효력 인정, 사기꾼들의 고소, 계약관계의 확인을 위해 문서화된 증거에 의존했던 법제도에는 적대적 현상이다. 편지, 일기, 사진, 대화, 비디오테이프, 오디오테이프, 책이라는 전통적 형태로 존재했던 것들이 미분화된 전자적 충격의 흐름 속으로 융합되고 있는 것이다.[27]

하이퍼미디어 환경 속에서 디지털화와 네트워크화된 컴퓨터는 사용자들에게 상이한 형태의 자료를 상이한 원천에서 뽑아내고, 그리고 나서 그것들을 하나로 조립된 전체로 가져다 붙일 수 있게 해준다. 결

---

25) Burkitt, "The Shifting Concept of the Self"에 인용된 E. E. Sampson의 말.

26) Deirdre Carmody, "Writers Fight For Electronic Rights," *New York Times*(November 7, 1994)를 보라. 아울러 "The Property of the Mind," *The Economist*(July 27, 1996)을 볼 것. 이 기사는 http://www.economist.com/issue/27_07_96/wbsfl.html에서 읽을 수 있다.

27) Anne W. Branscomb, "Common Law for the Electronic Frontier: Networked Computing Challenges the Laws That Govern Information and Ownership," *Scientific American*(September 1991), p.154.

과적으로 보상과 저작권 사용료의 원칙들은 무너지고, 특히 월드와이드웹과 같이 참여자의 구성이 다중적인 공간에서는 "누가 부가된 가치에 대해 보상을 청구할 권리를 갖는지 결정하는 일은 더 복잡"하다.[28]

따라서 유럽에서 인쇄술이 도래한 이후로 저자의 정체성을 뒷받침하던 지적 소유권의 관념은 하이퍼미디어가 전통적인 법적 전제들과 경계들을 허물어뜨리면서 복합적인 도전들에 직면한다. 전세계적으로 현존하는 대부분의 저작권 법규에서는 오로지 독창적인 표현(*original expression*)만이 저작권을 인정받고 있으며, 사실(*facts*)이나 생각(*ideas*)은 저작권의 영역이 아니다. 하이퍼미디어와 더불어, "컴퓨터는 자료를 스캔할 수 있게 되었고, 구체적 구성이나 표현을 베끼거나 정보의 분류에 사용되는 소프트웨어 프로그램들을 베끼지 않는 한, 현재 데이터베이스들이 스스로를 보호하기 위해 걸어놓은 법적 올가미인 '편집'(*compilation*)의 저작권을 침해하지 않은 것으로 간주된다".[29]

이 '저자 없는' 환경의 한 가지 실례는 대중음악에서 널리 사용되는 '샘플'(*sample*)이다. 귀에 쏙 들어오는 백그라운드를 만들기 위해 스탠더드 재즈나 록에서 반복악절이나 음을 디지털로 뜯어 붙이는 이 방식은 상당한 법적 논쟁을 불러일으켰다.[30] 컴퓨터 아트, 애니메이션, 또는 다큐멘터리에서 컴퓨터로 이미지와 사진을 스캔하는 것에 대해서도 똑같은 문제가 제기된다.[31] 월드와이드웹에는 사운드와 영화에서 오려

---

28) Ibid.

29) Ibid., p. 156.

30) 다음을 참조. D. P. Tackaberry, "The Digital Sound Sampler: Weapon of the Technological Pirate or Pallet of the Modern Art?" *Entertainment Law Review* 87(1990); Thomas G. Schumacher, "This Is Sampling Sort: Digital Sampling, Rap Music and the Law in Cultural Production," *Media, Culture and Society* 17(1995), pp. 253~273.

31) B. R. Seecof, "Scanning into the Future of Copyrightable Images: Computer-Based Image Processing Poses Present Threat," *High Technology Law Journal* 5(1990), pp. 371~400을 보라.

낸 클립들의 공유, 변경, 유포가 행해지고, 여기서 개인 홈페이지들의 독특한 장식들이 가능한 것이다.[32] 존 페리 바로의 논평은 하이퍼미디어가 어떻게 저자의 해체에 기여하는지를 흥미롭게 보여준다.

> 정보화 시대의 모든 상품들 — 원래 책이나 영화, 소식지에 담겨있던 모든 표현들 — 은 순수하게 독창적인 생각이 아니면 무언가와 아주 비슷한 생각의 형태로 존재할 것이다. 넷을 이루는 전압적 조건(*voltage conditions*)은 반짝 지나가는 화소(畵素 ; *pixel*)나 전송된 소리를 볼 수는 있으나 그것들을 만지거나 낡은 의미에서 '소유'한다고 주장할 수는 없는 조건이다.[33]

바로처럼 어떤 이들은 근대의 지적 소유권이 종말을 피할 수 없다고 본다. 그들에게 인쇄술의 발명 이후 생각을 상업적으로 보호하던 사회적 · 정치적 규제들은 네트워크화된 컴퓨터와 디지털 테크놀로지의 세계에 맞지 않는다. 반면에 소니, 디즈니, 타임-워너와 같은 전세계적 엔터테인먼트 및 출판기업들은 '사이버 스페이스 해적행위'를 방지하기 위한 새로운 글로벌 저작권 규제들을 만들어야 한다고 아우성이다. 사안의 중요성을 보여주듯 인터넷 저작권법에 관한 합의를 만들기 위해 1996년 12월에 스위스 제네바에서 열린 세계 지적 소유권기구(World Intellectual Property Organization) 회의에는 160개국에서 800명의 대표들이 참석했다. 이 회의는 이 문제가 얼마나 복잡한 일인가를 보여주었을 뿐이었다.[34]

---

32) 내 컴퓨터의 경우에는 켜면 인기 TV영화인 〈X-파일〉의 주제화면이 뜬다. 그리고 '초기화' 프로그램은 호머 심슨(Homer Simpson)이 "Doh!"라고 외치는 소리로 시작되고, 종료할 때마다 영화 〈샤프트〉에서 따온 "찬성이오!"라는 소리가 나오게 되어 있다.

33) John Perry Barlow, "The Economy of Ideas: A Framework for Rethinking Pattens and Copyrights in the Digital Age," *Wired*(March 1994), p. 86.

34) 다음을 참조. Michel Foucault, "What is an Author?" in Josue V. Harari,

이러한 쟁점들의 해결여부는 나의 관심사가 아니다. 나의 분석에서 가장 큰 의미를 갖는 것은 지적 소유권의 '죽음'에 대한 논의들이 저자의 '죽음'에 대한 탈근대주의적 시각들을 반영한다는 점이다. "저자란 무엇인가?"라는 논문에서 푸코는 저자의 작업은 어디에서 시작하며 어디에서 끝나는가를 묻는다.[35] 어떤 생각들이 '저자의' 것이고 어떤 것들이 남으로부터 영원히 빌어온 것인가? 다른 '저자들의' 생각들을 끝없이 복제하는 과정에서 '저자'라는 존재가 사라진다는 탈근대적 시각들은 하이퍼미디어 환경에서 지적 소유권이 느끼는 위협과 많이 닮았다. 양자 모두 표현의 작품에 저자라는 도장을 찍어 고정시킨다는 생각을 비밀스럽고 쓸데없는 것으로 본다.

하이퍼미디어 환경이 개인적 자율성에 대해 오랫동안 유지되어온 법적 편견들을 해체한다는 것은 '공적' 영역과 '사적' 영역의 전통적 구분이 도전받고 있는 데서 더 잘 보여진다. 제 4 장에서 나는 인쇄문화에서 읽는다는 행위가 작고 휴대 가능한 책들의 대량복제를 통해 근대에만 특유한 사생활의 관념이 배태되는 데 기여한 과정을 서술한 바 있다. 오늘날 여러 학문분야의 이론가들은 투명한 하이퍼미디어 환경 속에서 사적 영역이 침범당하고 있음을 지적해왔다.[36] 대중적

---

ed., *Textual Strategies*(Ithaca: Cornell University Press, 1979), p.35. Gandy, *The Panoptic Sort*; Branscomb, "Common Law for the Electronic Frontier"; Bruce Phillips [Privacy Commissioner of Canada], "Privacy in the Information Age--An Oxymoron?" Speech delivered to the University of Toronto XXXI Conference on Law and Contemporary Affairs, January 16, 1995; David Flaherty, Protecting Privacy in Surveillance Societies; Richard Lipkin, "Making the Calls in a New Era of Communication," *Insight*(July 12, 1993), pp.6~13.

35) Foucault, "What is an Author?"

36) 에퀴팩스(Equifax)사는 미국, 캐나다, 유럽의 1,100개 사업장에 1만5천 명의 종업원을 두고 있다. Anne Wells Branscomb, *Who Owns Information? From Privacy to Public Access*(New York: Basic Books, 1994), p.189, fn.33을

인기를 끄는 사생활 침해성 '저질' TV토크쇼에서 널리 보급된 감시 카메라에 이르기까지 그 예는 많지만, 사생활 침해의 가장 뚜렷한 예는 신용카드 및 다른 전자거래를 통한 소비자 관련자료의 수집이다. 에퀴팩스 마케팅 결정 시스템스(Equifax Marketing Decision Systems)와 같은 민간 자료수집 회사들은 시장상황을 컴퓨터화하여 소비자 개인을 '표적'으로 삼은 기업들에게 판매한다.[37] 에퀴팩스사는 컴퓨터로 소비자에 대한 인구조사표를 제작하는데, 이는 개인들을 "가격 민감성, 쿠폰 사용여부, 상표 선호도, TV시청 빈도, 그 외에 소비자 상품 마케팅 담당자들이 관심을 가질 만한 다른 특징들에 따라" 분류한 것이다.[38]

보다 많은 사람들의 일상생활과 거래가 하이퍼미디어 환경의 상호연결된 디지털 울타리 안으로 들어가게 되면서, 사람들의 생활 가운데 '개인적' 영역으로 남아있는 측면들과 '공적' 영역으로 널리 퍼져있는 측면들을 구분하는 일은 갈수록 어려워진다. "우리는 당신이 이 기사를 읽고 있다는 것을 안다"는 적절한 제목의 기사에서 《이코노미스트》지는 '평균적' 미국인들에 대한 다음과 같은 시나리오를 제공한다.

> 예를 들어, 가장 평범한 어느 날, 우리의 영웅이 다니는 도로가 인공지능 교통시스템에 의해 탐지될 수 있다. 직장에서 그의 고용주는 그의 업무상 통화내용을 합법적으로 엿듣고, 그의 컴퓨터에 들어가 전자우편이나 음성우편을 엿보고 엿들을 수 있다. 쇼핑센터에 널려있는 폐쇄회로 카메라는 그의 모습을 순식간에 찾아낼 수 있을 정도

---

보라. 19쪽에서 브랜스콤은 식료품점에서의 은행직불카드를 통한 거래가 소비자에 관한 자료를 만드는 데 어떻게 이용되는지를 잘 개관하고 있다. 또한 비슷한 논의로는 Gill, "The Global Panopticon?," pp. 16~17을 보라.

37) Gandy, *The Panoptic Sort*, p. 92.

38) "We know you're reading this," *The Economist* (February 10, 1996), pp. 27~28.

> 로 성능이 좋다. 그가 다니는 옷가게는 가봉실에 들여다보는 구멍을 뚫을 수 있는 허가를 받아놓았고, 누군가는 마이크를 숨겨놓기도 한다. 그가 어느 식료품점의 '구매자 클럽' 회원이라면 그에 대한 정보는 그 가게 수중에 있다. 그가 신용카드를 사용한다면, 그 카드회사는 그가 언제 어디서 무엇을 사는지에 주의를 놓지 않을 뿐만 아니라 그 정보를 얻고자 하는 상인들에게 팔아 넘기기도 한다. 그리하여 그의 현관 계단에는 낯모르는 선전우편물이 잔뜩 쌓이게 되는 것이다.[39]

이러한 형태의 정보감시가 새로운 원형감옥을 낳을지도 모른다는 우려를 표시한 이론가들도 있지만,[40] 개인정보가 여러 회사들에 의해 수집되고 공유되며 결과적으로 사실상 누구라도 그 정보를 구매하고 그 정보에 접근할 수 있기 때문에 현재 이루어지고 있는 감시는 더욱 분산적이고 탈중심화된 것이다.

분석의 목적상 가장 흥미로운 것은 이 투명한 환경이 개인정보를 탈중심화된 컴퓨터 네트워크를 통해 개방하고 분산시키는 방식이 탈근대주의자들이 자아를 고정된 중심이 없는 네트워크화된 조립물로 인식하는 방식과 똑같다는 점이다. 실제로 한때는 직관적으로 불가능한 탈근대적 관념이라고 여겨졌던 것들이 '전자 정체성'이 글로벌 데이터베이스를 통해 확산되고 공유되면 그렇게 여겨지지 않을지도 모를 일이다. 마크 포스터는 우리가 직접 통제할 수 없는 사이에 또는 우리도 모르는 사이에 컴퓨터 시스템 안에서 개인적 자료가 끊임없이 유통되고 있을 때 우리의 인간적 자아는 어디에 있는지를 묻는다.[41] 투명한 하이퍼미디어 환경의 다른 요소들과 함께, 컴퓨터 네트워크를

---

39) Ibid.; 또한 Gill, "The Global Panopticon"을 보라.

40) Mark Poster, *The Mode of Information: Poststructuralism and Social Context*(Chicago: The University of Chicago Press, 1990), pp. 15~16.

41) Baudrillard, *The Ecstasy of Communication*, pp. 20~21.

통한 개인정보의 유통은 '사적' 영역과 '공적' 영역의 전통적 구분을 허물어뜨린다. 이러한 해체야말로 보드리야르가 "당신 삶의 가장 은밀한 작동이 미디어의 잠재적인 방목장이 된다"고 지적했을 때 염두에 두었던 것이다.[42]

개인적 정체성에 대한 탈근대적 관념들이 하이퍼미디어 환경과 '조응'되는 또 다른 방식은 컴퓨터 네트워크에 참여하는 사람들의 관행에서 찾을 수 있다. '넷'상의 정체성들 — 나이, 성, 직업 — 은 컴퓨터 네트워크가 사용자들에게 제공하는 익명성 때문에 얼마든지 바꿀 수 있다. 라인골드에 의하면, 컴퓨터 통신에서 성을 바꾸는 사람의 수는 수십만에 이른다.[43] 이러한 '신원 사기'는 일단 그 실제 신원이 밝혀지면 종종 저항감을 불러일으켰다.[44] 그러나 그 관행은 계속된다. 인터넷이 개인적 정체성에 대한 그러한 실험적 태도를 부추기기 때문이다. 예를 들어, 인터넷에 입주해 있는 많은 MUD(*Multi-User Dimensions*)를 통해 여러 사용자들이 '가상세계'에서 실시간 커뮤니케이션을 할 수 있게 해준다. 여기에 참여하려는 MUD 사용자들은 위조된 신원을 갖고 MUD 환경의 상상적 공간을 통해 항해하면서 다른 MUD 사용자들과 상호작용한다.[45]

월드와이드웹의 한 디렉토리는 676개 이상의 MUD에 대한 링크를 제공하는데, 그 제목들을 보면 "altered reality," "anarchy," "ancient

---

42) Rheingold, *The Virtual Community*, p. 164.

43) Peter H. Lewis, "Computer Jokes and Threats Ignite Debate on Anonymity," *New York Times*(December 31, 1994)를 보라. 자극적인 개관으로는 Julian Dibbell, "A Rape in Cyberspace," *The Village Voice*(December 21, 1993), pp. 36～42를 볼 것.

44) Stephen Steinberg, "Travels on the Net," *Technology Review*(July 1994), p. 25; Josh Quittner, "Johnny Manhattan Meets the Furry Muckers," *Wired*(March 1994), pp. 92～98을 보라.

45) "Cyberspace copyright treaties move toward adoption," *CNN Interactive*(December 20, 1996).

dreams," "beyond reality," "dreamscape" 등으로 하이퍼미디어의 익명성을 보여준다.[46] 비슷한 맥락의 것으로는 밍글브룩(Minglebrook)이나 디시티(Dcity) 같은 상호작용적 가상도시들이 있는데, 사용자들은 도시의 거주자로서 디지털 가옥을 소유할 수도 있고 가상 관광객으로 도시를 그냥 지나칠 수도 있다. 참여자들에게 상이한 가상환경에서 위조된 캐릭터를 갖도록 부추김으로써 하이퍼미디어는 다중적 자아의 관념을 조장한다. 사회적 관계에 따라 달라지는 이 자아는 상이한 환경에서 개인이 갖는 상상력에 의해서만 제한된다.

탈근대적 자아가 하이퍼미디어 환경과 공명하는 또 다른 방식들이 있다. 예컨대, 케니스 거건은 하이퍼미디어의 사회침투 테크놀로지들에 대한 평균적 개인의 노출은 "현대에 들어와 개인적 자아가 삭제되는 현상"의 중심특징이라고 주장한다.[47] 거건에 의하면, 하이퍼미디어 테크놀로지들은 개인들을 끊임없이 변화하는 관계들 속으로 빠뜨리며, 이는 '다중정신'(*multiphrenia*)의 조건을 낳는다. 거건은 이렇게 말한다.

> 이제 우리는 점점 더 많은 남들의 이미지와 행동들의 포격을 받으며, 우리의 사회적 참여의 범위는 기하급수적으로 팽창하고 있다. 우리가 남들의 견해, 가치, 시각을 흡수하고 다중적인 각본을 살아갈 때, 우리는 탈근대적 의식으로 들어가는 것이다. 그것은 우리가 더 이상 확고한 의미에서의 자아를 경험하지 못하고, 명백한 속성들을 지닌 제한적 정체성의 가정 자체가 점점 더 의문시되는 세계이다.[48]

이미지의 포격에 대한 거건의 통찰들은 시사하는 바는 많을지 모르

---

46) 이 사이트의 URL은 http://www.mudconnect.com/mud.html이다.

47) Gergen, *The Saturated Self*, p.49.

48) Ibid., pp.15~16.

나, 그의 논의는 말할 필요도 없이 결정론적이다. 하이퍼미디어 환경에 빠져든다고 해서 개인들이 '탈근대적 의식'으로 갑작스런 형태변화(*gestalt-shift*)를 일으키는 것은 아니다. 인터넷에서 많은 사람들이 극단적 보수주의, 종교적 우파, 신나치, 또는 이슬람 토론집단에 참여하고 있다는 사실은 그러한 섣부른 예측을 어렵게 만든다. 그러나 하이퍼미디어가 풀어놓은 이미지, 대안적 정체성, 문화의 포격은 비판적 공간을 열어주거나 적어도 그러한 개방을 돕는 환경을 창출한다. 그 환경에서는 탈근대적인 '다중정신적' 자아의 관념이 더욱 개연성을 갖고 따라서 더욱 많은 사람들에게 호응을 얻게 된다. 그러한 환경 속으로 점점 더 많은 사람들이 문화적으로 편입되는 것이다. 하이퍼미디어 환경의 이러한 측면이 저서와 저작권의 해체, 그리고 사적 영역/공적 영역 구분의 붕괴와 결합될 때, 자율적·주권적 개인이라는 근대적 관념에서 벗어나 파편화된 정체성이라는 탈근대적 관념으로 향하는 하이퍼미디어 환경의 기능적 편견은 더욱 강해진다.

### 2) 공간적 편견

제 4장에서 나는 시각적 일률성, 대량 복제가능성, 인쇄술의 표준화가 정치적 공간의 엄격한 선형적 구분을 촉진시키고, 이는 근대초기 유럽의 공간적 편견(*spatial bias*)을 보완하는 과정을 서술했다. 이 절에서 나는 하이퍼미디어 환경의 몇몇 특징들이 탈근대적 사회인식론의 공간적 편견에 어떻게 유리하게 작용하는지를 살펴볼 것이다. 많은 관찰자들이 논평했듯이, 탈근대적 집단정서의 공간에 대한 접근법은 근대주의적 스타일과는 극명하게 다른 새로운 것이다. 특히 두 가지 요소가 두드러진다.

첫째는 아마도 탈근대적 미술과 건축에서 가장 잘 나타나는 패스티시(*pastiche*)와 콜라주(*collage*)로서 양자는 비선형적이고 중첩적인 공간을 지향하며 불연속적이고 깊이가 없는 모습을 드러낸다. 보먼에 의하면, 패스티시와 함께 탈근대 미술은 "미술의 역사와 종족성을 시간과 공간을 벗어나 영구적으로 사용 가능한, 즉 마음대로 무작위적으로 집어들 수 있는 자원들의 저수지로 변형시켰다". 반면에 콜라주는 "스타일의(종종은 구성파적인) 통일성이라는 전통적 원칙을 거부하고, 그 대신 미술의 여러 가지 장르, 스타일, 기법을 등가적으로 비대립적으로 사용한다".[49] 마이클 그레이브스(Michael Graves)가 설계한 포틀랜드 공공서비스 건물은 그 전형적인 예를 제공한다. 이 건물은 상이한 시기의 상이한 스타일을 추출해서 만들어졌다. 모더니즘과 그리스-로마풍의 고전주의가 한데 섞여 있고, 15세기 이탈리아의 매너리즘적 설계를 불러일으키는 쐐기 모양의 머리를 가진 기둥들로 받쳐져 있다.[50]

탈근대적 사회인식론의 이러한 공간적 편견 뒤에는 과학과 미술에 대한 근대철학을 특징짓는 리얼리즘과 표상주의(*representationalism*)에 대한 명백한 거부가 있다. 주체는 객체의 독자적 세계로부터 떨어져 그 위에 서 있으며, 따라서 주체는 객체를 대체로 정확히 표상할 수 있다는 관념을 거부한다. 반표상주의적 전제들에 기초하여 탈근대적 사회인식론은 '세계'의 다원성과 다중적 '실체'를 주장하는데, 그것들 각각은 경험의 세계를 이루고 지향하는 사회적 구성물 혹은 '언어 게임'(*language-games*)에 따라 달라진다.[51]

---

49) Bauman, "Sociology and Postmodernity," p. 792.

50) S. Kostof, *A History of Archtecture*: *Settings and Rituals*(New York: Oxford University Press, 1995)를 보라.

51) 이러한 입장을 가장 일관되게 개관하고 있는 것은 역시 리처드 로티이다. 그의 *Contingency, Irony, and Solidarity*를 보라. 또한 Ian Hacking, *Representing and Intervening*: *Introductory Topics in the Natural Sciences* (Cambridge: Cambridge University Press, 1983); Nelson Goodman, *Ways of Worldmaking*(Indianapolis: Hackett, 1978)을 참조.

탈근대적 사회인식론의 '세계 창조주의'(*world creationism*)라고 불릴 수 있는 것은 이론/사실의 이원적 대립이 붕괴되면서 가능했다. 탈근대주의자들에게는 대안적 어휘들을 평가할 수 있는 언어학적으로 꾸밈없는 '소여'(所與; *given*)라는 것은 무의미하다. 가장 넓은 의미에서의 이론은 사실들을 구성하는 것이지 사실들이 이론을 이루는 것이 아니다. 인간존재를 이처럼 이론에 의해 구성된 것으로 봄으로써 탈근대적 사회인식론은 '상호텍스트성'(*intertextuality*)의 관념을 도출한다. 이론 밖에서 무언가를 언급하거나, 다른 이론들과 텍스트들로부터 떨어져 존재하는 '텍스트'를 상정한다는 것은 불가능하다.[52] 그러므로 외부로부터의 언급은 오로지 상호텍스트성의 문제일 뿐이다.

이러한 두 가지 특징들이 결합되어 덜 엄격하고 고정적이며, 더 유동적인 공간적 편견을 낳는다. 고정적이고 변하지 않는 확고한 실체가 있으며, 그것은 하나의 모습으로 정확하게 표상될 수 있다는 관념은 무시된다. 그 대신 탈근대적 인식론의 공간적 편견은 불연속성과 병렬성을 받아들이며, 사물들간의 경계는 변화될 수 있는 것으로 본다. 이러한 공간적 편견은 "일률성에 대해 적극적이고 다중적인 차이를, 통일성에 대해 유동성을, 체계에 대해 유연한 배열을 택하기 위해 증식, 병렬, 단절을 통해 행동, 사고, 욕구를 발전시키자"[53]는 푸코의 제안에 반영되어 있다. 푸코는 이러한 사고방식을 "이질적 이상향"(*heterotopia*)이라고 부르는데, 그것은 "수많은 파편적 세계들"로 이루어진 "불가능한 공간"에서의 공존을 의미한다.[54] 비트겐슈타인(Ludwig Wittgenstein)을 인용하면서 리오타르는 탈근대의 공간적 편견에 대한

---

52) 읽기 좋은 개설로는 다음을 보라. Culler, *On Deconstruction*; David Hoy, "Jacques Derrida," in Quentin Skinner, ed., *The Return of Grand Theory in the Human Sciences*(Cambrdige: Cambridge University Press, 1985), pp. 41~64.

53) Harvey, *The Condition of Postmodernity*, p. 44에서 재인용.

54) Harvey, *The Condition of Postmodernity*, p. 48에서 재인용.

아마도 가장 설득력있는 묘사를 제공한다. "우리의 언어는 하나의 고대 도시로 볼 수 있다. 그것은 조그만 거리들과 광장들, 오래된 집들과 새로 지은 집들, 지은 시기가 서로 다른 집들, 그리고 이 모든 것이 곧바르고 가지런한 거리들과 획일적인 집들로 이루어진 수많은 새로운 도시들로 둘러싸여 있는 하나의 미로이다".[55)]

하이퍼미디어 환경에서 탈근대의 공간적 편견이 갖는 상대적 '적자성'을 이해하려면 디지털 테크놀로지들에 의해 촉진되는 멀티미디어 수렴에서 출발해야 한다. 기술적 수준에서 하이퍼미디어 환경은 대체로 디지털화의 결과였다. 그것은 모든 정보—비디오, 오디오, 그래픽, 텍스트—가 1과 0으로 전환되면서 가능해진 현상이었다.[56)] 색스비가 지적하듯이, "디지털화는 완전히 새로운 환경을 가져온다. … 모든 미디어는 즉각적으로 상호전환되며, 네트워크내의 모든 지점으로의 즉각적인 회송과 전송이 가능하다".[57)] 하이퍼미디어 환경이 그래픽, 텍스트, 오디오를 똑같은 모드 속으로 융합시킴에 따라, 커뮤니케이션은 점점 더 '모자이크' 혹은 패스티시의 모습을 띤다. 이러한 특징은 멀티미디어 윈도 프로그램에서 가장 잘 나타난다. 르네상스 시대의 회화, CNN의 TV화면, 필자가 현재 집필중인 텍스트, F-18 전투기의 스틸사진이 제각각 다른 윈도를 통해 동시에 스크린에 뜬다. 〈그림 7-1〉의 전형적인 하이퍼미디어 인터페이스는 〈그림 7-2〉의 전형적인 탈근대적 미술작품과 현저한 외관적 유사성을 갖는다.

하이퍼미디어 환경이 탈근대의 공간적 편견으로 기울어져 있음을 더욱 강력하게 보여주는 것은 하이퍼미디어의 지배적인 항해양식인

55) Lyotard, *The Postmodern Condition*, p. 40.

56) "The Tangled Webs They Weave," *Economist* (October 16, 1993), pp. 21~24를 보라.

57) Saxby, *The Age of Information*, p. 299.

〈그림 7 - 1〉 전형적인 멀티미디어 인터페이스

'하이퍼텍스트'(*hypertext*) 이다. 하임이 지적하듯이, '하이퍼텍스트'라는 단어는 추가적인 또는 눈에 띄지 않은 차원을 가리킨다.[58] 컴퓨터 항해에서 하이퍼텍스트는 추가적인 또는 눈에 띄지 않은 차원을 제공하는 문서들간의 무수한 고리들을 데이터베이스를 통해 항해하는 능력이다. 하이퍼텍스트 항해의 가장 흔한 예는 키워드 검색으로서 이는 사용자들이 별개의 문서들을 하나의 단어나 구절로 연결시킬 수 있게 해준다. 탈근대적 사회인식론의 뉘앙스를 풍기는 말투로 하임은 하이퍼텍스트적 고리는 "다른 텍스트들의 암묵적 존재, 그것들에 즉각적으로 접근할 수 있는 능력을 지칭한다. … 모든 텍스트들은 사실상 〔넷상에서〕 함께 상주하고 있다"고 강조한다.[59] 널리 분산된 영역들

58) Michael Heim, *The Metaphysics of Virtual Reality* (New York: Oxford University Press, 1993), p. 30.

에서 문서의 '흔적'을 찾아내는 이러한 능력은 '상호텍스트성'이라는 탈근대적 관념과 함께 비선형적 인지지향을 뒷받침한다. 단계적 논리 사슬보다 직관적 도약을 선호하는 이러한 지향은 탈근대적 집단정서의 패스티시(*pastiche*)와 병렬성을 반영하는 인지적 특징이다.

하이퍼텍스트는 컴퓨터 검색을 통한 항해의 지배적 양식에 그치지 않고 하이퍼미디어 참여의 '패러다임'이 되었다. 예컨대 월드와이드웹의 조직은 하이퍼텍스트의 건축원리에 기초한 것이다. 일단 '웹'에 들어가 이 링크에서 저 링크로 이 페이지에서 저 페이지로 서핑하다 보면 웹에는 시작, 중간, 끝이 없으며, 항해 중에 따라야 할 어떤 하나의 논리적 순서도 없음을 곧 알게 된다. 또한 이른바 '맞춤형 신문'(*personalized newspapers*), 쌍방향TV, 혹은 CD-ROM을 사용한 멀티미디어 프로그램들도 똑같은 현상을 보여준다. 사용자들은 마우스를 눌러 원하는 선택메뉴로 들어가 오디오, 텍스트, 비디오를 받을 수 있다. 선택메뉴들은 프로그램의 범위 안에서 여러 가지 주제들로 가는 경로들을 제공한다.[60]

일상적인 TV시청에서도 그러한 현상은 나타난다. 시청자들은 어떤 한 프로그램을 처음부터 끝까지 직선적으로 순서적으로 보기보다는 계속 늘어나는 다양한 채널들 속에서 '채널 서핑'(*channel surfing*)에 빠지게 된다.[61] TV프로그램의 제작 자체에서도 똑같은 현상이 보인다. 프로그램은 점점 더 단절적이고 비직선적이며 패스티시적 혼성물이 되고 있으며, 이러한 특징은 뮤직 비디오들에서 가장 두드러진다. 거건은 이렇게 말한다. "직선적 이야기를 제공하는 비디오는 거의 없다.

---

59) Ibid., p. 35.

60) Philip Elmer-Dewit, "Take a Trip into the Future on the Electronic Superhighway," *Time*(April 12, 1993), p. 50. Nicholas P. Negroponte, "Products and Services for Computer Networks," *Scientific American*(September 1991) 또한 이 항해의 '패러다임'을 잘 설명하고 있다.

61) Elkins, *Beyond Sovereignty*, p. 54.

〈그림 7 - 2〉 라우센버그(Robert Rauschenberg)의 탈근대적 콜라주 작품

'Lock'(1964).

대부분은 빠른 속도로 이어지는 이미지들로 보는 이를 흔들어 놓는다. 종종 채 2초도 되지 않는 이러한 이미지들은 서로 거의 아무런 관계가 없다".[62] 유사 패스티시적 지향은 TV의 급진적 부류에만 국한되지 않는다. TV뉴스에서도 하이퍼미디어는 불연속성을 만들어 낸다. "세계의 서로 다른 모든 공간들이 저녁이면 TV 스크린에 이미지들의 콜라주로 조립된다".[63] 테일러에 의하면, TV는 "역사상 최초로, 똑같은 중요성을 갖고 동시에 존재하는 현상들을 꿰맨 콜라주로서, 과거의 예술적 성취물들을 표출하는 문화적 미디어로서 그 성취물들은 지리와 물질적 역사에서 분리되어 서구의 거실과 일실형 아파트로 거의 막힘없이 수송된다".[64] 유통체계가 케이블 전송과 전화 전송간의 경쟁에까지 미치고, 커뮤니케이션 경로들이 크게 늘어나고 다양해지면서 하이퍼미디어 참여의 피상성과 패스티시적 경향은 가속화될 뿐이다.

하이퍼미디어 환경에 조응하는 탈근대의 공간적 편견의 다른 측면들도 있다. 특히 현실과 비현실의 구분이 희미해지고, 다원적 '세계들'이 수용되는 모습이 눈에 띄는데, 이는 앞서 내가 '세계 창조주의'(*world creationism*)라고 불렀던 것이다. 하이퍼미디어 환경의 핵심적 특징 하나는 이미지에 기반을 둔 디지털 테크놀로지들을 통해 이른바 '가상적' 혹은 '모의적' 대안세계들의 조작과 창조가 가능해진다는 점이다. 그 전형적인 예가 바로 지나치게 과장된 '가상현실'(*virtual reality*) 시스템으로서 사용자는 마스크와 장갑을 착용하고 컴퓨터가

---

62) Gergen, *The Saturated Self*, p. 133. 또한 Scott Lash and John Urry, *Economies of Sign and Space*(London: Sage Publications, 1994), p. 16을 보라.

63) Harvey, *The Condition of Postmodernity*, p. 302.

64) Taylor, *Modernism, Postmodernism, Realism,* p. 103; 또한 다음을 보라. Bauman, "Sociology and Postmodernity," p. 796; Stuart Ewen, *All Consuming Images: The Politics of Style in Contemporary Culture*(Cambridge: MIT Press, 1984).

만들어 내는 가상세계 속으로 들어간다.[65] 이 시스템들은 참여자들의 정상적 감각입력(시각, 촉각, 청각)을 컴퓨터가 만들어 내는 정보로 대체함으로써 자신들이 다른 '세계'에 있다고 믿게 만들려는 시도이다. 이러한 시스템들이 지나치게 과장되고, 기술적으로도 감각을 완전히 모사하지 못하는 것은 사실이나 어쨌든 그것들은 '세계 창조주의'가 하이퍼미디어 환경의 모든 측면들에 확산되는 방식 가운데 하나이다.

'세계 창조주의'가 도피주의적 대안과 소비문화의 상상적 세계(영화, 비디오, TV, 광고, 비디오게임 등) 속에서 어떻게 나타나는지를 생각해 보자.[66] MIT 미디어연구소의 한 보고서에 의하면[67], 8살에서 12살 사이의 아동을 키우는 미국 가정들의 70%가 닌텐도(Nintendo)라는 이름의 비디오게임 시스템을 갖고 있다. 이 게임을 통해 아이들은 계속 정교해지는 그래픽과 오디오로 장식된 모의세계와 상호작용한다. 닌텐도의 주요 경쟁자인 세가(Sega Corp.)는 1993년에 전세계적으로 미화 36억 달러를 초과하는 판매고를 올렸다.[68] 둠(Doom)이나 퀘이크(Quake) 같은 초현실(*hyper-realistic*) 게임들은 삼차원의 다단계 세계 속의 폭력을 그래픽으로 나타낸다. 이 게임들은 월드와이드웹에서 '셰어웨어'(*shareware*)로 무료로 유통되며 개인용 컴퓨터로 즐길 수 있다.[69] 아마도 가장 중요한 점은 비디오게임들이 다원적 '세계들'이라

65) '가상현실'의 개관으로는 다음을 보라. Benjamin Woolley, *Virtual Worlds* (Oxford: Basil Blackwell, 1993); Thomas B. Sheridan and David Zeltzer, "Virtual Reality Check," *Technology Review* (October 22, 1993), pp. 20~28; *IEEE Spectrum* (October 1993)의 '가상현실' 특집호.

66) 특히 Featherstone, *Consumer Culture and Postmodernism*; Ewen, *All Consuming Images*를 보라.

67) 이 보고서는 다음에 인용되어 있다. Nathan Gardels and Leila Conners, "Republic of the Image," *New Perspectives Quarterly* 11, no. 3 (Summer 1994), p. 2.

68) John Battelle with Bob Johnstone, "Seizing the Next Level: Sega's Plan for World Domination," *Wired* (December 1993), p. 73.

는 관념을 배양하며, 현실과 비현실의 구분의 희석화를 도피주의적 매력의 일부로 삼는다는 것이다. '코맨치(Commanche) CD'라는 인기 있는 CD-ROM 비디오게임의 표지 광고문안을 인용해 본다.

> 헬리콥터의 날개가 돌고 있다. 기체가 급강하한다. 헬리콥터가 당신의 발아래 강물에 비친다. 조심! 이건 진짜다. 노바로직(NovaLogic)이 내놓은 박슬 스페이스(Voxel Space)와 함께 당신의 현실감각은 최후의 도전을 맞게 된다. 메마른 사막 골짜기에서 푸르게 우거진 산 계곡, 얼어붙은 황무지, 드넓은 유역에 이르기까지 12개의 정밀한 지형들을 제공하는 코맨치는 3차원 시뮬레이션 액션의 현실화를 약속한다. 코맨치 CD에서 당신은 100가지의 임무를 맡게 될 것이다. 그리고 국방성이 당신을 불러들일 때 그들은 당신이 개인용 컴퓨터로 훈련받았다는 사실을 결코 알 수 없을 것이다.[70]

물론 코맨치 CD 같은 비디오게임들은 시뮬레이션과 디지털 대안세계에 깊이 침윤된 커뮤니케이션 환경의 작은 한 부분에 불과하다. 더 실제적인 수준에서, 컴퓨터 그래픽 및 설계 소프트웨어는 "설계자들과 고객들이 시공에 들어가기 한참 전에 건물 안을 '걸어' 보고 나서 재설계할 수 있다".[71] 군사계획가들은 전쟁게임에서 정교한 시뮬레이션을 사용한다.[72] 신경과학자들과 기상학자들은 뇌와 복잡한 기상유

---

69) 월드와이드웹이 폭발적으로 확산되기 전인 1993년에 이미 1,500만 명의 사람들이 둠(Doom) 게임의 쉐어웨어 버전들을 다운로드했다. "A World Gone Soft: A Survey of the Software Industry," *The Economist*(May 28, 1996)를 보라. 이 기사는 http://www.economist.com/surveys/software/index.html 에서 볼 수 있다.

70) 이 광고는 *Wired*(March 1994)의 69쪽에서 볼 수 있다.

71) Donald P. Greenberg, "Computers and Architecture," *Scientific American*(February 1991).

72) Der Derian, *Anti-Diplomacy*, chap.2; Der Derian, "Global Swarming, Virtual Security, and Bosnia," *The Washington Quarterly* 19, no.3(Summer

형의 3차원적 형상들을 연구하기 위해 정교한 컴퓨터 시뮬레이션을 사용한다.[73]

창조된 세계가 가장 직접적이고, 때로는 가장 세련되게 사용되는 곳은 아마도 TV광고일 것이다. 현란한 컴퓨터 그래픽을 통해 '자유부동'(*free-floating*)의 문화적 연관과 착각이 상품에 걸쳐지면서 현실과 비현실의 구분은 모호해진다.[74] 또 다른 예는 영화의 도피주의 세계를 조장하는 컴퓨터 '특수효과'이다. 이제 영화는 전세계적으로 개봉관과 홈비디오 시장을 통해 수십억 달러가 오가는 산업이 되었다. IMAX 영화관에서 볼 수 있는 거대한 '광각'(廣角) 스크린들은 '푸른 행성'(Blue Planet) 위의 우주에 떠다니거나 '쿠웨이트의 불'(Fires of Kuwait)과 싸우는 더욱 환상적인 시뮬레이션을 제공함으로써 관객들에게 마치 그 속에 있는 듯한 느낌을 준다. 그리고 물론 우리는 세계 창조주의가 오늘날 정치인들의 유세와 대중적 이미지 형성에 깊이 연관되어 있음을 잊어서는 안 된다. 이미지에 기반을 둔 기법들의 사용은 특히 미국에서 많은 이들에게 공공담론의 퇴락으로 받아들여진다.[75] 이제는 오래 전에 '죽은 이'조차도 과거의 모습을 가상적으로 새롭게 살려

---

1996), pp. 45~56.

73) Stephen Hall, *Mapping the Next Millenium: How Computer-Driven Cartography is Revolutionizing the Face of Science* (New York: Vintage Books, 1992); Timothy Ostler, "Revolution in Reality," *Geographical Magazine* (May 1994), pp. 12~14를 보라.

74) Featherstone, *Consumer Culture and Postmodernism*, p. 14를 보라.

75) 이 문제를 일찍이 다루었고 여전히 탁월한 논의로 남아있는 것은 Daniel J. Boorstin, *The Image: A Guide to Pseudo-Events in America* (New York: Vintage Books, 1961)이다. 아울러 다음을 참조할 것. Boorstin, "A History of the Image: From Pseudo-Event to Virtual Reality," *New Perspectives Quarterly* 11, no. 3 (Summer 1994), pp. 16~21; Postman, *Amusing Ourselves to Death*; Kiku Adatto, *Picture Perfect: The Art and Artifice of Public Image Making* (New York: Basic Books, 1993).

내서 현재로 매끈하게 갖다 붙일 수 있다. 티모시 루크는 이 점을 상세히 다룬다.

> 이제 최첨단 영화들은 살아 움직이나 존재하지 않는(*living-dead*) 디지털 배우들을 새로운 조연들로 캐스팅해서 그들에게 샘플에서 뽑아낸 목소리를 주고 몰핑(*morphing*) 기법을 통해 만들어낸 몸을 가지고 실제 배우들과 나란히 움직일 수 있게 만든다. 최첨단 레코딩스튜디오들은 이미 사이버 스페이스 음악 즉흥연주회를 마련하고, 행크 윌리엄스 부자가 부르는 신종 디지털 발라드를, 냇 킹 콜이 딸 나탈리 콜과 함께 부르는 노래를, 존 레논이 살아 있는 다른 비틀스 멤버들과 함께 노래하는 것을 들을 수 있게 한다. 이 모든 것은 하이퍼 현실의 사이버 스페이스에서 이루어지는 실시간(*real-time*) 녹음기법에 의해 이루어진다.[76]

기호, 시뮬레이션, 이미지, 그리고 '가상현실'의 이러한 연속적인 포격을 고려할 때, 보드리야르 같은 이들이 왜 이미지 너머의 '현실'—기호를 넘어선 소기(所記; *signifié*)—이라는 관념이 하이퍼미디어 환경의 소용돌이 속에서 돌이킬 수 없이 상실되고 만다는 결론을 내리는지를 쉽게 알 수 있다.[77] 보드리야르가 보기에, 커뮤니케이션 테크놀로지들은 우리를 시뮬레이션 이외에는 아무것도 없는 무대로 밀어 넣는다. 사회 자체가 반사적이고 자기반영적인 광경으로 형성되고 있는 것이다. 이러한 환경에서 '허위의식'이나 '현실의 왜곡'이나 '이데올로기적 족쇄'는 더 이상 의미를 갖지 못한다. 시뮬레이션의 정확성을 측정할 수 있는 기준이 남아 있지 않기 때문이다. '현실' 자체가

---

76) Timothy Luke, "Simulated Sovereignty, Telematic Territorilaity: The Political Economy of Cyberspace," Unpublished Draft, 1996, p. 31.

77) Jean Baudrillard, *Simulations*, tranlated by Paul Foxx, Paul Patton, and Philip Beitchman(New York: Semiotext(e), 1983). 래시(Scott Lash)와 어리(John Urry)도 비슷한 논의를 *Economies of Sign and Space*, p. 3에서 한다.

완전한 환영(幻影)인 것이다. 보드리야르를 따라 바티모는 이렇게 강조한다.

> 근대 후기의 우리가 현실이라는 관념을 갖고 있다 해도, 그것은 우리가 미디어로부터 받아들이는 이미지 아래 깔려 있는 또는 위에 놓여 있는 객관적 소여(所與)로 이해될 수 없다. 어떻게 어디서 우리가 그러한 '본래 모습의' 현실에 도달할 수 있겠는가? 오히려 우리에게 현실은 서로 경쟁관계 있으며 아무런 '중앙의' 조정을 받지 않는 미디어에 의해 유통되는 이미지, 해석, 재구성이 교차한 결과이다.[78]

이러한 분석들이 기술결정론의 방향으로 너무 멀리 나간 것은 아닌가? 바티모가 위에서 언급하는 '우리'란 누구인가? 거건을 인용하면서 앞서 내가 주목했던 것처럼, 하이퍼미디어 테크놀로지들에 노출되었다는 것만으로는 그 환경에 침윤되어 있는 이들에게 갑작스런 존재론적 이동을 반드시 강제하지는 못한다. 과학적 리얼리즘의 인식론을 고수하는 정교한 컴퓨터 그래픽을 개인적으로 설계하는 컴퓨터 과학자들이 많다는 것은 사실이다. 그러나 내가 말할 수 있는 것은 하이퍼미디어가 창조하는 커뮤니케이션 환경에서는 그러한 공간적 편견이 더 많은 사람들에게 수용될 수 있다는 점이다. 달리 말해, 탈근대적 사회인식론의 공간적 편향들은 현세대의 아이들에게 더 매력적이고 더 '자연적'인 것으로 보일 가능성이 높다. 아이들은 비디오게임, 영화, 광고와 같은 도피주의적 볼거리가 제공하는 비현실주의(*irrealism*)와 세계 창조주의로 편입되고 있고, 그 속에서 '현실'과 '가상'의 구분은 흐려질 뿐만 아니라 가상적인 것이 하나의 새롭고 흥미로운 '세계

---

78) Gianni Vattimo, *The Transparent Society*, translated by David Webb(Baltimore: Johns Hopkins University Press, 1992), p. 7.

관'(*Weltanschauung*)으로 조장된다. 하이퍼미디어는 탈근대의 공간적 편견들을 만들어 내지는 않는다. 그러나 그것들은 세대간적(*intergenerational*) '선택'과정을 통해 탈근대의 공간적 편견들을 장기적으로 뒷받침하고 고무시킨다. 현실의 희석화와 다원적 '세계들'의 수용은 하나의 고정된 현실이라는 오늘날의 관념과 마찬가지로 당연한 것으로 받아들여질지 모른다.

### 3) 상상의 공동체

탈근대적 의미에서의 상상의 공동체는 개인적 정체성과 공간적 편견과 관련하여 제기된 주제들과 구성개념들의 많은 부분을 공유한다. 보먼이 주목하듯이, "탈근대성은 인간세계를 비환원적이고 되돌이킬 수 없을 정도로 다원적인 곳으로 보며, 현실적으로 또는 잠재적으로 어떤 수평적 혹은 수직적 질서도 없이 산재하는 주권적 단위들과 권위체들로 갈라져 있다고 인식하는 특징을 갖는다".[79] 이러한 파편화와 다원화 뒤에는 절대적 진리(*Truth*)를 상대화시키는 철학적 입장이 서 있다.

탈근대적 인식론들에 의하면, 이론이나 언어와 떨어져 존재하는 현실에 대한 진리란 무의미하다. 로티의 말대로, "현재 우리가 쓰고 있는 표현수단 가운데서 신의 관점을 쏙 뽑아내어" 우리에게 가져다 줄 천상의 존재란 없다. 신의 관점이란 "우리의 언어와 신념과 분리되어 그것들의 도움 없이 알려진 무언가를 기준으로 판단된 것"으로서 우리가 "피부 밖으로 걸어 나올" 수 없듯이 불가능한 일이다.[80] 이러한

79) Bauman, "Sociology and Postmodernity," p. 799.

80) Richard Rorty, *Objectivism, Relativism and Truth: Philosophical Papers*, Vol. 1 (Cambridge: Cambridge University Press, 1991), p. 6; Rorty, *Consequences of Pragmatism*, p. xix.

상대주의적 입장으로부터 '다시각적'(*multiperspectival*) 세계관이 나온다. 즉, 세계는 "무수히 많은 의미창출 작인(作因)들로 이루어지며, 그 모두는 상대적으로 자족적이고 자율적이며, 각각의 논리를 갖고 각각의 진리확인 능력을 지니고 있다".[81]

탈근대의 상상의 공동체(*imagined community*)는 그러므로 초다원적이며 파편화된 근대적 대중 공동체의 반대명제이다. 제 4장에서 보았듯이, 근대의 상상의 공동체는 하나의 '국민적' 정체성과 주권적 정치적 권위의 융합을 전제로 한 것이었다. 근대에 들어와 인쇄된 자국어와 전국의 대중을 대상으로 하는 TV와 라디오에 의해 강화된 이 단일한 정체성은 상상의 공동체 의식을 제공했고, 그 공동체는 영토적으로 구분되고 상호배타적인 주권국가들로 정치적 권위가 분할되는 상황에 부합했다. 사람들이 실제로는 분명히 수많은 상이한 공동체들에 중첩적으로 귀속된다 해도, 지배적인 인식은 그러한 정체성들은 위계적 질서를 가지며 또는 가져야만 한다는 것이었고, 그 위계의 최고위치는 민족이 차지한다는 것이었다.[82]

탈근대의 상상의 공동체 의식은 이러한 위계를 중첩적인 '해석적 공동체들'(*interpretive communities*)[83]로, 지역적 정체성들로 분산시킨다. 이를 리오타르는 "사회적인 것이 언어게임의 신축적 네트워크로 '원자화'되는 과정이라고 개념화한다.[84] 리오타르에게, 그리고 탈근대주의자들 전체에게 근대의 대중적 청중은 탈근대의 "다양한 담론적 종(種)들"[85]에 의해 대체된다.

---

81) Bauman, "Sociology and Postmodernity," p. 799.

82) Elkins, *Beyond Sovereignty*에서 특히 '공동체들로 이루어진 하나의 공동체'(*a community of communities*)를 다룬 제 6 장을 보라.

83) '해석적 공동체들'이라는 표현은 Stanley Fish, *Is There a Text in the Class? The Authority of Interpretive Communities* (Cambridge : MIT Press, 1980)에서 빌어온 것이다.

84) Lyotard, *The Postmodern Condition*, p. 17.

하이퍼미디어 환경이 탈근대적 사회인식론으로 기능적으로 기울어져 있음을 아마도 가장 잘 보여주는 것은 다중적이고 중첩적인 초국가적 '초특수'(*niche*) 공동체들을 하이퍼미디어 환경이 조장한다는 점이다. 하이퍼미디어 이전에는 정부가 규제하는 전국 방송체계들이 국민적 사안들을 설정하고 공적 논쟁들을 영토적으로 규정된 정치공간들 안에 위치시켰다.[86] 어떤 이론가들에 의하면, 정부규제하의 방송체계들을 통해 중앙 권위체들은 국민들 사이에서 동의를 제조하고 그럼으로써 공공 이데올로기의 모습을 국가에 이롭게 틀짓고 제한할 수도 있다.[87]

하이퍼미디어 환경은 '대중'미디어 시대를 특징짓는 공유된 '공공' 또는 '국민적' 정보 경험들을 초국가적이고 분산적이며 맞춤형의 '협송'(*narrowcasting*)과 컴퓨터 네트워크, 화상 주문(*video-on-demand*), 직접위성방송, 그리고 이른바 '500 채널' 케이블 시스템의 형태로 이루어지는 쌍방향 커뮤니케이션으로 대체한다.

하이퍼미디어 환경에서 개인들은 예전에는 서로 다른 규제 관할권 속에 묶여 있었던 민간의 경쟁적 유통체제들이 제공하는 다양하고 전문화된 프로그램들 가운데 선택할 수 있게 되었다. 최근에 불붙기 시작한 전화와 케이블의 경쟁은 가장 대표적인 예이다. 아마도 더 중요한 점은 이처럼 경쟁하는 유통체제들이 국가가 규제를 풀고 방송시스템들의 상호침투를 허용하면서 점점 더 초국가화된다는 것이다. 글로

85) Ibid., p. 26.

86) Edward S. Herman, "The Externalities Effects of Commercial and Public Broadcasting," in Nordenstreng and Schiller, eds., *Beyond National Sovereignty*, pp. 84~115를 보라.

87) Edward S. Herman and Noam Chomsky, *Manufacturing Consent: The Political Economy of the Mass Media* (New York: Pantheon Books, 1988); 이 장르의 고전적 저작은 물론 Walter Lippmann, *Public Opinion* (New York: The Free Press, 1965[1922])이다.

벌 수준의 뉴스기관에서 직접방송위성, '전국적' 방송시스템들의 합작투자 협정에 이르기까지 초국가화의 모습은 다양하다.[88] 이 상호침투 과정은 정보의 '자유이동'을 선호하는 글로벌 시장의 힘과 긴밀히 결합되기 때문에, 방송에 대한 독점 유지에 완강한 태도를 보였던 국가들과 지역들조차도 방침을 바꾸었다. 예컨대, 아시아에서 위성안테나를 갖고 있는 시청자들은 스타TV, HBO, CNN, ESPN, 홍콩의 TVBS를 비롯한 40개 이상의 채널을 선택할 수 있으며, 추가적으로 일본, 러시아, 태국, 호주, 중국의 국내용 위성들에서 송신되는 다양한 프로그램들을 즐길 수 있다.[89] 앞으로 몇 년 동안 더 많은 위성 시스템들이 발사되어 아시아 지역에 서비스를 제공할 예정이다.[90]

1980년에는 지금 유럽연합이 된 지역 전체에 40개의 TV채널이 있었다. 1994년에 와서 그 수는 150개에 이르며, 그 중의 1/3 이상이 위성방송이다.[91] 이집트 카이로에서 삼성전자는 고정식 위성안테나, 수신기, TV 수상기 전체를 겨우 740달러에 팔고 있는데, 이 상품은 아랍 프로그램뿐만 아니라 CNN, MTV, ESPN 같은 상업방송 서비

---

88) 북아메리카의 맥락에서 이러한 협정들이 어떻게 이루어지는지에 대한 좋은 논의는 다음에서 볼 수 있다. Steven Globerman and Aidan Vining, "Trade, Investment and the Culture Industries: Bilateral Issues in the Post-NAFTA Era," Unpublished Draft, 1995.

89) Lee and Wang, "Satellite TV in Asia," p. 135. 리와 왕은 142쪽에서 이렇게 강조한다. "위성TV 수신의 금지나 제한을 둘러싼 논쟁은 자국 영토 내로의 위성방송 진입을 막으려 했던 나라들에서 분명히 활발히 진행중이며, 위성TV의 '자유화' 압력이 완화될 징조는 보이지 않는다".

90) Ibid., p. 135.

91) "Feeling for the Future," p. 12. 이 기사는 계속해서 다음과 같이 설명하고 있다. "선택의 폭이 급격히 넓어지면서 유럽 공공 방송사들의 허점들이 드러났다. 이탈리아의 RAI, 스페인의 RTVE, 독일의 ARD와 ZDF는 모두 재정파탄에 직면하고 있다". 폴란드, 루마니아, 체코 공화국에서의 국영 TV 탈규제에 대한 기사로는 Jane Perlez, "Habits Die Hard in Central Europe," *New York Times* (May 13, 1996)를 보라.

스 세 가지를 한다.[92] 하이퍼미디어 환경의 출현과 함께 단일지점/대중적-전국적 방송의 패러다임은 다시각적/초국가적 '협송'에 자리를 내어주고 있다.

하이퍼미디어 환경은 채널 선택권을 점점 더 다양하게 만듦으로써 '탈대중화'(*de-massification*)에 기여할 뿐만 아니라 커뮤니케이션 과정 자체의 '상호작용성'을 증대시킴으로써 스스로를 아예 원자화시킨다. 아마도 가장 좋은 예는 온라인상의 '맞춤형' 신문들일 것이다. 이 신문들은 사용자들이 해설기사나 관련기사와 비디오 클립에 자기 마음대로 접근할 수 있게 해준다. 그 결과 각 개별 사용자는 서로 완전히 다른 뉴스를 경험하게 된다.[93] 똑같은 현상이 멀티미디어 음악 CD에도 나타난다. 현재 시장에서 구할 수 있는 일부 CD들은 감상자들로 하여금 자신의 취향에 맞게 곡의 편성을 바꿀 수 있게 해준다. 어느 작곡가의 표현을 따르자면, "당신과 내가 똑같은 곡에 대해 두 개의 다른 관점을 가지는" 것을 가능케 한다는 것이다.[94] 마찬가지로 북미의 시험판매 지역에서 개발된 상호작용식 TV 시스템은 시청자들이 카메라 앵글을 선택하고 스포츠 방송을 보면서 재연을 선택할 수 있게 해준다.[95]

이처럼 개인화된 상호작용성은 현재 나잇-리더(Knight-Ridder), 개닛(Gannett), 허스트(Hearst), 타임스-미러(Times-Mirror) 같은 대기업들의 재정지원으로 MIT 미디어연구소에서 진행중인 연구들에 의해

---

92) John Tagliabue, "Tapping the Power of Satellite TV," *New York Times* (April 15, 1996).

93) Gary Stix, "Domesticating Cyberspace," *Scientific American* (August 1993)을 보라.

94) 그 작곡가는 자신의 앨범 *No World Order*를 상호작용식 CD로 발매한 토드 룬트그렌(Todd Rundgren)이다. Edward C. Baig, "Ready, Set-Go On-Line," *Business Week* (Special 1994 Issue), p. 124를 볼 것.

95) Elmer-Dewit, "Take a Trip into the Future," p. 50을 볼 것.

한 걸음 더 나아간다. 여기서 개발되는 개인화된 소프트웨어 '대리인'(*agent*)은 매일 아침 전지구적 네트워크의 데이터베이스를 전자 검색하여 개인들에게 각자의 독특한 관심에 맞도록 제작된 뉴스 패키지를 제공할 것이다.[96] 실제로 CRAYON(Create Your Own Newspaper On the Net)이라는 이름의 무료 월드와이드웹 서비스는 가입자들에게 다량의 전지구 뉴스 서비스를 제공하여 가입자들이 그 속에서 자신들만의 개인화된 출발점을 구축할 수 있도록 해준다. CRAYON을 통해서 나는 매일 아침 세계의 뉴스원을 접할 수 있게 되었다. 이러한 테크놀로지들 가운데 일부는 여전히 태아적 단계에 있지만, 그것들은 하이퍼미디어 환경이 '탈대중화'의 방향으로 가고 있음을 더욱 확실히 증명해준다.

하이퍼미디어 환경이 전국적 대중방송의 패러다임에 도전하고 다중적이고 중첩적인 '초특수'(*niche*) 공동체들을 조장하는 두 번째 방식은 컴퓨터 네트워크로 연결된 개인들간의 쌍방향적이고 중개되지 않은 초국가적 커뮤니케이션을 가능케 하는 것이다. 인터넷상에서, 그리고 많은 민간 컴퓨터 네트워크상에서 전세계 수백만의 사람들은 이제 이 '가상 공동체들'(*virtual communities*)[97]에 참여하고 있다. 최근 집계로는 인터넷상에 1만개 이상의 전문화된 USENET 뉴스집단들이 있다(alt. politics. greens; alt. politics. libertarian; alt. politics. radical-left; alt. fan. dan. quayle; alt. sex. bondage; alt. tv. simpsons).[98] 이 신문들 제호 앞에

---

96) 이에 대해서는 Nicholas Negroponte, "Products and Services for Computer Networks," *Scientific American* (September 1991), pp. 106~113을 보라.

97) 일본에서는 '익명성의 공동체'(*communities of anonymity*)라고 부른다. Kumiko Aoki, "Virtual Communities in Japan: Their Cultures and Infrastructures," *Asia-Pacific Exchange Journal* 2, no. 1 (March 1995)를 보라.

98) 이에 대한 논의로는 Robert Wright, "Hyper Democracy," *Times* (January 23, 1995), p. 46; Stephen Steinberg, "Travels on the Net," *Technology Review* (July 1994), p. 22를 보라.

붙은 접두사 'alt'는 'alternative'를 가리킨다. 누구라도 어떤 주제에 대해서라도 뉴스집단을 시작할 수 있도록 해주는 범주인 것이다. 여기서는 누구라도 게시판이나 뉴스집단에 메시지를 포스팅(*posting*)하기만 하면 그것이 곧 기사의 '게재'가 된다. 월드와이드웹에서는 사용자들이 개별 '웹사이트'를 열어 그 안에 들어있는 다양한 형태 — 오디오, 비디오, 또는 텍스트 — 의 정보를 이용할 수 있다.[99] 이러한 게재의 민주화는 전국적 대중방송의 패러다임이 근본적으로 전도되고 있음을 나타낸다. 《뉴욕 타임스》의 한 기사가 집단정체성의 탈대중화를 시사하면서 지적했듯이, 인터넷은 외관상 "끝없이 깊은 협소함"을 제공하고 있다.[100]

위에서 논의된 하이퍼미디어 환경의 속성들이 이론적 스펙트럼에 상관없이 여러 논평자들이 지적하고 있는 다중적이고 중첩적인 초국가적 '초특수'(*niche*) 공동체의 등장에 기여하고 있다는 데는 의심의 여지가 없다. 하워드 라인골드의 적절한 표현을 빌자면, 초국가적 공동체는 "하위문화들의 생태계"(*ecosystem of subcultures*)인 것이다.[101] 이 운동들의 가치와 목표는 다중적이고 모순적이며, 종교적 근본주의 집단에서 테러리스트 조직, 신나치 운동에 이르기까지 매우 다양한 열망들을 반영한다.[102] 그러나 이 공동체들의 특징 가운데 가장 의미

---

99) '웹사이트'에 대한 논의로는 Kurt Kleiner, "What a Tangled Web They Wove … " *New Scientist*(July 30, 1994), pp. 35~39를 볼 것. 학자들은 미간행 논문들과 현재 진행중인 원고들을 발표하고 그에 대한 비판을 받기 위해 개인용 웹사이트를 이용하는 경우가 늘고 있다.

100) Steve Lohr, "The Great Mystery of Internet Profits," *New York Times* (June 17, 1996)를 볼 것.

101) Rheingold, *The Virtual Community*, p. 3.

102) 몇 가지 예를 들자면, 프랑스의 비주류 가톨릭 주교인 자크 가이요(Jacques Gaillot)는 월드와이드웹 페이지에 일종의 '가상 집회'를 만들었는데, 1996년의 첫 6주 동안 이 페이지가 기록한 방문회수는 25만회였다. "Virtual Bishop Has Cyberspace Congregation," *CNN On-Line*(September 1,

있는 것은 그들의 회원이 되기 위한 전제조건으로 '영토'나 '장소'와 같은 전통적 관념들에 구애받지 않는다는 점이다. 하이퍼미디어 환경의 '가상' 공간에서 공유된 이익을 둘러싸고 공동체의 응집이 이루어지기 때문에 지리적 근접성은 집단정체성의 기반으로서의 중요성이 감소된다. 아파두라이는 이렇게 설명한다. "친밀성을 정치적 정서로 점화시키고 지역성을 정체성의 발판으로 전환시키는 데서 가장 큰 힘을 발휘했던 지향성들은 집단들이 움직이는 동시에 정교한 미디어를 통해 서로 연결됨에 따라 광대하고 불규칙적인 공간들로 확산되어 왔다".[103] 그 결과는 훨씬 더 탈중심화되고 다시각적인 상상의 공동체들의 세계인데, 로스노가 말하는 이 "다중심" 체제는 "주권으로부터 자유로운 다양한 하위국가적·초국가적 행위자들"로 구성된다.[104] 근대적 세계질서를 노골적으로 뒷받침하는 민족주의는 주권적 민족국가 위아래에 존재하는 다중적이고 중첩적인 파편화된 공동체들의 다신교적 세계에 자리를 내어주고 있다. 초특수주의(*nichelism*)의 세계가 다가오고 있는 것이다.

---

1996)을 참조. 한편 미국의 개신교 복음전도사인 빌리 그레이엄(Billy Graham)은 하이퍼미디어의 또 다른 일부인 위성을 통해 하루에 185개국 10억 명의 신자들에게 설교했다. Hamid Mowlana, "The Communications Paradox," *The Bulletin of the Atomic Scientists* (July/August 1995), p. 40.

103) Aujun Appadurai, "Disjucture and Difference in the Global Economy," *Theory, Culture, and Society* 7 (1990), p. 306.

104) Rosenau, *Turbulence in World Politics*.

## 2. 지구촌인가, 행성촌인가?

이 초특수주의가 탈근대적 사회인식론에서 발견되는 상상의 공동체들에 대한 파편화되고 다원주의적인 시각을 뒷받침한다는 사실은 쉽게 알 수 있다. 그러나 하이퍼미디어의 전지구적(*planetary*) 범위와 종종 동일시되는 글로벌 정체성의 관념은 어떤가? 맥루한의 '지구촌'(*global village*)은 어떤가? 여러 관찰자들이 지적했듯이, 이 파편화된 초특수 공동체들 전부는 새로이 출현중인 글로벌 수준의 상상된 공동체에 편입되고 있다.[105] 그것을 규정하는 어떤 고정적인 특징을 찾기는 어려울 것이다. 하나의 주장보다는 다양한 상징형태들과 담화적 표상들이 난무하기 때문이다. 인간역사가 우주 안의 세계의 본질과 정신적 의미에 대한 관념들로 가득 차있다 해도, 하나의 글로벌 사회라는 관념이 현실성을 갖고 제창되고, 그 정치적·문화적 조직화의 문제가 검토된 것은 오로지 20세기에 와서였다.[106] 확실히 이러한 글로벌 의식의 심화는 여러 이해관계의 산물이다. 그 중에서도 가장 두드러지는 것은 환경악화와 글로벌 소비문화 확산을 둘러싼 이해관계였다. 그러나 하이퍼미디어의 발전이 이 태아적 의미의 글로벌 정체성이 등장하는 데 기여한 가장 중요한 요소였다는 것은 의심의 여지

---

105) 특히 다음을 보라. Mary Catherine Bateson, "Beyond Sovereignty: An Emerging Global Civilization," in R. B. J. Walker and Saul Mendlovitz, eds., *Contending Sovereignties: Redefing Political Communities*(Boulder: Lynne Reinner, 1990); Daniel Deudney, "Global Environmental Rescue and the Emergence of World Domestic Politics," in Ronnie Lipschutz and Ken Conca, eds., *The State and Social Power in Global Environmental Politics* (New York: Columbia University Press, 1993).

106) Roland Robertson, "Mapping the Global Condition: Globalization as the Central Concept," *Theory, Culture and Society* 7(1990), p. 21.

가 없다. 그 기여가 부정적으로 인식된다 해도 말이다. 달리 말해, 하이퍼미디어 환경의 범위에 대한 성찰이 지구 전체가 서로 연결되어 있다는 의식이 생겨나는 데 기여했다. 이러한 현상이 맥루한의 '지구촌'이라는 용어와 함께 시작되었다는 것은 역설적이다. 긴밀히 연결된 전지구 공동체가 존재한다는 사실은 전지구적 범위를 갖는 하이퍼미디어의 끊임없는 포격을 받는 세계에서는 부정하기 어렵다. 이 점에서 하이퍼미디어 환경은 "세계의 응축과 세계 전체에 대한 의식의 심화"[107]를 가져온다.

이러한 현상을 직접적으로 보여주는 포괄적인 예는 지구의 이미지들이 급격히 늘어나고 있다는 것이다. 오늘날 CNN 헤드라인 뉴스가 시작할 때 나오는 로고의 형태이든, 환경감시단체의 팜플렛 표제로 쓰이든, 국제관계 이론 교과서의 커버 이미지로 사용되든, 월드와이드웹 홈페이지 구석의 회전장식으로 꾸며지든 간에 '푸른 지구'의 이미지를 벗어나기는 어렵다.[108] 의문의 여지없이 그것은 상업광고의 역사상 가장 포화도가 높은 기업로고이며, 하이퍼미디어 환경이 깊어지고 넓어지면서 더욱 대중화될 것으로 보인다. 지구의 이미지를 어디서나 볼 수 있다는 것만으로도 사람들의 의식은 많은 영향을 받을 수밖에 없으며, 이미 어느 정도의 영향을 받았다. 코스그로우브의 설명대로 예컨대 아폴로호가 찍은 지구의 이미지는 "현대의 지리적 상상력의 모습을 변화시키는 데 엄청나게 중요했다".[109] 컴퓨터 시뮬레이션

107) Roland Robertson, *Globalization: Social Theory and Global Culture* (Newbury Park, Calif: Sage Publications, 1992).

108) 한 가지 예만 들어보겠다. K. J. Holsti, *International Politics* (Englewood Cliffs, NJ: Prentice-Hall, 1977)의 색인에는 '글로벌'이라는 단어가 없다. 그러나 1988년의 제 5 판에는 '글로벌 체제, 현대'라는 표제어가 있을 뿐만 아니라 이 체제의 규칙, 구조, 이데올로기적 쟁점에 관한 10개의 하위표제어들이 따로 있다. 게다가 제 5 판은 우주에 떠 있는 지구의 컬러 이미지를 커버로 사용하고 있다.

과 우주탐사 테크놀로지들을 통해 지구는 많은 이들에게 일종의 가상적 추상(*virtual abstraction*)이 되었다. 어마어마하고 신비로운 생물권이기보다는 조작, 통제, 감시의 대상으로 인식되기 시작한 것이다.[110]

이 글로벌 수준의 상상된 공동체는 탈근대적 '초특수' 공동체들의 등장과 모순되는가? 많은 비판적 관찰자들이 지적했듯이, 글로벌 담론과 형상화의 확산이 상상의 공동체의 의식을 의미한다 해도, 그것은 상이한 집단들에 의해 상이한 방식으로 이용되는 하나의 경쟁적 시각이다.[111] 예를 들어, 하나의 세계라는 이미지는 초국가적 기업들과 고기술 산업들의 상징으로 주로 사용되는데, 그들에게 하나의 세계는 "세속적 통제를 통한 세계의 세속적 지배"[112]를 의미한다. 그러나 환경운동의 시각에서는 똑같은 이미지가 "준종교적 상호연결성과 지구 생명의 취약성"[113]을 나타낸다. 실제로 지구의 이미지가 서로 다른 공동체들에 의해 이용되고 있는 매우 역설적인 상황이야말로 이질적 이상향(*heterotopia*)이 존재한다는, 또는 '불가능한 공간'에 수많은 파편적 세계들이 공존한다는 탈근대적 의식을 강화시킨다. 달리 말해, 지구의 이미지 자체는 상상의 공동체들이 파편적이고 병렬적으로 존재한다는 다원주의적 시각을 구체화한 것이고, 탈근대적 정서를 특징짓는 것이다. 하지만 지구의 이미지가 갖는 경쟁적 속성에도 불구하고 지구가 제한되어 있고 통합되어 있다는 의식은 장기적으로 주권적 관할

---

109) Denis Cosgrove, "Contested Global Visions: One-World, Whole Earth, and the Apollo Space Photographs," *Annals of the Association of American Geographers* 84, no. 2(1994), p. 271.

110) Wolfgang Sachs, ed., *Global Ecology: A New Arena of Political Conflict* (London: Zed Books, 1993)을 볼 것.

111) 전지구적인 상상의 공동체의 개념에 대한 비판으로는 Anthony D. Smith, "Towards a Global Culture?" *Theory, Culture and Society* 7(1991), pp. 171~191을 보라.

112) Cosgrove, "Contested Global Visions," p. 287.

113) Ibid.

권에 대한 근대적 주장들을 약화시킬 것이다. 그러나 동시에 그것은 새로이 출현하는 전지구 폴리스(*polis*)라는 상상의 공동체의 기초가 될 것이다.

이 장에서 나는 탈근대적 사회인식론의 사회적 구성물, 인지 편견, 상징형태가 아마도 미래에는 상당한 정도로 호응을 얻을 것이라고 주장했는데, 그것은 하이퍼미디어 환경과 '조응'하기 때문이다. 이러한 내용을 '증명'하기는 어렵다. 위에서 내가 제시한 구조화된 복잡한 서술 이상의 것을 제공하기는 어렵다. 다른 분석대상을 선택할 수도 있을 것이다. 그러나 나는 어떤 분석대상이라도 하이퍼미디어 환경과의 '적자성'에서는 포괄적일 수밖에 없다고 생각한다. 탈근대적 사회인식론도 그렇다고 보여진다. 혹자는 '탈근대주의'가 대체로 서구의 현상이며, 그것이 세계질서 전체에 함의를 가질 가능성은 적다고 볼 지 모른다. 위에서 제시된 관념들이 '서구'에서 비롯되었고, 지금까지는 대체로 서구에 국한되어 왔다는 것은 분명히 사실이지만, 그것들은 기원의 장소를 떠나 확산될 수 있다. 결국 따지고 보면 주권의 관념 역시 '서구'에서 비롯된 것이다.[114] 더 나아가 '서구'가 또한 오늘날 세계에서 가장 잘 살고 가장 힘있는 엘리트 국가들과 전반적으로 일치한다는 사실도 지나치게 간과되어서는 안 된다. 탈근대적 사회인식론이 단순히 '유행'으로 끝나지 않고 하이퍼미디어에 문화적으로 편입된 이들 사이에서 갈수록 심화되고 팽창될 것이라는 나의 생각이 옳다면, 이 사회인식론이 개인들과 사회들뿐만 아니라 진화중인 세계질서의 구조에도 중대한 영향을 미칠 것이라는 것은 가능한 일이다.

그렇다면 그 영향이란 어떤 것일까? 사회인식론의 변화들이 정의상 하나의 세대간 과정이기 때문에 그것들이 세계질서 변형에 미치는 영

114) 이 주제에 대한 논의로는 Bull and Watson, eds., *The Expansion of International Society*에 실린 논문들을 보라.

향에 대한 어떠한 해석도 그 넓은 시간틀에 비추어 볼 때 사변적이고 다소 시론적일 수밖에 없다. 그러나 가장 흥미로운 점은 탈근대적 사회인식론의 많은 핵심특징들이 앞장에서 서술된 변화들을 보완하고 강화하는 경향이 있다는 것이다. 예를 들어, 탈근대의 탈중심화된 자아는 여러 정체성을 가지며, 상상의 공동체들의 탈대중화와 공명한다. 그리고 주권국가들이 여러 층의 정치적 권위 속에 얽혀 있는 현상과도 공명한다. 특히 주권국가의 위상변화는 공간의 병렬성과 중첩성, 그리고 패스티시적 질서와 '조응'하며, 이는 푸코의 '이질적 이상향' 개념으로 특징된다. 상상의 또는 창조된 세계들을 보는 탈근대적 시각은 또한 컴퓨터 네트워크의 비영토적 공간에서 점점 더 많은 상호작용을 하는 공동체들과 기업들의 세계와 조응한다. '차이'와 초다원성의 인정은 한때 상이한 문화들이 긴밀한 접촉을 할 수밖에 없었던 제한된 행성을 보완하는 경향이 있다. 사회인식론의 시각에서 이러한 관찰들은 현재 출현중인 세계질서의 구조가 영토적으로 구분되고 상호배타적이며 선형적인 공간질서에서 비선형적이고 다시각적이며 중첩적인 정치적 권위로 옮겨가고 있음을 시사한다. 마찬가지로 '민족'을 중심으로 하는 근대의 대중적 정체성들은 복수의 비영토적인 '초특수' 공동체들과 파편화된 정체성들로 분산되고 있다. 결론에서는 이 변형들이 갖는 함의 몇 가지를 간략히 제시하도록 하겠다.

# 제 8 장

# 결 론

'획기적' 변화들이 현재 진행되고 있을 때 그 함의를 이해한다는 것은 무척이나 어려운 일이다. 가장 기본적인 가정들, 그리고 그것들을 강화하고 지탱하던 제도들이 변화의 소용돌이 속에서 해체될 때, 그러한 변화들을 평가할 수 있는 틀이나 기반을 찾는 일 자체가 내재적 문제를 갖게 된다. 이 책에서의 분석을 아우르는 하나의 지배적인 메타시각(*meta-perspective*)이 있다면, 그것은 역사가 본질상 불확정적이고 개방적이라는 것, 즉 우연한 규칙들과 의도되지 않은 결과들이 크게 느껴지는 과정이라는 것이다. 이러한 시각과는 반대로 역사의 조류 이면에서 작동하는 법칙과도 같은 일반적 경향들이 있기는 하지만, 분석적이고 이론적인 렌즈라면 현재의 추세들을 보고 해석할 수 있어야 하고, 실제로 그래야만 한다.

이 연구의 목적은 커뮤니케이션 양식의 변화와 세계질서 변형의 관계를 검토할 수 있는 분석적이고 이론적인 렌즈를 제공하려는 것이었다. 그러나 커뮤니케이션 테크놀로지들이 인간역사의 주된 추동력이었고, 인간존재의 다른 모든 측면들은 차례차례 나타났던 커뮤니케이션 양식들의 '논리'로 환원될 수 있다고 주장하려는 것은 아니었다.

오히려 나는 커뮤니케이션 테크놀로지들의 극적인 변화들이 글로벌 수준에서 일어나고 있는 시점에서 국제관계학 연구가 공백으로 남겨 놓고 있는 부분을 채울 수 있기를 희망했고, 그러한 공백지대에 관한 분석들은 일반잡지와 대중매체에서 찾을 수 있을 뿐이었다.

반어적이게도 내가 분석적 렌즈를 구성하기 위해 사용한 재료를 제공해 준 것은 가장 많이 인용되는 '정보화 시대' 저자들 가운데 한 사람인 마셜 맥루한과 연관된 이론이었다. 맥루한과 그 전의 이니스가 인간역사에서 커뮤니케이션 양식이 차지하는 비중에 대해 다소 모호한 견해를 갖고 있었던 반면에, 이 연구에서 나는 개방적이고 비환원주의적인 미디어 이론을 제시하고 그것을 '생태학적 전체론'(*ecological holism*)이라는 인간존재에 대한 더 넓은 진화론적 시각 속에 위치시키려 했다. 미디어 이론 하면 연상될 수도 있는 기술결정론적 장신구 일체를 떨쳐버리는 것 이외에, 내가 미디어 이론에 가한 가장 중요한 수정은 커뮤니케이션 양식의 변화들에 관련된, 두 가지의 개념적으로 구분되는 효과들이 있음을 지적한 것이었다. 그 두 가지 효과는 분배적 변화와 사회인식론의 변화였다. 이처럼 미디어 이론을 수정함으로써 나는 커뮤니케이션 양식의 대대적인 변화와 함께 야기되는 효과들의 유형을 더 분명히 묘사할 수 있었다.

이 연구의 제 1 부에서 나는 유럽에서 인쇄술의 출현이 중세적 세계질서에서 근대적 세계질서로의 변형에 어떻게 연관되었는지를 검토했다. 인쇄술과 연관된 분배적 변화들은 두 방향으로 작동했다. 한편으로는 중세적 세계질서의 지반을 약화시켰고, 다른 한편으로는 근대적 세계질서의 구성에 기여했다. 전자의 방향과 관련하여 인쇄술의 속성들은 프로테스탄트 개혁과 과학적 인본주의의 전략적 이익에 유리했고 이는 교황-수도원 네트워크를 손상시키는 것이었다. 이 두 가지 분배적 변화 모두 유럽을 단일한 기독교 공동체로 묶어두었던 우주론적 유대의 단절에 결정적 역할을 했다. 인쇄술에 의해 촉진된 세 번째의 분배적 변화는 도시 부르주아지와 계약적 사회경제관계의 등장으로서 이는 봉건적 사회관계의 사인적 유대를 평등화시키는 효과를 갖고, 단일한 중심으로부터의 공통된 통치의 가능성을 열어놓았다는 점에서 '이행기적' 현상이었다. 마지막으로 인쇄술의 분배적 속성들은 중앙집권적 국가 군주들의 전략적 이익을 촉진하였는데, 그들은 도시 부르주아지와 동맹하여 표준화된 합리적 정책들과 비인격적 관료기구들을 창출하는 데 착수했다. 그것은 명백히 구분되는 영토적 공간에 대한 행정을 용이하게 하기 위해서였다.

"무엇이 없었다면 어떻게 되었을 것인가"라는 질문에 딱 한마디로 대답한다는 것은 언제나 어려운 일이지만, 인쇄술이 없었다면 위에서 말한 발전들이 이루어지는 데 상당한 제약이 가해졌을 것이다. 프로테스탄트 개혁 이전의 이단운동들이 겪은 성쇠를 보면, 16세기 초의 유럽에 인쇄기가 없었다면 루터의 도전과 교회의 봉쇄전략이 어떤 결과를 맞았을지 대략 가늠할 수 있다. 정도는 덜하지만 과학적 인본주의 운동의 활성화에 대해서도 마찬가지로 말할 수 있을 것이다. 인쇄술이 없었다면 과학적 인본주의 운동은 아예 저지되었을 것이라고 말할 수는 없어도 그 확산과 성공의 속도가 확실히 느렸을 것이다. 마찬가지로 중세 후기에 집중화된 국가통치형태들이 파편화되는 경우가 잦았던 사실은 인쇄환경이 근대 국가관료제에 미친 영향을 짐작케 해준다. 세대를 이어 단일한 중심에서 행해지는 통치가 문어(文語)에만 의존해서도 유지되었을 것이라고 볼 수는 있으나, 그러한 체제들이 인쇄술을 통해 문서를 대량으로 기계생산하던 유럽에서처럼 빠른 속도로 발전했을 가능성은 적다. 광범한 공공정책 영역들이 그처럼 표준화되기도 어려웠을 것이다. 더구나 중세의 중앙집권체제는 도시연맹이나 도시국가처럼 비영토적으로 조직된 다른 정치체제들보다 기능적으로 나을 것이 없었다. 인쇄술이 없기는 매한가지였기 때문이다. 마지막으로 도시 부르주아지는 계약, 규약, 신문과 같은 사회적 추상에 크게 의존했는데, 이 역시 인쇄술이 없었다면 그러한 추상적 개념들의 사용은 훨씬 제한적이었을 것이다.

그러나 사회세력들의 상대적 권력에만 초점을 맞추는 분배적 변화는 세계질서 변형의 완전한 모습을 보여주지 못한다. 인쇄환경의 출현은 또한 당시의 사회인식론에 중요한 결과를 가져왔다. 인쇄술은 개인적 주관성과 자율성이라는 근대적 관념들, 공간의 시각적, 선형적, 일률적 표현으로의 인지 편견이 번성할 수 있는 커뮤니케이션 환경을 제공했다. 더 나아가 인쇄술의 표준화를 통해 '각 나라의' 주민들이 공통적으로 사용하는 일상어에 기반을 둔 상상의 공동체가 직접적으로 간접적으로 뿌리를 내렸고, 민족주의라는 근대적 이데올로기의 태아적 외형이 갖추어졌다. 전체적으로 볼 때, 사회인식론의 이러한 변화들은 근대적 세계질서 구조의 '형이상학적 기초'를 이루었고, 그럼으로써 정치적 권위가 영토적으로 구분되는 주권적 국민국가들로 분화되는 데 기여했다.

제 1부에서와 똑같은 분석적 렌즈를 사용하여 나는 제 2부에서 새로이 출현하는 하이퍼미디어 환경과 연관된 분배적 변화들에 먼저 초점을 돌렸다. 거기서 나는 하이퍼미디어 환경이 입지조건의 유연성(*multiplicational flexibility*), 초국가적 합작투자, 그리고 세계적 지역화(*global localization*)와 '지역적' 세계화(*local globalization*)를 촉진함으로써 생산이 영토적/정치적 경계를 넘어 복합적으로 확산되는 것을 촉진한다고 주장했다. 특히 지역적 세계화는 월드와이드웹의 상업화에서 증명된다. 나는 또한 글로벌 금융이 어떻게 하이퍼미디어 환경과 '조응'하며, 실제로 후자에 의해 질적 변형을 일으켰는지를 살펴보았다. 이를 위해 국경을 넘어선 자본유동의 잠재적 속도와 양을 기준으로 삼았다. 그리고 나서 나는 하이퍼미디어 환경이 세계적 규모에서의 초국가적 사회운동 확산을 촉진시키는 과정을 검토했다. 이 과정은 '글로벌 시민사회'라고 불리는 현상을 낳았다. 마지막으로 나는 하이퍼미디

어 환경의 분배적 속성들, 특히 감시 중심체들이 다변화되고 분산되면서 그 투명도가 높아지는 현상이 반위계체제적(*negarchical*) 안보제도와 부합한다고 주장했다. 반면에 그것은 현실국가들(*real-states*)의 집중화된 위계적 통치형태를 약화시키는 효과를 가졌다.

사회인식론에 관해서 나는 '탈근대주의'(*postmodernism*)로 알려진 사조를 중심으로 느슨하게 존재하는 사회적 구성물, 상징형태, 인지 편견이 오늘날 그리고 앞으로 더 많은 호응을 얻을 것이라고 주장했는데, 그것은 이 사회인식론과 하이퍼미디어 환경의 '적자성'(適者性; *fitness*) 때문이다. '탈중심화된' 자아들, 공간에 대한 패스티시(*pastiche*)적이고 상호텍스트적(*intertextual*) 편견, 다중적 현실과 세계, 그리고 파편화된 상상의 공동체 등의 탈근대적 관념들은 하이퍼미디어 환경과 '조응'한다. 이 새로운 커뮤니케이션 환경에서 개인정보는 컴퓨터 네트워크를 따라 분산되며, 사생활은 급속히 해체된다. 그리고 각기 따로 존재했던 매체들은 디지털적이고 상호텍스트적인 하나의 미디어로 융합되며, 그것을 지배하는 것은 디지털적 세계들과 대안적 현실들이다. 마지막으로 협송(*narrowcasting*)과 쌍방향 커뮤니케이션은 '전국적' 대중의 중요성을 약화시키고 비영토적 '초특수'(*niche*) 공동체들을 고무시킨다.

이러한 변화들은 세계적 수준에서의 정치적 권위의 성격에 어떤 전조를 나타내는 것인가? 그것들은 지난 4세기 동안의 수많은 도전들에도 불구하고 탄력적으로 군림해온 근대적 통치체제에 어떤 함의를 갖는가? 우리가 미래에 대해 대담한 추측을 하지 않도록 조심해야 한다는 것은 분명하다. 그러나 내가 이 연구에서 제시한 이론적이고 분석적인 렌즈들이 갖는 한 가지 이점은 미래보다는 현재, 그리고 우리가 서 있는 지금의 장소를 내다본다는 점이다. 그것은 현존하는 사회세력들과 이념들을 검토함으로써 오늘날 우리 주위의 것들을 확인할 수 있게 해주고, 어떤 것이 새로 출현하는 하이퍼미디어 환경과 '조응'하고 어떤 것이 그렇지 않은지를 결정하려 한다. 이를 통해 우리는 아직 펼쳐지지 않은 미래의 시나리오에 대한 근거 없는 주장을 피할 수 있을 뿐만 아니라 대안적 세력들과 추세들의 비중을 어느 정도 알 수 있다. 내가 위에서 언급한 사회세력들과 이념들의 '적자성'이 정확하게 파악된 것이라면, 우리는 글로벌 수준에서 정치적 권위의 구조들과 제도들에 어떤 중대한 변화들이 있을 것이라고 기대하게 된다.

위에서 언급된 추세들에서 가장 중요한 특징은 권위가 다중적이고 중첩적인 소재지들로 '탈중심화'되거나 분산되는 것이다. 이 분산의 하나의 측면은 자본의 구조적 권력, 그리고 티모시 싱클레어(Timothy Sinclair)가 '글로벌 공공정책의 민간 결정자들'이라고 적절히 이름 붙인 세력의 등장에서 비롯된다고 할 수 있다. 국가들이 생산의 초국가화, 그리고 자본유동에 대한 여러 가지 통제의 해제 속으로 진입하고 그러한 변화들을 조장하는 가운데 하나의 의도되지 않은 결과가 나온다. 정도의 차이는 있으나 모든 국가들이 초국가적 기업의 구조적 권력에 종속되는 것이다. 이러한 사태발전, 그리고 권위분산의 가속화는 글로벌 시장의 힘이 터져 나오는 상황에서 당연한 귀결이었다. 구조적 압력이 축적되면서 글로벌 경제로부터의 이탈은 점점 더 실행가능성이 없고 비용이 많이 드는 선택이 되어갔다. 그 대신 국가들은 점점 더 통합되어 가는 자국 경제를 조정하기 위해 지역적 수준 그리고 글로벌 수준의 제도와 체제 속으로 진입했다. 동시에 자본의 구조적 권력은 중앙의 국가권위체들에게 예전에 가졌던 결정권들과 기능들을 지역적 수준의 권위체들과 민간 권위체들에 이양하라는 압력을 증대시켰다. 이 두 과정이 결합되어 나타나는 효과는 주권국가 위와 아래 모두에서 통치구조가 훨씬 더 복잡한 망으로 변화되는 것이다.

실제로 하이퍼미디어 환경에서 단 하나의 '승자'가 있다면, 그것은 초국가적 자본의 집합이익이다. 경제를 정치에 종속시켜 왔던 근대의 관행은 이러한 변화에 의해 급격히 역전되어 대부분의 국가들의 핵심

가치들은 이제 자본의 이익이라는 측면에서 정의되고 있다. 오마에는 이 점을 가장 극명하게 지적하고 있다. "경제활동은 정치제도들을 포함한 다른 모든 제도들이 작동하는 무대의 원리를 규정한다".[1] 글로벌 규모의 자본가-소비자 가치의 확산은 대단한 것이었고, 누그러들 기미를 보이고 있지 않다. 이러한 변화들을 국가의 '사멸'(*withering away*)을 나타내는 징조라고 보는 것은 잘못되었을 뿐만 아니라 개념적으로 오도된 것이다. 그럼에도 불구하고 그것들이 현재 대부분의 국가들을 움직이는 가치들에 일어나고 있는 중요한 변화를 가리킨다는 점은 분명하다. 군중들이 떼지어 몰려들듯이 전세계의 국가들은 초국가적 자본의 규율에 따르기 위해 자유화 조치들을 지속적으로 취했다. 국가는 '공동화'(空洞化)되고 있다. 국가들의 핵심적 가치지향은 자족성, 자율성, 생존에서 자유주의적-자본주의적 이익의 도모, 국가들간의 통합, 국가와 지역적·국제적 기구 및 체제와의 통합으로 이동한다. 이는 근대적 세계질서의 구조가 다중적이고 중첩적인 권위의 층들로 분해되는 과정이 심화될 것임을 의미한다.

정치적 권위의 이러한 분산을 가져오는 또 다른 요소는 초국가적 사회운동들의 밀도와 복합성이다. 그것들 가운데 다수는 이제 컴퓨터 네트워크의 비영토적 공간을 주무대로 활동한다. 이 운동들이 그 행위의 효과성과 정당성 여부에서 상당한 편차를 보인다는 것은 확실하다. 국제사면위원회나 그린피스가 여러 영역과 관할권에서 '기독교 대

1) Kenichi Ohmae, "Putting Global Logic First," *Harvard Business Review* (January-February 1995), p. 119. 로버트 칵스는 다음과 같이 적절한 지적을 한다. "국가들은 싫든 좋든 글로벌 경제로 표상되는 불투명한 존재(*nebuleuse*)에 더욱 효과적인 책임성을 갖지 않을 수 없게 되었다". Robert W. Cox, "Global Restructuring: Making Sense of the Changing International Political Economy," in Richard Stubbs and Geoffrey R. D. Underhill, eds., *Political Economy and the Changing Global Order* (Toronto: McLelland and Stewart, 1994), p. 46.

학살'(The Christian Holocaust)이나 '스트레이트'(STRAIGHT) 같은 초국가적 증오집단(*hate group*)들보다 영향력과 비중이 큰 것은 물론이다. 그러나 상대적 비중이야 어쨌든 간에 지난 반세기 동안 수만 개의 이러한 이익집단들이 성장해 왔다는 것은 확실히 새겨볼 일이다. 이 운동들은 국경선을 넘어선 정치가 더 이상 주권국가 대표자들만의 영역이 아니라고 보는 한에서 목적과 가치의 통일성을 지닌다. 이 집단들에게 정치는 상호배타적이고 영토적으로 구분되는 국가구조들로 연결되는 과정이 아니다. 그것은 엘리트들에 의해 규정되는 주권적 관할권들로 깔끔하게 나눠질 수 있는 것이 아니다. 그것은 오히려 열려있는, 경계 없는 과정이다. 전체적으로 이 사회운동들은 다중적이고 중첩적인 권위의 층에 또 하나의 통치망을 추가하며, 영토를 매개로 한 근대의 정치적 분화양식을 침식한다.

이러한 추세들에 한결 더 힘을 실어주는 것은 그 추세들이 탈근대적 사회인식론의 몇몇 핵심요소들에 의해 뒷받침된다는 사실이다. 특히 이질성, 패스티시적이고 상호텍스트적인 공간의 수용이 그러하다. 이 지점에서 제7장에서 인용된 비트겐슈타인의 언명을 상기할 가치가 있다. 리오타르가 탈근대의 공간적 편견을 예시하기 위해 인용한 이 언명은 탈근대적 세계질서의 묘사로 적절해 보인다. "우리의 언어는 하나의 고대 도시로 볼 수 있다. 그것은 조그만 거리들과 광장들, 오래된 집들과 새로 지은 집들, 지은 시기가 서로 다른 집들, 그리고 이 모든 것이 곧바르고 가지런한 거리들과 획일적인 집들로 이루어진 수많은 새로운 도시들로 둘러싸여 있는 하나의 미로이다".[2] 스파이로에 의하면, "국제적 사안의 맥락에서 '우리'라는 단어를 사용하기가 갈수록 어려워지고 있는"[3] 이때에 다중적 정체성, 탈중심화된 자아들, 파편화된 상상의 공동체들 같은 탈근대적 용어들만큼 '적절한' 표현수

2) Lyotard, *The Postmodern Condition*, p. 40에서 재인용.

3) Spiro, "New Global Communities," p. 45.

단이 있을까? 탈근대적 사회인식론은 하이퍼미디어 환경에서 심화되고 팽창될 뿐이라는 나의 주장이 옳다면, 우리는 엄격하고 선형적인 공간적 경계들에서 벗어나 다중적이고 중첩적인 정치적 권위의 형태들로 향하는 추세가 계속될 것이라고 기대하게 된다.

하지만 더 장기적으로 볼 때, 이 변화들이 암시하는 한 가지 중요한 추세는 지구 전체가 지속적인 감시의 초점이 되고 있다는 점이다. 전지구 감시과정의 참여자들은 보다 협소한 안보이익을 목적으로 하는 각국의 그리고 지역적 군사기구들에서 지구상 누구에게나 고해상도 위성사진들을 파는 영리업체, 지구 생태계를 감시하는 환경단체들에 이르기까지 다양하다. 이 집단들이 전체적으로 만들어내는 효과는 이제 수천 개의 '눈'이 지구의 모든 곳을 동시에 쳐다보고 있다는 점이다. 이 여러 '눈' 가운데 아마도 가장 중요한 것은 다국적 환경용 위성감시 시스템일 것이다. 지구 생태계를 감시하고 모형화하려는 이 장기적인 협력들은 가까운 장래에 인간-기술 인터페이스의 영구적 특징으로 남을 가능성이 높다. 이 시스템들의 주된 목적이 생태계 관리의 상호연관된 많은 측면들을 다루기 위해서였지만, 그것들이 가져다준 가장 중요한 효과는 지구에 대한 지속적 감시라는 예기치 않은 결과에 있다고 할 수 있다. 하이퍼미디어 환경의 출현과 함께 세계질서의 전개는 아무리 역동적이라 해도, 끊임없이 궤도를 도는 감시 카메라들의 응시 아래 있는 것이다. 제7장에서 언급된 '지구 이미지'와 '글로벌 상징성'의 만연과 결부되어, 이러한 변화들은 글로벌 수준의 상상된 공동체가 희미하나마 가능하다는 것을 시사한다. 하지만 감시 중심체의 분산은 말할 것도 없고 탈근대적 사회인식론의 이질성과 정치적 권위의 중첩성은 모두 단일한 대중적 정체성의 출현에 강한 제약으로 작동할 것이다. 글로벌 수준의 상상된 공동체라는 의식은 중첩적이고 유동적인 여러 정체성들의 복잡한 혼성체 속에서 공존할 가능성이 많다. 가까운 미래에 패스티시적인 '초특수' 공동체들은 탈근대의 풍경을 지배하게 될 전망이 크다.

위에서 제시된 추세들이 실제로 국제정치의 현저한 특징이 되고 있다면, 국제정치의 이론과 실제에 몇 가지 전반적인 결과들이 뒤따를 것이다. 우리는 미래의 갈등들은 국가들 사이에서(*between*)보다는 국가 '내부에서'(*within*) 그리고 국가를 '넘어선'(*across*) 균열선을 따라 발생할 것이라고 기대할 수 있다. 이는 후진지역의 국가들만큼이나 탈산업화된 선진지역의 국가들에도 적용되는 점이다. 르완다, 소말리아, 그리고 구 소련과 동유럽의 국가들에서 국가 정당성과 집중화된 권위의 결여가 프랑스, 캐나다 또는 미국보다 명백히 심각하지만, 후자에서도 비슷한 유형들의 파편적 세력들을 찾아볼 수 있다. 이는 두 세계를 '순치된'(*tame*) 선진지역과 '거친'(*wild*) 후진지역으로 나누는 것이 오도된 것임을 가리킨다.[4] 설령 그런 구분이 가능하다 해도 '순치된' 지역과 '거친' 지역은 지리적 의미를 넘어서 존재하며, 영토적 구분보다는 비영토적 구분에 더 정확히 적용될 수 있다. 달리 말해, 미래에는 '유사국가'(*quasi-state*)가 제 3 세계 국가들에만 적합한 범주가 아닐 것이다.[5]

물론 이처럼 중첩적인 구분들을 만들어 내는 세력들이 모두 파편적인 것은 아니다. 다국적 및 초국가적 기업들, 글로벌 금융업체들, 그리고 인터넷에 기반을 둔 수천 개의 초특수 사회운동들과 가상 공동체들(*virtual communities*)은 국가들 내부의 그리고 국가들을 넘어선 지역적·글로벌 권위체들을 새롭게 통합한다. 실제로 탈근대적 정치에서

---

4) 이러한 구분을 제시한 것들로는 다음을 참조. Fukuyama, *The End of History*, p. 276; Max Singer and Aaron Wildavsky, *The Real World Order — Zones of Peace, Zones of Conflict*(Chatham, N.J.: Chatham House Publishers, 1993); James M. Goldgeier and Michael McFaul, "A Tale of Two Worlds: Core and Periphery in the Post-Cold War Era," *International Organization* 46, no. 2(1992), pp. 467~491.

5) Jackson, *Quasi-States*를 참조.

잠재적으로 더 흥미로운 현상은 로버트 칵스가 글로벌 시장의 힘들로 이루어진 헤게모니적 '성운'(*nebuluese*)과 글로벌 시민사회를 이루는 대항헤게모니 운동들의 상호작용일 것이다.[6] 가장 중요한 경쟁관계는 국가들 자체간에 존재하지 않을 것이다. 한편으로는 글로벌 자본주의 '기업문명'이 심화되고 팽창할 것이며, 다른 한편으로는 EcoNet, Envirolink, WomensNet, LaborNet, MuslimsNet 등의 네트워크들에 기반을 두는 집단들의 권위와 영향력이 점점 더 정당성을 인정받을 것이다. 즉, 삼각위원회(Trilateral Commission), G-7, 국제결제은행(BIS)을 한편으로 하고, 그린피스, 국제사면위원회, 자유여성(Femmes Libres), 안쥬만 세르프로샨-에-이슬람(Anjuman Serfroshan-e-Islam)을 다른 한편으로 하는 대립이 생겨날 것이다. 현재로는 전자가 후자보다 훨씬 더 큰 구조적 권력과 영향력을 국제정치에 행사한다. 탈근대적 유인요소들과 비디오게임, 가상현실, 대형화면 TV, 거대한 성당과도 같은 극장에서 볼 수 있는 소비문화의 도피주의적 세계들이 짜놓은 망사 속에서 글로벌 자본주의 체제의 지속적 생존과 활력이 보장된다. 따라서 상대적 권력에서 현실국가들이 아직 강하다 해도, 앞으로 다가올 시대에 글로벌 거버넌스를 틀지을 가장 중요한 역동성은 국가들간의 경쟁이 아니라 초국가적 수준에서 움직이는 헤게모니 사회세력과 대항헤게모니 사회세력의 상호작용일 것이다.

지금까지 제시된 논점들은 국제관계 이론가들이 국제정치를 연구하기 위해 수세기 동안 물려받아 사용해 왔던 이론적 도구들과 개념들이 수정되어야 할 것임을 시사한다. 그러한 도구들과 개념들은 권위의 통일성, 고정된 영토적 통치에 대한 가정, 그리고 '내부'와 '외부', 또는 '국내'영역과 '국제'영역의 명백한 구분에 의존했다.[7] 그것들은 일원적-합리적 행위자, 국가들간의 균형 및 체제극성(*polarity*), 강대

6) Cox, "Global Restructuring," p. 49.

7) Walker, *Inside/Outside*.

국의 성쇠 같은 관념들에 들어 있는 전제들과 가정들을 이루었다. 이론가들과 대외정책 결정자들 모두에게 이 도구들과 개념들은 책임의 선을 긋고, 쟁점의 틀을 만들며, 문제와 그 해법을 명시화하는, 즉 세계를 '보는 방법', 일종의 개념적 렌즈 혹은 질서부여의 장치였다. 하지만 위에서 제시한 특징들이 정확하다면, 이 패러다임은 통찰과 이해보다는 불일치와 혼동을 낳을 가능성이 높다.

물론 한 가지 중요한 단서는 위에서 묘사된 변형들은 변화하는 커뮤니케이션 테크놀로지의 시각에서 파악되었다는 점이다. 이 연구 전체를 통해 나는 단일원인 환원주의를 철저히 반박했다. 커뮤니케이션 테크놀로지들이 모든 생활영역들에 연관되어 있는 한 중요성을 갖기는 하지만, 그것들을 '지배적 변수'라고 봐서는 안 된다. 이 단서와 보조를 맞출 때, 위에서의 나의 주장을 강화시켜 주는 다른 영역들의 이론가들을 간략히 살펴보는 것이 도움이 된다. 예컨대《주권을 넘어》에서 데이비드 엘킨스는 근대적 영토정치의 '개체화'를 여러 세력들이 힘을 모아 통치의 기능과 수단의 영토적 뿌리를 제거하는 과정으로 묘사한다.[8] 마찬가지로 필립 서니는 새로이 출현중인 "다원적"(*plurilateral*) 세계질서는 "교차적 유대"와 "중첩적 멤버십"으로 특징되며, 위계적이지도 무정부적이지도 않은, "다두적"(*polyarchical*) 체제라고 기술한다.[9] 켄 부스는 "정체성의 유형들은 더욱 복잡해지고 있다"면서 "'대외'정책과 '국내'정책의 전통적 구별은 그 어느 때보다도 유지되기 어렵다"고 주장했다.[10]

또한 무정부체제가 "사라지고 있다"는 로니 립슈츠의 관찰도 의미있

---

8) Elkins, *Beyond Sovereignty*를 보라.

9) Philip G. Cerny, "Plurilateralism: Structural Differentiation and Functional Conflict in the Post-Cold War World," *Millenium: Journal of International Studies* 22, no. 1(1993), pp. 27~51.

10) Ken Booth, "Security in Anarchy: Utopian Realism in Theory and Practice," *International Affairs* 67, no. 3(July 1991), p. 542.

다. 무정부체제는 "글로벌 자본주의 소비문화"에 의해 대체되고 있으며, 비영토적 기반을 가진 "글로벌 시민사회"가 등장하고 있다는 것이다.[11] 비슷하게, 제임스 로스노도 "다중심적 세계"가 나타나고 있다고 쓴 바 있는데, "주권으로부터 자유로운 행위자들"과 나란히 국가들이 존재하며, 그 다양한 행위자들이 국제정치를 틀짓는다는 것이다.[12]

그러나 모든 관찰 가운데 가장 설득력있는 것은 현대 세계질서의 변형에 대한 존 러기의 논의일 것이다. 이 연구와 유사하게, 러기는 생산, 금융, 생태환경, 안보에서의 변화들을 통해 "다시각적(*multi-perspectival*) 제도형태들"과 "비영토적 지역들"이 출현하고 있다고 논한 바 있다.[13] 그러나 가장 눈여겨볼 것은 러기가 이 '다시각적' 형태들과 집단정서(*mentalités collectives*) 변화의 연관성을 지적하는 부분이다. 러기가 보기에 탈근대적 사회인식론과 정치적 권위의 새로운 형태들 사이에는 우연한 동시성 이상의 것이 있다. 이 연구와 러기의 논의가 갖는 친화성을 고려할 때, 그를 다소 길게 인용할 가치가 있다.

> 이 논쟁에서 흥미를 자아내는 것은 탈근대성의 핵심특징들을 전달하는 데 사용되는 몇몇 용어들이다. 탈전체화, 탈중심화, 파편화된 언술과 관행, 단일지점에 고정된 지시대상을 대체하는 다중적이고 분야에 따라 다른 지시대상, 장소가 아닌 흐름으로 정의되는 공간, 순서적이지 않고 동시적인 시간경험, 사회 위에 군림하는 주권적 또는 거대 권력체들의 침식, 사회내의 규율적 또는 미세 권력체들의 분산 … 국제정치경제를 연구하는 이들에게 이러한 용어들은 최근에 등장한 글로벌 경제거래체제를 가리키는 말로 들린다. 글로벌 통화시장, 신용 및 주식시장이 활성화되었고, 그보다는 덜하지만 상당정도로 생산 역시 글로벌 규모로 이루어졌으며, 글로벌 공유지(*global com-*

11) Lipschutz, "Reconstructing World Politics".
12) Rosenau, *Turbulence in World Politics*.
13) Ruggie, "Territoriality"를 볼 것.

*mons*) 를 관리하는 제도들이 나타났다.[14)]

서로 다른 방향으로 작업하고 있는 이론가들 사이의 이러한 의견일치는 변화하는 커뮤니케이션 테크놀로지의 시각에서 행해진 이 연구의 결론들에 힘을 실어준다.

그러나 우리가 기대할 수 있는 것처럼, 세계질서 변형의 문제에 대한 보편적 합의는 아직 이루어지지 않았다. 일반적으로 말해서, 내가 제시한 분석에 회의적인 논의들은 보통 두 가지 형태 가운데 하나이며, 각각 기존문헌에서 찾아볼 수 있다. 첫 번째 논의는 스티븐 크래스너가 강력히 제기한 것으로, 우리가 세계질서의 근본적 변형을 경험할 수 있을 것이라는 생각은 출발부터가 잘못되었다는 것이다. 그러한 변형이 전개될 수 있는 기존의 확고한 기준점, 즉 베스트팔렌 체제 같은 것이 한 번도 존재한 적이 없었다는 것이 그 이유이다.[15)] 크래스너는 이렇게 말한다. "주권이 심각한 위기에 처해있는 것처럼 보인다는 이유로 현대체제가 기본적으로 변형되고 있다고 주장하는 것은 근거가 충분치 않다. 그러한 주장은 베스트팔렌 평화조약 이전과 이후의 모든 국제체제에서 영토성과 자율성의 원칙들이 침해되어 왔다는 사실을 무시한다".[16)] '국민국가' 이전에 '국제'체제가 있었다는 크래스너의 시대착오는 제쳐놓자. 그러나 그의 기본논점은 살펴볼 가치가 있는 중요한 것이다. 크래스너의 비판의 핵심은 오늘날 진행되고 있는 변화들이 결코 예외적 현상이 아니며, 보통 있는 일이라는 것이다. 자신의 논의를 뒷받침하기 위해 크래스너는 지난 3세기 또는 4세기에 걸쳐 국가 자율성과 주권이 침해되었던 여러 사례들을 제시한다.

14) Ruggie, "International Structure and International Transformation," p. 30.
15) Krasner, "Compromising Westphalia".
16) Ibid., p. 123.

크래스너의 논의가 자극적이기는 하지만, 몇 가지 이유에서 나는 그가 설득력이 없다고 생각한다. 첫째, '베스트팔렌 체제'라는 대단히 엄격한 관념을 자신의 기준점으로 설정함으로써 크래스너는 다른 이들(아마도 그는 나도 이 범주에 포함시킬 것이다)이 그 체제를 정치적 권위의 패러다임 혹은 조직원리 이상의 무엇으로 본다고 과장할 수 있다. 그럼으로써 크래스너는 그 체제가 위협당했던 사례들을 그 체제가 전혀 제한력을 갖지 못했다는 증거로 사용할 수 있다. 그러나 단지 한 규범이 여러 사례들에서 위반되었다고 해서 규범 자체가 아예 존재하지 않았다고, 정치적 권위의 한계에 대한 압도적 다수의 개념적 지평을 주형하고 제한하지 않았다고 말할 수는 없다. 더 나아가 크래스너는 모두가 근대적 통치를 규정한다고 동의하는 주권, 외교, 공유재산과 사유재산의 제도들은 단순한 허구에 불과하며, 무규범적이고 권력추구적인 행위자들간의 무작위적 상호작용으로 설명해 버릴 수 있다고 주장하기까지 한다. 이러한 견해는 주권국가의 '제도적 깊이'(*institutional depth*)에 대한 그의 예전 시각과 모순되는 것이다.[17]

둘째, 앞의 이유와 연관된 것으로, 크래스너는 주권의 패러다임이 침해된 고립적 사례들은 분명히 파악할 수 있지만, 그토록 많은 침해사례들이 그토록 수많은 상이한 수준에서 동시에 발생하고 있는 현재와 같은 시기는 찾아내지 못했다. 이러한 변화들은 하나의 누적적 효과를 낳는다. 규범이 어쩌다 한번씩 위반되는 것이 아니라 그 자체가

17) Krasner, "Sovereignty: An Institutional Perspective". 이 논문의 67쪽에서 크래스너는 주권을 연구하는 데 제도론적 시각이 필요하다고 주장한다. "제도주의 시각은 지속적인 제도적 구조들을 사회적·정치적 삶의 기본적인 구성요소들로 간주한다. 개인들의 선호, 능력, 기본적인 자아정체성은 이러한 제도적 구조들에 의해 조건지어진다. 역사적 발전들은 경로의존적(*path dependent*)이다. 일단 어떤 선택들이 이루어지면, 그것들은 미래의 가능성들을 제한한다."(강조는 저자의 것임) 두 논문을 연달아 읽고 난 소감은 인지적 부조화(*cognitive dissonance*)라고밖에 표현할 수 없다.

근본적인 도전에 직면하는 것이다.

나의 분석에 회의적일 두번째 논의는 전자보다 더 흔한 주장으로서 '국가'는 여전히 존재하며 일정한 핵심기능들을 수행한다는 것이다. 즉, 국가는 여전히 규제와 계약을 강제하고,[18] 강제권력을 독점하며,[19] 그것에 도전할 어떤 실행 가능한 제도적 대안도 나타난 적이 없다[20]는 것이다. 요컨대 국가는 사라지거나 소멸되고 있지 않으며, 어떤 대안적 제도에 의해 대체되지도 않았다는 주장이다. 분명히 이러한 반론들은 1960년대와 1970년대의 자유주의적 상호의존(*interdependence*) 이론가들의 중요한 오류, 즉 초국가적 기업들의 등장이 '국가'에 대한 명백한 도전이라는 잘못된 주장을 바로잡는 역할을 한다. 그리고 상호의존론자들의 잘못된 인식이 여전히 정보와 통상의 흐름에 대한 통속적 설명들의 전거 노릇을 하고 있음은 의문의 여지가 없다. 그러나 국가의 건재를 주장함으로써 이 연구의 결론에 반론을 제기하는 것은 설득력이 떨어진다. 나의 분석은 국가 자체가 아니라 정치적 권위에 초점을 두었기 때문이다. 한때 정치적 권위는 주권국가들의 수중에 집중되었다. 그리고 나는 정치적 권위가 이제 여러 영역들로 분산되고 있음을 지적했다. 나는 정치적 권위가 분산된 결과로 국가가 사라지거나 소멸되었다고 주장하지 않았다. 오히려 정반대이다. 국가들은 여전히 핵심기능들을 수행한다. 나는 국가들이 어느 때라도 곧 사라질 것이라고 기대하지 않는다. 하지만 한 국가가 여전히

---

18) Ethan Kapstein, "We are US: The Myth of the Multinational," *The National Interest* (Winter 1991/1992), pp. 56~62; *Governing the Global Economy: International Finances and the State* (Cambridge: Harvard University Press, 1994).

19) Thomson, *Mercenaries, Pirates, and Sovereigns*; Thomson, "State Sovereignty in International Relations".

20) Spruyt, "Institutional Selection"; Spruyt, *The Sovereign State and Its Competition*.

존재하고 결정적인 기능들을 수행한다고 해서 정치적 권위가 반드시 국가에 있는 것은 아니다. 어떤 법에 서명하는 데 펜은 없어서는 안 될 도구이지만, 정치적 권위를 행사하는 것은 서명하는 집행자이지 펜이 아닌 것이다.

그러나 이러한 반론들의 문제는 변형에 대한 잘못된 비판이 아니라 국제관계학 자체, 그리고 변화를 개념화하는 능력에 있다. 물음이 던져지는 방식 자체가 잘못된 것이다. 국가가 근본적인 변형을 겪기도 전에 '사라지기'를 기다리는 것은 중세적 세계질서의 종언을 받아들이기도 전에 마을 성당을 가리키며 그것이 무너지기를 기다리는 것과 똑같다. 17세기 유럽인들이 그런 식으로 마냥 성당만을 쳐다보고 있었다면 우리는 아직도 중세에 살고 있을 것이다.

문제의 성격은 경험적인 것이 아니라 개념적인 것이다. 달리 말해, 진정한 걸림돌은 국제관계학의 지배적인 '세계관'에 있다. 수많은 이론가들이 '국가중심적인 당구공(*billiard ball*)'의 편견이 널리 퍼져있음을 인식하기 시작했다. 그 편견은 우리 주위의 세계에 대한 선입견을 윤색한 일종의 존재론적 눈가리개이다. 이 점에서 러기의 경고를 새겨보자. 그는 국제관계학의 지배적인 두 "학파"인 현실주의와 자유주의가 제공하는 그림은 "똑같이 잘못된 것"이며, 대부분의 이론가들은 "우리가 묘사하지 못하는 것, 우리가 설명하지 못하는 것이 무언지를 나타낼 적절한 어휘조차 결여하고 있다"고 지적한다.[21] 러기의 비판은 로버트 워커에서도 어느 정도 반영된다. 그는 변형을 이해하려는 또는 의문시하려는 우리의 시도들은 "다른 시대의 공간적·시간적 형태를 표현하는 담론적 지평 속에 갇혀 있다"고 믿는다.[22] 흥미롭게도 이것은 에드워드 모스가 예전에 지적했던 점이다. 그는 "국제적 사안들에 관한 용어 전체는 여전히 과거의 생각들, 특히 베스트팔렌 체제

---

21) Ruggie, "Territoriality," pp. 142~144.

22) Walker, *Inside/Outside*, p. x.

의 정치적·법적 개념들로 가득 차있다"고 주장한 바 있다.[23] 로스노는 이러한 존재론적 눈가리개들을 "개념적 감옥"이라는 더 강한 표현으로 묘사했다.[24]

그러나 그 해답이 경험적인 것에 있지 않다면 우리가 개념적 감옥을 탈출할 수 있는 방법은 무엇인가? 이 물음에 대해서는 아마도 많은 상이한 해답들이 있겠지만, 토마스 쿤, 퀜틴 스키너, 매리 헤시, 리처드 로티 같은 인물들과 연관된 철학과 과학사에서의 최근 발전을 보도록 하자. 이들은 과학에서의 개념적 혁명은 자연 자체에 대한 더 정확한 표현이기보다는 자연의 '은유적 재묘사'라고 보는 것이 더 적절하다고 본다.[25] 달리 말해, 혁명적 성취와 패러다임의 혁명은 낡고 익숙한 어휘가 진부하고 경직되고 도그마적인 것이 될 때 발생하고, 새로운 은유와 세계를 보는 새로운 방식에 의해 낡은 어휘들은 대체된다. 중요한 점은 새로운 어휘나 패러다임의 창조가 낡은 어휘에서 정식화된 일단의 선험적 공리들을 따른다고 해서, '현실'을 한 번 정확히 표현한다고 해서 이루어지는 것이 아니라는 점이다. 과학의 혁명은 그보다는 덜 합리적이고 더 시적인 방식으로 온다. 우리가 주위의 세계를 새롭고 흥미로운 시각에서 볼 수 있도록 도와주는 은유와 유추를 창조적으로 사용할 때 과학의 혁명이 이루어지는 것이다. 이러

23) Edward Morse, *Modernization and the Transformation of International Relations* (London: Collier Macmillan, 1976), p. 152.

24) Rosenau, *Turbulence in World Politics*, ch. 2.

25) 다음을 참조. Thomas Kuhn, "The Natural and the Human Sciences," in David R. Hiely, James F. Bohman, and Richard Shusterman, eds., *The Interpretive Turn: Philosophy, Science, Culture* (Ithaca: Cornell University Press, 1991), pp. 17~24; Kuhn, *The Structure of Scientific Revolution*, 2nd ed. (Chicago: University of Chicago Press, 1970); Quentin Skinner, "Meaning and Understanding in the History of Ideas," *History and Theory* 8 (1969), pp. 3~53; Mary Hesse, *Revolutions and Reconstructions in the Philosophy of Sciences* (Sussex: The Harvester Press, 1980).

한 분석 이전의 작업은 로티가 '치료적 재묘사'(*therapeutic redescription*)라고 부르는 것이다. 우리를 현재의 개념적 눈가리개에서 자유롭게 하기 위해서는 현재를 묘사하는 새로운 은유의 사용이 필요하다.

그렇다면 로티의 '치료적 재묘사'는 어떻게 국제관계 이론에 적용될 수 있는가? 사실상 어떤 주제에도 적용될 수 있지만, 특히 이 분야에서 힘을 얻고 있는 것은 '신중세주의'(*neomedievalism*)이다. 아마도 이 유추를 처음 사용한 이는 헤들리 불일 것이다. 그는 베스트팔렌 국가체제가 끝나면 중세 서유럽의 구조와 닮은 체제가 나올 것이라고 생각했다.

> 중세 기독교 세계의 모든 권위는 궁극적으로 신에게서 비롯된다고 생각되었고, 정치체제는 기본적으로 신정주의적이었다. 그러므로 중세의 중심특징인 중첩적 권위와 다중적 충성의 체계가 근대적이고 세속적인 형태로 발전되리라는 상상은 공상적으로 보일 지도 모른다.[26]

불을 따라 이 유추를 사용한 많은 이들은 교차적이고 중첩적인 권위의 측면에서 두 시대가 갖는 피상적 유사성에 주로 주목했다.[27] 예를 들면, 로니 립슈츠는 오늘날의 자유주의-자본주의 질서는 "베스트팔렌 이전에 교회가 세워놓은 통치체계와 비슷한 역할을 수행하게 되었다"고 믿는다.[28] 하지만 이러한 유추들 대부분은 삽화적이고 시론

---

26) Bull, *The Anarchical Society*, p. 254.

27) Cox, "Global Restructuring," p. 53; Der Derian, *On Diplomacy*; Bruce Cronin and Joseph Lepgold, "A New Medievalism? Conflicting International Authorities and Competing Loyalties in the Twentieth-First Century," Paper prepared for the Conference on "The Changing Nature of Sovereignty in the New World Order," Center for International Affairs, Harvard University, April 22~23, 1995.

28) Lipschutz, "Reconstructing World Politics," p. 407.

적인 상태로 남아있다. 중세와 탈근대의 유사성은 근본적인 핵심, 본질, 역동성이 같기 때문이 아니다. 오히려 그 이유는 전략적인 데 있다. 우리를 현재의 개념적 눈가리개로부터 자유롭게 만들기 위해 새로운 용어들로 현재를 재묘사하는 것이다. 중세와 탈근대의 유추를 통해 '국가중심적' 패러다임을 허무는 이 전략이야말로 신중세주의의 치료적 재묘사가 갖는 이점이다.

립슈츠처럼 글로벌 자유주의-자본주의 패러다임과 로마 가톨릭 교회의 초국가적 권위를 유추함으로써 상당한 수확을 거둘 수도 있다. 대부분의 사람들에게 소비문화와 자유주의-자본주의 패러다임은 세속성의 절정이다. 그러한 체제를 종교적 은유로써 재묘사하는 것은 자유주의-자본주의 패러다임이 인공적 산물임을 드러냄으로써 그것의 '자연성'을 제거하는 데 도움을 준다. 사실상 재화와 용역의 소비를 통해 물질적 복리를 만족시키는 것이 '자연스러운' 행위라는 이 우주론적 원칙들은 중대한 종교적 함의를 가졌다. 또한 이러한 치료적 재묘사는 이른바 군사안보의 '상층' 정치(*high politics*)와 경제의 '하층' 정치(*low politics*)의 이분법을 당연시하는 관행을 뒤엎는 데도 도움이 된다. 러기가 지적한 바 있는 문제도 해결될 수 있다. 많은 사람들이 국가체제에 대한 도전을 제도적으로 국가를 대체할 수 있는 실체가 무엇인가라는 관점에서만 보았다. 그러나 탈근대 시기의 국가는 중세의 왕들과 마찬가지로 힘은 있지만 거대한 존재의 사슬(*Great Chain of Being*)에 묶여 있다. 치료적 재묘사를 통해 우리는 근본적 변형을 국가의 소멸과 세계국가 또는 무(無)국가에 의한 대체의 관점이 아니라, 오늘날 국가들의 의미와 목적이라는 관점에서 개념화할 수 있다. 중세의 왕들과 대공들을 움직였던 힘이 물질적 복리보다는 종교적 구제였던 것과 마찬가지로 국가들을 움직이는 힘은 군사적 동기보다는 글로벌 경제의 논리로 점점 바뀌어가고 있다.

이러한 유형의 치료적 재묘사들이 국제관계학 분야 밖에서 사용되고 있다는 것은 놀라운 일이 아니다. 《하퍼스》(*Harper's*)의 편집인인 루이스 래펌은 신중세주의를 "서로 다른 여러 현상들, 즉 MTV, GATT의 우루과이라운드, 카프카스 산맥에서의 달구지를 이용한 핵무기 운반, 페로(H. Ross Perot)의 출현, 《늑대들과 달아난 여인들》(*Women Who Run with the Wolves*)의 판매수입 등의 현상들에 대해 생각하는 방식"이라고 말한다.[29] 래펌은 "국제 자본주의의 동족 내 위계질서는 이탈리아의 귀족이 독일의 군주에게 충성을 맹세하거나 노르만의 공작이 자신을 영국왕의 신하라고 밝혔던 오래 전 중세의 제도를 모방한다"는 점에 주목한다. 래펌은 오늘날의 "소규모 봉토를 가진 영주들과 남작들"은 미국이나 영국이 아닌 "시티뱅크나 베텔스만 또는 마쓰시타"에 충성을 바친다고 말한다. 글로벌 소비문화를 새로운 교회라고 지칭하면서 래펌은 이렇게 묘사한다.

> 부의 헤게모니는 한때 중세교회가 차지했던 보편적 위치에 앉아 있고, 이 혜택받은 영지 안에서 모든 이는 같은 의식을 준수하고 같은 군주에게 충성을 바친다. 칸이나 코스타 브라바 연안에 계류되어 있던 요트들은 마이애미와 뉴포트 비치에 머무는 함대의 제독의 지휘하에 항해하며, 미국의 부호들은 파리의 리츠 호텔과 런던의 클래리지스 호텔 사이를 옮겨다니며 여행한다. 그들은 다른 나라로 건너가는 것이 아니라 기독교 세계와 같은 한 제국의 다른 지방으로 가는 것이다.[30]

래펌의 치료적 재묘사는 중세와 탈근대의 근본적 핵심이 어떤 유사성을 갖고 있는지 찾아내려는 것, '허위의식' 아래 있는 '현실'을 발굴

---

29) Lewis H. Lapham, "Dungeons and Dragons," *Harper's*(February 1994), pp. 9~11. 국제관계학 분야밖의 또 다른 신중세주의 치료적 재묘사로는 Eco, *Travels in Hyper Reality*를 보라.

30) Ibid., p. 11.

하려는 것이 아니다. 그것은 오히려 현재의 '자연성'을 제거하고, 주위의 세계를 보는 새로운 방식을 제공함으로써 우리를 개념적 눈가리개로부터 자유롭게 하려는 것이다. 그러한 재묘사가 의도된 효과를 갖는다면, 그것이 우리를 다른 방식으로 세계에 지향시킨다면, 그것은 목적을 달성한 것이다.

물론 치료적 재묘사는 국제관계학 분야가 근본적 변형을 적절히 다루기 위해 필요한 것이고, 이론가들이 주위의 변화하는 세계를 더 생산적으로 보도록 도와주는 방법에 불과하다. 이 연구에서 도달한 결론이 옳다면 세계는 실제로 극적이고 근본적인 변화를 일으키고 있다. 이러한 변화들을 찬양해야 하는지 슬퍼해야 하는지 고무해야 하는지는 또 다른 연구에서 다루어져야 할 문제들이다. 이 변화들 모두가 획일적으로 좋을 것이라고 기대할 수 없음은 분명하다. 경계선이 유동적으로 되고 점점 더 틈이 많아지면서 새로운 형태의 불안정과 긴장이 나타날 가능성이 높다. 그러한 한편, 전지구적으로 즉각 전달되는 TV 영상이 더 많은 무작위적 테러행위를 조장할 것이라는 점은 의문의 여지가 없다. 탈근대적 사회인식론의 상대주의적 경향들은 이미 만연하고 있는 초지역주의(*hyperlocalism*)와 부족주의(*tribalism*)를 부추기고 있으며, 어떤 이들은 이런 현상들을 일종의 "신야만주의"(*new barbarianism*)라고 불렀다.[31] O. J. 심슨 사건 등의 철저한 진부함은 상업적으로 움직이는 미디어와 소비문화 에토스가 어디까지 저질화될 수 있는지를 보여준다. 그러나 또한 이러한 변화들이 다 나쁘기만 한 것은 아니다. 쌍방향 커뮤니케이션 수단을 통해, 대중방송의 분해를

31) 이런 식의 비관적 견해를 가장 극명하게 제시한 것으로는 다음을 보라. Stjepan Mestrovic, *The Balkanization of the West: The Confluence of Postmodernism and Postmodernism*(New York: Routledge, 1994); *The Barbarian Sentiment: Toward a Postmodern Critical Theory*(New York: Routledge, 1993).

통해, 새로운 형태의 민주적 참여와 창조적 행위들을 실행할 수 있게 된다. 환경과 인권문제에 관심을 갖는 글로벌 시민사회가 글로벌 시장체제의 횡포를 마침내는 완화시킬 수도 있다. 그리고 '차이'에 대한 탈근대적 인정은 데카르트적 보편주의와 총체론적 메타내러티브(*meta-narrative*)와 결합되어, 다가오는 행성적 정체의 다중적이고 분산적인 권위체들에 필요한 세계관(*Weltanschauung*)이 될지도 모른다.

# 참고문헌

Adatto, Kiku. *Picture Perfect: The Art and Artiface of Public Image Making*. New York: Basic Books, 1993.

Adler, Emanuel. "Cognitive Evolution: A Dynamic Approach for the Study of International Relations and Their Progress," in Emanuel Adler and Beverly Crawford, eds. *Progress in Postwar International Relations*. New York: Columbia University Press, 1993: 43–88.

Adler, Emanuel and Michael Barnett, "Governing Anarchy: A Research Agenda for the Study of Security Communities," *Ethics and International Affairs* (Vol. 10, 1996).

Akwule, Raymond. *Global Telecommunications: The Technology, Administration and Policies*. Boston: Focal Press, 1992.

Alves, Pericles Gasparini. *Access to Outer Space Technologies*. Geneva; UNIDIR Publications, 1992.

Anderson, Benedict. *Imagined Communities*. London: Verso, 1991.

Anderson, James and Stuart Hall. "Absolutism and Its Ancestors," in James Anderson, ed. *The Rise of the Modern State*. Sussex: Wheatsheaf Books, 1986.

Anderson, Perry. *Lineages of the Absolutist State*. London: NLB, 1974.

Andrews, David M. "Capital Mobility and State Autonomy: Towards a Structural Theory of International Monetary Relations." *International Studies Quarterly* 38 (1994).

Angus, Elizabeth and Duncan McKie. *Canada's Information Highway: Services, Access and Affordability*. Ottawa: Industry Canada, New Media Branch and Information Technologies Industry Branch, 1994.

Angus, Ian and Brian Shoesmith, eds. "Dependency/Space/Policy: A Dialogue with Harold A.Innis." *Continuum: The Australian Journal of Media and Culture* 7 (No.1, 1993).

Aoki, Kumiko. "Virtual Communities in Japan: Their Cultures and Infrastructures." *Asia-Pacific Exchange (Electronic) Journal* 2 (No. 1, March 1995).

Appadurai, Arjun. "Disjuncture and Difference in the Global Cultural Economy." *Theory, Culture and Society* 7 (1990): 295–310.

Arlen, Michael. *Living Room War.* New York: Viking Press, 1969.

Arnst, Catherine. "The Last Frontier: Phone Frenzy in the Developing World is Charging Up the Telecom Industry," *Business Week* (September 18, 1995)

Ashley, Richard K. "Three Modes of Economism." *International Studies Quarterly* 27 (1983).

———. "Untying the Sovereign State: A Double Reading of the Anarchy Problematique." *Millennium: Journal of International Studies* 17 (1988).

Asker, James. "NASA Reveals Scaled Back Plan for Six EOS Spacecraft." *Aviation Week and Space Technology* (March 1992).

Augarton, Stan. *Bit by Bit—An Illustrated History of Computers*. London: George Allen and Unwin, 1986.

Avrin, Leila. *Scribes, Script and Book: The Book Arts from Antiquity to Renaissance*. Chicago: The American Library Association, 1991.

Axtmann, Robert. "The Formation of the Modern State: The debate in the Social Sciences." In Mary Fulbrook, ed. *National Histories and European History*. Boulder: Westview Press, 1993.

Baig, Edward C. "Ready, Set- Go On Line." *Business Week* (Special Issue, 1994).

Baldwin, David, ed. *Neorealism and Neoliberalism: The Contemporary Debate*. New York: Columbia University Press, 1993.

Banner, A. V. and A. G. McMullen. "Commercial Satellite Imagery for UNSCOM." In Steven Mataija and J. Marshall Beier, eds. *Multilateral Verification and the Post-Gulf War Environment: Learning from the UNSCOM Experience*. Toronto: Centre for International and Strategic Studies, 1992.

Baran, Paul. *The Political Economy of Growth.* New York: Modern Reader Paperbacks, 1957.

Barber, Benjamin. "Jihad vs. McWorld." *Atlantic Monthly* 269 (March 1992).

Barber, Peter. "England II: Monarchs, Ministers and Maps, 1550–1625." In David Buisseret, ed. *Monarchs, Ministers and Maps: The Emergence of Cartography as a Tool of Government in Early Modern Europe*. Chicago: The University of Chicago Press, 1992.

Barkin, J. Samuel and Bruce Cronin. "The state and nation: changing norms and rules of sovereignty in international relations." *International Organization* 48 (Winter 1994):107–130.

Barlow, John Perry. "The Economy of Ideas: A Framework for Rethinking Patents and Copyright in the Digital Age." *Wired* (March 1994).

Barnet, Richard J. and John Cavanaugh. "Creating a Level Playing Field." *Technology Review* (May-June 1994): 46–54.

Barraclough, Geoffrey. *The Medieval Papacy*. London: Thames and Hudson, 1968.

Bartlett, Christopher and Sumantra Ghoshal. *Managing Across Borders: The Transnational Solution*. Boston: Harvard Business School Press, 1989.

Bateson, Mary, C. "Beyond Sovereignty: An Emerging Global Civilization." In R. B. J. Walker and Saul Mendlovitz, eds. *Contending Sovereignties: Redefining Political Communities*. Boulder: Lynne Reinner, 1990.

Baudrillard, Jean. *The Ecstasy of Communication*. Translated by Bernard & Caroline Schutze. New York: Semiotext(e), 1987.

———. *Simulations*. Translated by Paul Foxx, Paul Patton, and Philip Beitchman. New York: Semiotext(e), 1983.

Baynes, Kenneth, James Bohman, and Thomas McCarthy, "General Introduction." In Kenneth Baynes, James Bohman, and Thomas McCarthy, eds. *After Philosophy: End or Transformation?* Cambridge: MIT Press, 1991.

Bell, Daniel. *The Coming of Post-Industrial Society: A Venture in Social Forecasting*. New York: Basic Books, 1973.

———. *The End of Ideology: On the Exhaustion of Political Ideas in the Fifties*. New York: Basic Books, 1960.

Bell, Trudy. "Jobs at Risk." *IEEE Spectrum* (August 1993).

Beniger, James. *The Control Revolution: Technological and Economic Origins of the Information Society*. Cambridge: Harvard University Press, 1986.

Bercu, Steven A. "Toward Universal Surveillance in an Information Economy: Can We Handle the Treasury's New Police Technology?" *Jurimetrics Journal* 34 (Summer 1994): 383–449.

Berger, Peter and Thomas Luckmann. *The Social Construction of Reality*. New York: Anchor Books, 1967.

Berkeley, Edmund. *The Computer Revolution*. New York: Doubleday, 1962.

Berkovitch, Jacob. "Third Parties in Conflict Management: The Structure and Conditions of Effective Mediation in International Relations." *International Journal* 40 (Autumn 1985): 736–752.

Bermudez, Jr., Joseph S. "North Korea's Nuclear Programme." *Jane's Intelligence Review* (September 1991).

Biersteker, Thomas. "The 'Triumph' of Neoclassical Economics in the Developing World: Policy Convergence and Bases of Governance in the International Economic Order." In James N. Rosenau and Ernst-Otto Czempiel, eds. *Governance Without Goverment: Order and Change in World Politics*. Cambridge: Cambridge University Press, 1992: 102–131.

Bijker, Wiebe, Thomas Hughes, and Trevor Pinch. *The Social Construction of Technological Systems*. Cambridge: MIT Press, 1989.

Bitzinger, Richard. "The Globalization of the Arms Industry: The Next Proliferation Challenge." *International Security* 19 (No. 4, Fall 1994).

Black, Stephen K. "A Sobering Look at Cyberspace." *Ridgeway Viewpoints* 96–3 (June 1996) On-Line Document, http://www.pitt.edu/~rcss/VIEWPOINTS/BLACK2A/black2a.html.

Bloch, Marc. *Feudal Society*. Volume 1. Translated by L. A. Manyon. Chicago: The University of Chicago Press, 1961.

Blumemberg, Hans. *The Genesis of the Copernican World*. Cambridge: MIT Press, 1987.

———. *The Legitimacy of the Modern Age*. Translated by Robert Wallace. Cambridge: MIT Press, 1982.

Blumenthal, Uta-Renate. *The Investiture Controversy: Church and Monarchy from the Ninth to the Twelfth Century*. Philadelphia: University of Philadelphia Press, 1988.

Boorstin, Daniel. "A History of the Image: From the Pseudo-Event to Virtual Reality." *New Perspectives Quarterly* 11, no. 3 (Summer 1994): 16–21.

———. *The Image: A Guide to Pseudo-Events in America*. New York: Vintage Books, 1961.

———. *The Republic of Technology: Reflections on the Future of Community*. New York: Harper and Row, 1978.

Booth, Ken. "Security in Anarchy: Utopian Realism in Theory and Practice." *International Affairs* 67, no. 3 (July 1991).

Borrus, Amy. "The Stateless Corporation." *Business Week* (May 14, 1990).

Boulding, Kenneth E. The Meaning of the Twentieth Century: The Great Transition. New York: Harper and Row, 1964.

Bower, Bruce. "The Write Stuff: researchers debate the origins of literacy." *Science News* (March 6, 1993): 152–154.

Brand, Stewart. *The Media Lab: Inventing the Future at MIT*. New York: Penguin, 1987.

Branscomb, Ann. "Common Law for the Electronic Frontier." *Scientific American* (September 1991).

———. *Who Owns Information? From Privacy to Public Access*. New York: BasicBooks, 1994.

Braudel, Fernand. *On History*. Translated by Sarah Matthews. Chicago: The University of Chicago Press, 1980.

———. *The Structures of Everyday Life*. Volume 1. Translated by Sian Reynolds. New York: Harper and Row, 1979.

Brody, Herb. "Machine Dreams: An Interview with Nicholas Negroponte." *Technology Review* (January 1992): 33–40.

Bryant, R. *International Financial Integration*. Washington, D.C.: The Brookings Institution, 1987.

Brzezinski, Zbigniew. *Between Two Ages: America's Role in the Technetronic Era*. New York: Viking Press, 1970.

Buisseret, David. "Monarchs, Ministers, and Maps in France Before the Accession of Louis XIV." In David Buisseret, ed. *Monarchs, Ministers and Maps: The Emergence of Cartography as a Tool of Government in Early Modern Europe*. Chicago: The University of Chicago Press, 1992.

Bull, Hedley. *The Anarchical Society: A Study of Order in World Politics*. London: Macmillan Press, 1977.

Bull, Hedley and Adam Watson, eds. *The Expansion of International Society*. Oxford: Oxford University Press, 1984.

Burkitt, Ian. "The Shifting Concept of the Self." *History of the Human Sciences* 7, no. 2 (1994).

Burrows, William S. *Deep Black: Space Espionage and National Security*. New York: Berkeley Books, 1986.

Burton, John W. *Conflict and Communicaton: The Use of Controlled Communication in International Relations*. London: Macmillan, 1969.

Camille, Michael. "Seeing and Reading: Some Visual Implications of Medieval Literacy and Illiteracy." *Art History* 8, no. 1 (March 1985).

Cantor, Norman. *Inventing the Middle Ages: The Lives, Works, and Ideas of the Great Medievalists of the Twentieth Century*. New York: Morrow, 1991.

Carey, James. *Communication and Culture: Essays on Media and Society*. New York: Routledge Press, 1989.

———. "McLuhan and Mumford: The Roots of Modern Media Analysis." *Journal of Communication* 31 (Summer 1981): 162–170.

Carnerio, Robert, ed. *The Evolution of Society: Selections from Herbert Spencer's Principles of Sociology*. Chicago: The University of Chicago Press, 1974.

Castells, Manuel. *The Informational City: Information Technology, Economic Restructuring, and the Urban-Regional Process*. Oxford: Basil Blackwell, 1989.

Cerf, Vincent. "Networks." *Scientific American* (September 1991): 72–81.

Cerny, Philip. "The Deregulation and Re-regulation of Financial Markets in a More Open World." In Philip Cerny, ed. *Finance and World Politics: Markets, Regimes, and States in the Post-Hegemonic Era*. Aldershot: Edward Elgar, 1993.

———. "Plurilateralism: Structural Differentation and Functional Conflict in the Post-Cold War World." *Millennium: Journal of International Studies* 22, no. 1 (1993): 27–51.

Chanda, Nayan. "Atomic Shock Waves." *Far Eastern Economic Review* (March 25, 1993).

Charles, Dan. "Governments Queue Up to Buy U.S. Spy Satellite." *New Scientist* (December 1992).

Chartier, Roger. "The Practical Impact of Print." In Philippe Aries and Georges Duby, eds. *A History of Private Life*. Volume III. Cambridge: Belknap Press of Harvard University Press, 1989: 111–159.

Chaytor, Henry John. *From Script to Print: An Introduction to Medieval Vernaculars*. London: Folcroft Library Editions, 1945.

Chomsky, Noam. *Necessary Illusions: Thought Control in Democratic Societies*. Toronton: CBC Enterprises, 1989.

Cipolla, Carlo M. *Before the Industrial Revolution: European Society and Economy 100–1700*. New York: Norton, 1976.

Clanchy, M. T. *From Memory to Written Record: England 1066–1307*. 2nd edition. Oxford: Blackwell, 1991.

Clark, Stuart. "The *Annales* historians." In Quentin Skinner, ed. *The Return of Grand Theory in the Human Sciences*. Cambridge: Cambridge University Press, 1985.

Cleminson, F. R. "Paxsat and progress in arms control." *Space Policy* (May 1988).

Cobban, Alan B. *The Medieval Universities: Their Development and Organization*. London: Methuen Books, 1975.

Cohen, Raymond. *Negotiating Across Cultures: Communication Obstacles in International Diplomacy*. Washington: United States Institute of Peace, 1991.

———. *Theatre of Power: The Art of Diplomatic Signalling*. London: Longmann, 1987.

Cohen, Stanley. *Visions of Social Control*. New York: Basil Blackwell, 1985.

Comor, Edward, ed. *The Global Political Economy of Communication: Hegemony, Telecommunication, and the Information Economy* (New York: St. Martin's Press, 1994).

Connor, Walker. "Nation-Building or Nation-Destroying?" *World Politics* 24 (April 1972): 319–355.

Cooper, Richard. *The Economics of Interdependence: Economic Policy in the Atlantic Community*. New York: McGraw-Hill, 1968.

Cosgrove, Denis. "Contested Global Visions: One-World, Whole Earth and the Apollo Space Photographs." *Annals of the Association of the American Geographers* 84, no. 2 (1994).

Cowhey, Peter. "The International Telecommunications Regime: The Political Roots of International Regimes for High Technology." *International Organization* 44 (Spring 1990): 169–199.

Cox, Robert W. "Global Restructuring: Making Sense of the Changing International Political Economy." In Richard Stubbs and Geoffrey R. D. Underhill, eds. *Political Economy and the Changing Global Order*. Toronto: McLelland and Stewart, 1994.

Cox, Robert. "Multilateralism and World Order." *Review of International Studies* 18 (1992): 161–180.

Cox, Robert. *Production, Power, and World Order: Social Forces in the Making of World History*. New York: Columbia University Press, 1987.

Cox, Robert. "Production, The State, and Change in World Order." In Ernst-Otto Czempiel and James N. Rosenau, eds. *Global Changes and Theoretical Chal-*

*lenges: Approaches to World Politics for the 1990s*. Lexington, Mass.: Heath/Lexington, 1989.

Cox, Robert. "Social Forces, States and World Order: Beyond International Relations Theory." In Robert O. Keohane, ed. *Neorealism and its Critics*. New York: Columbia University Press, 1986.

Cox, Robert. "Towards a Post-Hegemonic Conceptualization of World Order: Reflections onThe Relevancy of Ibn Khaldun." In James N. Rosenau and Ernst-Otto Czempiel, eds. *Governance without Government: Order and Change in World Politics*. Cambridge: Cambridge University Press, 1992.

Cringely, Robert X. "Fast Money: How Computers Are Used for Trading Securities." *Forbes* (April 11, 1994).

Cronin, Bruce and Joseph Lepgold. "A New Medievalism? Conflicting International Authorities and Competing Loyalties in the Twenty-First Century." (Prepared for Delivery at the Conference on "The Changing Nature of Sovereignty in the New World Order." Center for International Affairs, Harvard University, April 22–23, 1995).

Crowley, David and Paul Heyer, eds. *Communication in History: Technology, Culture, and Society*. 2nd edition. New York: Longmans, 1995.

Culler, Jonathan. *On Deconstruction: Theory and Criticism After Structuralism*. Ithaca: Cornell University Press, 1982.

———. *Saussure*. Glasgow: Fontana, 1976.

Curran, James. "Communications, Power and Social Order." In Michael Gurevitch, Tony Bennett, James Curran,and Janet Woollacott, eds. *Culture, Society and the Media*. London: Routledge Press, 1982.

Czitrom, Daniel. "Lightning Wires." In David Crowely and Paul Heyer, eds. *Communication in History: Technology, Culture, and Society*. 2nd Edition. New York: Longmann, 1995.

Dahrendorf, Ralf. *Class and Class Conflict in an Industrial Society*. Stanford: Stanford University Press, 1959.

Daniels, P. W. "Internationalization, Telecommunications, and Metropolitan Development: The Role of Producer Services." In Stanley D. Brunn and Thomas R. Leinbach, eds. *Collapsing Space and Time: Geogaphic Aspects of Communications and Information*. New York: HarperCollins, 1991.

Davison, W. Phillips. "Political Communications as an Instrument of Foreign Policy." *Public Opinion Quarterly* 27 (1963): 28–36.

Dawkins, Richard. *The Blind Watchmaker*. New York: Penguin Books, 1986.

———. *The Selfish Gene*. Oxford: Oxford University Press, 1976.

de Briganti, Giovanni. "WEU's Satellite System May Fly in 2000." *Defense News* (February 1–7, 1993).

Deibert, Ronald J. "Out of Focus: U.S. Military Satellites and Environmental Rescue." In Daniel Deudney and Richard Matthew, eds. *Contested Grounds: Se-*

*curity and Conflict in the New Environmental Politics*. New York: SUNY Press, 1997.

———. "Virtual Realities: Neo-Medievalism as Therapeutic Redescription." (Paper Presented at the International Studies Association annual conference, Chicago, February 1995.)

Dennet, Daniel. *Darwin's Dangerous Idea: Evolution and the Meanings of Life* (New York: Simon and Schuster, 1995.

Der Derian, James. *Anti-Diplomacy: Spies, Terror, Speed and War*. London: Blackwell, 1992.

———. "Global Swarming, Virtual Security, and Bosnia." *The Washington Quarterly* 19, no. 3 (Summer 1996): 45–56.

———. *On Diplomacy: A Genealogy of Western Estrangement*. Oxford: Basil Blackwell, 1987.

Descartes, Rene. *Discourse on Method and Meditations*. Translated by Laurence J. Lafleur. Indianapolis: Bobbs-Merrill, 1960.

Desuvire, Emmanuel. "Lightware Communications: The Fifth Generation." *Scientific American* (January 1992).

Deudney, Daniel. "Binding Powers, Bound States: The Logic and Geopolitics of Negarchy." (Paper presented at the International Studies Association annual meeting, Washington, D.C., March 28–April 2, 1994).

———. "Bringing Nature Back In." In Daniel Deudney and Richard Matthew, eds. *Contested Grounds: Security and Conflict in the New Environmental Politics*. New York: SUNY Press, 1997.

———. "Dividing Realism: Security Materialism vs Structural Realism on Nuclear Security and Proliferation." *Security Studies* 2 (Spring/Summer 1993).

———. "Global Environmental Rescue and the Emergence of World Domestic Politics." In Ronnie Lipschutz and Ken Conca, eds. *The State and Social Power in Global Environmental Politics*. New York: Columbia University Press, 1993.

———. *Global Geopolitics: Materialist World Order Theories of the Industrial Era, 1850–1950*. Ph.D. Dissertation. Princeton University, 1989.

———. *Pax Atomica: Planetary Geopolitics and Republicanism*. Princeton: Princeton University Press, forthcoming.

———. *Whole Earth Security: A Geopolitics of Peace*. Worldwatch Paper 55, July 1983.

Deutsch, Karl. "Mass Communication and the Loss of Freedom in National Decision-Making: A Possible Research Approach to Interstate Conflict." *Journal of Conflict Resolution* 1 (1957): 200–211.

———. *Nationalism and Social Communication*. Cambridge: MIT Press, 1966.

———. *The Nerves of Government: Models of Political Communication and Control*. New York: Free Press, 1963.

Dewey, John. *Reconstruction in Philosophy*. New York: Mentor Books, 1950.

Diamond, Jared. "The Great Leap Forward." *Discover* (1990): 66–76.
Dibbell, Julian. "A Rape in Cyberspace." *The Village Voice* (December 21, 1993): 36–42.
Dicken, Peter. *Global Shift: The Internationalization of Economic Activity*. 2nd edition. New York: Paul Chapman, 1992.
———. "International Production in A Volatile Regulatory Environment: The Influence of National Regulatory Policies on the Spatial Strategies of Transnational Corporations." *Geoforum* 23, no. 3 (1992).
———. "The Roepke Lecture in Economic Geography Global-Local Tensions: Firms and States in the Global Space-Economy." *Economic Geography* (1994).
Dizard, Wilson. "Mikhail Gorbachev's Computer Challenge." *The Washington Quarterly* 9, no. 2 (Spring 1986).
Dodgshon, Robert. *The European Past: Social Evolution and Spatial Order*. London: Macmillan Press, 1987.
Dorman, William and Mansour Farhang. *The U.S. Press and Iran: Foreign Policy and the Journalism of Deference*. Berkeley: University of California Press, 1987.
Dorn, Walter. "Peacekeeping Satellites." *Peace Research Reviews* 10 (1987).
Douglas, Susan J. *Inventing American Broadcasting: 1912–1922*. Baltimore: Johns Hopkins University Press, 1987.
Drake, William J. "Territoriality and Intangibility: Transborder Data Flows and National Sovereignty." In Kaarle Nordenstreng and Herbert I. Schiller, eds. *Beyond National Sovereignty: International Communication in the 1990s*. New Jersey: Ablex Publishing, 1993.
———, ed. *The New Information Infrastructure: Strategies for U.S. Policy* (New York: The Twentieth Century Fund Press, 1995)
Drake, William J. and Kalypso Nicolaidis. "Ideas, Interests, and Institutionalization: 'Trade in Services' and the Uruguay Round." *International Organization* 46 (Winter 1992).
Drogin, Marc. *Biblioclasm: The Mythical Origins, Magic Powers, and Perishability of the Written Word*. Maryland: Rowman and Littlefield, 1989.
Drucker, Peter. *The Age of Discontinuity*. New York: Harper and Row, 1969.
Duby, Georges. "The Diffusion of Cultural Patterns in Feudal Society." *Past and Present* 39 (April 1968).
———. *The Three Orders: Feudal Society Imagined*. Translated by Arthur Goldhammer. Chicago: The University of Chicago Press, 1980.
Dudley, Leonard M. *The Word and the Sword: How Technologies of Information and Violence Have Shaped Our World*. Cambridge: Basil Blackwell, 1991.
Durhem, William H., *Coevolution: Genes, Culture, and Human Diversity* (Stanford: Stanford University Press, 1991).
Dumont, Louis. *Essays in Individualism: Modern Ideology in Anthropological Perspective*. Chicago: The University of Chicago Press, 1986.

Durkheim, Emile. *The Division of Labour in Society*. New York: The Free Press, 1933.

Eco, Umberto. *Travels in Hyper Reality*. Translated by William Weaver. New York: HBJ Books, 1983.

*Economist, The*. "End of the Line: A Survey of Telecommunications." (October 23rd-29th, 1993).

———. "Feeling for the Future: A Survey of Television." (February 12–18, 1994).

———. "Financial Centres: A Survey." (June 27, 1992).

———. "Make Way for Multimedia." (October 16, 1993).

———. "The Death of Distance: A Survey of Telecommunications." (September 30, 1995).

———. "The Internet: The Accidental Superhighway." (July 1st, 1995).

———. "The Screen is the Future, Master." (October 24, 1992).

———. "Speak to Me: A Survey of the Computer Industry." (September 17, 1994).

———. "The Tangled Webs They Weave." (October 16, 1993).

Edgerton, Samuel Y. *The Renaissance Rediscovery of Linear Perspective*. New York: Basic Books, 1975.

Editors, The. "The Computer for the 21st Century." *Scientific American*. Special Issue on the Computer in the 21st Century, 1995.

Edwards, Mark U. *Printing, Propaganda, and Martin Luther*. Los Angeles: University of California Press, 1994.

Eistenstein, Elizabeth. *The Printing Press as an Agent of Change: Communications and Cultural Transformations in Early Modern Europe*. Volumes 1 and 2. New York: Cambridge University Press, 1979.

Elkins, David J. *Beyond Sovereignty: Territory and Political Economy in the Twenty-First Century*. Toronto: University of Toronto Press, 1995.

Elmer-Dewitt, Philip. "Battle for the Soul of the Internet." *Time* (July 25, 1994): 40–46.

———. "Take a Trip into the Future on the Electronic Superhighway." *Time* (April 12, 1993).

Engels, F. *The Peasant War in Germany*. Translated by M. J. Olgin. New York: International Publishers, 1926.

Entmann, Robert. "Framing US Coverage of International News: Contrast in Narratives of the KAL and Iran Air Incident." *Journal of Communication* 41 (Autumn 1991): 6–27.

Estabrooks, Maurice. *Programmed Capitalism: A Computer-Mediated Global Society*. London: M. E. Sharpe, 1988.

Ewen, Stuart. *All Consuming Images: The Politics of Style in Contemporary Culture*. Cambridge: MIT Press, 1984.

Falk, Richard. "Challenges of a Changing Global Order." *Peace Research: The Canadian Journal of Peace Studies* 24, no. 4 (November 1992).

———. "Sovereignty." In Joel Krieger, ed. *The Oxford Companion to Politics of the World*. New York: Oxford University Press, 1993.

Featherstone, Mike. *Consumer Culture and Postmodernism*. London: Sage Publications, 1991.

Febvre, Lucien and Henri-Jean Martin. *The Coming of the Book: The Impact of Printing, 1450–1800*. Translated by David Gerard. London: NLB, 1976.

Finegan, Jack. *Encountering New Testament Manuscripts: A Working Introduction to Textual Criticism*. Grand Rapids, Michigan: Eerdmans, 1974.

Finnegan, Ruth. *Literacy and Orality: Studies in the Technology of Communication*. Oxford: Basil Blackwell, 1988.

Fischer, Claude S. "The Telephone Takes Command." In David Crowley and Paul Heyer, eds. *Communication in History: Technology, Culture and Society*. 2nd edition. New York: Longmans, 1995.

Fish, Stanley. *Is There a Text in This Class? The Authority of Interpretive Communities*. Cambridge: MIT Press, 1980.

Flaherty, David. *Protecting Privacy in Surveillance Societies: The Federal Republic of Germany, Sweden, France, Canada, and the United States*. Chapel Hill: The University of North Carolina Press, 1989.

Flower, Joe. "Iridium." *Wired* (November 1993): 72–77.

Forester, Tom. *Silicon Samurai: How Japan Conquered the World's IT Industry*. Cambridge: Blackwell Publishers, 1993.

Foster, George. M., *Traditional Cultures and the Impact of Technological Change* (New York, Harper 1962).

Foucault, Michel. *The Archaelogy of Knowledge and the Discourse on Language*. Translated by A. M. Sheridan. New York: Pantheon Books, 1972.

———. *Discipline and Punish: The Birth of the Prison*. Translated by Alan Sheridan. New York: Vintage Books, 1979.

———. *The Order of Things: An Archaelogy of the Human Sciences*. New York: Vintage Books, 1970.

Foucault, Michel, "What Is an Author?" in Jose V. Harari, ed., *Textual Strategies*. Ithaca: Cornell University Press, 1979.

Freiberger, P. and M. Swaine. *Fire in the Valley: The Making of the Personal Computer*. Berkeley: Osborne/McGraw Hill, 1984.

Gaddis, John Lewis. "Tectonics, History, and the End of the Cold War." In John Lewis Gaddis, ed. *The United States and the End of the Cold War: Implications, Reconsiderations, Provocations*. Oxford: Oxford University Press, 1992.

———. "The Long Peace: Elements of Stability in the Postwar International System." *International Security* 10 (Spring 1986).

Gandy, Oscar. *The Panoptic Sort: A Political Economy of Personal Information*. Boulder: Westview Press, 1993.

———. "The Surveillance Society: Information Technology and Bureaucratic Social Control." *Journal of Communication* 39, no. 3 (1989): 61–76.

Gardels, Nathan and Leila Conners. "Republic of the Image." *New Perspectives Quarterly* 11, no. 3 (Summer 1994).

Geertz, Clifford. *The Interpretation of Cultures*. New York: Basic Books, 1973.

Gellner, Ernst. *Nations and Nationalism*. Oxford: Basil Blackwell, 1983.

———. *Plough, Sword and Book: The Structure of Human History*. Chicago: The University of Chicago Press, 1988.

———. *Reason and Culture: The Historic Role of Rationality and Rationalism*. Oxford: Basil Blackwell, 1992.

Gergen, Kenneth. *The Saturated Self: Dilemmas of Identity in Contemporary Life*. New York: Basic Books, 1991.

Gergen, Kenneth and Mary Gergen, eds. *Historical Social Psychology*. New Jersey: Hillsdale Press, 1984.

Gibson, William. *Neuromancer*. New York: Ace Books, 1984.

Gillespie, Andrew and Kevin Robbins. "Geographical Inequalities: The Spatial Bias of the New Communications Technologies." *Journal of Communications* 39 (Summer 1989): 7–18.

Gill, Stephen. *American Hegemony and the Trilateral Commission*. Cambridge: Cambridge University Press, 1990.

———. "Economic Globalization and the Internationalization of Authority: Limits and Contradictions." *Geoforum* 23, no. 3 (1992).

———, ed. *Gramsci, Historical Materialism, and International Relations*. Cambridge: Cambridge University Press, 1993.

Gill, Stephen, "The Global Panopticon? The Neoliberal State, Economic Life, and Democratic Surveillance," *Alternatives: Social Transformation and Humane Governance*, 2 (1995):1–49.

Gill, Stephen and David Law. "Global Hegemony and the Structural Power of Capital." *International Studies Quarterly* 33 (1989): 475–499.

Gilpin, Robert. *The Political Economy of International Relations*. Princeton: Princeton University Press, 1987.

———. *War and Change in World Politics*. Cambridge: Cambridge University Press, 1981.

Gleick, James. "The Telephone Transformed—Into Almost Everything." *New York Times Magazine* (May 16, 1993).

*Globalization and Liberalization: Development in the Face of Two Powerful Currents*. UNCTAD Report TD/366/Rev. 1, December 1995

Globerman, Steven and Aidan Vining. "Trade, Investment and the Culture Industries: Bilateral Issues in the Post-NAFTA Era." (Unpublished Draft: 1995).

Goffman, Erving. *Frame Analysis: An Essay on the Organization of Experience*. Cambridge: Harvard University Press, 1974.

Goldgeier, James M. and Michael McFaul, "A Tale of Two Worlds: Lore and Periphery in the Post-Cold Ware Era," *International Organization* 46, no. 2 (1992):467–491.

Goldstein, Joshua and Robert Keohane, eds. *Ideas and Foreign Policy*. Ithaca: Cornell University Press, 1993.

Gomery, Douglas. "Nickelodeons to Movie Palaces." In David Crowley and Paul Heyer, eds. *Communications in History: Technology, Culture and Society*. 2nd edition. New York: Longmans, 1995.

Gong, Gerrit, W. *The Standard of 'Civilization' in International Society*. Oxford: Oxford University Press, 1984.

Goodman, J. and L. Pauly. "The Obsolescence of Capital Controls? Economic Management in an Age of Global Markets." *World Politics* 46 (1993): 50–82.

Goodman, Nelson. *Ways of Worldmaking*. Indianapolis: Hackett, 1978.

Goody, Jack. *The Domestication of the Savage Mind*. Cambridge: Cambridge University Press, 1978.

———. *The Interface Between the Written and the Oral*. Cambridge: Cambridge University Press, 1987.

———. *Literacy in Traditional Societies*. Cambridge: Cambridge University Press, 1975.

———. *The Logic of Writing and the Organization of Society*. Cambridge: Cambridge University Press, 1986.

Goody, Jack and Ian Watt. "The Consequences of Literacy." *Comparative Studies in Society and History* 5 (1963): 304–345.

Gordenker, Leon and Thomas G. Weiss, "Pluralizing Global Governance: Analytical Approaches and Dimensions," *Third World Quarterly* 16, no. 3 (1995):357–387.

Gore, Al. "Infrastructure for the Global Village." *Scientific American* (September 1991): 150–153.

Gordon, Diana. "The Electronic Panopticon: A Case-Study of the Development of National Crime Records System." *Politics and Society* 15 (1986).

Gottfried, Robert S. *The Black Death: Nature and Disaster in Medieval Europe*. New York: The Free Press, 1983.

Gould, Stephen Jay. *Bully for Brontosaurus: Reflections in Natural History*. New York: Norton, 1991.

———. *Eight Little Piggies: Reflections in Natural History*. New York: Norton, 1993.

———. *Ever Since Darwin: Reflections in Natural History*. New York: Norton, 1977.

Goulemot, Jean Marie. "Literary Practices: Publicizing the Private." In Philippe Aries and Georges Duby, eds. *A History of Private Life*. Volume 3. Cambridge: Belknap Press of Harvard University Press, 1989.

Greenberg, Donald P. "Computers and Architecture." *Scientific American* (February 1991).

Gross, Leo. "The Peace of Westphalia, 1649–1948." In Richard A. Falk and Wolfram F. Hanrieder, eds. *International Law and Organization*. Philadelphia: Lippincott, 1968: 45–67.

Grossman, Lawrence K. "Reflections on Life Along the Electronic Superhighway." *Media Studies Journal* 8, no. 1 (Winter 1994).

Guenee, Bernard. *States and Rulers in Late Medieval Europe*. Translated by Juliet Vale. London: Basil Blackwell, 1985.

Gupta, Vipin, "New Satellite Images for Sale," *International Security* 20, no. 1 (Summer 1995): 94–125.

Haas, Ernst. "Words Can Hurt You: Or Who Said What to Whom about Regimes." In Stephen Krasner, ed. *International Regimes*. Ithaca: Cornell University Press, 1983.

Haas, Peter. "Introduction: Epistemic Communities and International Policy Coordination." *International Organization* 46 (Winter 1992): 1–35.

Hacking, Ian. *Representing and Intervening: Introductory Topics in the Natural Sciences*. Cambridge: Cambridge University Press, 1983.

Hall, John. "Ideas and the Social Sciences." In Joshua Goldstein and Robert Keohane, eds. *Ideas and Foreign Policy*. Ithaca: Cornell University Press, 1993.

Hall, Peter and Paschal Preston. *The Carrier Wave: New Information Technology and the Geography of Innovation, 1846–2003*. London: Unwim Hyman, 1988.

Hall, Rodney Bruce. "The Medieval 'State' and the Social Construction of Sovereign Identity." Paper Presented at the International Studies Association 36th Annual Conference, February 21–25, 1995, Chicago.

Hall, Rodney Bruce and Friedrich Kratochwil. "Medieval Tales: Neorealist 'Science' and the Abuse of History." *International Organization* 47 (Autumn 1993):479–491.

Hall, Stephen. *Mapping the Next Millennium: How Computer-Driven Cartography is Revolutionizing the Face of Science*. New York: Vintage Books, 1992.

Halverson, John. "Havelock on Greek Orality and Literacy." *Journal of the History of Ideas* 53, no. 2 (1992): 148–163.

Hamelink, C. J. *Cultural Autonomy in Global Communications*. New York: Longmans, 1983.

Hamilton, Bernard. *The Medieval Inquisition*. London: E. Arnold, 1981.

Harris, Roy and Talbot J. Taylor, eds. *Landmarks in Linguistic Thought: The Western Tradition from Socrates to Saussure*. New York: Routledge Press, 1989.

Harvey, David. *The Condition of Postmodernity*. Oxford: Blackwell, 1989.

Hassan, I. "The culture of postmodernism." *Theory, Culture, and Socity* 2, no. 3 (1985): 119–132.

Havelock, Eric. *The Literate Revolution in Greece and Its Cultural Consequences*. Princeton: Princeton University Press, 1982.

———. *Preface to Plato*. Cambridge: Belknap Press of Harvard University Press, 1963.

Heidegger, Martin. *The Question Concerning Technology and Other Essays*. Translated by William Lovitt. New York: Garland Publishers, 1977.

Heim, Michael. *The Metaphysics of Virtual Reality*. New York: Oxford University Press, 1993.

Held, David. *Introduction to Critical Theory: Horkheimer to Habermas*. Berkeley: University of California Press, 1980.

Helleiner, Eric. "From Bretton Woods to Global Finance: A World Turned Upside Down." In Richard Stubbs and Geoffrey R. D. Underhill, eds. *Political Economy and The Changing Global Order*. Toronto: McLelland and Stewart, 1994.

———. *States and the Reemergence of Global Finance: From Bretton Woods to the 1990s*. New York: Cornell University Press, 1994.

Hepworth, Mark. *Geography of the Information Economy*. London: Belhaven Press, 1989.

———. "Information Technology and the Global Restructuring of Capital Markets." In Stanley D. Brunn and Thomas R. Leinbach, eds. *Collapsing Space and Time: Geographic Aspects of Communications and Information*. New York: Harper-Collins, 1991.

Herman, Edward S. "The Externalities Effects of Commercial and Public Broadcasting." In Kaarle Nordenstreng and Herbert I. Schiller, eds. *Beyond National Sovereignty: International Communication in the 1990s*. New Jersy: Ablex Publishers, 1993.

———. and Noam Chomsky. *Manufacturing Consent: The Political Economy of the Mass Media*. New York: Pantheon Books, 1988.

Heyer, Paul. *Communication and History: Theories of Media, Knowledge, and Civilization*. New York: Greenwood Press, 1988.

Hesse, Mary. *Revolutions and Reconstructions in the Philosophy of Science* Sussex: The Harvester Press, 1980.

Hewson, Martin, "Surveillance and the Global Political Economy." In Edward Comor, ed. *The Global Political Economy of Communication: Hegemony, Telecommunication and the Information Economy* (New York: St. Martin's Press, 1994), pp. 61–80.

Hinsley, F. H. *The Pursuit of Peace*. Cambridge: Cambridge University Press, 1963.

Hirsch, Fred. *Money International*. Middlesex: Penguin Books, 1967.

Hirst, Paul and Grahame Thompson. "The Problem of 'Globalization': International Economic Relations, National Economic Management, and the Formation of Trading Blocs." *Economy and Society* 21, no. 4 (November 1992).

Hobbes, Thomas. *Leviathon*. Michael Oakeshott, ed. New York: Collier Books, 1962.

Holland, Kelley and Amy Cortese. "The Future of Money." *Business Week* (June 12, 1995).

Holsti, Kalevi J. *International Politics*. 3rd edition. New Jersey: Prentice-Hall, 1977.

———. *International Politics*. 5th edition. New Jersey: Prentice-Hall, 1988.

Hoy, David. "Jacques Derrida." In Quentin Skinner, ed. *The Return of Grand Theory in the Human Sciences*. Cambridge: Cambridge University Press, 1985: 41–64.

Humes, Samuel. *Managing the Multinational: Confronting the Global-Local Dilemma*. New York: Prentice-Hall, 1993.

Huyssen, Andreas. "Mapping the Postmodern." *New German Critique* 33 (1984).

Ingham, Geoffrey. "States and Markets in the Production of World Money: Sterling and the Dollar." In Stuart Corbridge, Nigel Thrift, and Ron Martin, eds. *Money, Power, and Space*. Oxford: Blackwell, 1994.

Innis, Harold Adam. *The Bias of Communications*. Toronto: University of Toronto Press, 1951.

———. *The Cod Fisheries: The History of an International Economy*. Toronto: University of Toronto Press, 1954.

———. *Empire and Communications*. Oxford: Oxford University Press, 1950.

———. *The Fur Trade in Canada: An Introduction to Canadian Economic History*. Toronto: University of Toronto Press, 1956.

International Telecommunications Union, *World Telecommunications Development Report 1995* available on-line at: http://www4.itu.ch/WTDR95/.

Jackson, Robert H. "Dialectical Justice in the Gulf War." *Review of International Studies* 18, no. 4 (1992): 335–354.

———. *Quasi-States: Sovereignty, International Relations and the Third World*. Cambridge: Cambridge University Press, 1991.

James, Harvey S. and Murray Weidenbaum. *When Businesses Cross International Borders: Strategic Alliances and Their Alternatives*. London: Praeger, 1993.

Jameson, Frederic. "Postmodernism, or the Cultural Logic of Late Capitalism." *New Left Review* 146 (1984): 53–92.

Jasani, B. "ISMA Will it Ever Happen?" *Space Policy* (February 1992).

Jencks, Charles. *The Language of Postmodern Architecture*. London: Sage Publications, 1984.

Jervis, Robert. *Perception and Misperception in International Relations*. Princeton: Princeton University Press, 1976.

Jervis, Robert and Jack Snyder, ed. *Dominoes and Bandwagons*. New York: Oxford University Press, 1991.

Jewell, Jack L., James P. Harbison, and Axel Scherer. "Microlasers." *Scientific American* (November 1991).

Jones, Adam. "Wired World: Communications Technology, Governance and the Democratic Uprising." In Edward A. Comor. *The Global Political Economy of Communication: Hegemony, Telecommunications and the Information Economy*. New York: St. Martin's Press, 1994.

Jones, E. L. *The European Miracle: environments, economies, and geopolitics in the history of Europe and Asia*. New York: Cambridge University Press, 1981.

Kantorowicz, Ernst H. *The King's Two Bodies: A Study in Mediaeval Political Theology*. Princeton: Princeton University Press, 1957.

Kaptsein, Ethan. *Governing the Global Economy: International Finance and the State* (Cambridge, Mass: Harvard University Press, 1994).

———. “*We* Are US: The Myth of the Multinational.” *The National Interest* (Winter 1991/1992): 56–62

Keller, Ulrich. “Early Photojournalism.” In David Crowley and Paul Heyer, eds. *Communications in History: Technology, Culture and Society*. 2nd edition. New York: Longmans, 1995.

Kellerman, Aharon. *Telecommunications and Geography*. London: Belhaven Press, 1993.

Keohane, Robert. *After Hegemony: Cooperation and Discord in World Political Economy*. Princeton: Princeton University Press, 1984.

———. “International Institutions: Two Approaches.” *International Studies Quarterly* 32 (1988): 370–396.

Kern, Stephen J. *The Culture of Time and Space: 1880–1918*. Cambridge: Harvard University Press, 1983.

Keyes, Robert. “The Future of the Transistor.” *Scientific American* (June 1993).

Kindleberger, Charles. *International Capital Movements*. Cambridge: Cambridge University Press, 1987.

Kleiner, Kurt. “What a Tangled Web They Wove.” *New Scientist* (July 30, 1994).

Knight, Peter, et al., “Increasing Internet Connectivity in Sub-Saharan Africa: Issues, Options, and World Bank Role.” (March 29, 1995, On-Line World Bank Draft Report), available on-line at: http://www.worldbank.org/html/emc/documents/africa0395.html.

Kohler, Hans-Joachim. “The *Flugschriften* and their importance in religious debate: a quantitative approach.” In Paola Zambelli, ed. *Astrologi hallucinati: Stars and the End of the World in Luther's Time*. New York: W. de Gruyter, 1986.

Krasner, Stephen. “Compromising Westphalia.” *International Security* 20, no. 3 (Winter 1995/1996):115–151.

Krasner, Stephen. “Global Communications and National Power: Life on the Pareto Frontier.” *World Politics* 43 (April 1991): 336–366.

———, ed. *International Regimes*. Ithaca: Cornell University Press, 1983.

———. “Sovereignty: An Institutional Perspective.” *Comparative Political Studies* 21, no. 1 (April 1988): 66–94.

Kratochwil, Friedrich. *Norms, Rules and Decisions*. Cambridge: Cambridge University Press, 1989.

———. “Of Systems, Boundaries, and Territoriality: An Inquiry into the Formation of the State System.” *World Politics* 34 (October 1986): 27–52.

Kroker, Arthur and David Cook. *The Postmodern Scene: Excremental Culture and Hyper-Aesthetics*. Montreal: New World Perspectives, 1987.

Kuhn, Thomas S. “The Natural and the Human Sciences.” In David R. Hiely, James F. Bohman and Richard Shusterman, eds. *The Interpretive Turn: Philosophy, Science, Culture*. Ithaca: Cornell University Press, 1991: 17–24.

———. *The Structure of Scientific Revolutions*. 2nd edition. Chicago: The University of Chicago Press, 1970.

Kurtzman, Joel. *The Death of Money: How the Electronic Economy has Destabilized the World's Markets and Created Financial Chaos*. New York: Simon and Schuster, 1993.

Langdale, John. "Electronic Funds Transfers and the Internationalization of Banking and Finance Industry." *Geoforum* 16, no. 1 (1985).

Lapham, Lewis H. "Dungeons and Dragons." *Harper's* (February 1994): 9–11.

———. "Prime-Time McLuhan." *Saturday Night* (September 1994).

Lash, Scott and John Urry, *Economies of Sign and Space*, London: Sage Publications, 1994.

Laswell, Harold, Daniel Lerner, and Hans Speier, eds. *Propaganda and Communication in World History*. Honolulu: University of Hawaii Press, 1980.

Lee, Pual S. N. and Georgette Wang. "Satellite TV in Asia: Forming a New Ecology." *Telecommunicatons Policy* 19, no. 2 (1995).

Leff, Gordon. *Heresy in the Middle Ages: The Relation of Heterodoxy to Dissent*. New York: Barnes and Noble, 1967.

———. *Paris and Oxford Universities in the Thirteenth and Fourteenth Centuries: An institutional and Intellectual History*. New York: Krieger Publishers, 1975.

Le Goff, Jacques. *Intellectuals in the Middle Ages*. Translated by Teresa Lavender Fagan. Cambridge: Basil Blackwell, 1993.

———. "Introduction." In Jacques Le Goff, ed. *Medieval Callings*. Translated by Lydia G. Cochrane. Chicago: University of Chicago Press, 1987.

———. *Medieval Civilization*. Oxford: Oxford University Press, 1988.

———. *The Medieval Imagination*. Translated by Arthur Goldhammer. Chicago: The University of Chicago Press, 1985.

Lenorovitz, Jeffrey M. "Lockheed Wants Australia To Be Satellite Partner." *Aviation Week and Space Technology* (July 5, 1993).

Levinson, Paul. "McLuhan and Rationality." *Journal of Communication* 31 (Summer 1981): 179–188.

Leyshon, Andrew. "The Transformation of Regulatory Order: Regulating the Global Economy and Environment." *Geoforum* 23, no. 3 (1992).

Lipietz, Alain. Mirages and Miracles: The Crisis of Global Capitalism. London: Verso, 1987.

Lipkin, Richard. "Making the calls in a new era of communications." *Insight* (July 12, 1993): 6–13.

Lippmann, Walter. *Public Opinion*. New York: The Free Press, 1965.

Lipschutz, Ronnie. "Reconstructing World Politics: The Emergence of Global Civil Society." *Millennium: Journal of International Studies* 21, no. 3 (1992): 398–420.

Litfin, Karen. "Watching the Earth: An Inquiry into Global Environmental Monitoring." Paper Delivered at the 1994 Annual Meeting of the American Political Science Association, New York, September 1–4, 1994.

Lockhart, Charles. *Bargaining in International Conflict*. New York: Columbia University Press, 1979.

Lovejoy, Arthur. *The Great Chain of Being*. Cambridge: Harvard University Press, 1957.

Lowe, Donald M. *History of Bourgeois Perception*. Chicago: University of Chicago Press, 1982.

Luke, Carmen. *Pedagogy, Printing, and Protestantism: The Discourse on Childhood*. New York: SUNY Press, 1989.

Luke, Timothy W. *Screens of Power: Ideology, Domination and Resistance in Informational Society*. Urbana: University of Illinois Press, 1989.

———. "Simulated Sovereignty, Telematic Territoriality: The Political Economy of Cyberspace. Unpublished Draft: 1996.

Lukes, Stephen. "Individualism." In David Miller, ed. *The Blackwell Encyclopedia of Political Thought*. Oxford: Basil Blackwell, 1991: 240.

Lyon, David. "An Electronic Panopticon? A Sociological Critique of Surveillance Theory." *The Sociological Review* 41 (1993).

———. *The Electronic Eye: The Rise of Surveillance Society*. Minneapolis: The University Of Minnesota Press, 1994.

Lyon, John. *The Invention of the Self: The Hinge of Consciousness in the Eighteenth Century*. Carbondale: Southern Illinois University Press, 1978.

Lyotard, Jean-François. *The Postmodern Condition: A Report on Knowledge*. Minneapolis: University of Minnesota Press, 1984.

Macpherson, C. B. *The Political Theory of Possessive Individualism*. Oxford: Clarendon Press, 1962.

Malone, Thomas W. and John F. Rockart. "Computers, Networks, and the Corporation." *Scientific American* (September 1991): 128–136.

Mann, Michael. *Sources of Social Power*. Volume 1. Cambridge: Cambridge University Press, 1986.

Mannheim, Karl. *Ideology and Utopia: An Introduction to the Sociology of Knowledge*. New York: Harvest Books, 1936.

Mansell, Robin. "European Telecommunication, Multinational Enterprises, and the Implications of Globalization." *International Journal of Political Economy* (Winter 1993–1994): 83–104.

Marcuse, Herbert. *One-Dimensional Man: Studies in the Ideology of Advanced Industrial Society*. Boston: Beacon Press, 1964.

Marshack, Alexander. "The Art and Symbols of Ice Age Man." In David Crowley and Paul Heyer, eds. *Communications in History: Technology, Culture and Society*. 2nd edition. New York: Longmans, 1995.

Martin, James. *Wired Society*. Englewood Cliffs, New Jersey: Prentice-Hall, 1978.

Martin, John. *International Propaganda: Its Legal and Diplomatic Control*. Gloucester: P. Smith, 1969.

Martin, Ron. "Stateless Monies, Global Financial Integration and Naional Economic Autonomy: The End of Geography?" in Stuart Corbridge, Nigel Thrift, and Ron Martin, eds. *Money, Power, and Space*. Oxford: Blackwell, 1994.

Marx, Gary. *Undercover Police Surveillance in America*. Berkeley: University of California Press, 1988.
Matthew, Richard. "Back to the Dark Age: World Politics in the Late Twentieth Century." Paper Delivered at the International Studies Association Annual Meeting, Chicago, February 1995.
———. "Justice, Order and Change in World Politics." Paper Prepared for the International Studies Association annual conference, March 28-April 1, 1994, Washington D.C.
Mattingly, Garrett. *Renaissance Diplomacy*. London: Cape Publishers, 1955.
Mazlish, Bruce. *The Fourth Discontinuity: The Co-Evolution of Humans and Machines*. New Haven: Yale University Press, 1993.
McDougall, Walter. *The Heavens and the Earth: A Political History of the Space Age*. New York: Basic Books, 1985.
McKenzie, Richard B. and Dwight R. Lee. *Quicksilver Capital: How the Rapid Movement of Wealth Has Changed the World*. New York: The Free Press, 1991.
McKitterick, Rosamond. *The Carolingians and the Written Word*. Cambridge: Cambridge University Press, 1989.
McKusker, John J. and Cora Gravesteijn. *The Beginnings of Commercial and Financial Journalism: The Commodity Price Currents, Exchange Rate Currents, and Money Currents of Early Modern Europe*. Amsterdam: NEHA, 1991.
McLuhan, Marshall. *The Gutenburg Galaxy*. Toronto: University of Toronto Press, 1962.
———. *Understanding Media: The Extensions of Man*. New York: McGraw-Hill, 1964.
McLuhan, Marshall and Quentin Fiore. *The Medium is the Massage*. New York: Simon and Schuster, 1967.
———. *War and Peace in the Global Village*. New York: Bantam Books, 1968.
McNeill, William. *Plagues and Peoples*. New York: Anchor Press, 1976.
———. *The Pursuit of Power: Technology, Armed Forces and Society Since A.D. 1000*. Chicago: The University of Chicago Press, 1984.
———, "The Rise of the West after Twenty Five Years." In Sanderson, Stephen K., ed. *Civilizations and World Systems: Studying World Historical Change* (London: Altimira Press, 1995), pp. 303–320.
McPhail, Thomas. *Electronic Colonialism: The Future of International Broadcasting and Communication*. 2nd edition. Beverly Hills: Sage Publications, 1987.
Meegan, Richard. "A Crisis in Mass Production." In John Allen and Doreen Massey, eds. *The Economy in Question* London: Sage Publications, 1988: 136–183.
Melko, Matthew, "The Nature of Civilizations." In Sanderson, Stephen K., ed. *Civilizations and World Systems: Studying World Historical Change* (London: Altimira Press, 1995), pp. 25–45.
Menache, Sophia. *The Vox Dei: Communication in the Middle Ages*. New York: Oxford University Press, 1990.

Mestrovic, Stjepan G. *The Balkanization of the West: The Confluence of Postmodernism and Postcommunism* (New York: Routledge, 1994)

———. *The Barbarian Sentiment: Toward a Postmodern Critical Theory* (New York: Routledge, 1993).

Meyrowitz, Joshua. *No Sense of Place: The Impact of Electronic Media on Social Behaviour*. New York: Oxford University Press, 1985.

Miccoli, Giovanni. "Monks." In Jacques Le Goff, ed. *Medieval Callings*. Translated by Lydia G. Cochrane. Chicago: The University of Chicago Press, 1987.

Mitchell, J. M. *International Cultural Relations*. London: Allen and Unwin, 1986.

Mitchelson, Ronald L. and James O. Wheeler. "The Flow of Information in a Global Economy: The Role of the American Urban System in 1990." *Annals of the American Geographer* 84, no. 1 (1994).

Modelski, George. *Long Cycles in World Politics*. London: Macmillan, 1987.

Molina, Alfonso Hernan. *The Social Basis of the Microelectronics Revolution*. Edinburgh: Edinburgh University Press, 1989.

Moore, R. I. *The Origins of European Dissent*. London: Allen Lane, 1977.

Morgan, Kevin. "Digital Highways: The New Telecommunications Era." *Geoforum* 23, no. 3 (1992).

Morgenthau, Hans. *Politics Among Nations: The Struggle for Power and Peace*. 5th edition. New York: Knopf, 1973.

———. *Scientific Man Vs. Power Politics*. Chicago: The University of Chicago Press, 1946.

Morse, Edward. *Modernization and Transformation in International Relations*. London: Macmillan, 1976.

Mowlana, Hamid. "The Communications Paradox." *The Bulletin of the Atomic Scientists* (July/August 1995): 40–46.

———. *Global Information and World Communication: New Frontiers in International Relations*. New York: Longmans, 1986.

Mumford, Lewis. *Technics and Civilization*. New York: HBJ Books, 1934.

Nadelmann, Ethan A. "Global Prohibition Regimes: The Evolution of Norms in International Society." *International Organizaton* 44 (Autumn 1990).

Negroponte, Nicholas. *Being Digital*. New York: Knopf Publishers, 1994.

———. "Products and Services for Computer Networks." *Scientific American* (September 1991): 106–113.

Nelson, Richard R. and Sidney G. Winter. *An Evolutionary Theory of Economic Change*. Cambridge: Belknap Press of Harvard University Press, 1982.

Neuman, W. Russell. *The Future of the Mass Audience*. Cambridge: Cambridge University Press, 1991.

Niebuhr, Reinhold. "Human Nature and the Will to Power." In H. Davis and R. Good, eds. *Reinhold Niebuhr on Politics*. New York: Scribner's, 1960.

Nietzsche, Friedrich. *The Birth of Tragedy and the Genealogy of Morals*. Translated by Francis Golffing. New York: Anchor Books, 1956.

Noble, David. *Forces of Production: A Social History of Industrial Automation*. New York: Knopf, 1984.
Nordenstreng, Kaarle and Herbert I. Schiller, eds. *National Sovereignty and International Communication*. New Jersey: Ablex Publishing, 1979.
O'Brien, Richard. *Global Financial Integration: The End of Geography*. London: Pinter, 1992.
Ohmae, Kenichi. *The Borderless World: Power and Strategy in the Interlinked Economy*. New York: HarperCollins, 1990.
———. "Putting Global Logic First." *Harvard Business Review* (January-February 1995).
Ong, Walter J. *Interfaces of the Word*. Ithaca: Cornell University Press, 1977.
———. *Orality and Literacy: The Technologizing of the World*. New York: Methuen Press, 1982.
———. *Ramus, Method, and the Decay of Dialogue*. Cmabridge: Harvard University Press, 1958.
Orwell, George. *1984*. New York: Signet Books, 1949.
Ostler, Timothy. "Revolution in Reality." *Geographical Magazine* (May 1994): 12–14.
Oye, Kenneth, ed. *Cooperation Under Anarchy*. Princeton: Princeton University Press, 1986.
Paglia, Camille. *Vamps and Tramps: New Essays*. New York: Vintage Books, 1994.
Peters, Edward. *Heresy and Authority in Medieval Europe*. Philadelphia: University of Pennsylvania Press, 1980.
Phillips, Bruce. "Privacy in the Information Age An Oxymoron?" Speech Delivered to the University of Toronto XXXI Conference on Law and Contemporary Affairs, January 16, 1995.
Piore, Michael and Charles Sabel. *The Second Industrial Divide*. New York: Oxford University Press, 1984.
Poggi, Gianfranco. *The Development of the Modern State: A Sociological Introduction*. Stanford: Stanford University Press, 1978.
Polkinghore, Donald E. *Narrative Knowing and the Human Sciences*, New York: SUNY Press, 1988
Pool, Ithiel de Sola. "Foresight and Hindsight: The Case of the Telephone." In Ithiel de Sola Pool, *The Social Impact of the Telephone*. Cambridge: MIT Press, 1976.
———. *Technologies Without Boundaries: On Telecommunications in a Global Age*. Cambridge: Harvard University Press, 1990.
Popper, Karl. *The Poverty of Historicism*. Boston: Beacon Press, 1957.
Poster, Mark. *The Mode of Information: Poststructuralism and Social Context*. Chicago: The University of Chicago Press, 1990.
Postman, Neal. *Amusing Ourselves to Death*. New York: Penguin Books, 1985.
Powell, Robert. "Anarchy in International Relations Theory: The Neorrealist-Neoliberal Debate." *International Organization* 48 (Spring 1994): 313–344.

Prahalad, C. K. and Y. Doz. *The Multinational Mission: Balancing Local Demands and Global Vision*. New York: The Free Press, 1987.

Puchala, Donald J. "Integration Theory and the Study of International Relations." In Richard L. Merritt and Bruce M. Russett, eds. *From National Development to Global Community: Essays in Honour of Karl. W. Deutsch*. London: G. Allen and Unwin, 1981.

Quittner, Josh. "Johnny Manhattan Meets the Furrymuckers." *Wired* (March 1994): 92–98.

Raboy, Marc. "Cultural Sovereignty, Public Participation, and Democratization of the Public Sphere: The Canadian Debate on the New Information Infrastructure." Paper presented to the "National and International Initiatives for Information Infrastructure" Symposium, John F. Kennedy School of Government, Harvard University, January 25–27, 1996.

Rachlin, Alan. *News as Hegemonic Reality: American Political Culture and the Framing of News Accounts*. New York: Praeger, 1988.

Ranum, Orest. "The Refuges of Intimacy." In Philippe Aries and Georges Duby, eds. *A History of Private Life*. Volume III. Cambridge: Belknap Press of Harvard University Press, 1989.

Raven, Susan. "The Road to Empire." *Geographical Magazine* (June 1993): 21–24.

Reich, Robert. *The Work of Nations*. New York: Knopf, 1991.

Reynolds, Susan. *Kingdoms and Communities in Western Europe 900–1300*. Oxford: Clarendon Press, 1984.

———. "Magan Carta 1297 and the Legal Use of Literacy." *Bulletin of the Institute of Historical Research* 62 (1989).

Rheingold, Howard. *Virtual Communities: Homesteading on the Electronic Frontier*. New York: Addison-Wesley, 1993.

Rice, Eugene Jr. *The Foundations of Early Modern Europe, 1460–1559*. New York: Norton, 1970.

Richelson, Jeffrey T. *America's Secret Eyes in Space: The U.S. Keyhole Spy Satellite Program*. New York: Harper, 1990.

———. "The Future of Space Reconnaissance." *Scientific American* (January 1991).

Riley-Smith, Jonathan. *The Crusades: A Short History*. New Haven: Yale University Press, 1987.

———. *The First Crusade and the Idea of Crusading*. London: The Athlone Press, 1986.

Roberts, Susan. "Fictitious Capital, Fictitious Spaces: The Geograpy of Offshore Financial Flows." In Stuart Corbridge, Nigel Thrift, and Ron Martin, eds. *Money, Power, and Space*. Oxford: Blackwell, 1994.

Roberts, Walter R. and Harold E. Engle. "The Global Information Revolution and the Communist World." *The Washington Quarterly* 9, no. 2 (Spring 1986).

Robertson, Roland. *Globalization: Social Theory and Global Culture*. Newbury, Park, Ca.: Sage Publications, 1992.

———. "Mapping the Global Condition: Globalization as the Central Concept." *Theory, Culture, and Society* 7 (1990).

Rorty, Richard. *Contingency, Irony, and Solidarity*. Cambridge: Cambridge University Press, 1989.

———. "Dewey Between Hegel and Darwin." In D. Ross, ed. *Modernist Impulses in the Human Sciences: 1870–1930*. Baltimore, : The Johns Hopkins University Press, 1994: 54–68.

———. *Objectivism, Relativism, and Truth: Philosophical Papers*. Volume 1. Cambridge: Cambridge University Press, 1991.

———. *Philosophy and the Mirror of Nature*. Princeton: Princeton University Press, 1979.

Rosenau, James N. "Governance, Order, and Change in World Politics." In James N. Rosenau and Ernst-Otto Czempiel, eds. *Governance Without Government: Order and Change in World Politics*. Cambridge: Cambridge University Press, 1992: 1–29.

———. *Turbulence in World Politics: A Theory of Change and Continuity*. Princeton: Princeton University Press, 1990.

Rosenau, Pauline. *Post Modernism in the Social Sciences: Insights, Inroads, and Intrusions*. Princeton: Princeton University Press, 1992.

Rostow, W. W. *Politics and the Stages of Growth*, Cambridge: Cambridge University Press, 1971.

———. *The Stages of Economic Growth: A Non-Communist Manifesto*. Cambridge: Cambridge University Press, 1960.

Ruggie, John Gerard. "Continuity and Transformation in the World Polity: Toward a Neorealist Synthesis." In Robert O. Keohane, ed. *Neorealism and its Critics*. New York: Columbia University Press, 1986.

———. " 'Finding our Feet' in Territoriality: International Transformation in the Making." (Unpublished Draft: 1990).

———. "International Structure and International Transformation: Space, Time, and Method." In Ernst-Otto Czempiel and James N. Rosenau, eds. *Global Changes and Theoretical Challenges: Approaches to World Politics for the 1990s*. Lexington, Mass.: D.C. Heath/Lexington Books, 1989).

———. "Territoriality and Beyond: Problematizing Modernity in International Relations." *International Organization* 47 (Winter 1993): 139–174.

———. "Unravelling Trade: Institutional Change and the World Economy." Paper Presented at the Roundtable on Fair Trade, Harmonization, Level Playing Fields and the World Trading System: Economic, Political, and International Legal Questions for the 1990s. Columbia University, January 10, 1992.

Ruggie, John Gerard and Friedrich Kratochwil. "International Organization: The State of the Art on an Art of the State." *International Organization* 40 (1986).

Sachs, Wolfgang, ed. *Global Ecology: A New Arena of Political Conflict* (London: Zed Books, 1993).

Sallin, Susanne. *The Association for Progressive Communications: A Cooperative Effort to Meet the Information Needs of Non-Governmental Organizations*. A Case Study Prepared for the Harvard-CIESIN Project on Global Environmental Change Information Policy, February 14, 1994.

Salomon, J. J. "Science Policy Studies and the Development of Science Policy." In I. Spiegel-Rosing and Derek de Solla Price, eds. *Science, Technology and Society: A Cross-Disciplinary Perspective*. London: Sage Publications, 1977.

Sanderson, Stephen K, "Civilizational Approaches to World-Historical Change." In Sanderson, Stephen K., ed. *Civilizations and World Systems: Studying World Historical Change* (London: Altimira Press, 1995), pp. 15–23.

———, ed. *Civilizations and World Systems: Studying World Historical Change*, London: Altimira Press, 1995.

———. "Evolutionary Materialism: A Theoretical Strategy for the Study of Social Evolution." *Sociological Perspectives* 37, no. 1 (1994): 47–73.

Saxby, Stephen. *The Age of Information: The Past Development and Future Significance of Computing and Communications*. London: Macmillan, 1990.

Scarbrough, Harry. "Introduction." In Harry Scarbrough, ed. *The IT Challenge: IT and Strategy in Financial Services*. New York: Prentice Hall, 1992.

Schmandt-Besserat, Denise. "The Earliest Precursor of Writing." *Scientific American* (1978): 50–59.

Schottenloher, Karl. *Books and the Western World: A Cultural History*. Translated by William D. Boydand Irmgard H. Wolfe. London: McFarland and Company, 1968.

Schumacher, Thomas G. "This Is Sampling Sport: Digital Sampling, Rap Music, and the Law in Cultural Production." *Media, Culture and Society* 17 (1995): 253–273.

Seecof, B. R. "Scanning into the Future of Copyrightable Images: Computer-Based Image Processing Poses Present threat." *High Technology Law Journal* 5 (1990): 371–400.

Seidenberg, Roderick. *Posthistoric Man: An Inquiry*. Chapel Hill: University of North Carolina Press, 1950.

Shane, Scott. *Dismantling Utopia: How Information Ended the Soviet Union*. Chicago: Ivan R. Dee, 1994).

Sharpe, W. *The Economics of Computers*. New York: Columbia University Press, 1969.

Shawcross, William. "Reaching for the Sky." *New Statesman and Society* (March 24, 1995): 12–14.

Sheridan, Thomas B. and David Zeltzer, "Virtual Reality Check." *Technology Review* (October 1993).
Sikkink, Kathryn. "Human Rights, Principled Issue-Networks and Sovereignty in Latin America. *International Organization* 47 (Summer 1993).
Sinclair, Timothy J. "Between State and Market: Hegemony and Institutions of Colletive Action Under Conditions of International Capital Mobility." *Policy Sciences* 27 (1994): 447–466.
———. "Economic and Financial Analysis Considered as Knowledge Dynamics of Global Governance." Paper Presented at the annual meeting of the International Studies Association, Chicago, February 1995.
Singer, Max and Aaron Wildausky. *The Real World Order—Zones of Peace, Zones of Conflict.* New Jersey: Chatam House Publishers, 1993.
Skinner, Quentin. "Meaning and Understanding in the History of Ideas." *History and Theory* 8 (1969): 3–53.
Smart, Barry. *Modern Conditions, Postmodern Controversies*. New York: Routledge Press, 1992.
———. *Postmodernity*. New York: Routledge Press, 1993.
Smith, Anthony D. "Towards a Global Culture?" *Theory, Culture, and Society* 7 (1991): 171–191.
Soja, Edward W. *The Political Organization of Space*. Washington: Resource Paper No. 8. Association of American Geographers, 1971.
Sorenson, Thomas C. *The Word War: The Story of American Propaganda*. New York: Harper and Row, 1968.
Sorokin, Pitrim. *Social and Cultural Dynamics* Boston: Porter Sargeant, 1957.
Spengler, Oswald. *Decline of the West*. [Translated by C.F. Atkinson] London: Allen and Unwin, 1932.
Spiro, Peter. "New Global Communities: Nongovernmental Organizations in International Decision-Making Institutions." *The Washington Quarterly* 18, no. 1 (1994).
Sproull, Lee and Sara Kiesler, "Computers, Networks, and Work." *Scientific American* (September 1991): 116–123.
Spruyt, Hendrick. "Institutional Selection in International Relations: State Anarchy as Order." *International Organization* 48 (Autumn 1994): 527–557.
———. *The Sovereign State and Its Competitors* Princeton: Princeton University Press, 1994.
Stanbury, W. T. "New Information Technologies and Transnational Interest Groups." Paper Prepared for Delivery at the Information Technologies and International Relations symposium, Department of Foreign Affairs and International Trade, Canada, January 13, 1995.
Stanbury, W. T. and Ilan B. Vertinsky. "Assessing the Impact of New Information Technologies on Interest Group Behaviour and Policy Making." *Bell Canada*

*Papers III on Economic and Public Policy*. Mimeo: January 1995.
Stearn, Gerald Emanuel, ed. *McLuhan: Hot and Cool*. New York: Signet Books, 1969.
Steinberg, Stephen. "Travels on the Net." *Technology Review* (July 1994).
Stewart, Thomas A. "Boom Time on the New Frontier." *Fortune* (Autumn 1993).
Stix, Gary. "Toward 'Point One.' " *Scientific American* (February 1995): 90–95.
Stock, Brian. *The Implications of Literacy: Written Languages and Models of Interpretation in the Eleventh and Twelfth Centuries*. Princeton: Princeton University Press, 1983.
———. *Listening for the Text: On the Uses of the Past*. Baltimore: The Johns Hopkins University Press, 1990.
Stopford, John M. and Susan Strange (with John S. Henley). *Rival Sates, Rival Firms: Competition for World Market Shares*. Cambridge: Cambridge University Press, 1991.
Strange, Susan. *Casino Capitalism*. Oxford: Blackwell, 1986.
———. "Finance, information, and power." *Review of International Studies* 16 (1990).
———. "From Bretton Woods to the Casino Economy." In Stuart Corbridge, Nigel Thrift, and Ron Martin, eds. *Money, Power, and Space*. Oxford: Blackwell, 1994.
Strauss, Gerald. *Luther's House of Learning: Indoctrination of the Young in the German Reformation*. Baltimore: The Johns Hopkins University Press, 1978.
Strayer, Joseph. *On the Medieval Origins of the Modern State*. Princeton: Princeton University Press, 1970.
Tackaberry, D. P. "The Digital Sound Sampler: Weapon of the Technological Pirate or Pallet of the Modern Artist?" *Entertainment Law Review* 87 (1990).
Taubes, Gary. "Earth Scientists Look NASA's Gift Horse in the Mouth." *Science* (February 1993).
Taylor, Brandon. *Modernism, Post-Modernism, Realism: A Critical Perspective on Art*. Winchester: Winchester School of Art Press, 1987.
Taylor, Charles. *Hegel*. Cambridge: Cambridge University Press, 1975.
———. *Philosophical Papers*. Volume 2. Cambridge: Cambridge University Press, 1985.
Taylor, Peter. "The State as Container: Territoriality in the Modern World-System." *Progress in Human Geography* 18, no. 2 (1994): 151–162.
Tellenbach, Gerd. *Church, State, and Christian Society at the Time of the Investiture Controversy*. Oxford: Basil Blackwell, 1959.
Teresko, John and William H. Miller. "Tripping Down the Information Superhighway." *Industry Week* (August 2, 1993): 32–39.
Tesler, Lawrence G. "Networked Computing in the 1990s." *Scientific American* (September 1991): 86–93.
Tetlock, Philip and Aaron Belkin, eds. *Counterfactual Thought Experiments in World*

*Politics: Logical, Methodological, and Psychological Perspectives* Princeton: Princeton University Press, 1996.

Thiele, Leslie Paul. "Making Democracy Safe for the World: Social Movements and Global Politics." *Alternatives: Social Transformation and Humane Governance* 18, no. 3 (Summer 1993).

Thomas, Marcel. "Manuscripts." In Lucien Febvre and Henri-Jean Martin. *The Coming of the Book: The Impact of Printing, 145–1800*. Translated by David Gerard. London: NLB, 1976.

Thompson, Wiliam R. "Ten Centuries of Global Political-Economic Coevolution." Paper Prepared for Delivery to the Workshop on Evolutionary Paradigms for the Social Sciences, Batelle Conference Center, University of Washington, Seattle, May 13–14, 1994.

Thomson, Janice E. *Mercenaries, Pirates, and Sovereigns: State-Building and Extra-territorial Violence in Early Modern Europe*. Princeton: Princeton University Press, 1994.

———. "State Sovereignty in International Relations: Bridging the Gap Between Theory and Practice." *International Studies Quarterly* 39 (June 1995): 213–233.

Thrift, Nigel. "On the Social and Cultural Determinants of International Financial Centres: The Case of the City of London." In Stuart Corbridge, Nigel Thrift, and Ron Martin, eds. *Money, Power, and Space*. Oxford. Blackwell, 1994.

Thrift, Nigel and Andrew Leyshon. "A Phantom State? The De-traditionalization of Money, the International Financial System and International Financial Centres." *Political Geography* 13, no. 4 (July 1994).

Tilly, Charles. *Big Structures, Large Processes, Huge Comparisons*. New York: Russell Sage Foundation, 1984.

———. *Coercion, Capital, and European States, A.D. 990–1990*. Cambridge: Basil Blackwell, 1990.

———. "Reflections on European State-Making." In Charles Tilly, ed. *The Formation of National States in Western Europe*. Princeton: Princeton University Press, 1975.

Toffler, Alvin. *The Third Wave*. London: Pan Books, 1983.

Toffler, Alvin and Heidi Toffler, *War and Anti-War: Survival at the Dawn of the 21st Century*. Boston: Little, Brown, 1993.

Tomlinson, John. *Cultural Imperialism: A Critical Introduction*. Baltimore: The Johns Hopkins University Press, 1991.

Toynbee, Arnold. *A Study of History* Vol. 1. Oxford: Oxford University Press, 1934.

Tuchman, Barbara W. *A Distant Mirror: The Calamitous 14th Century*. New York: Ballantine Press, 1978.

Turner, Bryan. *Theories of Modernity and Postmodernity*. London: Sage Publications, 1991.

United Nations. *Implications of Establishing an International Satellite Monitoring Agency*. Report of the Secretary-General, Department of Disarmament Affairs, 1983.

———. World Investment Report 1994.

Van Evera, Stephen. "Primed for Peace: Europe after the Cold War." *International Security* 15, no. 3 (1990/1991).

Vattimo, Gianni. *The Transparent Society*. Translated by David Webb. Baltimore: The Johns Hopkins University Press, 1992.

Vermaat, J. A. Emerson. "Moscow Fronts and the European Peace Movements." *Problems of Communism* (November–December 1982): 43–56.

Walker, R. B. J. *Inside/Outside: International Relations as Political Theory*. Cambridge: Cambridge University Press, 1993.

Wallerstein, Immanuel. *The Modern World System: Capitalist Agriculture and the Origins of the European World Economy in the Sixteenth Century*. New York: Academic Press, 1974.

Waltz, Kenneth. *Man, the State and War*. New York: Columbia University Press, 1954.

———. *Theory of International Politics*. New York: Random House, 1979.

Wapner, Paul. "Politics Beyond the State: Environmental Activism and World Civic Politics." *World Politics* 47, no. 3 (April 1995): 311–340.

Watson, Adam. *The Evolution of International Society*. New York: Routledge Press, 1992.

Webb, Michael C. "International Economic Structures, Government Interests, and International Coordination of Macroeconomic Adjustment Policies." *International Organization* 45 (1991): 309–342.

Webb, Michael C. and Stephen Krasner. "Hegemonic Stability Theory: An Empirical Assessment." *Review of International Studies* 15 (1989): 183–198.

Webber, Carolyn and Aaron Wildavasky. *A History of Taxation and Expenditure in the Western World*. New York: Simon and Schuster, 1986.

Weber, Max. *The Protestant Ethic and the Spirit of Capitalism*. Translated by Talcott Parsons. New York: Scribner's, 1958.

Wendt, Alexander. "Anarchy Is What States Make of It: The Social Construction of Power Politics." *International Organization* 46 (Spring 1992): 391–425.

Winsbury, Rex. "Who Will pay for the Global Village?" *Intermedia* (June/July 1994).

Witt, Ulrich. *Explaining Process and Change: Approaches to Evolutionary Economics*. Ann Arbor: University of Michigan Press, 1992.

Wolkomir, Richard. "We're Going to Have Computers Coming Out of the Woodwork." *Smithsonian* (September 1994): 82–90.

Wood, John R. and Jean Seers. *Diplomatic Ceremonial and Protocol*. New York: Columbia University Press, 1970.

Woolley, Benjamin. *Virtual Worlds*. Oxford: Basil Blackwell, 1993.
Wright, Robert. "Hyper Democracy." *Time* (January 23, 1995): 41–46.
Young, Oran. *The Intermediaries: Third Parties in International Conflict*. Princeton: Princeton University Press, 1967.
Zacher, Mark. "The Decaying Pillars of the Westphalian Temple: Implications for International Order and Governance." In James N. Rosenau and Ernst-Otto Czempiel, eds. *Governance Without Government: Order and Change in World Politics*. Cambridge: Cambridge University Press, 1992: 58–101.
———. *Governing Global Networks: International Regimes for Transportation and Communication*. Cambridge: Cambridge University Press, 1996.
Zagaris, Bruce and Scott B. MacDonald. "Money Laundering, Financial Fraud, and Technology: the Perils of an Instantaneous Economy." *George Washington Journal of International Law and Economics* 26 (1992): 61–107.
Zeman, Z. A. B. *Nazi Propaganda*. 2nd edition. New York: Oxford University Press, 1973.
Zorpette, Glenn. "Sensing Climate Change." *IEEE Spectrum* (July 1993).

### *Newspapers and News Sources Consulted*

Associated Press-Clarinet
Reuters On-Line
Cable News Network On-Line
CNN's Financial Network On-Line
*Communications Week International*
Financial Times (London)
*Financial Times* Survey
*The Globe and Mail* (Toronto)
*Le Monde* (Paris)
*Military Space*
New York Times
San Francisco Guardian (Online)
*Wall Street Journal*
Wall Street Journal (Europe)

# 찾아보기

## ㄱ

## ㄴ·ㄷ

ㄹ



ㅁ

ㅇ

### ㅍ